国家社科基金
GUOJIA SHEKE JIJIN HOUQI ZIZHU XIANGMU
后期资助项目

中国古代环境资源法律探研

Research on Ancient Chinese Environmental and
Natural Resources Law

刘海鸥　著

中国社会科学出版社

图书在版编目（CIP）数据

中国古代环境资源法律探研 / 刘海鸥著 . —北京：中国社会科学出版社，
2021.5

ISBN 978-7-5203-8231-1

Ⅰ.①中… Ⅱ.①刘… Ⅲ.①环境保护法—研究—中国—古代②自然资源
保护法—研究—中国—古代 Ⅳ.①D922.604

中国版本图书馆 CIP 数据核字（2021）第 071049 号

出 版 人　赵剑英
责任编辑　梁剑琴
责任校对　闫　苹
责任印制　王　超

出　　版　中国社会科学出版社
社　　址　北京鼓楼西大街甲 158 号
邮　　编　100720
网　　址　http：//www.csspw.cn
发 行 部　010-84083685
门 市 部　010-84029450
经　　销　新华书店及其他书店

印　　刷　北京君升印刷有限公司
装　　订　廊坊市广阳区广增装订厂
版　　次　2021 年 5 月第 1 版
印　　次　2021 年 5 月第 1 次印刷

开　　本　710×1000　1/16
印　　张　21.5
插　　页　2
字　　数　386 千字
定　　价　118.00 元

国家社科基金后期资助项目

出 版 说 明

后期资助项目是国家社科基金设立的一类重要项目，旨在鼓励广大社科研究者潜心治学，支持基础研究多出优秀成果。它是经过严格评审，从接近完成的科研成果中遴选立项的。为扩大后期资助项目的影响，更好地推动学术发展，促进成果转化，全国哲学社会科学工作办公室按照"统一设计、统一标识、统一版式、形成系列"的总体要求，组织出版国家社科基金后期资助项目成果。

全国哲学社会科学工作办公室

序

"以史为鉴，可以知兴替。"发掘、传承和弘扬传统生态文化，是生态文明建设的一项重要内容。刘海鸥教授所著之《中国古代环境资源法律探研》的出版，正是传承和弘扬传统生态文化，尤其是传承和弘扬传统生态法律文化的最新力作。

传承和弘扬包括古代环境资源法律思想和制度在内的传统生态文化，是贯彻落实近平生态文明思想的必然要求。习近平总书记高度重视传统生态文化的重要价值，他强调"中华民族向来尊重自然、热爱自然，绵延5000多年的中华文明孕育着丰富的生态文化"。他在评价我国古代《易经》《老子》《孟子》《荀子》《齐民要术》中蕴含的生态思想和哲理时明确指出："这些观念都强调要把天地人统一起来、把自然生态同人类文明联系起来，按照大自然规律活动，取之有时，用之有度，表达了我们的先人对处理人与自然关系的重要认识。"

传承和弘扬传统生态智慧、生态思想和生态保护的法律制度，将其进行现代转化并创新，是一项致力于中国优秀传统生态文化创造性转化和创新性发展的重大工程，对我国的生态文明建设和培育新时代生态文化，至关重要。首要的是，我们应该着重研究传统生态文化与习近平生态文明思想的传承关系。例如，传统生态文化之"时禁"制度与习近平生态文明思想的核心价值"尊重自然、顺应自然、保护自然"及绿色发展理念的传承性；新时代绿色发展方式和生活方式对传统社会"取之有时，用之有度""崇俭禁奢"制度的继承和发展；人与自然和谐共生关系理论对传统社会人与自然"和合"整体性关系理论的创造性发展；等等。

党的十七大明确提出生态文明建设以来，环境资源法学科迎来了前所未有的发展契机。特别是新时代绿色发展理念的提出，为环境资源法学科体系的建设指明了方向。作为环境资源法学科重要组成部分的环境资源法律史研究，学科地位日益凸显。在当下，如何将传统生态法律文化的合理成分挖掘、吸收并创造性发展，如何发挥传统生态文化在我国生态文明建设中的积极作用，是环境资源法学科研究的重中之重，是包括环境法学科在内的多个相关学科服务于生态文明建设的重要任务。我们急需相关的研究成果对古代环境资源法律思想及法律制度史料进行系统的诠释和分析，从整体上对中国古代生态法律思想和法律制度的发端、发展、丰富与传承的历史脉络和特点进行全面、客观、有史料依据的论证，为进一步研究中国传统生态文化与习近平生态文明思想的传承关系研究奠定基础。本书的出版，即是实现这一目标的重要成果之一。

王树义

2021 年 4 月于上海

目 录

上编　中国古代生态观的形成与发展

下编　中国古代生态环境资源法制纲要

导　言

一　选题背景和意义

习近平新时代生态文明思想的核心价值是构建人与自然的和谐共生关系。党的十八大以来，国家将生态文明建设作为统筹推进"五位一体"总体布局和协调推进"四个全面"战略布局的重要内容，开展了一系列根本性、开创性工作，提出了一系列新理念新思想新战略，生态文明理念日益深入人心。在党的十八届三中全会上，习近平总书记首次提出"人的命脉在田，田的命脉在水，水的命脉在山，山的命脉在土，土的命脉在树"，并强调"山水林田湖草是一个生命共同体"。党的十九大报告中，习近平总书记进一步强调，"人与自然是生命共同体，人类必须尊重自然、顺应自然、保护自然"，"坚持新发展理念"，"坚持人与自然和谐共生"。2019年，在全国生态环境保护大会上，习近平总书记发表题为"推动我国生态文明建设迈向新台阶"的重要讲话，"生态文明建设是关系中华民族永续发展的根本大计。中华民族向来尊重自然、热爱自然，绵延5000多年的中华文明孕育着丰富的生态文化"。总书记高度概括和总结我国历史上传统生态文化的价值和特征，"把天地人统一起来、把自然生态同人类文明联系起来，按照大自然规律活动，取之有时，用之有度，表达了我们的先人对处理人与自然关系的重要认识"。强调"生态兴则文明兴，生态衰则文明衰。生态环境是人类生存和发展的根基，生态环境变化直接影响文明兴衰演替"。

中华民族五千年文明从未被历史分割，与传统生态文化的延绵不断有着直接关系，传承和弘扬传统生态智慧、生态思想，将其赋予现代意义，在当今处理人与自然关系中吸收其合理成分，对我国生态文明建设、培育当代生态文化有重要意义。正如习近平总书记指出"以史为鉴，可以知兴替"，对中国传统生态智慧、生态法律思想、生态法律制度进行系统研究，挖掘传统生态文化遗产，显得尤为急迫和必要。"天人关系"即传统社会的人与自然以"和合"为特征的整体性关系，是中国传统生态文化的根本和精髓，为当代社会处理人与自然关系提供历史经验；中国传统生态文化之"时禁"思想和制度，是人类社会"尊重自然、顺应自然、保护自然"的历史典范；"取之有度，用之有节"的节制思想和"崇俭禁奢"的制度，在推动当今绿色生产方式和生活方式的进程中发挥着历史借鉴意义；而传统生态文化的道德教化功能和作用，为建设当代生态教育和生态文化，发挥历史示范效应。

二　研究现状

中国传统生态文化博大精深，现有研究成果主要集中在中国古代科技史、环境史、地理史、农业史、经济史、灾害史、哲学史、生态伦理史等学科领域，各学科分别从不同视角和观察点出发，按照学科特有研究方法，围绕古代的天人关系、土地制度、农业生产方式、气候环境变迁、动植物分布与保护、自然灾害等重大问题，进行史料的甄别、提炼分析、探讨和总结。[①] 近百年来通过这些学科的众多研究成果，中国传统生态文化的精髓、基本结构和主要内容日益清晰与丰富。

中国传统生态法律文化是传统生态文化的一个组成部分，以传统生态智慧和习俗、生态法律思想、生态法律制度和法律实践为基本内容。相较于环境史、哲学史、生态伦理史、农业史等领域丰富的研究成果而言，法律史、环境法学科对中国传统生态法律思想和法制的研究，成果较为零散，缺乏数量和规模，还称不上系统研究。由于古代法律体系民刑不分，更无所谓现代意义的环境法学科和环境法律制度，因此，传统的生态环境资源法制涵盖在刑罚制度、民法制度、行政法制度之中，需要当代研究者挖掘分析，将那些历代主要体现生态环境资源保护功能的法律制度从刑事

[①]　如张岱年：《中国伦理思想研究》，上海人民出版社 1989 年版；陈登林、马建章：《中国自然保护史纲》，东北林业大学出版社 1991 年版；罗桂环：《中国环境保护史稿》，中国环境科学出版社 1995 年版；郭文韬：《中国传统农业思想研究》，中国农业科技出版社 2001 年版；[英] 李约瑟：《李约瑟中国科学技术史》，陆学善等译，科学出版社 2003 年版；蒙培元：《人与自然——中国哲学生态观》，人民出版社 2004 年版；赵冈、陈钟毅：《中国土地制度史》，新星出版社 2006 年版；袁祖亮主编：《中国灾害通史》（七卷本）郑州大学出版社 2008 年版；赵杏根：《中国古代生态思想史》，东南大学出版社 2014 年版；[英] 伊懋可：《大象的退却：一部中国环境史》，梅雪芹等译，江苏人民出版社 2014 年版等；[美] 马立博：《中国环境史：从史前到现代》，关永强、高丽洁译，中国人民大学出版社 2015 年版；竺可桢：《中国近五千年来气候变迁的初步研究》，《考古学报》1972 年第 1 期。

法律、民事法律和行政法律中分离出来，以此为基础形成传统生态法律制度的基本原则、体系和内容。事实上，受传统农业社会生产生活方式影响，中国古代的生态环境问题主要以自然资源的保护利用为主，因而生态法律制度也是以自然资源保护制度为主，环境污染问题在古代城镇生活中也有存在但不是生态环境法律的主体部分。目前系统从事这项基础性研究工作研究者极少，研究成果乏善可陈，《中华大典·法律典·经济法分典1》①"土地法制部""农业生产法制部""水利法制部""自然保护法制部"对先秦至明清的环境资源法律作了梳理、摘录的基础性工作，个别的博士学位论文尝试作初步的系统性研究。② 比较常见的成果形式是在一些环境法或法律史教科书上列为个别章节内容。③ 另有一些研究成果则基本上是对历史上某一时期生态法律制度的研究，而且，或侧重某类生态因子，或侧重某个区域生态资源保护制度进行研究。④ 总体上说，现有研究缺乏对历代生态环境资源主要制度史料的系统整理分析和诠释，很难使人们从整体上对中国古代生态法律思想的发展、生态资源法律制度的起源发展与变化、特点等有一个全面、清晰的认识，如，时禁制度、虞衡制度、崇俭禁奢制度等。尤其是无法使人全面理解传统文化之天人关系"和合"特征，以及其在中国传统生态文化中的核心价值和地位，因而很大程度上影响了我们对中国传统生态法律文化整体性的认知和理解。

法学基础理论研究必须有问题意识，以问题为导向，服务于法治实践需要，提升实践问题解决方案的理论基础。环境法学理论研究应当服务于生态文明建设大计，夯实生态文明建设的理论基础；中国生态法律史的研究，其目的是考察五千年传统文明所蕴含的生态智慧，研究传统文化中的生态保护思想和制度。以法律史学科的研究方法研究古代生态环境资源法制发展历史，有两个基本路径，一是按照法律史通常研究路径以断代史为

① 《中华大典》工作委员会、《中华大典》编纂委员会：《中华大典·法律典·经济法分典》，西南师范大学出版社 2015 年版。
② 周启梁：《中国古代环境保护法制演变考》，博士学位论文，重庆大学，2011 年。
③ 如王立：《中国环境法的新视角》，中国检察出版社 2003 年版；蔡守秋主编：《环境资源法教程》，高等教育出版社 2004 年版；金瑞林主编：《环境法学》，北京大学出版社 2007 年版；马小红主编：《中国法律思想史研究》，中国人民大学出版社 2007 年版；范忠信主编：《官与民：中国法律思想史研究》，中国人民大学出版社 2012 年版。
④ 如蒲坚主编：《中国历代土地资源法制研究》，北京大学出版社 2006 年版；李金玉：《周代生态环境保护思想研究》，中国社会科学出版社 2010 年版；陈业新：《儒家生态意识与中国古代环境保护研究》，上海交通大学出版社 2012 年版。

研究单元，一是按照环境资源法学研究路径，以古代环境问题与环境因子为研究单元，但是后者的研究方法实际上是建立在前者基础之上，在前者尚缺之际，后者的研究将是空洞而且是欠缺依据的。因而，笔者认为，生态环境法律史、中国传统生态法律文化的系统性研究，首先应该是系统的基础性研究，即古代生态环境资源法律思想和制度史料的梳理甄别与初步分析和评价，这是本书基于目前研究现状所做出的基本目标和定位。

三　研究视角、研究结构和主要内容

科学务实的研究目的和视角决定研究成果的整体面貌。鉴于环境法学科缺乏环境法律史基础研究，中国法律史学科缺少古代生态环境资源法制通史研究，本书将研究定位于以古代生态环境资源法制的基础性史料甄别和分析为主，其目的是为环境资源法学科的后续研究提供历史基础，同时丰富法律史学科的研究内容，期待法律史学科研究能够更贴近现实问题。

要从浩瀚史料中梳理全部的生态环境资源法律资料，不是短时间内某个人或几个人的力量所及，而是以长期的甚至几代人的不懈工作为前提的。目前，任何一项个人的研究成果都绝不可能涵盖或囊括古代所有的生态环境与资源法律制度，本书研究同样如此。因而，在研究视角上，本书作了如下选择和设计：首先，集中于对古代生态环境资源法律制度史的静态考察和研究，法律实施实效的研究即动态考察将是下一步研究的重点。由于暂时不可能将所有典籍中的资料一一梳理，因此，研究的重点对象是各朝代的国家正式律典、主体法律制度，即《秦律》《汉律》（《二年律令》）《唐律疏议》《唐六典》《宋刑统》《庆元条法事类》《元典章》《大元通制条格》《大明律》《大清律例》以及正史资料所记载的部分法律内容。其次，通过史料梳理，发现各代均有生态环境资源保护的特色制度，在宏观分析各代生态环境资源法律基础上，对重要的有特色的生态资源保护法律进行专门梳理和论述，也是本书的重点视角。最后，注重对历史上一脉相承制度的重点研究，如时禁制度，劝课农桑制度，崇俭禁奢制度等。

法律制度体现和反映主流法律思想，法律思想决定法律制度的价值取向。我国生态文明建设的核心要旨是构建人与自然的和谐共处关系，这个过程中离不开对传统生态思想的传承和弘扬。为此，本书还将古代社会关于人与自然关系的认识作为切入点，通过分析中国古代生态观的起源、发展的历史进程，对中国古代人与自然关系以"和合"为核心的价值体系和特点进行初步研究。

本书的结构分为两大部分：第一部分，中国古代生态观的起源、发

展；第二部分，中国古代生态环境资源法制纲要。内容包括十章：

第一章"先秦时期古代生态观的初步形成"。上古时期天神一体的独特神话体系是华夏祖先认识自然的发端，反映敬畏自然、崇拜自然的生存观。《夏小正》的系统农业生态观和季节节律观，进一步说明对自然认知水平的提升，中国古代生态学和天文学由此发源。商代的鬼神崇拜和龟甲占卜则是古人尊重自然、顺应自然的实践表现。三才和合思想和阴阳五行理论，成为我国古代人与自然关系理论体系的发轫。春秋战国时期独特的"百花齐放，百家争鸣"局面，初步形成了中国传统生态观的基本架构和核心思想。

第二章"汉唐时期古代生态观的发展"。汉代董仲舒"天人感应"说以及魏晋玄学对人与自然关系的演绎，唐代柳宗元的"天人不相预"和刘禹锡"天人交相胜"思想，以及道教、佛教"道法自然""众生平等"宗教生态观，极大地丰富了传统生态观的体系和内容，这一时期传统生态文化"和合"特征更为清晰。

第三章"宋明理学时期古代生态观的成熟"。宋代理学将人与自然关系的"和合"提升到新的水平。张载的"民胞物与"思想和程颢"天地万物一体"思想，标志着中国古代人与自然关系理论和思想的成熟。而朱熹"万物一理"和"生生之仁德"思想、王阳明"一体之仁"思想，进一步完善了传统生态观体系，发展其"和合"特征。中国传统生态观延绵不断的发展及其成果，为当今生态文明建设提供宝贵的历史经验，是人与自然和谐共生生态思想的历史基础。

第四章"先秦生态环境资源保护法律制度"。《月令》是发源于先秦的，按分月记载历象、物候，并据此安排生产生活和政治管理活动的文献。在先秦《吕氏春秋·十二月纪》和《礼记·月令》中，天地人和谐统一的"三才论"和"五行说"成为"月令"的指导思想，其中的"时禁"习俗蕴含着系统丰富的生态保护观念以及朴素的自然保护、环境管理和生态农学价值，国家政事、农业生产、资源利用活动均须顺时而为，避免违时、逆时。这一习俗被历代法律所传承，构成中国古代生态法律制度最核心的制度。"时禁"所蕴含的生态保护思想与新时代生态文明建设的核心思想——"尊重自然、顺应自然、保护自然"高度一致，对构建我国生态文明法律体系有重要历史价值。此外，《周礼》确立的专门设立掌管山林川泽的"虞衡"制度，则奠定了我国古代生态保护机构和管理制度的基础，为后世历代法律所继承和发展，成为传统生态法律文化的重要制度。

　　第五章"秦汉生态环境资源保护法律制度"。秦汉处于我国传统生态法制体系发展初期，一些重要的法律思想和制度如时禁制度、资源节用思想、崇俭禁奢制度等，在这一时期已初具规模和特点。《秦律十八种·田律》以及汉《二年律令》等法律，将《月令》中的"时禁"习俗上升为国家法律制度，成为动植物、土地、水资源等自然资源保护的基本原则。西汉末年《诏书四时月令五十条》，从实际执行层面落实了《月令》所体现的指导思想和时禁制度，将"敬授民时""不违农时"的活动准则，以及"取之有度，用之有节"的资源节用思想，置于国家法令执行和监督机制之下。此外，为维护"礼制"，《秦会要》《西汉会要》继承先秦战国李悝《法经》"淫侈踰制"，奠定了古代崇俭禁奢制度的基本原则和内容。

　　第六章"魏晋南北朝生态环境资源保护法律制度"。尽管这一时期流传下来的法律制度零散，但从《魏书》《南史》《北齐书》《晋书》等史料中仍然可以挖掘出其时禁、崇俭禁奢等制度的发展。劝课农桑有关律令、政策的制定、实施和推行，既加大了对土地资源的开发、利用和保护力度，在一定程度上也兼顾了农业生产与生态环境保护的均衡发展。东晋南朝占山护泽令，是历史上首次确认山林川泽可以为私人占有的律令，也是我国历史上土地、水、森林和野生动物资源分配制度的一次重大变革，客观上对南方山林川泽资源的保护性开发利用起到了重要的促进作用。

　　第七章"隋唐生态环境资源保护法律制度"。这一时期生态环境资源保护法律制度在中国传统生态法律体系中具有承上启下的重要地位和意义。《唐律疏议》《唐六典》《唐大诏令集》包含内容丰富的生态环境资源法律制度。隋唐延续前代的劝课农桑政策，并将其纳入国家法律体系，该政策执行的情况成为衡量地方官政绩和升迁的重要依据。通过时禁、断屠钓、禁奢侈、禁贡献等律令加强野生动物保护，限制对野生动物的滥用。《水部式》是唐代颁布的专门性水利法规，其所确立的水权制度、水资源利用原则及管理机构以及碾硙、航运与灌溉之间的关系，充分体现了唐代水资源保护利用和管理体系的完善与成熟。

　　第八章"宋代生态环境资源保护法律制度"。这一时期传统生态环境法律制度发展进入一个新的阶段，较前朝更为具体，内容更为丰富。《宋刑统》《庆元条法事类》所载《农桑门》中的"赏令""赋役令"和"赏格"条，具有行政法律的性质，具体规定了对执行劝课农桑政策的奖励措施。因与城市发展相关的能源利用和环境污染问题突出，宋代城市供排水、能源管理、环境卫生治理等管理制度大量增加，标志着其从较为单一的自然资源保护制度进入资源保护制度与环境治理制度并行发展的时期。崇俭禁奢制度发展到宋代内容更为丰富并趋于完善，对保护自然资源发挥了一定的积极作用。

第九章"元代生态环境资源保护法律制度"。这一时期生态环境资源保护制度与草原民族生产生活方式息息相关，凸显蒙古族敬畏自然，顺应自然的朴素生态保护观，在《至元新格》《大元通制》《元典章》等律典中得以集中体现。受宗教和自然崇拜的影响，时禁思想在动植物保护中仍然发挥着重要作用，围猎有度和弛禁有节是元代在野生动物的利用与保护方面的两个重要特征。《大元通制条格·田令·农桑》确立了诸如方便就近灌溉、灌溉优先于水碾、水资源公平分配、灌溉与河运相协调等原则。以《大札撒》为代表的草原生态系统保护法律，确立了禁止围垦草场、失火烧毁草场，以及保护草场水源等制度。

第十章"明清生态环境资源保护法律制度"。明清是古代生态环境资源法制发展的最后阶段，法律体系和内容更趋完备。这一时期是传统社会人地关系发展最为紧张的阶段，法律政策引导大规模的垦荒种植、围湖造田以及区域性的桑基鱼塘，呈现生态整体破坏和区域性自然资源循环利用正反两面。以《大明律》《大清律例》为代表的律典中体现的自然资源保护和城市环境卫生治理等制度更为具体丰富。明清苑囿、猎苑、围场等保护制度，对于特定区域整体生态系统尤其是物种多样性和湿地保护有重要意义。同时，明清时期生态保护民间规约收效良好，传统生态环境保护国家法和民间法二元互动模式，为现代环境资源保护法律渊源的多元化奠定历史基础。

通过对天人关系的主要思想、各朝代基本法律和重要诏令的分析，初步得出结论或者观点是：

1. 我国古代生态观的形成和发展历程，是在古人探究人与自然和谐关系的过程中展开的。以"和合"为特征的传统人与自然和谐生态观，与二元论哲学主导的人类中心主义生态观完全不同，它是一种系统性的大生态圈理论，也是数千年来中国古人用整体性、系统性复杂思维方式对人与自然关系问题深入探究的结果。

2. 古代生态环境资源法律制度经历了初具规模、发展成熟和完善的过程。我国古代的生态环境与资源保护法制经历了从农业制度向自然资源保护、城市建设环境保护、资源节约制度的丰富，虽然各朝代律典在具体的规范力度、程度上有不同侧重，但其基本精神和核心内容一脉相承。尤其是时禁制度、虞衡制度、崇俭禁奢制度、劝课农桑制度、苑囿等特定生态系统保护制度等，表明了传统生态法律文化的整体性、延续性特征。

3. 生态环境是人类生存和发展的根基，生态环境变迁直接影响文明兴衰演替。中国古代生态环境在唐代中期以前，整体处于相对良好状况，说明该时期人口合理容量小于整体生态承载力，生态资源环境保护法律制度实施呈现正向效果。唐代中叶以来，西部地区生态环境恶化一定程度上迫使经济中心逐步向东、向南转移。明清两代人口压力增大，无奈"弛禁"与过度"垦殖"、无序开发，导致生态破坏严重、环境问题增多，人地关系趋于紧张导致生态保护法律制度与政策的实际效果大打折扣。

4. 以史为鉴，可以知兴替。我国生态文明建设，其核心就是正确认识、协调、处理人与自然的关系。人与自然和谐共生的生态文明核心思想，是对传统生态文化传承和弘扬。不可否认，中国传统文化中的生态智慧、生态法律思想和制度，在推进生态文明建设征途中，有其重要的价值和意义，值得深入挖掘。

四　研究方法

工欲善其事，必先利其器。要想全面深刻具体把握中国传统生态思想和法律制度的精髓，必须运用科学有效的研究方法。尊重史实、依托史料，客观解读分析，减少臆断，是研究的基本思路。在具体研究过程中，主要运用了文献分析方法、历史考察法和价值分析法：

其一，文献分析法。在前人研究基础上，进一步整理甄别古代天人关系论的史料内容；对历代主要法律文献进行整理、甄别、分类和分析，挖掘出各朝律典中蕴含的生态环境资源法律制度的主要内容。

其二，历史考察法。从整体性和复杂性的角度，对传统天人关系论的思考与成就及其发展演变进行分析；对各朝代环境资源法律制度的继承与完善进行历史观察，描绘出中国古代生态环境资源法律制度史的宏观脉络，归纳出重点制度的鲜明特征；在此基础上探寻传统生态法律思想制度的基本发展演变规律。

其三，价值分析方法。考察主要生态法律制度的价值内涵，评判其对生态环境资源保护发挥的作用以及历史传承价值。

当然，考察中国古代环境资源法律思想和制度必须参照其他相关学科成果，史料的鉴别取舍也要借助于逻辑学，本书在研究方法上对此做到尽量兼顾。

上　编

中国古代生态观的形成与发展

第一章 先秦时期古代生态观的初步形成

从人与自然关系的狭义角度看，人类历史实际上就是人类对赖以生存的环境不断适应、认知、开发利用和改变的过程。因此，如何看待人与自然的关系，成为持有何种生态观的核心。上古时期，由于生产力水平低下，人类不得不匍匐在大自然的威力之下。与西方二元论思想体系采取人类中心主义态度相反，中国古人从来就将自身看成是与自然一体的大生态圈的一部分，用整体性、复杂性的思维方式，演绎出上古独特的天神一体神话体系，显露了古人既有矢志改造自然的决心和信心，又有尊重自然、顺应自然、顺势而为、绝不盲干的生存智慧。夏商周时期，虽然统治阶级不得不借助"天命"、垄断人与"天"沟通，来确立自己统治的正当性，但人们对人与自然关系的认知水平较先民有了很大提升。《夏小正》的系统农业生态观和季节节律观，是这种认知水平提高的充分体现。《周易》的三才和合思想和阴阳八卦理论，成为我国古人处理人与自然关系理论体系的发轫。春秋战国时期独特的"百花齐放，百家争鸣"学术氛围，孕育出了中华文化的基本架构，形成了中国传统生态观的主要内容。

第一节 上古时期天神一体的独特神话体系

上古时期，不存在人口与环境承载力的紧张关系，人们选择生存环境，基本不受人口压力的束缚，更多地受到生产技术、人类从自然攫取食物能力的限制。由于生产力水平低下，仰仗自然、被动地从自然环境中获取食物以求取生存，是远古人类的无奈选择。在这种情况下，人们不得不对自然环境充满敬畏。古人究竟如何思考人与自然的关系问题，因没有文字记载，今人无法完整考证。但是，流传至今的上古神话，是古人思考人与自然关系的重要组成部分。

中国古代经典神话，如精卫填海、女娲补天、夸父逐日、后羿射日、鲧禹治水、愚公移山等故事，代表了中国古人对人与自然关系的思考和愿望，这些神话成为远古时期人与自然关系独特文化基因的一部分，对后世产生了难以估量的影响。

一　人神同构的一体观念

人类对自己来自何处，带有天然好奇之心。在西方二元论思维方式下，西方神话将人类视为上帝创造的产物。在西方人眼中，上帝与人分属两个世界，是完全隔绝的两个主体。对于人类起源，西方犹太教和基督教有共同的神话：上帝创造了第一个人类——亚当，为了让亚当无忧无虑地生活，上帝创造了一个伊甸园，但是禁止他吃下伊甸园中带有善良和邪恶意识之树的果实。为解决亚当生活的孤单寂寞，上帝又从亚当身体上抽出一根肋骨，创造了夏娃，来陪伴亚当。一条会说话的大毒蛇（代表撒旦魔鬼）诱惑说服夏娃吃了禁果，之后夏娃又说服亚当也吃下了禁果。上帝发现此事后，就将亚当和夏娃逐出了伊甸园，让他们在地球上繁衍生息。从这个神话中可以看出，上帝创造人只是源于上帝一时兴趣，与自然无关，而人类是带着原罪被上帝赶出伊甸园来到地球的。

与西方不同，中国古人对于人类的起源，则有自己独特的理解。中国古代创世神话女娲造人说认为，土是组成万物的基本元素，女娲造人时，由于工作太过忙碌，为满足需要，就用绳子沾上泥浆挥洒成人："俗说天地开辟，未有人民。女娲抟土作人，剧务，力不暇供，乃引绳于缅泥中于举以为人。"[①] 先民从植物在泥土中萌芽、生长、结果的日常观察出发，联想到人也起源于泥土。可见，在中国古人深层认知结构中，将人类与植物看成同源、同等的物种，并没有在人与外物间划分出不同的层级。

中国远古神话关于人类起源是拟自然化的，将人类归属到物理世界。在中国古人眼中，人类从来就是从自然中走出来的，尽管也是被"神"创造出来的，但创世的神都没有离开过人类，离开过自然。人类会领受"天"命，按照天命行事，但与自然本为一体。所以，中国古代神话说，开天辟地的创世大神盘古也会像人一样死亡，并在死后化为自然万物，盘古身上的寄生虫最后变身为人类。

创世神女娲之所以补天、造人，是因为当时天地九州一片混乱，水不息，火不灭，猛兽食民、鸷鸟抓老人弱者，为拯救万物，女娲才炼五色石补天，斩鳌足立四柱，杀黑龙于冀州，积芦灰治洪水，造福人类。女娲改

---

① 《太平御览》卷七八引《风俗通》。

造自然，目的还是造福人类，帮助人类克服自然灾难。在神话中，女娲并没有脱离世俗社会中人的定位，她也为人妻、为人母，成为后世的音乐始祖和婚姻始祖。从中国创世神的传说中可以看出，神与人并无区隔，人与自然是浑然一体的。

在民族的起源方面，各民族也有自己各自的传说。传说简狄吞食燕卵生了商的始祖契，姜嫄踩了天帝的脚拇指印受孕而生了周民族始祖后稷。神话描述，姜嫄产下后稷，感觉不祥，就把他丢弃。最先丢在窄巷，想让过路的牛羊践踏致死，结果牛羊却纷纷避开；弃之树林，又被樵夫所救；再次放到寒冰之处，但得到飞鸟的救助，存活下来，终成周人始祖。这些神话传说，有一个共同特征，就是先祖们与后人一样，生活在同一个生态圈中。

在这种天神一体观念下，中国古人构建了自己独特的人与自然结构体系：首先，在人类自身这个层面，中国古人把自己的祖先看成人兽同体的神，如华夏共祖黄帝是四张脸的神，殷人的祖先是玄鸟。其次，统治人间的是"王"，秉承"天"的旨意，统领万民，但"王"的力量是有限的，必须通过"巫"这一中介力量，才能与"天"沟通对话。最后，在"王"之上，则有一个支配一切的力量，就是凌驾于万物之上的"天""帝"，拥有呼风唤雨、驾驭自然的力量。

中国早期神话传说，将人与自然起源的解释建立在统一观念基础上，这种理解成为后世"天人同构"或"物我同一"观念的滥觞。正是这种与西方二元论思想截然不同、对人类起源的独特理解，形成了中国古人处理人与自然关系的独特哲学。

二　包容感恩的博大情怀

中华文明对大自然拥有厚重的敬仰感恩情怀。中华文明源远流长，与其他世界早期文明相比，一个比较突出的特点是，中国古人始终保持着对自然的敬仰感恩情怀。这或许与中华民族的发祥地黄河中下游平原优越的自然条件密切相关。黄河中下游属于冲积扇平原，地势平坦，有利于灌溉，发展农业生产的条件极其优越，风调雨顺时能给予先民们丰厚的衣食资源。因此，在感受到自然威严的同时，中国古人也享受着自然的恩赐，对大自然的馈赠心怀感激与尊敬。正因如此，在中国远古神话中，不只有天倾地陷、滔天洪水的自然灾害故事，更有女娲补天、后羿射日、大禹治水等理想神灵。在这类神话中，符合人类利益的部分自然力被塑造成神，成为人们顶礼膜拜的对象。因而，在中国远古神话中，神往往是半人半兽的模样，既寄寓着人类的理想和愿望，又具有非人的体貌特征，这是人在自然身上打上了自己烙印的突出表现。半人半兽的神，既带有自然属性，又融合了人格意志，表现出中国古人们认为人与自然通过神的沟通进而融为一体的观念，在他们看来，自然不再是完全异己、威力无限、不可接近的客体，而是可以依赖、敬仰、崇拜的对象。

而西方神话的代表——古希腊神话，则与中国远古神话在这方面泾渭分明，差别巨大。在古希腊人看来，神的意志决定一切，无论是人类活动的起因，还是过程和结果，皆由神定，神是人类无法把握的自然力象征。带着对自然的强大敬畏感，古希腊人构造了庞大的神的谱系：神与人同形同性，但神拥有天上人间的一切权力，其力量无所不能，无所不在，神不仅挑起了特洛伊战争，还参与战争，战争的结果也是神决定，除了带火给人类的普罗米修斯，其他诸神尤其是主神宙斯，都对人类满怀敌意，动不动就要毁灭人类……

对比中西神话对自然（神）的不同诠释，可以发现，中西不同文化的分蘖就是肇始于人类对待自然的态度。中国神话鲜于关注自然灾祸发生的具体原因，对神战胜自然灾祸的过程也不感兴趣，其主题集中在赞美与歌颂神的丰功伟绩，表达对自然赐予的感恩之心。由此可见，中国古人对自然的认知相对来说更为温和、包容和全面，他们从来就没有像西方人那样，在人与自然之间划出一条泾渭分明的界线，而是对自然抱持一种深深的敬仰感恩之情，这种情怀正是后世顺天保命、顺天安民思想的滥觞。

三 顺势而为、顽强抗争的生存智慧

在处理人与自然的关系方面，中国古人有着与西方人截然不同的感悟。大自然给人类带来的不便、困难乃至毁灭性的灾难，是客观存在的。古人在攫取大自然赐予的食物、接受大自然馈赠的同时，不可避免地会受到大自然的严酷考验。在科技和生产力水平极端低下的情况下，古人克服大自然所带来灾难的能力极其微末，在巍峨森严的大自然面前，古人难免滋生出无力感。因而，在处理人与自然矛盾方面，中国古代神话蕴含着独特的智慧。

中国古代很多神话都与自然给人类带来的灾害、苦难有关。太阳神炎帝的女儿女娃，化为发鸠山上名为精卫的鸟，每天衔西山述石，填埋东海，有不把东海填平誓不罢休之志。精卫之所以每日填海不辍，乃是因为她游东海溺而不返，遭了海难。我们今天用"天塌了"来比喻非人力所能抵御的重大灾难降临，当"天塌"之时，古人想象出一个叫女娲的创

世女神，不仅烧炼五色石，补上了塌下来的天，又用大龟的脚，当作四边的柱子将天支撑起来，还赶走恶禽猛兽，填塞水患。天灾、猛兽、水患，各种大自然对人类的严苛灾害，在这些简短的神话故事里面纷纷出场。夸父逐日寓意着古人对漫漫长夜的恐惧；后羿射日则隐含着古人对炎热旱灾的惧怕；鲧禹治水明示古人对洪水泛滥的无奈；愚公移山则表示山里人被大山围困之艰难。这些神话中的灾害、苦难，实际上是人与自然矛盾的反映。

中国古代神话在探究产生人与自然矛盾的根源方面，不像西方人总是把自然灾害的发生归因于神的意志和行为，中国古人并没有将根源完全归咎于自然，而是体认到人类自身存在的问题。例如，在分析水灾产生原因方面，古代神话将其归为共工氏与颛顼争夺帝位失败，最后怒触不周之山而起："共工氏与颛顼争为帝，怒而触不周之山，折天柱，绝地维，故天倾西北，日月星辰就焉；地不满东南，故百川水潦归焉。"[①]从人类自身寻找自然灾害发生的原因，将自然灾害归之于人类自身行为造成的恶果，而非古希腊神话那样，将之视为满怀敌意的神在惩罚犯有原罪的人类。这种中国式的内省，正是古人决定采取何种方式应对自然灾害的内在基石。

在解决人与自然矛盾方面，中国古人既表达了抗衡自然的决心，也认识到了顺应自然规则的重要性。这种观点，在鲧禹治水神话中得到完美诠释。禹父鲧受命于尧，负责治水。鲧不遵循自然规则，采取"水来土挡"的策略，治水九年，大水丝毫没有消退。鲧毫无办法，便消极怠工。舜受理朝政后，面对严重的水患，无法忍受鲧的无能，便革去了鲧的职务，并将鲧流放到羽山，后来鲧就死在羽山。鲧成为不顺应天命、不尊重自然、盲目治水而产生的悲剧人物。舜让大臣们推荐贤能，继续治水，大臣们一致推荐禹。大臣们认为，禹虽然是鲧的儿子，但他为人谦逊，办事能力强，德行能力都比鲧强。舜并没有因鲧的过错而牵连禹，把治水的大任交给了禹。禹不敢丝毫懈怠，矢志治好水患。治水期间，禹曾三过家门而不入。甚至在有一次路过自己家时，他的妻子刚给他生了一个儿子，听到小孩的哭声，他很想进门看一眼自己的妻子和孩子。为了坚定自己治水决心，他只是向家行了一个大礼，眼噙泪水，骑马飞奔而去。禹带着伯益、后稷等人，风餐露宿，跋山涉水，走遍神州大地。他吸取了鲧盲目采用堵截方法治水的教训，采用疏导治水的策略，疏通水道，让水能够顺利地东

---

① 《列子·汤问》。

流入海。大禹遵循自然规律，根据山川地理自然走势，把整个中国的山水当作一个整体来治理，还将中国划分为九州，先治理九州的土地，疏通平整，使大量土地变成肥沃的良田。接着又治理大山，其目的是疏通水道，使水能够顺流而下，防止大山堵塞水路。山治理好后，禹又理通水脉。禹顺天就势，尊重自然，绝不盲干。例如，禹将大河之水从甘肃的积石山引出，被横亘在梁山之北的龙门山阻挡。通过观察地形，禹很理智地选择有利位置，凿开一个仅 80 步宽的口子，就将水引出。经过十三年的艰辛治理，禹终于将咆哮的河水制服。禹因此而得到先民们的拥戴，建立了我国第一个王朝——夏。鲧禹治水神话，反映先民们既有矢志改造自然的决心和信心，又有尊重自然、顺应自然、顺势而为、绝不盲干的智慧。这种精神价值，历久弥新，永不过时。

第二节　夏商西周时期古代生态观的发轫

如果说远古神话时代，在生产力水平极端低下的情况下，古人们在威严的自然面前不得不低头求生，只能借助神话表达对自然的敬畏和崇拜，那么，夏商周时期，随着生产力水平的提高，人们对自然的认识水平有了空前提高，人与自然的关系发生了质的变化，不再是被动地承受自然灾害，而是主动地顺应自然规律，正因此，人类获得自然给予的恩惠和财富极大增加。随着农耕水平的大幅提升、小农社会结构的逐渐确立，社会阶级矛盾日益尖锐，为了维护统治，政治上，统治者利用天命说、灵台理论，确立自己统治的正统地位，用巫觋占卜等手段垄断天人沟通，指导自己的日常活动，达到稳定统治的目的。经济上，《夏小正》的系统农业生态观标志着夏代农耕社会水平达到一定水平，统治者凭借《夏小正》的季节节律理论，指导农业生产，为维护统治提供经济基础。

一　《夏小正》的系统农业生态观和季节节律观念

判断一个文明的发达程度，最基本的应该是看其是否有成熟的文字记载。关于夏代历史，因限于现存史料证据，历来争议较多。夏代究竟有没有文字？这个问题目前还存在争议。早在 20 世纪 30 年代，唐兰先生就判断，夏代初年就已经有文字。他认为，既然比孔子早 1500 年的夏代就有了历史记载，这件事本身就证明夏代已经有文字了。[①] 20 世纪 80 年代，李先登先生著文确定夏代确有文字。[②] 但由于尚未发现载有夏代文字的文物，夏代历史研究多依赖其他考古证据。正因为如此，有关夏人是如何与自然打交道、如何认识自然的问题，目前还未见系统论述。作为夏代留存于世的唯一书面文件，[③]《夏小正》的史料价值弥足珍贵。其所反映的系统农业生态观和季节节律理论，对后世产生巨大影响，成为我们理解夏人处理人与自然关系问题的一把钥匙。

（一）《夏小正》的主要内容

在编撰《四库全书》的清代学者看来，《夏小正》是《大戴礼记》一书中最为古老的一篇，文句简奥，读之不易。经过学者们的不懈努力，特别是夏纬瑛先生的《夏小正经文校释》和庄雅州先生的《夏小正研究》等论著，我们得以对《夏小正》进行比较全面的了解。《夏小正》的内容基本上可以分为两类，一类是物候及与物候有关的人事活动，另外一类是天象及与天象有关的节令和斗建。

"夏道遵命，事鬼敬神而远之。"[④] 夏人不像商朝人那样迷信鬼神占卜，夏人自诩受命于天，属于客观唯心主义者。《夏小正》记载的大多

---

① 唐兰：《古文字学导论》（增订本），齐鲁书社 1981 年版，第 80—81 页。

② 李先登：《试论中国文字之起源》，《天津师范大学学报》1985 年第 4 期。

③ 《夏小正》的出现比较突兀，是先秦现存古籍中的另类。关于《夏小正》究竟是不是产生于夏代，学界尚有较大争议。否定论者的中心论据是，至今未见出土过夏代有文字记载的文物，并依此断定夏代尚没有产生文字；既然夏代没有文字，《夏小正》也就不可能是夏人所作，只能是后人伪作。其实，鉴于年代久远和文书载体保存的不易，距今4000 年的夏代，没有遗存下文字记载的文物非常正常。我们不能因为没有发现有夏代文字记载的文物，就否定夏代已经有文字。从商代遗存的甲骨文史料可以发现，经学者辨认出的甲骨文已经有近 4000 字。说明商代文明发展水平已经非常高了，可以说超出了我们一般人的想象。如果不是因为殷人用龟甲占卜，保存下来大量甲骨文资料，仅凭有限的商代青铜器上的铭文，我们肯定也无法一窥商代文明的全貌。因此，仅凭没有发现夏代有文字记录的文物就否定夏代已有文字，证据不足。其实，考察夏商周三代历史，一个容易被忽略的史实便是，远古时期，夏、商、周文明是同时并存、共同交流、发展的，最终融合、汇集成华夏文明。我们不能人为地将夏、商、周的历史隔绝开来。夏、商、周三代兴替，只不过是部落统治者的更迭，并不是夏、商、周文明的消失。历史常识告诉我们，商承夏制，商代文明不是凭空掉下来的，很大程度上是从夏代继承下来的。而且，很多考古学研究成果证明，夏人对天文历法已相当深刻，完全具备产生《夏小正》的可能。本书认可《夏小正》大部分内容为夏代遗存、被春秋战国及后世学者删改过的观点。

④ 《礼记·表记》。

是草木鸟兽等自然现象，体现了夏人对农业物候观察的细致入微。据学者统计，短短 400 多字的《夏小正》，共记载了 58 条物候。其中，动物类的物候有 38 条，植物类的物候有 18 条，另外还有非生物的物候 5 条。在动物类的物候中，包括 10 条鸟类，11 条兽类，5 条鱼类，12 条虫类。植物类物候中，包括 12 条草本植物类，6 条木本植物类。① 《夏小正》关于物候的记载，代表古代社会生态系统的认知水平，可谓古代生态学的发端。

有关天象方面的内容，《夏小正》虽然留存的文字不多，但隐含内容却非常丰富。除了二、十一、十二 3 个月，《夏小正》有 9 个月份记载了天象方面的内容。《夏小正》的天象是我国夏代真实而完整的天象记录，夏历的历元天象就是冬至子夜零点的天象。《夏小正》的天象有两个方面内容：其一是斗建。关于斗建，《夏小正》中只有三句："正月初昏，斗柄悬在下""六月初昏，斗柄正在上""七月，斗柄悬在下则旦"。② 斗建可以区分为两种：同一时刻的斗建和初昏的斗建。在同一时刻观测斗建，斗建辰均衡移动，每月运转都是 30 度，即由下指到上指、由上指到下指，都需 6 个月。如果如《夏小正》说的那样，在初昏观测斗建，则情况会大不相同，斗建由初昏下指到初昏上指需要 6 个月，而由初昏上指到初昏下指则要 7 个月。可见，通过观测斗建，为制定历法，确立岁首、季度、月份等，提供了客观参照系统。古代制定历法，要凭天象，主要依据"斗建"，即以斗柄旋转所指方位确定岁首，即正月，这就是所谓的正。在夏代，黄昏斗柄指向寅，则冰伴发蛰，百草奋兴，株鹃先谋，故农率均田，定为正月。这种历法非常科学，特别适合指导农业生产。相反，殷正建丑，以十二月为正；周正建子，以十一月为正，由于没有天象依据，并不符合农事季节规律，非常不利于指导农业生产，最终都难逃短命的结局。正因为如此，后世各朝，大多采用《夏小正》定正方法，也就没有什么奇怪了。

《夏小正》天象方面的另一个内容是见、中、伏。见、中、伏是古人观测二十八宿星所记录的天文现象。二十八宿都是恒星，从地球上观测，相对静止不动。由于太阳系运行的影响，出现了古人所看到的见、中、伏现象。见即是晨现，星宿在日后 15 度左右，就是被日光掩蔽了一个月后，

---

① 中国农业博物馆农史研究室：《中国古代农业科技史田说》，农业出版社 1989 年版，第 92 页。

② 《夏小正》。

始脱出日光掩蔽区域，第一次在东方的星空晨现。伏就是夕伏，星宿在日前 15 度左右，夕见于西方星空，翌日就将为日光掩蔽一个月，这一天叫作伏。中指上中天，即为太阳位于子午线上之日，这一天昼夜时间最为匀称。《夏小正》关于天象的记载，可谓中国古代天文学的发端，也是古代科技史的重要成果，更是古人探究自然的宝贵遗产。

（二）夏人的系统农业生态观

《夏小正》所记载的天气、天象、物候及农牧渔猎生产等知识，反映了夏代的社会生活面貌，与夏代历史背景和条件相符。将天、地、人、动植物、气候等生态环境因素综合考虑，制定历法，将自然规律内化为社会行为规范，教化万民，指导人们的日常生活，这正是《夏小正》的高明之处。

《夏小正》属于 12 月历，它将每个月的天象、气候、物候和农事活动当作一个整体，视自然运动与人类活动为一个有机协调的统一体，通过农业生产大系统把握农事活动规律，达到天、地、人、物和谐统一，这种思想体现了夏人的系统农业生态观。比较典型的如正月的记载，包括了23 项内容。其中，关于天象变化的有"鞠则见""初昏参中""斗柄县在下"；关于气候的有"时有俊风""寒日涤冻涂"；关于物候的有"雁北乡""雉震呴""鱼陟负冰""囿有见韭""田鼠出""獭献鱼""鹰则为鸠""柳稊""梅、杏、杝桃则华""缇缟""鸡桴粥"；关于农事活动的有"启蛰""农纬厥耒""初岁祭耒始用畼""农率均田""农及雪泽""初服于公田""采芸"。① 这里面涉及天、地、人、物，天上地下，自然人文，和谐一体，体现了夏人整体性、系统性的农业生态观。

《夏小正》体现出的夏人系统农业生态观，蕴含着中国古代最早的整体思维方法，是中国古代人与自然整体思维的集中体现，开中国农业生产系统思维之先河，展现了古人独特的思维方式，奠定了经久不衰和持续发展的中国农业文明基础，对中华民族的历史演进产生了极为深刻的影响。

（三）夏人的季节节律观

生态系统的一个重要特征就是生态替演，生态替演的一项基本内容就是生态群落具有时间结构。我国古代是一个典型的以小农经济为主体的农耕社会，农业社会生态群落的时间结构是随着春夏秋冬四季更迭而形成季节替演，这其中生态学的"时"与天文学的"时"高度关联。遵循自然规则，把握季节节律，授民以时，让百姓严格按照季节节律，日出而作，

---

① 《夏小正》。

日落而息，辛勤劳作，成为统治者的一项重要工作。

在天文和气候时序方面，《夏小正》除二、十一和十二月以外，都有时序记载：正月有"鞠则见""初昏参中""斗柄县在下""时有俊风"和"寒日涤冻涂"；三月有"越有小旱"和"参则伏"；四月有"初昏南门正""昴则见"和"越有大旱"；五月有"初昏大火中""参则见"和"时有养日"；六月有"初昏斗柄正在上"；七月有"初昏织女正东乡""斗柄悬在下则旦"和"时有霖雨"；八月有"参中则旦"和"辰则伏"；九月有"内火"和"辰系于日"；十月有"织女正北乡则旦""初昏南门见"和"时有养夜"。①

《夏小正》在物候方面的内容是最多的，多达58条，按一年12个月的顺序排列，一月份最多有12条，六月和十一月最少，各有1条。这些物候记载，意在提醒百姓，根据物候特征，认识自然规则，谨慎安排农事。

《夏小正》根据天文气象、物候现象，对于每月的农事活动和相应的社会活动，作出以下安排：正月"农纬厥耒"，"农率均田"，"采芸"，"初岁祭耒始用畼"；二月"往耰黍禅"，"初俊羔助厥母粥"，"荣堇采蘩"，"绥多女士"，"丁亥万用入学"，"祭鲔"；三月"摄桑"，"委扬"，"采识"，"妾子始蚕"，"祈麦实"，"颁冰"，"执养宫事"；四月"执陟攻驹"，"取荼"；五月"启灌蓝蓼"，"煮梅"，"蓄兰"，"颁马"，"叔麻"；六月"煮桃"；七月"灌荼"；八月"剥瓜"，"玄校"，"剥枣"；九月"树麦"，"王始裘"；十月"豺祭兽"；十一月"王狩"；十二月"虞人入梁"。②

根据《夏小正》的内容可以看出，在处理人与自然的关系方面，中国古人不仅掌握了自然运动的季节规律，还能够自觉地遵循自然规律，并将人的活动融入自然之中，从而实现人与自然的和谐与统一，反映人与自然关系"和"的特点。把天、地、人、物视为农业生产大系统的各种要素，在这个大系统中，生物的生长和发育受气候变迁的影响，气候变迁又受到天象变化的影响，而人则根据自然运行和生物生长发育的规律，严格按照季节节律，从事各项农事等活动，天、地、人、物各自有序，各依其规，按季节节律，周而复始，有序运行，最终达到"人与天调，然后天

---

①　《夏小正》。

②　《夏小正》。

地之美生"① 的和谐统一。这是中国古人系统性整体思维方法的完美体现。

《夏小正》的季节节律观影响非常大，孔子曾将"行夏之时，乘殷之辂，服周之冕，乐则韶舞"② 作为自己最高的理想，后世月令思想和制度正是起源于《夏小正》季节节律观。

二　商代神灵崇拜与占卜实践

人与自然的互动是一个极其复杂的过程。人们对这一过程的认识，是不断深入、延续发展的。由于生产力水平的低下，早期人们生存手段简单，仰赖大自然给予，所以，对大自然存在深深的敬畏之情。这时人们信天命而敬鬼神，表现在天人之间是一种"天尊人卑"的关系，这种观念在商代尤为盛行。殷人的神灵崇拜和占卜实践，是"天尊人卑"体系下殷人处理人与自然关系的典型事例。

（一）商代的神灵崇拜

"殷人尊神，率民以事神，先鬼而后礼。"③ 商代统治者信奉天帝神灵，凡事都求巫占卜，一切行为皆以遵循神灵旨意的名义做出，大到出台政策、发动战争，小到商王或其家人有个头痛耳热、出门郊游，都要求神问卜。

殷人信奉的神基本上属于自然神，有天神、地神和人神三种。

首先是天神。其实，殷人本没有"天"的概念，殷人的天神崇拜实际上应该称为"帝神"崇拜更合适一些，因为在殷人看来，天神以"帝"为代表，"帝"或者"上帝"是天神的统领，是高居上天，无所不能，主宰万物的神灵。由于我们现在已经习惯了把天上的神称为"天神"，在此暂且就称殷人的信仰为天神崇拜。在殷人的眼中，"帝"的权威无与伦比，不仅能主宰天象气象，风、雨、雷、电、云、雹、雪等天象都归"帝"调遣，而且，关乎殷人生存的年岁丰歉、城邑安危、战争胜负和商王的祸福安危等都由"帝"安排。武丁卜辞表明，在殷人的心目中，"帝"跟人间的王一样，也有自己的朝廷，有臣、工、使等神供"帝"驱使，帝庭的官员叫"帝五臣""帝五丰臣""帝五丰""帝臣""帝工""帝使"。"帝"通过四方神掌控风神、雨神、云神、日神等来实现自己的

---

① 《管子·五行》。

② 《论语·卫灵公》。

③ 《礼记·表记》。

目的。

其次是地神。地神就是祇，说文解字对祇的定义是："祇，地祇，提出万物者也。"土、山、河乃至大树丛林等大地上存在的自然物，都会成为殷人拜祭的对象。祭祀地神最多的是"土"，也称"社"，是指被殷人人格化的土地神灵。古人有封土为社之说，甲骨文的土字即为封土之形。殷人盛行祭土和祭社之习，在其居住地建有很多社坛，经常举行祭祀活动，有关此方面的卜辞特别多。除了社神，岳神和河神也是殷人经常祭祀的地神。"崧高维岳，骏极于天。"① 雄踞殷人祖居地的嵩山，被殷人彻底神化，成为殷人祭拜的主要对象，卜辞中大量"祈年于岳"② 的记载就是明证。另外，从东、南、西三面环经殷人祖居地的大河（黄河古称大河）也是殷人经常拜祭的重要神灵，卜辞中常见的"告秋于河"③ 就是殷人祭祀河神的记录。有时，殷人还同时祭祀嵩、河二神，这在卜辞中记载为"河暨岳"④ 或"岳暨河"⑤。在殷人祭祀的土神中，土（社）神、岳神和河神占了绝大部分比例。殷人还常常将地神与祖先神共同奉祭，如卜辞所说："辛未贞，祈禾高祖、河，于辛巳九燎。"⑥

最后就是人神。殷人认为其祖先死后都能成为神，商族的先祖在天国与"帝"或"上帝"所在的天庭共同为神，仍然为后、为王。商王生时为王，已死远祖称后，近祖称先王。活着的商王用祖先神的意志来约束亲贵、大臣和诸侯，祖先神是祭拜的主要对象。除了单祭外，还有与先公远祖分别合祭，但直系先王被合祭的机会多一些。祭祀已亡的神不单是为怀念先人们的业绩，更是商王利用人们对先人们的崇拜、对神祇的信仰来统治人们的思想和行动。⑦

（二）商代的占卜实践

在天人相分的古代自然崇拜中，必须有沟通神、人的媒介存在，这就是后来被称为"巫"者。巫是引导人们去礼拜求神的组织者，女巫称

① 《诗经·嵩高》。
② 《甲骨文合集》33292。
③ 《甲骨文合集》9627。
④ 《甲骨文合集》34295。
⑤ 《甲骨文合集》30412。
⑥ 《甲骨文合集》32028。
⑦ 日本学者赤家忠在所著的《中国古代的宗教文化——殷王朝的祭祀》（日本自川书店1977年出版）一书中，将商王朝所祭祀的神分为祖先神、族神、先公神、巫神、天神、上帝六种，可作参考。

"巫"，男巫称"觋"。他们负责设计和主持祭祀仪式、乐舞祈求、占卜吉凶、疾病治疗等沟通神灵的仪式，这就是巫术。巫术反映古人对超自然力的信仰、希望和祈求。早期的巫由部落首领兼任，进入王朝后，巫由宗教神职转为朝官，成为最早的史官，因而在上古时期往往巫史不分。

支持殷人天人崇拜最重要的活动之一就是占卜，它不仅成为商王其他所有祭祀的基础，也是其他所有活动的前奏曲。占卜问询的内容有四大类、二十余种：第一类是进一步的祭祀，如献祭、求雨或祈求好天气等；第二类是询问商王某个时段时间（如一旬、一夕）的祸福运气；第三类是对即将进行的征伐、狩猎、迁徙、田游等活动有可能出现的结果进行占卜；第四类是对梦、自然灾害、生育、疾病或者死亡等事件未来结果的解释。[①]

占卜结果成为商王即将举行活动的根据和理由。一些甲骨卜辞不仅刻有商王的预测，而且还有相应的验辞结果。虽然有些商王按照一个简明的祀谱进行祭祀，但在祭祀举行必须进行占卜，在征得先祖同意后，才能举行额外祭祀，并按照占卜结果，在相应的时间举行祭祀和呈贡祭。

（三）神灵崇拜和占卜所反映的殷人天人观和生态观

殷人的天神崇拜和占卜实践，可以反映出殷人对于人与自然关系的基本认知：

第一，殷人神灵崇拜反映其天、地、人相统一的系统生态观。殷人信奉、祭拜的神灵既包括了天上的"帝"或"上帝"等天神，也包括了地上的土（社）、岳、河等地球上的神祇，还包括了殷人祖先神。殷人的自然崇拜，已经不是作为真实自然物的山林川泽、日月星辰，而是有一定人格化的神灵。例如，"天命玄鸟，降而生商"[②]，殷人虽然还留有某些动物、植物的痕迹，但殷人并不崇拜真实的鸟，飞鸟只是殷人远古的遥远记忆，并没有列入祀典。天地人一体化的神灵崇拜，是殷人现实生活的映射，神灵实际上既是大自然威严与神秘性的人格化，又是人类社会自身存在威权的人格化。天地人神的一体化实际上反映的是殷人自然、人类与社会一体化生态观，初显"合"的特征。

第二，殷人的神灵崇拜和占卜实践反映了殷人对自然现象精细观察和冷静思索。在古人的观念中，能够对人类生存产生影响的自然天象，能够给人类维持生存所必需的物品和财富的东西，才值得崇拜祭奠。即所谓

---

① 张光直：《商文明》，辽宁教育出版社 2002 年版，第 193 页。

② 《诗经·玄鸟》。

"及夫日月星辰，民所瞻仰也；山林川谷丘陵，民所取材用也。非此族也，不在祀典"①。通过甲骨卜辞记载，我们可以发现，殷人对于其仰仗、索取财用的大自然，兴趣浓厚。例如，晴雨变化对殷人农业生产和狩猎活动密切相关，因而有关卜问有没有雨、何时下雨、下多长时间雨等问题的记载非常多。同时，我们也常常可以在卜辞的验辞中发现"允雨""允不雨"之类的记载，说明卜问结果的正确性。可见，殷人对气象现象进行过长期观察和分析，不然占卜会很不靠谱，有损占卜的权威性。另外，卜辞中还有殷人对云的来去方向、颜色等方面的记载，说明殷人对气象的观察非常仔细。可以说，甲骨卜辞是我国最早的气象观测记录。

第三，殷人的神灵崇拜和占卜实践反映了殷人顺应自然、尊重自然的核心理念。殷人信奉的是自然神，特别是对天神帝和对地神土（社）、河、岳神的崇拜和占卜实践，反映了殷人顺应自然、尊重自然的核心价值观。殷人卜问帝令风令雨、降灾降旱，就是其顺应、尊重自然规则的集中体现。而殷人向地祇土（社）、河、岳神祈求禳祸降福、风调雨顺、年岁丰稔，更反映殷人对自然的依赖、信任和尊敬，同样呈现人与自然"和"的特征。

三　《周易》三才和合思想

《周易》是我国现存最古老的一部系统性地阐发人与自然关系理论与方法的典籍。传说周文王困于羑里七年，才演绎出《周易》。对待人与自然关系，周人完全摒弃了商人龟甲占卜理论与方法，将古人认知人与自然关系的理论与实践提升到了一个全新的高度。而贯穿《周易》始终的最基本理念是三才和合思想，这一思想体系不仅是宇宙本体论的体系，也是宇宙发生论的体系，不仅解释事物的消长，也解释事物的状态，进而穷究万物之理。

古人仰观天象，俯察地理，中省自身，得出结论：天地中存在两个既相统一又相对立的最基本的元素——"阴"和"阳"。阳者，乾之称，刚之名；阴者，坤之称，柔之号。《周易》认为，阴阳二物，存于天地及万物之中，相互交会，互相涤荡，不断产生出万事万物。阴阳在对立中和谐，乃自然造化之源，"易"之本，为万物之本源。《周易》以"乾""坤"之卦为始，讲述了自然造化之源和万物生生之本；以"未济"之卦而为终，讲述了自然万物无尽的延续，一切事物皆有生生之意。

---

①　《礼记·祭法》。

《周易》用八卦理论表达了我们祖先对大自然的一种直观的认识。乾、坤、震、巽、坎、离、艮、兑是《周易》最初的八卦，分别代表自然界的天、地、雷、风、水、火、山、泽八种物体，是组成自然界最重要的东西，而八卦则代表宇宙间的万事万物。

《周易》用八卦演变成关系紧密的六十四卦，来表达自然万物变化无穷的过程和规律。它将万物自然生生不息的规律，表述为元、亨、利、贞四个层次。元，初始、兴起之意；亨，乃通达、茂盛之意；利，是圆熟、获得之意；贞，乃贞固、收藏之意。《周易》认为，植物的生长周期就是沿着"春耕、夏耘、秋熟、冬藏"这一条轨迹运行的。自然界的万事万物的生命历程都是依此条理运行，宇宙是一个依循元、亨、利、贞规律运行的大生命体。乾坤相互作用、阴阳交互摩擦，消亡中不断产生新的生命因素，形成一个循环不息的自然生态体系。万物生生是自然生态系统的自身功能，而人只不过是自然孕育产生的精灵，仅是这个生态系统环节中的一个链条而已。

《周易》认为一阴一阳为天之道，由此肯定自然的本质为"生"；又认为"生生而有条理"，彼此衔接，前后联结，由此而得出"万物一体"、天人"和合"的道理。即天地间的各种事物之间，都是一种不可分离的一体关系："有天地然后有万物，有万物然后有男女，有男女然后有夫妇，有夫妇然后有父子，有父子然后有君臣，有君臣然后有上下，有上下然后礼仪有所错。"[①] 认为人类文明演进与天地自然是统一体，人类文明与天地万物自然发展密不可分。所以，天人"和合"是必要的，人们应该跳出小我的视野，视天、地、人为一体，学会爱人爱自然，达到人类与天地同生、天地滋润养育人类万物和谐发展的境界。

《周易》提出天、地、人"三才"和合思想："昔者圣人之作易也，将以顺性命之理。是以立天之道曰阴与阳；立地之道曰柔与刚；立人之道曰仁与义；兼三才而两之。"[②]"三才论"认为"一阴一阳之谓道""形而上者谓之道"。[③] 人是天地万物当中的一物，由天地生成，而阴阳是宇宙自然化生万物的根本，人类活动要服从自然界的普遍发展规律。天地间的阴阳之道，"继之者善也，成之者性也"[④]。"三才论"从哲学的层面阐明

① 《周易·序卦》。
② 《周易·说卦传》。
③ 《周易·系辞上》。
④ 《周易·文言》。

自然界的普遍发展规律和人类的本性特征是统一的，提倡三才和谐共生，展现三才共生的原则、方法，认为人类行为应当符合这种基本的道德规范，合乎自然规律，"夫大人者，与天地合其德，与日月合其明，与四时合其序，与鬼神合其吉凶"①。

第三节　春秋战国时期诸子百家学说与 古代生态观的初步形成

春秋战国时期是礼崩乐坏、诸侯征伐、社会动荡时期，而在长达五个半世纪的漫长时间里，由于诸侯国之间的激烈争霸，各诸侯国不得不秉持开放思维，重用各种贤能异士，于是，造就了春秋战国百家齐放、百家争鸣、人才辈出、学术风气异常活跃时代特征，中华文化的基本架构得以形成，传统生态观亦初步形成。

一　阴阳五行学说对大生态圈辩证运行规律的探讨

与西方思维模式不同，古代中国人的思维方式具有十分鲜明的特征，这些特征表现在，注重具象和直观，强调人本精神，将天地宇宙和人类看作一个整体，建立了自己的宇宙论，关注人在宇宙中的地位和位置，注重探索人与自然的关系，并建立了相应的占理数术。

阴阳五行学说就是代表春秋战国时期诸子百家兴盛繁荣的典范，它是古人数千年立足农耕社会实践，认真观察自然，积极思考和把握人与自然关系规律的独特成果，并逐渐成为国人思考问题独特方式。两千多年来，阴阳五行学说不仅对后世政治、经济、军事、文化都产生深刻影响，而且，还渗透到国人生活的方方面面，成为中华文化基因中不可或缺的重要组成部分。

（一）阴阳五行学说的形成

1. 阴阳学说的源起及发展

许慎在《说文解字》中对"阴""阳"的解释为："阴（陰），暗也。水之南，山之北也，从阜，声。""阳，高明也。从阜，易声。"此两字都与太阳有关。阴从今、从云，有遮蔽太阳之意。阳则相反，则有日出明亮之意。可见，古人造"阴""阳"二字，乃是观察自然、记录自然现象的

---

①　《周易·乾卦·文言》。

结果。

有关"阴"与"阳"的记载，最早在甲骨文中就已可见。殷代甲骨卜辞出现了"阴"字，只是数量极少。如卜辞记录："丙辰卜。丁巳其阴乎？允阴。"① "戊戌卜，其阴乎？翌已起，不见云。"② 都是卜问是否有阴天，阴字只用于描述天气变化。另外，甲骨文中也发现了"阳"的记载。如"丁卯卜，不易霽？"③ 等。

春秋战国以前，"阴"与"阳"从来都是单独使用，未见将"阴阳"二字连在一起使用的记载，考诸先秦现存典籍，唯一将阴阳二字连用的只有"既景乃冈，相其阴阳"④ 一句，意指在山冈上测日影，观察其光线向背，乃完全是用阴、阳二字的本义，与后世所谓阴阳之义，有天壤之别。

其实，古人阴阳观念的发轫，要比殷商时期早得多。作为农耕文明国家，由于气候、环境的变迁，会对古人的生存生活产生巨大影响，迫使古人们不得不对于天象、气候运行规律予以足够重视。因此，自步入阶级社会，立定律历、给民授时，成为统治阶级最为神圣、重要的职责。从传说中的三皇五帝，再到夏商周三代，沟通上天、授民以时、指导百姓按季节律动规律生产生活，成为关系到王朝兴替的关键因素。关于阴阳观念产生的大致时间，1987 年，河南舞阳贾湖遗址墓葬出土的八律七孔骨笛，是世界上现存最早多音乐器和七声音阶乐器，其作用就是用来候气定月的。⑤ 冯时先生据此认定，阴阳观念在距今八千年左右就已经出现。他认为，中国古人有非常悠久的以律候气历史，河南舞阳贾湖新石器时代塞葬出土的骨律，距今有八千年。经过律管测音，其结果表明，同一墓中的两支律管都构成大二度音差，一属阳律，一属阴吕，与古人惯以阳律阴吕分别配记十二月的传统一致，证明当时的人们已有阴阳观念。⑥

关于上古历法的发展脉络，立志"究天人之际，通古今之变"的司马迁，就对此作出过总结：

王者制事立法，物度轨则，壹禀于六律，六律为万物根本

---

① 《甲骨文合集》19781。

② 《甲骨文合集》20988。

③ 《小屯南地甲骨》2351。

④ 《诗经·大雅·公刘》。

⑤ 吴钊：《贾湖龟铃骨笛与中国音乐文明之谜》，《文物》1991 年第 3 期。

⑥ 冯时：《律管吹灰与揆影定气——有关气的知识体系与时令传统》，《装饰》2015 年第 264 期。

焉。……律历，天所以通五行八正之气，天所以成孰万物也。故璇玑玉衡以齐七政，即天地二十八宿。十母十二子，钟律调至上古。建律运历造日度，可据而度也。合符节，通道德，即从斯之谓也。①

昔自在古，历建正作于孟春。……神农以前尚矣。盖黄帝考定星历，建立五行，起消息、正闰馀，于是有天地神祇物类之官，是谓五官。……（尧）立羲和之官，明时正度，则阴阳调，风雨节，茂气至……年耆授舜……舜亦以命禹。……其后战国并争……独有邹衍，明于五德之传，而散消息之分，以显诸侯。②

在司马迁看来，人们自古以来就是效法天地的运行节律来安排生活和生产，作为天文观测成就的产物，律历知识是人类最重要的知识之一；顺应自然节律，就会国泰民安，否则，世道必乱；神农氏以前的远古时期，没有保存什么律历知识，但自黄帝时代始创制体系、建立五官，经"尧—舜—禹"薪火相传，得以继承和发展，形成以阴阳为主干的历法体系。可见，在远古时期，阴阳观念就伴随着我国历史发展而发展着。

史上首次用阴阳来解释自然运动规律的，是西周大夫伯阳父（生卒年不详）。公元前780年，西周汉水、渭水、洛水一带发生地震，伯阳父认为，造成地震的原因是阴阳二气"失其序"："夫天地之气，不失其序；若过其序，民乱之也。阳伏而不能出，阴迫而不能蒸，于是有地震。今三川实震，是阳失其所而镇阴也。阳失而在阴，川原必塞；原塞，国必亡。"③春秋时期，利用"阴阳"来解释自然现象，已经相当普遍，但尚未把"阴阳"提升到哲学范畴的高度。春秋末期，范蠡（公元前536—前448年）就运用阴阳理论来解释天道变化的规律："因阴阳之恒，顺天地之常"，"阳至而阴，阴至而阳"。④春秋战国时期，医疗技术已经相当先进。当时医生治病，就用到了六气阴阳理论。昭公元年（公元前541年），晋侯病了，本地医生治不好，跑到秦国去请医生。秦伯就派医和去给晋侯看病。医和就用"阴阳"等六气解释致病原因："天有六气，降生五味，发为五色，征为五声，淫生六疾。六气曰阴、阳、风、雨、晦、明也，分为四时，序为五节，过则为菑：阴淫寒疾，阳淫热疾，风淫末疾，

---

① 《史记·律书第三》。
② 《史记·历书第四》。
③ 《国语·周语上》。
④ 《国语·越语下》。

雨淫腹疾，晦淫惑疾，明淫心疾。"① 可见，当时"阴阳"理论已经在医学中使用。

而首次将"阴""阳"作为形而上学的哲学范畴使用者，是老子。老子认为，世界万物具有"阴"和"阳"这两种基本要素："道生一，一生二，二生三，三生万物。万物负阴而抱阳，冲气以为和。"② 在这里，阴阳已不再是原来的本意，而是一种非常抽象的哲学概念。

而比老子稍晚的列御寇（约公元前 450—前 375 年），则首先企图用阴阳理论来演绎天地变化规律。在他看来，"天地"的"生化"，可以用"阴阳"来统辖、解释，事物的生长、变化、存在与死亡，皆缘阴阳而起："有生不生，有化不化。不生者能生生，不化者能化化。生者不能不生，化者不能不化，故常生常化。常生常化者，无时不生，无时不化。阴阳尔，四时尔，不生者疑独，不化者往复"，"造化之所始，阴阳之所变者，谓之生，谓之死"。③ 如阴阳二气不交感，事物便停止变化："阴阳之气所不交，故寒暑亡辨。"④ 他还认为，人应该要学会节制，不能贪得无厌；贪得无厌，就会造成阴阳的失衡而发生蠹害："丰屋、美服、厚味、姣色，有此四者，何求于外？有此而求外者，无厌之性。无厌之性，阴阳之蠹也。"⑤

庄子（公元前 369—前 286 年）则在继承发扬老子和列子理论的同时，对阴阳理论做出了更为系统全面的论述。在《庄子》一书中，用到"阴阳"的地方达 23 处，内容繁杂丰富。在本体论方面，庄子继承了《老子》对阴阳的解释，也用阴阳来解释气。他认为，阴阳是两种最大的物质形态的气体："天地者，形之大者也；阴阳者，气之大者也。"⑥ 同时，庄子试图用阴阳来解释事物运动及其内在根源，他认为，"四时运行""万物循生""一盛一衰""一清一浊"，于是"阴阳调和"，世间万物各得其所，各安其位："四时迭起，万物循生。一盛一衰，文武伦经。一清一浊，阴阳调和，流光其声。"⑦ 庄子还认为，只有阴阳运行协调和谐，四时运行得节有序，才能国泰民安，"阴阳和静，鬼神不扰，四时得

① 《左传·昭公元年》。
② 《道德经·四十二章》。
③ 《列子·天瑞第一》。
④ 《列子·周穆王第三》。
⑤ 《列子·杨朱第七》。
⑥ 《庄子·杂篇·则阳》。
⑦ 《庄子·外篇·天运》。

节，万物不伤，群生不夭"①。否则，"阴阳错行，则天地大骇"②。"阴阳不和，寒暑不时，以伤庶物，诸侯暴乱，擅相攘伐，以残民人。"③

比庄子更晚的荀子（约公元前 313—前 238 年），进一步完善了阴阳理论。在荀子看来，无论是天象、天地、四时，乃至怪异天象发生的原因等自然现象，还是人世间一切正常变化、怪异现象、吉凶祸福，都可以归结为阴阳变化所致："天地合而万物生，阴阳接而变化起。"④"列星随旋，日月递照，四时代御，阴阳大化，风雨博施，万物各得其和以生，各得其养以成"，"夫星之队（坠），木之鸣，是天地之变，阴阳之化，物之罕至者也"。⑤

成书于战国时期的《管子》，也是运用阴阳理论探讨自然规律、解释社会现象的一个典范。《管子》认为，阴阳乃天地四时之纲，"阴阳者，天地之大理也；四时者，阴阳之大经也"⑥。而四季变化，时间长短，昼夜更替，都是阴阳作用的结果："春秋冬夏，阴阳之推移也；时之短长，阴阳之利用也；日夜之易，阴阳之化也。"⑦

《易传》成书于战国末期，其已将阴阳理论系统化、完善化。庄子看来，《易传》是专门讲阴阳理论的著作，所谓"易以道阴阳"⑧。易有太极，太极生两仪，两仪即阴阳。按照《易传》的解释，构成八卦的两个爻画"--""—"代表阴阳，爻画有阴阳，爻位有阴阳；卦有阴阳，其中，坤、巽、离、兑为阴卦，乾、震、坎、艮为阳卦。《易传》大讲阴阳之道，将"阴阳"升华到了哲学方法论的高度。

2. 五行观念的产生与发展

五行理论的起源有不同说法。五行生成说最早见诸先秦典籍《尚书·虞夏书·甘誓》，内载"有扈氏威侮五行"。此处的"五行"在《尚书正义》中，被解释为"五行之德"。今人一般认为"五行"是指代"金、木、水、火、土"这五种构成民生日用资料的基本元素，而"威侮

---

① 《庄子·杂篇·刻意》。

② 《庄子·杂篇·外物》。

③ 《庄子·杂篇·渔父》。

④ 《荀子·礼论》。

⑤ 《荀子·天论》。

⑥ 《管子·四时篇》。

⑦ 《管子·乘马》。

⑧ 《庄子·天下篇》。

五行"则意为不敬天象、不遵循五行规律，轻慢利用自然物。① 今人的解释应该更加符合本意。这一点，《尚书·周书·洪范》篇中对五行更为详细的阐述可以相左："五行：一曰水，二曰火，三曰木，四曰金，五曰土。水曰润下，火曰炎上，木曰曲直，金曰从革，土爰稼穑。润下作咸，炎上作苦，曲直作酸，从革作辛，稼穑作甘。"② 在此，很明显是用金、木、水、火、土五种基本的民生日用资料来解释"五行"的，应该是"五行"最原始、最直接的本意。此外，此处还详细阐述了五行的基本性质，"水、火、木、金、土"性质依次为"润下味咸""炎上味苦""曲直味酸""从革味辛""稼穑味甘"。这又与《黄帝内经》等传统医学著作对五行的解释基本一致。

西周末期的史伯（生卒年不详）开始把"五材"作为方法论，用五材来解释"和实生物"这个哲学问题："夫和实生物，同则不继。以他平他谓之和，故能丰长而物归之。若以同裨同尽乃弃矣。故先王以土与金、木、水、火杂以成百物。"③

到春秋时期，得益于开放争鸣的良好学术环境，五行理论逐渐丰富，论及五行的典籍很多，将五行定义为金木水火土，几成定论。到战国时期，阴阳五行学说已成为当时人们"普遍观念"④。庄子就曾说过："制以五行，论以刑德。"⑤ 战国末期齐国阴阳家邹衍，提出"大九州说"和"五德终始说"，基本上完成了传统阴阳五行理论的构建。邹衍生活在具有丰富而悠久阴阳学说传统的齐国，齐国本为东夷族祖居繁衍之地，盛行八神崇拜，主祀天、地、阴、阳、日、月、四时之神，讲究因顺自然，是古齐文化的发源地。齐地八神崇拜中本身包含了阴阳说和五行说产生的原始质素，加上《黄帝四经》的春夏行德、秋冬行刑思想，再到《管子·四时》篇的务时寄政学说，成为邹衍完成阴阳五行理论的基础。

（二）阴阳五行学说的主要内容

阴阳五行学说是中国古人观察、认识、理解、实践人与自然关系的基本世界观和方法论，是中国传统文化的重要组成部分，构成中国哲学本体论的核心：道（气）生阴阳，阴阳生五行，五行化万物，万物通过阴阳

---

① 顾宝田注译：《尚书译注》，吉林文史出版社 1995 年版，第 55 页。

② 《尚书·周书》。

③ 《国语·郑语》。

④ 葛兆光：《中国思想史》（第一卷），复旦大学出版社 2001 年版，第 76 页。

⑤ 《庄子·说剑》。

五行的相互转化，形成一种动态的和谐关系。具体而言，阴阳五行学说包括以下几方面的内容：

1. 五行归类

五行归类是以五行所代表的属性为依据，把自然界的事物或现象的某一属性与之类比，从而归属于木、火、土、金、水五大类之中，形成五个大系统。五行所代表的属性，是从木、火、土、金、水五种具体物质中提取出来的。古人把木的特性归纳为生发、柔和、曲直、舒展等；将火的特性归纳为炎上、阳热、升腾等；将土的特性归纳为长养、生化、受纳、变化等；将金的特性归纳为清凉、洁净、肃降、收敛等；将水的特性归纳为寒湿、下行、滋润等。

根据五行理论，"五行"是构成世界的五种基本物质，世界上万物皆可按"五行"的属性归类。例如，一年可以分为"五季"，即春、夏、长夏、秋和冬；气候变化则可分成"五气"，即风、湿、燥、暑和寒；一天分为"五时"，即平旦、日中、日西、合夜和夜半；方位可以分为"五方"，即东、南、西、北和中；颜色可以分为"五色"，即白、黑、苍（青）、赤（红）和黄；气味则有"五味"，即酸、甘、苦、辛和咸；生命过程可以归结为为"五化"，即生、长、化、收和藏；人体则有"五脏""五腑""五体""五神"和"五志"："五脏"为肝、心、脾、肺和肾，"五腑"为胆、小肠、胃、大肠和膀胱，"五体"为筋、脉、肌肉、皮毛和骨，"五官"为目、舌、口、鼻和耳，"五神"为神、魂、魄、意和志；"五志"为喜、怒、思、悲和恐等。上述五季、五气、五化、五脏、五官等，都可以通过类比归属到木、火、土、金、水五类之中。

可见，阴阳五行学说是一种典型整体性复杂思维，它首先将世界看成是一个宏观整体，然后又将自然界、人体等世间万物都看成一个个相对独立的小整体。

2. 五行生克制化

五行学说不仅是一种分类方法，更是阐明事物内部运动一般性规律的学说。每一事物都是一个整体，整体都是由部分构成，各部分之间相互联系、相互转化，处于动态的不断发展的过程中。五行学说正是通过"生克制化"的理论，总结出事物的联系、转化、发展的规律，解释事物所具备的整体、稳定、统一属性，以及事物各组成部分间协调平衡发展的内在逻辑。

具体来看，五行学说将事物间的复杂联系划分为"相生"和"相克"两个方面，"相生"即通常意义上的"互利"，代表事物间互促、互助、互生的联系。"相克"即通常意义上的"互害",代表着事物间互制、对立、斗争的联系。五行学说正是借事物之间、事物各构成部分之间"相生"或"相克",彼此联系,相互转化的状态,描述事物或现象内部维持平衡和协调的机制。五行的"生克"指五行"相生"和"相克",特指五行间正常的相互滋生和相互克制的关系。五行按木、火、土、金、水的顺序依次"相生",也就是木生火、火生土、土生金、金生水和水生木。而同时,五行也按一定顺序"相克",即木克土、土克水、水克火、火克金和金克木。

五行的"生克"还有正常的和异常的之分,正常的为"生克",异常的为"乘侮"。五行"乘侮"是五行间的异常联系方式,是由于五行间"量"的异常而引起的克制异常或克制太过的现象。"乘",又称"相乘",是乘袭的意思,即乘虚而袭之,是克制太过的表现。"侮",又称为"相侮""反侮",是恃己之强,凌彼之弱,侮所不胜的现象。"相侮"与正常相克的方向相反,是一种克制的异常,表现为反向克制,又称"反克"。"相侮"的方向、顺序与"生克"一致。

"相生"和"相克"保持事物的稳定性、统一性和整体性,维持事物内部的平衡和协调,体现事物正常的运动变化,即维护了事物正常的生命过程。"制",即监制、制约、即起到控制作用。事物内部各构成部分之间的"相生"和"相克",维持了它们相互之间的平衡和协调,因而也就维护了事物的稳定性、统一性和整体性。"化",即变化,是指事物在内部统一、协调和平衡的伏态下而发生的正常运动变化。

3. 五行生克的辩证关系

五行生克的辩证关系,主要表现在两方面:一是五行生克和"量"的关系;二是五行生克的"互用"关系,即"生中有克,克中有用"。五行生克和"量"的关系,是说五行的生克和五行的"量"(即五行的盛衰)有关,主要是和五行中各"行"的"量"的比例有关。五行生克规律仅是就一般"常量"而言,各"行"盛衰的变化,是限制在五行间平衡和协调所允许的波动范围之内,只有在这种条件,五行生克规律才能成立。反之,如果条件发生了变化,当五行间盛衰的变化超过了所允许的波动范围,特别是五行间盛衰的比例超出了所允许的波动范围,五行生克规律便不能成立,就会出现异常现象引起异常的克制,即属于五行"乘侮"关系。因此,保持中庸适度,维护和谐状态,非常重要。

(三) 阴阳五行学说揭示的大生态圈辩证运动规律

阴阳五行学说将天地万物归为五类,囊括了整个由自然生态圈、人类社会生态圈和精神生态圈组成的大生态圈，向我们揭示了互生、互扼、互补的运行规律。①

根据阴阳五行理论，生物圈的各要素关系密切，共存共生，相互促进发展。自然生态圈整体生态系统，依赖整体共属的代谢功能，保持自然生物圈内所有生命物质，不断循环往复。生物的生命过程，就是一个不断从环境中输入营养物质，同时不断向环境输出代谢物质的过程。环境在被生物提供生存所需物质的同时，又会反过来影响或选择生物，最终环境与生物同时进化，协同发展，维持生物组织结构的自治，并保持应对来自自然生物圈外的伤害的修复能力。而在社会生态圈中，人类也须遵守人与自然关系的基本法则。人的生存过程实际上就是从环境中不断获取资源，进行消费；同时，向环境中不断遗弃废弃物，对环境产生影响。而环境在供给人类消费资源的同时，也会反过来影响人类的生活和消费。人类需要与环境协调一致，贯彻可持续发展理念，达到人与自然的和谐。人类的精神生态圈不可能脱离自然生态圈和社会生态圈而存在，也是一种互存共荣的关系。人的精神体验来源于自然和社会，人类在通过改变自然和社会获取更为丰富的精神体验的同时，自然和社会的变化也会对人的精神生活产生重大影响。总之，根据五行相生理论，三大生态圈之间存在明显的共生共存关系：自然生态圈是社会生态圈和精神生态圈的物质基础，对社会生态圈和精神生态圈的运转有决定性作用；而社会生态圈和精神生态圈又是影响自然生态圈运转的最重要因素；三大生态圈之间良性需要互动、和谐运行。

五行相克理论告诉我们，三大生物圈之间，包括生物圈内部各要素之间，存在相互制约关系。从人与自然关系方面来看，人类活动对自然的影响有好、坏两方面的作用。从坏的方面看，人类活动对自然环境产生很大的破坏作用，最极端的会导致地质灾害、土地荒漠化、水质毒化等危及人类生存的灾难性事件。日出日落、春夏秋冬、沧海桑田、生死交替等，自然运行自有其自然规律。人类如果不尊重自然规律，盲目突进，一旦突破底线，破坏自然生态圈的运行，就会遭受自然规则的反噬。

五行生克的辩证关系说明，生物圈各要素之间，需要保持中庸适度、和谐稳定的关系。任何突破底线、竭泽而渔的行为，都是不可取的，会带来难以预估的损失。

---

① 参见傅治平《天人合一的生命张力——生态文明与人的发展》，国家行政出版社 2016 年版，第56—64页。

二　老庄道法自然、知足知止和万物为一思想

老庄发道家学说之韧，对人与自然的关系有非常深刻的认知。老子主张尊重自然，师法自然，尊重自然规律，知足知止。庄子则主张"万物为一"，视人与自然万物为一个相互联系的整体，把人与自然的和谐关系作为人生最高的追求。老庄道法自然、知足知止和万物为一思想，对当代社会摒弃人类中心主义生态观，坚持人与自然和谐共生的生态观，具有一定的借鉴作用。

（一）老子的道法自然、知足知止思想

老子在先秦诸子中最先表达了尊重自然的思想，老子学说最基本理念就是"道大、天大、地大、人亦大。域中有四大，人居其一也。人法地，地法天，天法道，道法自然"[①]。在老子看来，人只是有机统一的世界共同体一部分，与天地万物一起应服从于自然运行法则，人作为一种自然存在之物，应该效法地，而地则要依法于天，天则以道为依归，道则效法自己，不需寻求它物。道本无为，无为而无不为。道是万物的本质，道的作用方式是不控制、不干预，它给予万物完全的自主性，任凭万物自己发展，万物则依照自己的内在规则发展，从而形成万千世界，道则体现在万物的形成与发展过程之中。

老子认为，"天"与"地"合而为宇宙天地，或者说"天""地"合而为与"人"相对的"天"，而"道"即"自然"，是通贯"天""人"的"一"，"天地"遵从自然之道，人也须遵从自然之道，"天地"与"人"合于自然之道。"道生一，一生二，二生三，三生万物。万物抱阴而负阳，冲气以为和。"[②] 他还认为，人与自然共同来自"道"，"道"作为宇宙的本体，是"一"，乃万物根本，分裂为阴阳，然后产生出世间万物。"夫物芸芸，各复归其根。归根曰静，静曰复命，复命曰常。"[③] 万物的产生和发展，离不开自然，最终又因死亡而复归于自然。正因如此，老子要求人们关爱自然万物："上善若水，水善利万物而不争，处众人之所恶，故几于道。"[④]

老子主张，要实现长久的发展，就应该在发展过程中知道适时满足，

①　《道德经·二十五章》。

②　《道德经·四十二章》。

③　《道德经·二十三章》。

④　《道德经·八章》。

知道适可而止："知足不辱，知止不殆，可以长久。"① 体现了老子尊重自然、坚持人与自然共生共进、有节制地利用自然的生态观。

老子的生态观是一种与人类中心主义生态观完全相对立的观念。依照老子的理念，自然是一种理想的存在状态与过程，也是一种理想的价值观念，人类仿照天地万物及其运行规律，并以其为行为的根本准则，按照自然之"道"的天性而为，即为"无为"。人也是自然中的一员，没有高于其他万物的特权，应遵循万物的准则，将自然的德行作为最高德行，这就是即所谓的"玄德"："道生之，德蓄之，物形之，势成之。是以万物莫不尊道而贵德。道之尊，德之贵，夫莫之爵而常自然。故道生之蓄之，长之育之，亭之毒之，养之覆之；生而不有，为而不恃，长而不宰。是谓玄德。"② 由此反思近现代以来，在人类中心主义生态观的影响下，人类不断地控制自然，利用自然，造成了对地球生态的毁灭性破坏。破坏自然界，也就是破坏人类自身，就如老子预言："知常曰明；不知常，妄，作凶。"③

（二）庄子的万物为一思想

庄子对老子的思想又有所发扬。他认为，天地万物为一，是和谐共生的："天地与我并生，而万物与我为一。"④ 而"道"自古以来便存在着，道的存在生成了天地及万物："夫道，有情有信，无为无形，可传而不可受，可得而不可见，自本自根，未有天地，自古以固存；神鬼神帝，生天生地；在太极之先而不为高，在六极之下而不为深，先天地生而不为久，长于上古而不为老。"⑤

依照庄子的理解，"道"是万物生发的总因，事物的兴衰成败，取决于是否遵循"道"。遵循"道"，就能成功，得到发展；否则，就是衰败和灭亡："道者，万物之所由也，庶物失之者死，得之者生；为事，逆之则败，顺之则成。"⑥ 庄子还将"道"分为"天道"和"人道"两类。"天道"指自然宇宙运行的规律，"人道"则指人类处理社会问题时应遵循的准则。"天道"为主，"人道"为臣，这就要求"人道"符合"天

---

① 《道德经·四十四章》。

② 《道德经·五十一章》。

③ 《道德经·一十六章》。

④ 《庄子·齐物论》。

⑤ 《庄子·大宗师》。

⑥ 《庄子·渔父》。

道"。"天道"与"人道"具有同一性，但二者之间差异甚大："何为道？有天道，有人道。无为而尊者，天道也；有为而累者，人道也。主者，天道也；臣者，人道也。天道之与人道也，相去远矣，不可不察也。"①

庄子分析了人与自然的关系。他认为，人与天地万物浑然一体，天与人的关系不是对立的，而是和谐共存的关系，人应该顺应和尊重自然生物本性。因此，他反对戕害生物天性的做法，主张"无以人灭天"②，"天与人不相胜也"③，强调"以天合天"④，这其中包含着一种极为可贵的循乎天道的自然原则："庄子将死，弟子欲厚葬之。庄子曰：'吾以天地为棺椁，以日月为连璧，星辰为珠玑，万物为赍送。吾葬具岂不备邪？何以加此？弟子曰：'吾恐乌鸢之食夫子也。'庄子曰：'在上为乌鸢食，在下为蝼蚁食，夺彼与此，何其偏也！'"⑤ 他完全将自己置身于天地之间、人与天地绝对融为一体的理想人生境界。庄子指出天地万物都是互相联系、互相依赖的，"天地万物，不可一日而相无也"⑥。表达了一种系统生存观。

三　儒家"与物同体"仁爱思想

《周易》提出的天人合德思想奠定了后世儒家生态思想基石，成为孔子及其之后儒学历代流派生态观的立论基础。

（一）孔子的"天下归仁"思想

面对社会"礼崩乐坏"的现实，孔子丧失了对"天"的权威信心，试图把"天"与"命"分开，更多地谈"命"，以"命"来补充和取代"天"。孔子虽然仍然敬天信命，承认天命具有神秘的主宰力量，但他"敬鬼神而远之"⑦。对人道已经有了一个全新的认识："能事人，焉能事鬼？"⑧ 他认为享天命应以尽人事为准衡，强调人事的作用，不再从天道那里寻求人道，而是从人自身中寻求人道，所谓"人能弘道，非道弘

---

① 《庄子·在宥》。
② 《庄子·天道》。
③ 《庄子·大宗师》。
④ 《庄子·秋水》。
⑤ 《庄子·列御寇》。
⑥ 《庄子·大宗师》。
⑦ 《论语·雍也》。
⑧ 《论语·先进》。

人"①。彻底颠覆了过去"天尊人卑"的天人观，把"人"从"天"的重压下解放出来。

孔子在强调"人事"的同时，通过其"仁"学，将人事和天道、人性和自然有机统一，构成了"人"与"天"和谐共存的美好愿景。孔子认为："仁者爱人"，"克己复礼为仁"。②"为仁由己"，要做仁者，只能通过自己的主观内省，将礼制化为内心欲求，"我欲仁，斯仁至矣"。如何达到"爱人"？通过"一以贯之"的"忠恕"之道，便能做到。"忠恕"者，推己及人也，"己欲立而立人，己欲达而达人"③，"己所不欲，勿施于人"④。并由此推及社会，推及天地万物，最终达到"天下归仁"⑤，人与人相亲相爱，人与自然和谐共处。可见，孔子的"仁"，乃是一个主客交融、物我两忘的天人"和合"的理想境界。所以，程颐才说："仁者，浑然与物同体。"⑥朱熹也总结道："惟仁然后能与天地万物一体。"⑦

（二）孟子的心性论

孟子则主张通过内心修养未来达到天人合一境界。孟子认为，人道源于性，性乃天之所命，道由性出，性由天授，人道的根源是天："天命之谓性，率性之谓道，修道之谓教。"⑧孟子提出尽心、知性、知天的观点，把心、性与天命联系起来："尽其心者，知其性也。知其性，则知天矣。存其心，养其性，所以事天也。夭寿不贰，修身以俟之，所以立命也。"⑨他指出，人性为善，"恻隐之心，仁之端也；羞恶之心，义之端也；辞让之心，礼之端也；是非之心，智之端也。人之有四端也，犹其有四体也"⑩。而扩充四端是存身立命的关键："凡有四端于我者，知皆扩而充之矣。……苟能充之，足以保四海；苟不充之，不足以事父母。"⑪他主张

---

① 《论语·卫灵公》。

② 《论语·颜渊》。

③ 《论语·雍也》。

④ 《论语·颜渊》。

⑤ 《论语·颜渊》。

⑥ 《河南程氏遗书》卷二。

⑦ 《朱子语类》卷六。

⑧ 《中庸首章》。

⑨ 《孟子·尽心上》。

⑩ 《孟子·公孙丑上》。

⑪ 《孟子·公孙丑上》。

以"诚"通于天地："诚者，天之道也；诚之者，人之道也。诚者，不勉而中，不思而得，从容中道，圣人也；诚之者，择善而固执之者也。"①他认为，至诚之人，发挥自己本性，而性之全德为仁，至诚之人所以发挥仁德，从而达到与天地同德。天与人相互交流，没有阻隔，天赖人以成，人赖天以久，天人为创造而实现同一目的。由于人拥有与天地相同的本质与潜能，故人发挥到极致便可以"配天"："唯天下至诚，为能经纶天下之大经，立天下之大本，知天地之化育。夫焉有所倚？肫肫其仁！渊渊其渊！浩浩其天！苟不固聪明圣知达天德者，其孰能知之？"②

（三）荀子"明于天人之分""制天命而用之"思想

荀子在处理人与自然的关系上化被动为主动，可称为改造自然（制天）说。荀子首先强调"明于天人之分"，认为天就是自然界，有其运行规律，"天行有常，不为尧存，不为桀亡"③。人道是荀子最为看重的，所以，他强调天人之分，即天和人须各有自己的职分。在荀子看来，整天琢磨天意，不如踏踏实实从事农业生产；与其对上天顶礼膜拜，还不如"制天命而用之"："大天而思之，孰与物畜而制之！从天而颂之，孰与制天命而用之！望时而待之，孰与应时而使之！因物而多之，孰与骋能而化之！思物而物之，孰与理物而勿失之也！愿于物之所以生，孰与有物之所以成！故错人而思天，则失万物之情。"④但是，荀子不否认天与人之间的联系。在荀子看来，依照天地的规律治理天下，是最理想的状态："天有其时，地有其财，人有其治，夫是之谓能参。"⑤荀子处理天人关系的最终落脚点是人。他把人的"好恶喜怒哀乐"称为"天情"，把"耳目鼻口"称为"天官"，把"心居中虚以治五官"称为"天君"。又说："财非其类以养其亲，夫是之谓天养；顺其类者谓之福，逆其类者谓之祸，夫是之谓天政。"⑥而圣人的作用是"清其天君，正其天官，备其天养，顺其天政，养其天情，以全其天功"⑦。

荀子在提出"明于天人之分"的同时又提出人定胜天的思想。他提出"制天命而用之"的重要命题，强调发挥人的主观能动性，是他对中

---

① 《孟子·离娄上》。
② 《中庸·三十二章》。
③ 《荀子·天论》。
④ 《荀子·天论》。
⑤ 《荀子·天论》。
⑥ 《荀子·天论》。
⑦ 《荀子·天论》。

国思想史的一大贡献。荀子对天人关系的论述可谓儒家"天人合一"理论的反面参照系。

四　韩非子的天道自然生态观和重农思想

在韩非子看来，自然有自然的规律，人有人的规律："天有大命，人有大命。"① 人应该遵循自然界的规律，而不能人为地破坏其规律，即"澹然闲静，因天命，持大体"②。人不顺应自然，就会破坏事物的本质属性，依顺自然的安排，才是把握事物的关键。韩非子认为，"得天时，则不务而自生"，遵循自然规律，就如同水往低处流一样自然，遵从这一原则，则任何事情都无所不能，无所不成。只要抓住了天时，纵使不去细心耕作，农事也会发展；获得权势地位，即使不向往，也能功成名就："冬耕之稼，后稷不能羡也；丰年大禾，臧获不能恶也。以一人之力，则后稷不足；随自然，则臧获有余。"③ 他明确指出合理开发利用自然、增加收入的举措："举事慎阴阳之和，种树节四时之适，无早晚之失、寒温之灾，则入多。不以小功妨大务，不以私欲害人事，丈夫尽于耕农，妇人力于织纴，则入多。务于畜养之理，察于土地之宜，六畜遂，五谷殖，则入多。"④ 农业耕种要顺应自然的变化，种植农作物要根据四季天时作出合理的安排，不发生种得过早或过迟的失误和天气过于严寒及炎热的自然灾害，收入就会增多。不要用小事来妨害农业这一要务，不因私欲而妨害耕织，男子尽力于农耕，女子致力于纺织，收入就会增多。了解掌握饲养牲畜的道理，考察土地的情况合理种植，六畜兴旺，五谷善殖，收入就会增多。

韩非子认为，"富国以农"⑤。他提出"重农"政策，主张大力发展农业，把解决老百姓的衣食问题作为首要问题："夫耕之用力也劳，而民为之者，曰：可得以富也。"⑥ 他认为，重视农耕是治国安民的根本，并将其与严刑峻法结合起来。"当苗时，禁牛马入人田中，固有令。"⑦

---

① 《韩非子·扬权》。
② 《韩非子·大体》。
③ 《韩非子·亡征》。
④ 《韩非子·难二》。
⑤ 《韩非子·五蠹》。
⑥ 《韩非子·五蠹》。
⑦ 《韩非子·内储说上》。

此外，韩非子还提出"俭於财用，节於衣食"①，主张用之有节等可持续发展的资源利用思想，他明确表示反对厚葬，提出对厚葬实行戮尸治罪的极端办法："棺椁过度者戮其尸，罪夫当丧者。"②

五　墨子的顺天应人与节用思想

墨子认为，人和天是相通的，也就是"人天情通"，天可以赏善罚暴，人必须顺应天意，也就是说，"人道"须顺应"天道"，人的道德原则须与自然规律一致，即所谓："我为天之所欲，天亦为我所欲。"③ 另外，墨子还指出，人须"赖其力而生"④，只有有所节制，做好自己分内之事，才有资格过上幸福的生活。

（一）天志论

在思考人与自然关系问题时，墨子提出了"天志论"："我有天志，譬若轮人之有规，匠人之有矩。"⑤ 墨子摒弃了传统的天命观，以积极有为的人生观代之。在墨子看来，天志就是上天的意志。⑥ 顺天而为者，"必得赏"，而违反天意者，"必得罚"。人应该要"上尊天，中事鬼神，下爱人"。顺"天意"者须"兼爱""兼利"。⑦

墨子认为，"天"好义而恶不义，生死、贫富、治乱都与义息息相关。然而，人性就是贪生怕死，嫌贫爱富，喜治恶乱，所以，"此我所以知天欲义而恶不义也"⑧。因此，墨子希望人们远离攻伐欺诈，能够和睦相处。但真正的仁者少之又少，实不足以效法，所以，"莫若法天"⑨。天是衡量一切的标准，其作用就是度量万物。"天志"就像轮人的规和匠人的矩，只有拥有规矩，才可以"度天下之方圆"⑩。顺天之意而行才称得

---

① 《韩非子·亡征》。

② 《韩非子·内储说上》。

③ 《墨子·天志上》。

④ 《墨子·非乐上》。

⑤ 《墨子·天志上》。

⑥ 孔子的"知天命"与此是相通的，他认为天命是客观存在的不可抗拒的自然规律，"是一种不以人的主观意志为转移的客观必然性"。参见唐凯麟、张怀承《成人与成圣——儒家伦理道德精粹》，湖南大学出版社1999年版，第5页。

⑦ 《墨子·天志上》。

⑧ 《墨子·天志上》。

⑨ 《墨子·法仪》。

⑩ 《墨子·法仪》。

上是善行，顺天之言才称得上是善言，"观其刑政，顺天之意谓之善刑政，反天之意谓之不善刑政"①。

墨子提出顺天应人理论的目的是，要求统治者要行"义政"，百姓要做"义事"。其主要目的是想劝勉和警告当时的统治者，放弃相互攻伐，实施仁政，善待百姓。

（二）顺天应人

在人与自然关系方面，墨子主张"顺天应人"，强调天人和谐，要人们顺天而行，要依时安排生产和其他事宜，像天一样兼爱天下万民万物，让物物繁盛，人人幸福。

墨子之所以对传统"天命观"加以改造，提出"天志论"，其主要目的是要求人们"顺天"。墨子认为，天公正无私，忠厚爱人："是以天之为寒热也节，四时调，阴阳雨露也时，五谷孰，六畜遂，疾菑戾疫凶饥则不至。"② "天之行广而无私，其施厚而不德，其明久而不衰。"③ 因此，墨子要人们"敬天"，把天看成万事万物的标准。

在墨子看来，要想做到"顺天"，首先要"法天"，"天之行广而无私……故圣王法之"。④ 其次要"从义"，墨子把"率天下之百姓以从事于义"，看成是他顺从天意的行为，"我为天之所欲，天亦为我所欲"⑤。墨子还把不区别等级地"爱人"，也看成顺从天意的行为。他认为，即便是富贵甲天下的天子，也应顺从天意："兼相爱，交相利，必得赏。"⑥ 否则，必将受到上天的惩罚。此外，还要行"义政"。所谓"义政"，就是"顺天意"。"处大国不攻小国，处大家不篡小家，强者不劫弱，贵者不傲贱，多诈者不欺愚。此必上利于天，中利于鬼，下利于人。三利无所不利，故举天下美名加之，谓之圣王。"⑦

在顺天的同时，墨子还要求"应人"。墨子认为，人一定要依靠自己的力量生存，只要人人尽职尽责，则可国强民富。要发挥好各阶层人们的能动性，王公大人需效法三代圣王，务必举孝子，尊贤良，"早朝晏退，

---

① 《墨子·天志中》。
② 《墨子·天志中》。
③ 《墨子·法仪》。
④ 《墨子·法仪》。
⑤ 《墨子·天志上》。
⑥ 《墨子·天志上》。
⑦ 《墨子·天志上》。

听狱治政，终朝均分"①。卿大夫要做到"尊贤而好攻道术"②，这样上可得到奖赏，下可得民心。百姓要早出暮归，"强乎耕稼树艺，多聚菽粟"③。夜寐夙兴，"纺绩织纴，多治麻丝葛绪，捆布縿"④。

在处理人和自然的关系上，墨子主张尊天道，以时生财，他主张"财不足则反之时"，"以时生财"⑤。同时，他还主张顺人道，以博爱待天下；否定传统宗法伦理，倡导摒弃血缘等级制，实行"兼爱"，以达到"强者不劫弱，贵者不敖贱，多诈者不欺愚"⑥的理想状态。他还主张以人道顺天道，追求天人相合。在墨子看来，自然界和人类要协调统一，道德原则必须要与自然规律相一致，即"天道"和"人道"必须统一。其所谓"夫妇节而天地和，风雨节而五谷熟，衣服节而肌肤和"⑦正是"天人相合"的反映。

（三）节用

墨子的天志论和顺天应人理论，本身就包含了对自然和生命的爱护，成为墨子"节用"思想的基础。

墨子认为，人不能为一己之私，肆意掠夺自然，人要靠劳动而活，必须"赖其力者生，不赖其力者不生"⑧。墨子对五谷的生产非常重视，认为五谷乃"民之所仰也"，食物是"国之宝也"⑨。因此，"以时生财，固本而用财，则财足"⑩。他要求统治者以粮为本，以时生财，努力抓好农业生产。此外，墨子对人口的再生产也十分重视。在他看来，农业是国家命脉，从事耕耘劳作的农业生产者，对国家命脉的维系至关重要，在人口众多时，只有劳动生产者所占比重大，才不会出现灾荒："为者疾，食者寡，则岁无凶。"⑪所以，劳动力非常重要，可以有效避免"食者众而耕者寡"而产生饥荒。因此，墨子特意提出了早婚主张，认为"男子二十

① 《墨子·非命下》。
② 《墨子·非命下》。
③ 《墨子·非命下》。
④ 《墨子·非命下》。
⑤ 《墨子·七患》。
⑥ 《墨子·天志上》。
⑦ 《墨子·辞过》。
⑧ 《墨子·非乐上》。
⑨ 《墨子·七患》。
⑩ 《墨子·七患》。
⑪ 《墨子·七患》。

娶妻，女子十五出嫁"①。认为早婚可以为国家的稳定和发展，提供充足的劳动力资源。

墨子还十分重视自然资源的合理开发利用，强调适度消费。他认为，应该让百姓做自己能做的事，但消费要有个限度，只要满足老百姓使用即可。如果资源消耗超过了给百姓带来的福利，那就不要去做。他还身体力行，倡导节俭，"量腹而食，度身而衣"②。因而，他也对当时的奢靡现象表现出极力反对的态度，将百姓贫穷、国家困苦、社会动荡都归咎于奢侈浪费。"当今之主，其为宫室则与此异矣。必厚作敛于百姓，暴夺民衣食之财……青黄刻镂之饰。为宫室若此，故左右皆法象之。"因此造成"财不足以待凶饥，赈孤寡，故国贫而民难治也"③。正因为如此，墨子将"凡足以奉给民用则止"④作为节用的总原则，极力主张消费要经济实用。为此，墨子特意就衣、食、住、行制定了宫室之法、衣服之法、饮食之法、舟车之法和节葬之法。墨家所强调的此类法则，虽然不乏消极的、为保持现有自然状态而任其自生自灭的无为思想，也包含着积极的、保护生命多样性的可持续发展理念。⑤

六　管子"万物和合""人与天调"思想

管子认为，自然界有不以人的意志为转移的客观规律，世间万物相互依存、互相统一。在"顺天"的基础上，管子提倡"万物和合"的生态主张。

管子认为，人由"精气"生成，他借助"精气"进一步归纳出了人与万物"和合"的命题："精也者，气之精者也。气，道乃生，生乃思，思乃知，知乃止矣。""凡人之生也，天出其精，地出其形，合此以为人，和乃生，不和不生。"⑥在他看来，万物的智慧和生命的根本，在于精气，在于天地的和合，和合而成，别离而生，此乃天地自然之道，是人类社会发展的必然规律。

天地万物的"和合"既深刻反映了人类天地间的自我创造使命，又

---

① 《墨子·节用上》。
② 《墨子·鲁问》。
③ 《墨子·辞过》。
④ 《墨子·节用中》。
⑤ 任俊华：《节用而非攻：墨家生态伦理智慧》，《湖湘论坛》2003 年第 1 期。
⑥ 《管子·内业》。

和盘托出了天地自然与人类活动相互依存、相互统一的关系。所以，管子主张"人与天调"，要求人们尊重自然，与自然和谐并存，调和共同发展。

在管子看来，自然生态系统是一个复杂的自然综合体，而各生态系统之间相互联系、相互制约，它包含土壤、地形、水分、阳光等多方面的自然要素，这些要素都从各自不同的角度影响着生物的生长和发育。他注意到了土壤、阳光与植物的关系："五粟之土，若在坟在衍，其阴其阳，尽宜桐柞，莫不秀长。其榆其柳，其柘其栎，其槐其杨，群木番滋，数大条直以长。"[1] 他也关注到了植物的生长同土壤的质地有关："凡草土之道，各有谷造；或高或下，各有草土。"[2] 管子还观察到了植物存在着垂直分布的现象："其山之浅，有茏与斥。……其山之枭，多桔、符、榆；其山之末，有箭与苑；其山之旁，有彼黄虻。及彼白昌，山藜、苇、芒。"[3] 他还描述过鸟类动物与山林间的关系："夫鸟之飞也，必还山集谷，不还山则困，不集谷则死。"[4] 可见，管子深刻认识到了生态系统存在的各种密切关系。管子的"人与天调"不是一个空泛的概念，而是有着非常朴实具体的内容。他对大生态圈系统各生态要素之间相互依存、和谐共存和发展，有着自己独特的理解。

---

[1]　《管子·地员》。

[2]　《管子·地员》。

[3]　《管子·地员》。

[4]　《管子·宙合》。

第二章　汉唐时期古代生态观的发展

在战国末期盛极一时、强调"治国之本""无为而治"的黄老学说，不仅在汉初取得了主流意识形态地位，而且成为指导汉初治国理政的理论基础。自"罢黜百家，独尊儒术"以后，儒家学说成为统治阶级主流意识形态。在探索人与自然关系理论方面，董仲舒的"天人感应"学说是儒家"天人合一"思想的重大发展；魏晋玄学认为人与自然以无为本、相辅相成、和谐共存的理念是古人在人与自然关系理论方面的一个很大进步；唐代柳宗元"天人不相预"思想和刘禹锡"天人交相胜"思想不仅深化、发展了荀子"明于天人之分"的唯物主义思想，而且摒弃了"天人感应"学说中不合理的唯心主义观念；这段时期道教和佛教在人与自然关系方面的探索，也是对儒家"天人合一"思想的有益补充，传统生态观中的"和合"特征进一步丰厚起来。

第一节　汉代对人与自然关系的思考与实践

一　黄老学说在汉初的实践

黄老之学在战国时期盛极一时，成为百家学说之首，"黄老独盛，压倒百家"[1]。当时还形成了北、南两派。北派以齐国稷下学宫为中心，产生并成熟于稷下学宫，[2]"培植于齐、发展于齐、昌盛于齐"[3]。而南方黄老之学则以楚国为中心。到汉初，黄老之学仍然兴盛。但是，汉武帝

---

①　蒙文通：《略论黄老学》，巴蜀书社1987年版，第267页。

②　白奚：《稷下学研究：中国古代的思想自由与百家争鸣》，生活·读书·新知三联书店1998年版，第92页。

③　郭沫若：《十批判书》，人民出版社2012年版，第120页。

"罢黜百家，独尊儒术"政策实施以后，黄老之学逐渐式微，其学说后被道教所继承。

不同于老庄所奉行的注重个人修身发展的传统道家，黄老之学假托黄帝之名，虽沿袭了道家以"无为"为核心的哲学内核，但不推崇隐于市，而是将道家所持的"修身"思想，提高至"治国、平天下"的高度，最终，以老庄道家学说为理论基础和出发点，兼容并蓄其他诸家学说，形成了以法论道、道法结合为特征的综合性学术思想。

从内容上讲，南方黄老之学论著《黄帝四经》是一部将哲学思想与政治思想融为一体的著作，强调"治国之本"，政治性很强。《黄帝四经》以老子"道"论为哲学最高概念，以道家"无为而无不为"为理论依据，同时，还吸收了阴阳五行等学说知识，构成了朴素辩证法思想体系。《黄帝四经》虽然有不少讨论道和法的篇章，然而，通观全书，书中所论及的道、法或德，都是为君主治国提出的对策，其本旨是要君主从书中提炼出正确、有效的治国修身方案，从而做到"无为而治"。《黄帝四经》的"道"虽与老子主张的"道"论存在共性，但依照其中的《道原》篇，即可辨别出黄老之学所认同的"道"是为"天地之道"，且"天道"和"人道"是辩证统一的关系。如果说，老子主张的"自然无为"更多的是一种"世界观"，那么，《黄帝四经》阐述的"自然无为"则是一种"方法论"，是指导为政者如何治理国家、实现"无为而治"的治国之策。例如，《黄帝四经·十大经》第十五篇就明确指出，万物有其自有的运动法则与归属，只要把握好事物本身的客观规律，便能知晓福祸。"欲知得失，请必审明察刑（形）。……事恒自施，是我无为。"[①] 因此，人应该做到虚静无为，顺应事物发展规律，有所为有所不为。

战国末期《吕氏春秋》一书是黄老之学的重要著作，该书提出了"贵因论"和"贵生论"。"贵因论"继承和发扬了黄老之学早期提出的"因循论"观念，强调既要遵循客观规律，又要遵循自然人性，充分发挥人的作用，引申出"君无为而臣有为"的"无为之治"的理念。而"贵生论"则提出，执掌国政者不能依赖于制定严厉的刑罚以威吓人民，而应当以满足人民的合理需求为己任。

《淮南子》集黄老之学大成，成书于西汉景武之际。其以道论为基础，兼采百家之长，系统地总结、发展了黄老之学，形成了系统的宇宙生成论，继承发扬了"无为而无不为"的思想。"所谓无为者，不先物为

---

① 陈鼓应注译：《黄帝四经今注今译》，商务印书馆 2007 年版，第 336 页。

也；所谓无不为者，因物之所为。"① "无为"是"寂然无声，漠然不动，引之不来，推之不往"②。但是，这里的"无为"，并不是消极无作为者，而是按自然规律和社会规律办事。与老子比较强调"谦下不争""不敢为天下先"的"无为"思想不同，而《淮南子》的"无为"是更为积极主动的"因循""应时而动"，这是对道家理论的创新发展。因为其积极主动作为的特性，黄老之学才一度成为汉初统治者主流的意识形态。

二　董仲舒的"天人感应"说

天人感应是汉代认识和处理天人关系的核心理论。在先秦古籍中，便可见都天人感应思想的雏形。君主施政态度可以影响天气的变化，这种说法最早来源于《尚书》："曰肃，时雨若；曰乂，时旸若……曰急，恒寒若；曰蒙，恒风若。"③ 这是天人感应思想的最早萌芽。

孔子著《春秋》，臧否诸侯，认为国君失德会引发灾异。在孔子看来，天人间存在感应关系，有德者可以感应上天，人的行为上感于天，根据人的行为的善恶邪正，天会下应于人，会用各种灾异现象谴告人让人警醒。他认为，得罪天将罪无可赦，"获罪于天，无所祷也"④。人要与人为善，不能为恶，否则，将受到惩罚，所谓"积善之家必有余庆，积不善之家必有余殃"⑤。

董仲舒是"天人感应"思想集大成者。在继承《洪范》阴阳五行思想的基础上，本着《春秋》穷天人之变的精神，董仲舒进一步发扬光大《公羊传》中的灾异说，系统地论述了破坏五行关系是导致灾异产生的原因，建立了一套囊括天人的宇宙学说。他认为，木、火、土、金、水五种不同属性的物质相生相胜，从而组成宇宙，形成一种合理的宇宙关系，宇宙就是按照五行相生相胜的关系生成变化。天、地、人都有阴、阳两气，天、地的阴气变化后，"而人之阴气应之而起"；人的阴气如果产生变化，"而天之阴气亦宜应之而起。其道一也"⑥。而气蕴含刑德功效，且阳主德，阴主刑。人的行为能够造成气的变化，彼此间互相感应，"世治而民

---

① 《淮南子·原道训》。

② 《淮南子·修务训》。

③ 《尚书·洪范》。

④ 《论语·八佾》。

⑤ 《易·坤文言》。

⑥ 《春秋繁露·山川颂第七十三》。

和，志平而气正，则天地之化精而万物之美起"①；相反，"世乱而民乖，志癖而气逆，则天地之化伤，气生灾害起"②。故而董仲舒认为，"灾异之本"全都是因为"国家之失"。在"国家之失"还处于"萌芽"阶段，"天"会降下灾异来提示统治者；如果统治者不改进，"天"就会降下一些"怪异"现象来"警骇"统治者；如果统治者还不思悔改，"天"就会直接施以惩罚，"以此见天意之仁，而不欲害人也"③。

"以类合之，天人一也"④，是董仲舒关于天人关系的结论。他认为："天地之常，一阴一阳。阳者天之德也，阴者天之刑也。"⑤ 与人一样，天也有喜怒哀乐，把天的阴阳说成人的哀乐，只不过是比附之说。他认为，名号也是出于天意，"事各顺于名，名各顺于天，天人之际合而为一，因而通理，动而相益，顺而相受"⑥。董氏"天人一也"的理论是驳杂的，以天人感应为根基，旨趣在于论证封建伦理纲常的合理性、永恒性，用天人感应学说给"三纲五常"披上一层神秘的外衣。因此，在理论逻辑上，"天人一也"与"天人合一"名相近，实甚远。因此，汉代的天人感应学说可谓"天人合一"思想的疏解阶段。

天人感应与灾异说最终在《白虎通·德论》中确定下来，逐渐成为汉代后期居统治地位的思想，对汉代政事造成很大影响。后来的刘向、刘歆、班固等汉代学者，都认为政治得失会导致灾异变怪。到东汉谶纬之学泛滥时，天人感应说基本上成为主流的意识形态，对当时的政治、社会生活都产生了深刻的影响。

第二节 魏晋玄学对人与自然关系的再认识

魏晋南北朝时期时代，汉代谶纬学说进一步神秘化，因为出世避祸需要，玄学始兴，上承两汉，下启隋唐，呈现出独特的精神风貌与思想特质。所以魏晋玄学是一个特定历史阶段的产物，其主旨是阐述宇宙"自

---

① 《春秋繁露·天地阴阳第八十一》。
② 《春秋繁露·天地阴阳第八十一》。
③ 《春秋繁露·必仁且智第三十》。
④ 《春秋繁露·阴阳义》。
⑤ 《春秋繁露·阴阳义》。
⑥ 《春秋繁露·深察名号》。

然"和社会"名教"的关系。在阐发自己的理论时，魏晋玄学家们对宇宙存在的根据问题，即本体论的问题，都十分重视，他们探讨的主要哲学问题包括"有无""本末""体用"等。① 在深入探讨"有无""本末""性命""物理""圣王"等问题的基础上，玄学理论的任务，就是以自然与名教为中心，如何让自然与名教最和谐地统一起来，② 自然和人类社会如何实现"合一"。

深受老庄思想影响的魏晋玄学家们尽管对"名教"与"自然"关系在不同时期以及同一时期不同学派之间存在认识上的差异，但是在推崇"自然"这一点上高度一致，即所谓"越名教而任自然"，人与自然水乳交融，既有老庄思想的虚静、玄远、淡泊、无为的成分，也有注重人内心的情感的诉求，更有把"自然"作为一种人生态度、生命境界来看待。从何晏的"贵无"论、王弼的"以无为本"理论、嵇康和阮籍"越名教而任自然"思想、韩康伯"兼济万物"的理想人格论，再到郭象之"独化论"，都在处理人与自然关系方面，进行了深入的探究，成为启迪我们如何处理与自然持续和谐发展问题的宝贵财富。

一　何晏"贵无"论

魏晋玄学的中心问题是"有""无"问题，而首位从玄学角度提出"有""无"问题的就是何晏："有之为有，恃无以生，事而为事，由无以成。"③ 何晏在此阐述的"有"之所以为有，是在"无"的基础上产生的理念，即以"无"为本体的"贵无论"。

"贵无论"虽可溯源至老子，但老子更多地关注万物生长的结果，对"天下万物生于有，有生于无"以及"道生一，一生二，二生三，三生万物"的万物生长过程并不重视，主张"无之为用"，曹魏正始中（240—249 年），何晏、王弼等祖述老庄，认为"天地万物皆以无为本"④。但他们对"无"的理解却各有千秋。何晏将"无"与"道""自然"相提并论，认为"无"在赋予万物生命的同时，又使万物得以实现自我本性的法则。其主张"贵无论"，意在为执政者的"无为而治"提供理论依据。

①　方立天：《中国古代哲学问题发展史》上卷，中华书局 1990 年版，第 62 页。

②　楼宇烈：《玄学与中国传统哲学》，《北京大学学报》（哲学社会科学版）1988 年第 1 期。

③　（东晋）张湛注：《列子注》卷一《天瑞篇》。

④　《晋书》卷四十三《王衍传》。

因此，何晏主张的"贵无论"，贵在"道"，而非"无"："若夫圣人，名无名，誉无誉，谓无名为道，无誉为大。"① 何晏倡导执政者尊崇"道"，用"无名"促成"有名"，用"无誉"成就"有誉"，用"无所有"达到"有所有"，这其实就是老子的"无为而无不为"。

作为魏晋玄学的开端，"贵无"论在最初所关注的是社会政治问题。何晏则对现实政治纷争所引发的危险深表忧虑，他希望凭借回归自然来消解内心的紧张、焦虑和恐惧，以规避政治上的钩心斗角和阴谋诡计。通过诠释《老子》《论语》等传统经典，他主张从形而上的性与天道的层面确立和界定价值本体。他认为天地万物的生存及日常事务的完成，只能奠基在无形无名的"道"上："夫道之而无语，名之而无名，视之而无形，听之而无声，则道之全焉。"② 他坚持，与形有名的具体事物不同，"道"本身作为一种存在，而"无所有"就是其基本特性，"同类无远而不相应，异类无近而不相违"。"自然者，道也。"③与两汉天人合一、阴阳五行学说相比，形式上，何晏的观点似乎没有区别，但它却摒弃了天人感应的目的论、阳善阴恶和阳尊阴卑等内容，因而实际上存在着本质上的差异。

何晏将"道"或"无"看成天地万物整体性存在的基础，一切价值的来源。他认为，"无"开物成务，无所不在。"无"是阴阳衍生万物基础，万物的生成、演化、实现其潜能都仰赖"无"。贤能者凭借"无"成就自己的美德，卑劣者则依靠"无"苟活性命。因此，"无"因其独有的属性成为万物赖以产生和实现潜能的必要条件。④ 何晏还将"天道"定义为"元亨日新之道"⑤，是引导万物面向其诸多可能性生存的法则，也是"无"可以产生、范导、造福和成就万物的美德。

何晏的"贵无"论是古人在阐释人与自然关系这一基本问题方面的一个重大进步。自春秋战国百家争鸣到汉魏之际，学者们普遍认为，老子批判儒家的仁义礼法，主张绝圣去智，因而判定"老子非圣人"。而何晏的"贵无"论则实现了超越，他以形而上的天道与性为基本视域，为融

① （东晋）张湛注：《列子注》卷四《仲尼篇》。

② 杨伯峻撰：《列子集释》，中华书局 1979 年版，第 10 页。

③ 杨伯峻撰：《列子集释》，中华书局 1979 年版，第 121 页。

④ 《晋书》卷四十三《王衍传》。

⑤ 何晏：《论语集解》，文渊阁《四库全书》第一九五册，上海古籍出版社 2003 年版，第 571 页。

汇儒道、分析和解决社会问题提供了理论基础。

二 王弼的"以无为本"理论

"以无为本"是王弼玄学的核心命题。王弼把"无"看作天地之间万物生存和变化之本。"无"不可名、不可道，无形无象，其既是天地万物产生的根源所在，亦是天地万物的最终归宿："寂然至无，是其本矣。"[1]

什么是"无"呢？在王弼看来，"无"即是"道"："道者，无之称也……况之曰道，寂然无体，不可为象。"[2] "道以无形无名始成万物，[万物] 以始以成而不知其所以 [然]，玄之又玄也。"[3] 可见，道和无只是对无限整体的一种近似描述，暨不可名，又不可道。王弼的"无"，是从有形有名的"有"中抽象而来，是超言绝象的本体。

王弼认为，"有"是一种现实存在物，既包括客观存在的自然万物，也包含人类的社会实践及其产物，各种形式的"有"依赖于"无"而存在，"有"的本根是"无"："万物虽贵，以无为用，不能舍无以为体也。"[4] 依王弼的观点，万物以"无"为本，"夫物之所以生，功之所以成，必生于无形，由乎无名，无形无名者，万物之宗也。……故能为品物之宗主，苞通天地，靡使不经也"[5]。基于这一思想，王弼试图构建的是一个统一的、多样化的万物体系。

同时，王弼还提出"崇本举末"和"崇本息末"之法，力求借此协调好"无"和"有"二者的关系。"本"就是本原，"崇本"就是掌握自然之道的整体性，从大量事物的复杂关系中找到最有决定意义的东西。"举"是取得或掌握，"举末"是针对那些正常的事物。而"末"则是指各种具体现象，"息末"是指取消和止息不正常的东西。总之，便是"举"正常的东西，"息"不正常的东西。无论是"举"或"息"，都应该以"崇本"为基础，基于事物相互依存、相互转化的辩证关系，透过现象把握其存在的根源，才可达到预期目的。

王弼在"以无为本"的整体生态思想基础上，进一步提出了"万物自相治理"。在他看来，宇宙是一个整体，天地万物均在相互依存、彼此

---

① 楼宇烈校释：《王弼集校释》，《周易·复卦注》，中华书局1980年版，第337页。

② 楼宇烈校释：《王弼集校释》，《论语释疑·述而》，中华书局1980年版，第624页。

③ 楼宇烈校释：《王弼集校释》，《老子·一章注》，中华书局1980年版，第1页。

④ 楼宇烈校释：《王弼集校释》，《老子·三十八章注》，中华书局1980年版，第94页。

⑤ 楼宇烈校释：《王弼集校释》，《老子·指略》，中华书局1980年版，第195页。

制约的过程中实现自我调节，自我修复，自我进化，自满自足，无须任何外力干预，"自相治理"，进而维持生态系统的平衡。"天地任自然，无为无造，万物自相治理，故不仁也。仁者必造立施化，有恩有为。造立施化，则物失其真。有恩有为，则物不具存。物不具存，则不足以备载。地不为兽生刍，而兽食刍；不为人生狗，而人食狗。无为于万物而万物各适其所用，则莫不赡矣。"① 在这里，自然界已然被视为一个完整的生态系统，在这个生态系统中，动物之间、动物与人类之间相互依存，天地万物自相治理，有序发展，从而各得其所。这种思想与达尔文提出的生物进化理论高度契合，但却比达尔文提出生物进化论时间要早了 1600 多年。

而且，王弼并没有止步于"万物自相治理"理论本身，与注重人文关怀的其他中国古代学者一样，他提出该理论的宗旨是为了阐释人与自然该如何和谐共处。在如何处理人与自然关系方面，基于"万物自相治理"理论，王弼认为，人类要尊重自然生态系统的完整和稳定，不能人为"造立施化"，用自己的是非善恶来衡量万物，处理人与自然的关系。他主张，善与不善只是一种主观是非判断，并非客观标准。依喜怒是非而为，难免失之偏颇。"喜怒同根，是非同门，故不可得而偏举也。"② 所以，与老子、庄子一样，王弼反对人类利用巧智来统治和主宰万物，他认为用人类的相对价值去衡量自然的绝对价值，否定万物的生存价值，就是一种"偏"，为害至深。"害之大也，莫大于用其明矣。……若乃多其法网，烦其刑罚……则万物失其自然，百姓丧其手足，鸟乱于上，鱼乱于下。"③ 王弼批判执政者为谋私利强行控制天地万物，导致"万物失其自然"的行径。因此，王弼坚持，人类应该尊重万物的自然之性，保护和促进生态系统的稳定，反对"以形制物"，否定人利用巧智及技术对万物进行控制、统治和改造，要求人类"因物之性，不以形制物也"④。在当时的历史条件下，王弼就意识到人类的巧智可能给自然带来的严重后果，这种认识可谓是对西方人类中心主义生态观的无情鞭挞。

在"万物自相治理"理论的基础上，王弼还提出了人类如何对待自然万物的原则，就是"因顺自然，达自然之至"。在王弼看来，要达到"因顺自然，达自然之至"的目标，明物之性至关重要。"明物之性，因

---

① 楼宇烈校释：《王弼集校释》，《老子·五章注》，中华书局 1980 年版，第 13 页。

② 楼宇烈校释：《王弼集校释》，《老子·二章注》，中华书局 1980 年版，第 6 页。

③ 楼宇烈校释：《王弼集校释》，《老子·四十九章注》，中华书局 1980 年版，第 130 页。

④ 楼宇烈校释：《王弼集校释》，《老子·二十七章注》，中华书局 1980 年版，第 71 页。

之而已，故虽不为，而使之成矣。"① 物性即自然，"万物以自然为性"②。"自然"与"道"或"无"紧密相连，"自然"通过万物之性得以体现，万物之性源于"无"，在于"道"，道之所在即呈现出"自然"，"在方而法方，在圆而法圆"③。"自然"是指事物在没有人为因素作用下原始存在的本来面貌和状态，是一个包含无限多样性的统一体，而事物之性决定于"自然"。王弼将事物的自然本性称为"分"。他认为，万物皆有自己的"分"，人也一样。对任一个体而言，其"分"在自身系统下是完备的，"自然之质，各定其分，短者不为不足，长者不为有余，损益将何加焉"④。于人来说，人如果基于自己的"分"而为，就"职不相〔滥〕"，也就不会产生纠葛。于物而言，其自然属性与生俱来，其"分"虽有"长""短"之别，但没有优劣之分。"自然已足"，如果强为的话，只能徒增困扰。在王弼看来，若止于明物之性还相差甚远，"因物之性"同样重要。"因物之性"即遵循万物的本性，依照其本性顺其自然地运行，得性为是，失性为非。王弼特别强调，人不能以自我为中心，干预事物的自然本性，否则，就会产生恶果："物有常性，而造为之，故必败也。物有往来，而执之，故必失矣。""万物以自然为性，故可因而不可为也，可通而不可执也。"⑤ 既然"为之者则败其性，执之者则失其原矣"⑥，所以，王弼强调，万物自然而然地存在和发展，人就应该自然而然地对待万物，还要"因物而用"⑦"随物而成""随物而直"⑧，任万物依其本性自由发展，让事物发挥自然调节作用："神不害自然也。物守自然，则神无所加。神无所加，则不知神之为神也。"⑨ 王弼"因顺自然"的生态思想与当代生态学理论不谋而合。事实证明，自然最熟悉自己，其本身的生态系统便拥有自我调节、自我修复的性能，人类的干预只会破坏其原有的生态平衡，招致严重后果；保护生态资源、保持整个生态系统和谐发展，最佳的策略就是"顺应自然"。

---

① 楼宇烈校释：《王弼集校释》，《老子·四十七章注》，中华书局 1980 年版，第 126 页。
② 楼宇烈校释：《王弼集校释》，《老子·二十九章注》，中华书局 1980 年版，第 77 页。
③ 楼宇烈校释：《王弼集校释》，《老子·二十九章注》，中华书局 1980 年版，第 65 页。
④ 楼宇烈校释：《王弼集校释》，《周易·损卦》，中华书局 1980 年版，第 421 页。
⑤ 楼宇烈校释：《王弼集校释》，《老子·二十九章注》，中华书局 1980 年版，第 77 页。
⑥ 楼宇烈校释：《王弼集校释》，《老子·指略》，中华书局 1980 年版，第 196 页。
⑦ 楼宇烈校释：《王弼集校释》，《老子·二章注》，中华书局 1980 年版，第 7 页。
⑧ 楼宇烈校释：《王弼集校释》，《老子·四十五章注》，中华书局 1980 年版，第 123 页。
⑨ 楼宇烈校释：《王弼集校释》，《老子·六十章注》，中华书局 1980 年版，第 158 页。

总之，王弼在论述人与自然关系理论方面，本着整体性思维，既有本体论，又有方法论，还提出了具体的指导原则，其宏大的理论体系，对我国传统生态理论的形成作出了重大贡献。王弼的"以无为本"理论，克服了儒家忽视个性的弊端，是道家的"贵无"思想的进一步发展，也是古人在思考人与自然关系问题的一大进步，是对我国传统生态整体思想的进一步发展。① 其"以无为本"的生态整体观揭示了，万事万物的源头在于"无"，只有把握自然之道的整体性，注重事物之间互相依存、制约、转化的辩证关系，才能维持万事万物的统一多样性，其最根本意义是实现人与自然的整体和谐。②

三　嵇康"越名教而任自然"思想

"名教"一词出自魏晋时期，用来指以孔子的"正名"思想为主要内容的封建礼教。汉武帝罢黜百家，独尊儒术，"以名为教"，把"三纲五常"等利于维护统治者利益的政治观念和道德规范立为名分，号为名节，定为名目，制为功名，对百姓进行教化。围绕"名教"与"自然"的关系，魏晋时期展开了论辩，形成了以竹林七贤为主要代表的魏晋风骨，他们大都崇尚老庄之学，不拘礼法，生性放达，嵇康为其代表人物。

嵇康"学不师受，博览无不该通，长好《老》《庄》"③。他在其《幽愤诗》中称自己"托好老庄，贱物贵身。志在守朴，养素全真"。嵇康提出了"越名教而任自然"理论，对违背自然、泯灭人性的名教进行了无情鞭挞。他认为，名教违背自然，是当权者"造立"出来的；在自然状况下，只需任情全性，任人性之自然，社会无须仁义礼律，无须名教束缚。在嵇康看来，"六经"是"荒秽"，"仁义"是"臭腐"；人的本性以不受外在的束缚而自适从欲为欢，"仁义""六经"本质上束缚人的自然本性，违背人的天性。名教诈巧虚伪，伤生残性，违背自然。"故知仁义务于理伪，非养真之要术，廉让生于争夺，非自然之所出也。"④

在旗帜鲜明反对名教的的基础上，嵇康提出了"越名教而任自然"思想。他指出，判断是否为君子的标准有两个，即"无措乎是非"和

---

① 邓绍秋：《禅宗生态审美研究》，百花洲文艺出版社 2005 年版，第 215 页。

② 蒙培元：《人与自然——中国哲学生态观》，人民出版社 2004 年版，第 248 页。

③ 《晋书》卷四十九《嵇康传》。

④ （清）严可钧：《全上古三代秦汉三国六朝文》之《全三国文》卷五十，上海古籍出版社 2009 年版，第 1336—1337 页。

"行不违乎道"，也就是说，只要不拘泥于世俗是非观念，行为不违反伦理原则，"越名教而任自然"，就可以称为君子。"夫称君子者，以无措乎是非，而行不违乎道者也。……矜尚不存乎心，故能越名教而任自然，情不系于所欲，故能审贵贱而通物情。"① 他认为，要成为君子，重点在于"气静神虚"，只有放下欲望、贪念，摒弃名利之心，才能真诚、坦荡地"越名教而任自然"，实现身心的自由，达到自己的自然本性；没有欲望，就可超然物外，顺通物情，将外物完整地呈现在自己的面前，尽物之情；君子既可尽己之性，又可通物之情，从而达到有机统一。这就是嵇康的"越名教而任自然"理论内涵。

嵇康所谓的"任自然"，就是回归人之自然真性，任心而为，无关是非。正因为"名教"抑制人性，嵇康秉承老庄"绝志弃学，游心于玄默"和"归隐"传统，希望人们回归"自然"，采取清心寡欲，不逐世俗的生活态度，在"是非无措""值心而言""物情顺通""触情而行"的过程中，实现"与道合一"。其目的是企图在儒家的仁爱思想与道家"归之自然"思想之间，找到一种平衡，用道家学说来弥补儒家之不足。

可见，嵇康的"越名教而任自然"实际上是其在用道家之学拯救儒家传统名教过程中，对人与自然关系的一种思考，是古人探究人与自然关系问题的一个创造性发展，对我们今天探究人与自然关系具有启示作用。

四　郭象的"独化论"

郭象的"独化论"可以说是魏晋玄学发展的自然产物。玄学的中心主体既不是像阮籍、嵇康那样斥名教而谈自然，也不是像裴頠那样斥自然而谈名教，找到一种合乎名教的自然或者合乎自然的名教，将名教与自然辩证统一起来，才是"玄学发展的最终依归"②。

"独化论"由向秀最早提出。向秀认为，万物没有统一的本原，自生自化，如果有个能生能化的本原，这本原也是一物："吾之生也，非吾之所生，则生自生耳。生生者岂有物哉？故不生也。吾之化也，非物之所化，则化自化耳。化化者岂有物哉？无物也，故不化焉。"③

郭象在向秀的基础上，进而形成自己的"独化论"思想。郭象认为，

---

①　（清）严可钧：《全上古三代秦汉三国六朝文》之《全三国文》卷五十，上海古籍出版社 2009 年版，第 1334 页。

②　余敦康：《郭象的时代与玄学的主题》，《孔子研究》1988 年第 3 期。

③　（东晋）张湛：《列子注》卷一《天瑞篇》，引向秀语。

无不能生有，有也不能生物，万物皆自生，自然而成，既无外在的本原，也无外在的主宰，万物自然而生，自得本性。"无既无矣，则不能生有；有之未生，又不能为生。……我既不能生物，物亦不能生我，则我自然矣。自己而然，则谓之天然。……故天者，万物之总名也，莫适为天，谁主役物乎？故物各自生而无所出焉，此天道也。"①

在郭象哲学范畴中，"独化"居于最高层次。在郭象看来，"独化"是指万事万物自适自足、独立不倚地存在和变化，逐渐形成自身的规定性。钱穆先生将其精要概括为："独即自也，化即然也。自然之体，惟是独化。……惟其独生独化，乃始谓之自然。自者，超彼我而为自。然者，兼生化而成然。"②"独化论"消弭了王弼"无""有"的造物主地位，否定了在具体事物之外还存在超越性的本体，强调没有什么造物主，事物自生自造。郭象认为，道不生万物，亦不能使万物得性，万物自己成长变化，自己得性，"各足于其性"，"物自造而无所待"，事物运动"无故而自尔"，死者自死，生者自生，圆者自圆，方者自方，此即谓"独化"："道，无能也。此言得之于道，乃所以明其自得耳。自得耳，道不能使之得也；我之未得，又不能为得也。然则凡得之者，外不资于道，内不由于己，掘然自得而独化也。"③老庄将"无"作为其学说的逻辑起点，企图说明万物并非由异己之物所生，而是自然而然产生："明生物者无物，而物自生耳。自生耳，非为生也。"④郭象则认为，万物作为个体而存在，独立自在的个体是其本真的存在状态，即便形体与其影子之间，"虽复玄合，而非待也"⑤，并不能改变各自的独特规定性。此外，事物之间的关系以每个个体的存在为前提，个体之间的关系非但不能决定各自的个性，而且，"夫相因之功，莫若独化之至也"⑥。个人的本性先天预定，并非出自其自主选择，后天努力也无法改变。"天性所受，各有本分，不可逃，亦不可加。"⑦此外，个人因其本性必然会遭遇既定的祸福吉凶，回避不了，"思之"与否并不能对这种必然性产生影响，"既察之自然，其理已

---

① 郭象：《庄子注》第二《齐物论》。
② 钱穆：《庄老通辨》，生活·读书·新知三联书店 2002 年版，第 371 页。
③ 郭象：《庄子注》第六《大宗师》。
④ 郭庆藩撰：《庄子集释》，中华书局 1961 年版，第 381—382 页。
⑤ 郭庆藩撰：《庄子集释》，中华书局 1961 年版，第 112 页。
⑥ 郭庆藩撰：《庄子集释》，中华书局 1961 年版，第 241 页。
⑦ 郭庆藩撰：《庄子集释》，中华书局 1961 年版，第 128 页。

足"①。基于"独化论"，郭象提出一个指导个体以维系社会整体的应然之则。他认为，人的本性是由其独特的天赋、命运所决定，人力无法改变，"言自然则自然矣，人安能故有此自然哉？自然耳，故曰性"②。自然不仅是万物的本然之性，也是每个具体事物的"正"——存在法则或应然之则，"天地以万物为体，而万物必以自然为正"③。自然之所以成为行为规范的基本原则，因其可以维护个体的生存。"率性而动，动不过分，天下之至易者也。"④

作为魏晋玄学的终结者，郭象的"独化论"自然观，代表玄学自然观的最高水准。郭象的独化论，赋予万物独立、平等地位，消解了主宰万物的宇宙本体。在关注个体价值的前提下，他特别强调人与自然、万物的因果相成、和谐共生。其万物独立平等的观点，是古人在认识人与自然关系理论方面的一大进步，与佛教的众生平等理论契合，为宋代学者融合儒、道、释三家学说、创立宋明理学打下了基础。

第三节　唐代关于人与自然关系理论的再诠释

中国古代思想家们从来就没有停止过对天人关系的思考。到唐代，关于天人关系的论述又有了新的发展。其中，贡献最大的乃是柳宗元的"天人不相预"和刘禹锡的"天人交相胜"思想。

一　柳宗元的"天人不相预"

唐代中叶，韩愈、柳宗元、刘禹锡之间围绕天人关系问题展开了一场著名的辩论。韩愈有感于当时有人把人生的不幸归之于天，认为人们之所以会遭遇"疾痛、倦辱、饥寒"⑤，乃是人们违反自然规律、败坏元气阴阳之故。柳宗元认为，韩愈的观点是"有激而为"，缺乏说服力。于是，他就专门作了《天说》一文，阐述了自己的天人观。

柳宗元继承了荀子"明于天人之分"的唯物主义思想，也否定了董

---

①　郭庆藩撰：《庄子集释》，中华书局1961年版，第219页。
②　郭庆藩撰：《庄子集释》，中华书局1961年版，第694页。
③　郭庆藩撰：《庄子集释》，中华书局1961年版，第20页。
④　郭庆藩撰：《庄子集释》，中华书局1961年版，第184页。
⑤　《柳河东集》卷十六《天说》。

仲舒的天人感应论，同时驳斥了同时代的韩愈所主张的天能赏功罚过的天命论，提出了"天人不相预"理论。其中，"元气惟存，气化宇宙"是"天人不相预"思想的前提。在柳宗元看来，元气的不断运动诞生宇宙，天是一种自然物，天道只是按自然规律发展和变化的过程。柳宗元认为，与果蓏、痈痔、草木一样，天地、元气、阴阳都是自然之物，没有意志，暨不能赏功也不能罚过，人之祸福，皆人自取，因此，期望天来赏功罚过的想法，简直荒谬愚蠢。① 柳宗元"元气惟存，气化宇宙"的观点具有唯物主义色彩。在《答刘禹锡天论书》中，柳宗元正式提出"天人不相预"思想："生植与灾荒，皆天也；法制与悖乱，皆人也。二之而已。其事各行不相预，而凶丰理乱出焉。"② 即荒年歉收是自然灾害，战争动乱是人间祸乱。自然灾害与人间祸乱分属自然现象和社会现象，此二者之间各有其发展规律，各自独立，互不干预。

柳宗元"天人不相预"思想，强调自然和人类社会有各自不同性质的运行规律，对全面系统理解人与自然关系，有着积极意义。

二　刘禹锡"天人交相胜"思想

在贬谪郎州，看到柳宗元的《天说》后，刘禹锡认为，柳宗元对天人关系阐述还不到位，于是，就作《天论》三篇，与柳宗元切磋。在文中，刘禹锡提出了"天人交相胜"观点。

刘禹锡认为，天和人都有形器，天是"有形之大者"，即有形体而大的物质实体。天有天的特殊功用，人也有人的特殊功用，天、人类的功用各不相同，互有所长，天有胜人之处，人也有胜天之处，"天之道在生植，其用在强弱；人之道在法制，其用在是非"③，此即天、人"交相胜"。与天不同，人类通过制定规则秩序以治理万物，调和发展。人类社会的功能是建立秩序，实施法制，其作用是进行自我治理，协和天地万物，"天之所能者，生万物也；人之所能者，治万物也"④。

刘禹锡指出，制定法律是人胜天的根本原因。他认为，在法制运行时存在三种情况：一者，"法大行"时，法制严明，"是为公是，非为公

---

① 《柳河东集》卷十六《天说》。

② 《柳河东集》卷三十一《答刘禹锡天论书》。

③ 《天论上》。

④ 《天论上》。

非"①。这种"报应"是为善为恶的必然结果，是人类自己行为的结果，而不是什么天的报应。二者，"法小驰"时，法制松弛，赏罚不公，是非混杂，善恶不分。当此之时，人会产生各种不信任的情绪，进而形成天命论。三者，"法大驰"时，法制废弛，赏罚颠倒，是非不分，社会失控，人"胜"于天无从谈起。这时仅在口头上标榜仁义、刑罚，不会有说服力，人们会因为对现实世界失望而相信天命报应。

刘禹锡的"天人交相胜"思想丰富了我国古代人与自然关系的"和合"理论，是我国古人对天人关系认识中的一个巨大进步。

第四节　道教和佛教生态观

汉朝以后，道教和佛教是对我国古代社会产生深刻影响的两大宗教。道教和佛教生态观中的一些合理内核也构成了我国传统生态思想的组成部分，宋明理学正是在吸收、融合道教和佛教思想的基础上，完善了我国的传统生态观。

一　道教生态观

先秦时期的老庄思想和黄老学说，在汉武帝"罢黜百家，独尊儒术"政策以后，逐渐成为非主流的意识形态思想。到汉代以后，道家逐渐衍化为一些崇拜自然、追求神仙方术和长生不老的人信奉的道教。道教对自然的极度崇拜理念，是我国传统人与自然关系理论的重要一环。

（一）道法自然

道教十分重视生态平衡，从"道生万物"的本体论角度，道教关注人与自然的关系，构建了天人"和合"、"道法自然"的自然生态观。道教倡导"少私寡欲"、返璞归真的生活方式，教派内部明令禁止破坏土地、植被等自然资源，并且非常重视教派周围的环境建设，设立有戒杀放生、植树造林等有利于环境保护的活动。此外，道教的斋醮祈禳活动，主要内容便是拯救自然万物，还有道教的堪舆活动也从客观上保护了环境。

（二）好生恶杀

不少道教经典以善恶报应的方式直接叙述了保护关爱动物、植物必得善报，而伤害动物、植物者必遭恶报。道教将"骂首虫畜""恶言好杀"

---

① 《天论上》。

"探巢破卵""胎剖形"等行为作为"百病"之一，而将"不骂畜生""好生恶杀"①"不烧山林""慈愍怜爱"② 作为治病良药。

现存最早的道教戒律著作《老君说一百八十戒》是早期道教的五斗米道的主要戒律，其后成为道教传承的大戒之一。其中许多戒条都直接体现了道教好生恶杀的贵生思想。例如"不得烧野田林""不得妄伐树木""不得妄摘草花""不得以毒药投渊池江海中""不得竭山泽""不得渔猎伤煞众生""不得冬天发掘地中蛰藏虫物""不得妄上树探巢破卵""不得在平地然火"等。《太上虚皇天尊四十九章经》倡导贵生勿杀、恻隐慈悲的理念："子欲学吾道，慎勿怀杀想。"另外，成书于隋唐时期的道教经典《洞玄灵宝六斋十直圣纪经》中，则规定道教五戒中的第一戒就是不得杀生；"十善"中第三善为"念慈心万物"、第七善为"念放生养物种诸果林"。该书要求"凡人常行此五诚十善，但有天人善神卫之，永灭灾殃，长臻福佑，唯在坚志"。

唐代长安清都观著名道士张万福的著作众多，多为戒律著作。其中《三洞法服科戒文》《传授三洞经戒法录略说》《三洞众戒文》影响颇大。《三洞众戒文》是作者从诸经中录出的戒文，旨在方便道士诵习持守，戒除恶行。书中所录戒文很多，其中"五戒文"中的第一戒就是："目不贪五色，誓止杀，学长生。"③ 将"止杀"置于很高的地位。

（三）寡欲知止

人的欲望无穷而自然资源有限，这是人与自然关系中难以调和的矛盾之一。为了缓和这一矛盾，人们在谋取利益的时候必须有所节制。老子认为："知足不辱，知止不殆，可以长久。"④ 人应该克制欲望，要求人做到"见素抱朴，少私寡欲"⑤。而庄子则认为"其嗜欲深者，其天机浅也"⑥。

道教主张克制欲望、少私寡欲，从而达到常乐不殆的人生境界。道教早期经典《太平经》指出："夫人命乃在天地，欲安者，乃当先安其天地，然后可得长安也。"⑦ 在《老君说一百八十戒》中，诸如"不得邪求一切人物""不得以金银器食用""不得贪惜财物""不得多积财物，侮

---

① （宋）张君房编：《云笈七签》，中华书局 2003 年点校本，第 874—877 页。

② 《道藏》第三册《玄都律文》。

③ 《道藏》第三册《三洞众戒文》。

④ 《道德经·四十四章》。

⑤ 《道德经·十九章》。

⑥ 《庄子·大宗师》。

⑦ 《太平经》。

蔑孤贫""不得横求人物""不得为世俗人赋敛""不得择好室舍好床卧息""不得积聚财宝,以招凶祸""不得为人谋合私利""不得广求宝物""常当念清俭法,慕清贤鹿食牛饮""常当勤避恶处,勿贪禄苟荣利""常时无事,不得多聚会人众,饮食狼藉"① 等戒条,都反映了道家寡欲知止思想。

道家提倡的寡欲知止观念,目的是杜绝人类向自然过度索取、维系人与自然的和谐关系,对唐代生态环境资源法律制度尤其是动物保护制度有重要影响。

二 佛教生态观

佛教传入中国,有史料可考的,当在汉末。三国魏晋南北朝时期,中国经历了长达数个世纪的战争离乱,苦难饥馑,民不聊生,恐怖、悲观和厌世的情绪充斥。在这种社会背景下,人民很容易相信佛教的善恶业力、因果报应和天堂地狱间六道轮同的传说,佛教此时得以迅速传播。由于南北朝以来帝王政权的提倡,佛教受到朝野的尊崇,地位日益提高。南朝梁武帝礼佛到无以复加的地步,以至佛教寺院林立,凡名山胜迹,多立寺庙,形成"南朝四百八十寺,多少楼台烟雨中"的景象。

自初唐以后,禅宗大兴,使佛教一跃而变为纯粹中国化的宗教。唐太宗对于佛教、道教,甚至景教、祆教,一律优容,任由全国上下,自由信仰。僧有僧正,道有道箓,在政府体制里,设立了各个宗教的专门管理部门。除武宗时期对佛教采取排斥的政策以外,唐朝大部分时期,对佛教都采取优容政策。唐朝的一些环境保护政策也因此深受佛教的影响。

佛教提出的理想社会是"佛国净土,极乐世界"。"诸教所赞,多在弥陀。"② 最具代表性的清净之地即阿弥陀佛净土,亦称西方极乐世界。在许多佛经都描绘了的这一"极乐世界"里,奇禽异兽游走其间,有丰富的树木鲜花点缀,处处皆有优质水源,是一个人与自然和谐无间的美妙世界。为了进入"极乐世界",佛教要求人们遵循佛教教义规定的行为规范,其中许多规范具有生态环境保护价值。

(一) 强调宇宙众生平等

佛教哲学的两大支柱为"缘起论"和"业力论"。佛教的哲学基础是"缘起论",佛教的道德支柱是"业力论"。佛教认为,人和宇宙间的一切

---

① 《老君说一百八十戒》。
② 《大正藏》卷四十六《金刚经》。

现象，都是因缘和合而成，事物互相依存、互为条件，世界瞬息万变，所以，万法无常无我，世上不存在独立不变、自我存在、自我决定的实体。从"缘起论"出发，自然而然推论出"性空无我"的结论。在佛教看来，当今人类所有的问题都是由于自我中心所导致。所以，佛教主张走出自我中心的桎梏，粉碎自身的优越感，以一种性空无我、破除执念的态度来面对世界万物，以求得解脱。这一思想被唐代著名的天台宗"中兴"大师湛然演绎为"无情有性"说。他认为，法是佛性的显现，万法都有佛性。"我及众生皆有此性，故名佛性，其性遍造遍变遍摄。世人不了大教之体，唯云无情，不云有性，是故须云无情有性。"①

"业力论"构成佛教人生观和道德自律的基础，偏重于生命主体的升进和精神生活的升华。佛教认为从天堂到地狱的六道众生，其行为按照因果律产生相应的苦乐果报，通过造业来产生与此相对应的生命主体，这就是正报。同时不同层次的生命主体又通过自身的影响力，进一步形成与此相对应的生活环境，这就是依报。正报和依报二者之间的关系是有何种生命主体就会有何种生活环境，简而言之，就是正报决定依报。独立个体的造业是别业，群体的造业是共业。佛教依此提出正确处理生命体与环境间关系的万物一体、依正不二的准则和方法，主张人和自然相互依存，一切现象都处在相互依赖、相互制约的因果关系中，离开自然界，生命便不复存在，人类须保护好自然界的一草一木，努力构造一个相互依存、和谐自由的理想王国。因此，禅宗要信徒在山水中陶冶情性，通过生活的自然恬美，提高业力修为，做到心境浑然一体。这对隋唐时期寺庙周围的森林资源保护起到了极为重要的作用。

（二）素食和戒杀

佛教实行素食的根本原因，就在于恪守戒杀之戒律。佛教认为，众生之所以自相残杀，是因为食肉习惯造成的："我观众生从无始来，食肉习故，贪著肉味，更相杀害，远离贤圣，受生死苦，舍肉味者，闻正法味，于菩萨地，如实修行，速得砖邓褥多罗三藐三菩提。"②因此，佛教将食肉等同于杀生："凡杀生者多为人食，人若不食，亦无杀事，是故食肉与杀同罪。"③"一切肉不得食……食肉者得无量罪，若故食者，犯轻垢罪。"④

---

① 《大正藏》卷十六《大乘入楞伽经》。

② 《大正藏》卷十六《大乘入楞伽经》。

③ 《大正藏》卷十六《大乘入楞伽经》。

④ 《梵网经卢舍那佛说菩萨心地戒品第十》。

正因为如此，佛教将杀生作为主罪之首。早在魏晋南北朝时期就广为流传《大智度论》明确指出："诸余罪当中，杀罪最重。诸功德中，不杀第一。世间中惜命为第一。"①

　　佛教戒杀观的进一步发展就是放生。把被捕的鱼、鸟等动物放归自然，使其重获生命和自由，就是放生。对佛教来说，戒杀被列为诸戒之首，放生则被视为众善之先。《梵网经》亦云："若佛子以慈心故，行放生业。一切男子是我父，一切女人是我母，我生生无不从之受生，故六道众生，皆是我父母，而杀而食者，即杀我父母，亦杀我故身，一切地水是我先身，一切火风是我本体，故常行放生，生生受生，常住之法，教人放生。若见世人杀畜生时，应方便救护，解其苦难。"② 放生成为中国佛教徒普遍奉行的一项宗教实践，这一宗教习惯在隋唐时期得到了普遍推广，从环境保护的角度上看，具有重要意义。

---

① 《大智度论》卷十三。

② 莲池功德会：《放生问答》，和裕出版社 1988 年版，第 4 页。

第三章　宋明理学时期古代生态观的成熟

在探究人与自然的关系理论方面，通过全面融合我国古代各家思想，宋代理学将儒家"天人合一"思想提升到新的水平。张载的"民胞物与"思想、程颢的"天地万物一体"思想、朱熹的"万物一理"思想以及王阳明的"一体之仁"思想，不仅完善了儒家"天人合一"思想内涵，更成为以"和合"为主要特征的古代传统生态观成熟的标志。

第一节　"民胞物与"思想

"民胞物与"思想出自北宋著名唯物主义哲学家张载。他认为世界的本源为"气"，人同天地万物一样都源于"气"，人为物中一物，人与天地万物的本性是一样的，由此他提出"民吾同胞，物吾与也"的抽象命题，要求像爱同胞手足一样爱所有人。

张载从《易》出发，继承和发展了周敦颐"太极说"。在张载看来，宇宙人与万物"一气相通"，组成一个有机整体，"人但物中之一物"①。最高本体是太虚，依气化之道，太虚生化万物，并赋形万物。因气质的差异和天地之性的通蔽开塞不同，万物具有不同形性；其中，人得清气而生，乃成万物之灵，唯人能够觉悟并发扬天地之性，天地之性再下贯人之性，天道下贯人道。张载由此在本体论方面解决了万物生成的问题，为儒家"天人合一"理论奠定了哲学基础，构筑成了其"民胞物与"思想的基石。

在人与自然关系的问题上，张载比前人建立了一个更为精深的天人合一体系。张载认为，不惟宇宙自然秩序本身是和谐的，而且，人与自然之间也应当和谐。在张载看来，乾坤犹如父母，宇宙与具有伦理性的人相

---

① 《张子语录·语录上》。

似。万物与人本性相同，人产生、存在的根据是天地之性，人与万物之间
不是主、客体关系，而是像家人那样建立起人伦秩序。所以，人应该像对
待亲人那样对待天地万物。"乾称父，坤称母……民吾同胞，物吾与
也。"① 但是，张载认为，等级界限先天存在，万物并非绝对平等，人应
承认并遵守这种等级界限，恪守伦理道德，这是天经地义的事，任何人都
不能逃避。"生有先后，所以为天序，物之既形而有秩，知序然后经正，
知秩然后礼行。"② 人存在的意义在于，一是与万物一样，体现天地之性；
二是作为万物之灵，人可以察己本性，悟天地之性，并扩充自己的本性，
最终达到与天地参。据此，张载认为，人生最崇高理想是"为天地立心，
为生民立道，为去圣继绝学，为万世开太平"③。

　　张载"民胞物与"理论的侧重无疑在于博爱。他提出"爱必兼爱"思
想，认为"以爱己之心爱人则尽仁"④。"大其心则能体天下之物。"⑤ "大人
者，有容物，无去物，有爱物，无殉物，天之道然。天以直养万物，代天
而理物者，曲成而不害其直，斯尽道矣。"⑥ 通过对自然万物的关爱与天地
合一，他把人与万物关系的基调定位于友爱性、共生性、一体性，明确将
人与人之间的伦理道德感情拓展到人与万物之间，达到"天下无一物非我"
的境界，表达了"天人一气，万物同体"⑦ 的"天人合一"观。

　　张载"民胞物与"所强调的以人为本，同时人对自然万物应充满关
爱的思想，体现了人与自然和谐共存的理念，对现代环境伦理发展具有重
要的启示作用。

第二节　"天地万物一体"思想

一　程颢"天地万物一体"

　　程颢在张载"民胞物与"思想的基础上，提出"天地万物一体"观

---

① （宋）张载：《张载集》，中华书局1978年版，第62页。
② （宋）张载：《张载集》，中华书局1978年版，第19页。
③ （宋）张载：《张载集》，中华书局1978年版，第376页。
④ 《正蒙·中正》。
⑤ 《正蒙·大心》。
⑥ 《正蒙·至当》。
⑦ 《正蒙·西铭》。

点。作为宋明理学的主要奠基人之一，程颢是一位理本论者。在他看来，理是第一性的，世界万物都是理所派生的，是充满宇宙最为实在的东西："或谓'惟太虚为虚'。子曰：'无非理也。惟理为实'。"① "天下只有一个理。"②而且，在他眼中，理具有永恒和至高无上的地位，理可以通过自身的感应能力，使万物皆通，能主宰万物，即理能"感而遂通天下之故"，他称这种感应能力为造化作用，是"天命也"。"天命犹天道也。……命者造化之谓也。"③ 他的逻辑是，理即天命，既然天命拥有造化作用，理当然也有。"其造化也者，自是生气。"④ 也就是说，理创造生气在先，万物产生在后。

从理本论观点出发，程颢进一步认为，既然人与天地万物为一体，人与万物统一于"生生之德"的仁中，"天以生为道"⑤。因而，人对待天地万物应以仁爱之德。在程颢看来，天地万物一体，天地之间的各式各样的万物，犹如人的四肢百骸，哪有人不爱自己四肢百骸的呢？⑥ 他认为，人之本性就有好生恶杀的品德，该好生之德体现在人的恻隐之心、爱物之情上，"……恻隐之心，人之生道也"⑦。

程颢的"天地万物一体"思想，强调人类对自然的尊重、对万物价值的肯定是出于人的道德情感，没有任何利害企图，这便是仁；仁本身就是目的，也是人之为人的本质，而仁者的实现则属于美德的范畴。因此，人类要认清自我，成为仁者，在成就自我的过程中成就万物。

二　朱熹"万物一理"

作为南宋著名理学家，朱熹承北宋周敦颐与二程学说，创立宋代研究哲理的学风，成为宋明理学的集大成者。朱熹在思考人与自然关系过程中，提出的"万物一理"的整体生态观和"生生之仁德"思想，对后世产生深刻影响，在我们今天的生态文明建设过程中，可资借鉴。

（一）"万物一理"

朱熹认为，"太极"乃天地万物的本源，世界万物统一于"太极"。

---

① 《河南程氏悴言》卷一。

② 《河南程氏遗书》卷十八。

③ 《河南程氏遗书》卷一。

④ 《河南程氏遗书》卷十五。

⑤ 《河南程氏遗书》卷二。

⑥ 《河南程氏遗书》卷四。

⑦ （宋）程颢、（宋）程颐：《二程集》，中华书局1981年版，第274页。

但在这个统一体中，"太极"是本体，具体事物则是"用"，本体与具体事物是"体用之一源"①的关系。"自太极至万物化生……统是一个大源，有体而达用，从微而至著耳。"②"太极"化生万物的过程，是由体转化为用的过程。作为一个总体的天地万物，只包含"太极"一个本体，宇宙总体要受"太极"本体的支配。"太极"是宇宙间万物所共有的本质，"太极"是一切价值取向的准则，天地万物的动作应遵从"太极"为最高的准则。"太极"无所不在，"人人有一太极，物物有一太极"③。"万物之中各有一太极。"④一物之理既有其质的规定性，又有其行动准则，遵照其本性而动，最合乎阴阳五行之理的规定，则其行动就是"至善"的。

在朱熹的"太极"观下，宇宙万事万物是一个和谐统一的有机整体，都处于一种生生不息、既对立又统一的状态中。"物物各有理，总只是一个理。"⑤人兽草木显现出了各自不同的性质，但究其根源之"理"，实则相同。在总根源上，人与自然万物是一致的。天地万物，人兽有血气知觉，草木有生气而无血气知觉，枯槁有生气知觉和形质臭味，"是虽其分之殊，而其理则未尝不同"⑥。天地万物之中，人类虽然是目前所知最高级的物种，即"天地中最灵之物"⑦，但因世界万物在本源上均来自同一个"理"，因而，人类在利用自然资源时，并不享有任何特权。可以说，传统生态观发展至此，朱熹的"万物一理"思想为生态观的成熟，提供了理论依据。

（二）"生生之仁"

朱熹认为，生命产生的原因，是因为天地之间存在的"生生之理"，"天道流行，发育万物，有理而后有气"⑧。"生生之理"只能在生命的创造和流行过程中实现，无须人为介入与操作，这种生生之道便能在自然中产生作用。生命是一个自然而然的过程，也是一个循环往复、生生不息的过程。创造生命的"理"自然而普遍，自然万物得以自发地进行新陈代谢和世代交替。而生命产生过程本身，就是天地之理实现的过程。人类本

① 《朱子公文集》卷七十七 。
② 《朱子语类》卷九十四。
③ 《朱子语类》卷四十八。
④ 《朱子公文集》卷三十七。
⑤ 《朱子语类》卷一。
⑥ 《孟子集注》卷十一。
⑦ 《孟子集注》卷十一。
⑧ 《朱子语类》卷九十四。

身生命起源，就体现了天地之间的"生生之理"，这是天地中的"仁"最本质和最基础的表达。宇宙是处于不断变化和交替的过程中。仁一方面展现了宇宙中的生生不息、薪火相传，另一方面也促进了万事万物的融合发展。这样，朱熹将生生之道和仁爱之道融为一体，带有了哲学本体论和宇宙论的意蕴。朱熹认为，人乃天所化生，充分实现人自身的内在潜能，是上天赋予人的使命和职责。因此，人应该不断提高道德修养，积极主动地融入自然界的发育、发展中，以自身力量不断促成自然万物的生长，把追求"人道"与"天道"的和谐统一作为人生追求的最高目标。"理"在天地间以生物之心为外在表现，内化于人，就是仁德。① 在朱熹看来，由于气异，产生人兽、草木、枯槁等各自不同的具体之理。草木之中也存在理，麻麦稻粱，何时播种，何时收割，宜种何物，"亦皆有理"②。对于动植物来说，依时节变化而发育、成长的自然生态规律就是"理"。依此，朱熹提出"取之有时，用之有节"③ 的理念，即在使用物的时候，应当取时注意度量、用时节俭，不能为了满足人的物质欲望，无休止地掠夺和占有自然资源。

为进一步阐述"生生之理"，朱熹又提出了"生生之德"思想。他认为，天地自然本无心，但是，从"生物"的角度看，便有了心，这便是仁心。"天地以生物为心……生的意思是仁。"④ 朱熹通过仁心来进一步阐释"生"，他认为"生"从本质上讲是"大德"。"生"是宇宙间体现着必然性和普遍性的规律，不应损害和阻断生生之机的流行，而人应主动迎合、融入这一规律，实现天道和人道合而为一——天人合一。

朱熹将生机视为万化之源和世界的本体，将"仁"定义为心之德、爱之理，从根本上将爱人与爱物统一起来："此心何心也？在天地则块然生物之心，在人则温暖爱人利物之心。"⑤ 在朱熹看来，应该尊重万物，关爱生命，顺从自然。在处理人与自然的关系时，必须兼顾二者的共同利益，追求和谐共生，既要考虑到人类生存，又要考虑对自然环境的保护，二者不可偏废。

总之，朱熹的"万物一理"和"生生之仁"思想，在构筑和谐统一

---

① 《朱子语类》卷九十五。

② 《朱子公文集》卷四十六。

③ 《朱子公文集》卷四十六。

④ 《朱子语类》。

⑤ 《朱子语类》。

的整体生态理念的同时，将爱人与爱物统一起来，进一步发展了我国古代的生态观"和合"特征。

三　王阳明"一体之仁"

王阳明"一宗程氏仁者浑然与天地万物同体之旨"①，全面系统论述了"天地万物一体"思想，是儒家"天人合一"说集大成者。他的"一体之仁"思想是人与自然和谐统一的生态思想的充分体现，蕴含着丰富的生态伦理思想。

王阳明以"气"为起点，推导出"天地万物一体"理论。"天地万物一体"指人与自然万物是"一气相通"的有机系统。王阳明认为，自然界的风雨雷电和日月星辰等，本来就与人一体，"同此一气"，"一气流通"，"故能相通耳"。② 王阳明的"天地万物一体"理论，不仅含有宇宙本体论的内涵，还含有将宇宙万物看成有机系统的意蕴。

在如何处理人与自然关系方面，王阳明通过仁爱之性的扩展，从"心之仁本"理念出发，推导出"天地万物一体"和"仁民""爱物"的统一，提出"一体之仁"思想，要求将人与万物构成一个有机的整体。他认为："大人之能以天地万物为一体也，非意之也，其心之仁本若是，其与天地万物而为一也。……是其一体之仁也，虽小人之心亦必有之。……是故，谓之'明德'。"③ 人对他人和自然万物的仁爱，乃是出于把他们视为一体，从而萌发出"不忍之心""悯恤之心""顾惜之心"。另外，王阳明将父子兄弟之爱，譬喻成树干枝叶生长的根源，由"父子兄弟之爱"进而发展出对他人的爱和对自然万物的爱。这其中最核心的要素为"仁"，这是最重要的原动力，并且以此为媒介将"天地万物一体"之说与心性论相联系。"人是造化生生不息之理，虽弥漫周遍，无处不是，然其流行发生，亦只有个渐，所以生生不息。……父子兄弟之爱，便是人心生意发端处，如木之抽芽。自此而仁民，而爱物，便是发干生枝生叶。"④

王阳明的"一体之仁"指向一种无私的"大我""无我"境界。在王阳明看来，每个个人都是社会的组成部分，"其视天下之人无外内远

---

① 《王文成公全书》卷三十七。

② 《传习录》卷下。

③ 《王明阳集》卷二十六。

④ 《传习录》卷上。

近，凡有血气，皆其昆弟赤子之亲，莫不欲安全而教养之，以遂其万物一体之念"①，要为社会利益做事。另外，人还应当认识到自己是自然界的一分子，"君臣也，夫妇也，朋友也，以至于山川草木鬼神鸟兽也，莫不实有以亲之，以达我一体之仁，然后吾之明德始无不明，而真能以天地万物为一体矣"②。因此，人所做之事，既要有益于社会，又要有益于天地万物。由于"一体之仁"，"我"不再是自私自利的"小我"，而是"公是非，同好恶，视人犹己，视国犹家""凡有血气莫不尊亲"的"大我"。③ 基于父子兄弟的仁爱之性，要求人们对待自然万物，内心产生"不忍之心""悯惜之心""顾惜之心"④，持有一种强烈的拯救意识，面对危难，以死相救，将这种仁爱推及世间万物。

王阳明的"一体之仁"学说，进一步发展了宋代理学"天人合一"理论，是古人在探究人与自然关系问题的一个重大进步。

人类社会对人与自然关系的认识经历了一个不断探索和深入的过程。五千年灿烂的中华文明史，归根结底是认识自然、探究人与自然关系的历史，当然也涵盖中国传统生态思想起源发展直至体系化的历史。中国传统人与自然生态观的发展经历三个阶段。第一阶段是古代先民对自然的认识阶段，上古时期独特的天神一体神话体系，反映了古人将自身与自然融为一体的理念；先秦文献《夏小正》中所载的系统农业生态观和季节节律观，《周易》的阴阳八卦对应自然要素，代表着中华民族对大自然的朴素唯物的认知水平。第二阶段是先秦至宋明对人与自然关系的探索阶段，以儒、道、释为代表的各家学说共同丰富完善了传统生态思想的基本价值、特征、体系和内容。第三阶段在时间上与第二阶段重合，是在传统生态思想发展过程中，确立制度价值和实践检验阶段，即传统生态法制的发展阶段。

在中华文明初期，古人对自然最可贵的认知就是用淳朴的思维构建了人与自然的结构体系，将人与自然起源的解释建立在统一观念基础上，即认识到人与自然万物身处同一个生态圈。通过对物候和天象的观察，将天象、气候、物候和农事活动当作一个整体，视自然运动与人类活动为一个有机协调的统一体。又通过农业生产大系统把握农事活动规律，达到天、地、人、物和谐统一。对自然和生态圈的认知，培养了古代先民敬畏自

① 《传习录》卷中。
② 《王明阳集》卷二十六。
③ 《王明阳集》卷二十六。
④ 《王明阳集》卷二十六。

然、尊重自然的朴素生态智慧，为"物我同一""和合"观念的发展奠定了基础。

用整体性、系统性思维探索人与自然的关系，是古代哲人和宗教体系共同采纳的方法论。《周易》初步论证天、地、人三才和合思想，从哲学层面阐明了自然界的普遍发展规律和人类的本性特征是统一的，提倡三才和谐共生。阴阳五行学说揭示大生态圈最基本的环境因子——金木水火土之间相生相胜的辩证关系，使生物和环境构成一个和谐的动态整体，生物圈各要素之间也需要保持中庸适度、和谐稳定的关系。人类作为其中一部分，应严格遵循自然法则，尊重自然、顺应自然。当然，传统人与自然关系的系统理论体系的完善，要归功于数千年来儒、道、释各派大家。"天人合一""道法自然""众生平等""万物和合"等关于人与自然关系的整体性思考的经典理论，不仅完善了人与自然关系理论体系，同时进一步夯实了中华传统生态文化的"和""合"特征。

传统生态思想影响、引导了历代生态保护法律制度的价值取向和基本内容。通过法律的强制性体现了尊重自然、顺应自然、与自然保持和谐关系的生态观，这是传统社会对待自然的主动态度。我国历代法制中的时禁制度、虞衡制度、取之有度和崇俭禁奢制度等，是传统社会人与自然关系理论的集中体现和反映。

以"和合"为特征的中国传统生态文化，在现代语境下解读，其思想体系和价值取向与习近平生态文明思想相当契合，深刻体现了传承、弘扬与发展的逻辑关系。习近平生态文明思想体系是基于人与自然和谐共生关系建构的系统、整体且严密的结构体系。其核心要义是"八个坚持"，即坚持生态兴则文明兴、坚持人与自然和谐共生、坚持"绿水青山就是金山银山"、坚持良好生态环境是最普惠的民生福祉、坚持山水林田湖草是一个生命共同体、坚持用最严格制度最严密法治保护生态环境、坚持建设美丽中国全民行动、坚持共谋全球生态文明建设之路。"生态兴则文明兴、生态衰则文明衰"代表了习近平生态文明思想的深邃历史观，其关键内涵有两点：一是生态环境是人类生存的根本，对自然的破坏就是对人类自身的破坏，这是客观规律，无法抗拒；二是生态文明建设是中华民族永续发展的根本大计，是中华民族实现伟大复兴中国梦的根本保障。这两点内涵，一方面以历史的观点揭示了人类文明与自然的辩证关系，另一方面高度概括了生态文明建设与民族永续发展的关系，同时也充分说明了五千年中华文明与传统生态文化延绵不绝的历史关系。

下　编

中国古代生态环境资源法制纲要

第四章　先秦生态环境资源保护法律制度

　　狭义的先秦史范围包括夏、商、西周、春秋、战国，长达 1800 年，是中华文明的起源时期。先秦时期在历史气候的阶段划分上，总体处于暖湿气候期。[①] 该时期的前一阶段，生态环境总体上保持良好，因为人类文明的发展水平还不足以使生态环境受到大范围的毁灭性破坏。但是，到了春秋战国时期，随着人类改变自然界能力的加强，除气候等自然因素促成生态环境变化外，人类活动也成为影响生态环境的一个重要因素。周王室逐渐衰微，各方诸侯崛起，以周王室为中心的权力体系让位于一个充满活力的、暴力的列国体系。绵延不断的战争促使对自然资源的利用更加频繁密集，对生态环境的破坏也更为显现，主要体现为森林面积减少、野生动物南迁、河流浑浊和断流等。其中，影响整个先秦时期的黄河水患具有代表性。兴起于黄河中游的殷商王朝，备受黄河水患之害，成为商朝统治者迁都避祸的主要原因，[②] 流传有"殷人屡迁，前八后五"之说。西周时期，黄河流域相对干旱，未有黄河泛滥成灾的记录。进入春秋战国时代，黄河再次成患。周定王五年（公元前 602 年）黄河第一次大改道[③]，鲁成公五年（公元前 586 年）晋梁山崩，壅河三日不流，[④] 晋出公二十年（公元前 455 年）河决于扈，魏襄王十年（公元前 309 年）河水溢酸枣郓。[⑤]

　　于是在此过程中，人与自然的矛盾逐渐突出。先人对自然的自发朴素认识开始过渡到有意识的思考，认识到自然的馈赠是有限的，对自然资源的过度消耗，势必会引发各类自然灾害，引起疾疫，严重破坏国力和社会

---

① 参见竺可桢《中国近五千年来气候变迁的初步研究》，《考古学报》1972 年第 1 期。

② 参见袁祖亮主编，刘继刚《中国灾害通史》（先秦卷），郑州大学出版社 2008 年版，第 27—29 页。

③ 《汉书·沟洫志》。

④ 《春秋三传·公羊传》。

⑤ 《古本竹书纪年》。

秩序。先秦典籍如《诗经》《周易》《周礼》《礼记》《尚书》等中的记载反映了先秦哲人针对人与自然关系的诸多思考。这些具有丰富内涵的思想，构成中国传统生态文化的基石，影响古代生态保护制度的基本内容。中国传统生态保护法律思想的萌芽始于先秦，而诸如"时禁"等古代生态环境资源保护法律制度的雏形也形成于此时期。

第一节　先秦生态环境资源保护制度的渊源和形式

先秦时期是中国历史上阶级社会的第一个阶段，亦是中国古代法律文明的早期，其法律渊源和表现形式不能严格按照当今的法律概念来一一对应、理解，其时生态环境与资源保护的法律以上古部落习惯演变而成的习惯法、礼、刑和王的命令等形式呈现。

一　上古习惯到先秦习惯法

上古时期人们社会生产力水平低下，改造自然的能力十分有限。狩猎、采集是人们的主要生计方式，主要建立在对周边自然环境的依赖之上，在一定程度上体现出对自然掠夺的色彩。"焚林而狩""饥则求食，饱则弃余"[①] 是当时人们生活的常态。由于掠夺性的生产方式导致人们生存的周边环境逐渐被破坏，局部地区生产资料日益匮乏，人们保护生态环境和自然资源的意识逐渐觉醒，一些环境保护和资源节约的习俗、习惯逐渐固定、传承下来。史载，黄帝要求部落族民"劳勤心力耳目，节用水火材物"；"黄帝教民，江湖陂泽山林原隰皆收采禁捕以时，用之有节，令得其利也"[②]。在氏族社会向阶级社会过渡时，大禹曾颁布禁令，"春三月山林不登斧，以成草木之长；夏三月川泽不入网罟，以成鱼鳖之长"[③]。这类原始习俗和习惯在原始氏族部落内部具有普遍的约束力，成为日后部落习惯法的渊源。中国从夏朝开始进入阶级社会，部分原始习俗逐渐演变为代表统治阶级意志、具有国家强制力的习惯法。"伯夷降典，折民惟刑。"[④] 降典就是将习俗、习惯和惯例加以规范化。

---

① 《白虎通德论·号篇》。

② （唐）张守节撰：《史记正义》第一册卷一《五帝本纪》。

③ 《逸周书汇校集注》卷四《大聚解》。

④ 《尚书通义》卷六《尚书·吕刑》。

二　礼

礼的产生源于定纷止争的需要，小至家庭、家族内部秩序，大至部落、国家秩序的维持，均需仰赖于礼。由夏，经商，到周，我国礼制实现了形成、发展到完备，"礼"成为当时社会最基本的行为规范，也是最重要的法律渊源。孔子对夏商周三代礼制的沿袭做了精辟总结："殷因于夏礼，所损益可知也，周因于殷礼，所损益可知也。"①"礼"的系统化、规范化和某种程序上的法律化，始于周公制礼。"礼"被西周奉为"国之干""政之舆""王之大经"，在当时社会关系的调整中扮演着极为重要的角色，地位类似于现代意义上的根本法。"古之制礼也，经之以天地，纪之以日月，参之以三光（日、月、星），政教之本也。"② 西周出现的《礼记》《周礼》《仪礼》，合称"三礼"，其中前两篇成为先秦生态保护制度的主要渊源。

《礼记》中记载的生态环境与资源保护规范内容丰富：一是禁止灭绝性砍伐、捕猎。例如，《月令》篇记载："毋竭川泽，毋漉陂池，毋焚山林"，"（孟夏之月）继长增高，毋有坏堕，毋起土功，毋发大众，毋伐大树"。③《王制》篇记载："田不以礼曰暴天物。天子不合围，诸侯不掩群。"④ 二是保护幼小生命。《月令》篇讲道："（仲春之月）安萌芽，养幼少。"⑤ 三是重"时"。《王制》记载："林麓川泽以时入而不禁。"⑥《祭义》篇记载："曾子曰：'树木以时伐焉，禽兽以时杀焉。'夫子曰：'断一树，杀一兽，不以其时，非孝也。'"⑦

作为周代经国治民的典章，《周礼》同样内容丰富，范围广泛，但是有一条线索是贯穿始终的，即协调人与自然的关系。《周礼》所载的朴素生态资源保护制度内容主要包括：一是山林川泽的保护。比如，《地官》中记载，山虞"掌山林之政令，物为之厉而为之守禁。仲冬，斩阳木。仲夏斩阴木。凡服耜，斩季材以时入之。令万民时斩材，有期日。凡邦工

①　《论语·为政篇》。
②　《礼记正义·乡饮酒义》。
③　《礼记·月令·孟夏之月》。
④　《礼记·王制第五》。
⑤　《礼记·月令·仲春之月》。
⑥　《礼记·王制》。
⑦　《礼记·祭义》。

入山林而抡材不禁。春秋之斩木不入禁。凡窃木者有刑罚"①。甚而，当时还推行强制性的植树造林。《地官》规定："凡宅不毛者有里布"，"凡庶民不种树者无椁"。② 二是野生动物的保护。《地官》记载："迹人掌邦田之地政。为之厉禁而守之。凡田猎者受令焉。禁麛卵者与其毒矢射者。"③ 《秋官》记载："雍氏禁山之为苑泽之沉者"，"萍氏掌国之水禁"。④ 三是禽畜与农作物的保护。《地官》记载生态职官"草人"的职责在于"掌土化之法，以物地，相其宜而为之种。凡粪种，骍刚用牛，赤缇用羊，坟壤用麋，渴泽用鹿，咸潟用貆，勃壤用狐，埴垆用豕，强坚用蕡，轻爂用犬"⑤。

春秋末期，针对"礼崩乐坏"的社会现状，孔子提出"克己复礼为仁"，把"礼"推向了顶点。"礼"成为处理各种社会关系的基本准则，正如《礼记·曲礼上》记载："道德仁义，非礼不成；教训正俗，非礼不备；分争辩讼，非礼不决；君臣上下，父子兄弟，非礼不定；宦学事师，非礼不亲；班朝治军，莅官行法，非礼威严不行；祷祠祭祀，供给鬼神，非礼不诚不庄。"⑥ 以孔、孟、荀为代表的先秦儒家以礼为中心来认识生态环境与资源保护问题，其思想主张在后世被纳入国家律典。云梦秦简《田律》和汉代《使者和中所督察诏书四时月令五十条》中均有环境资源保护的法律条文，可回溯至《礼记》《周礼》中相关篇目的记载。

三　刑

先秦时期，已有刑法对丢弃垃圾于大街、偷伐林木、擅杀六畜等破坏生态环境与自然资源的行为进行规制。受到人类社会早期报应观念的影响，商朝对"弃灰于公道者"施以断手之刑。据《韩非子》载，"殷之法，弃灰于公道者断其手"⑦，即对于将灰土、垃圾丢弃于大街上的行为要处于断手之刑。迨至商君主政秦国时，商鞅之法仍"弃灰于道者黥"。对于违反规定采伐木材者处以刑罚，《周礼》记载，"凡窃木者有刑

① 《周礼·地官·山虞》。
② 《周礼·载师》。
③ 《周礼·地官·迹人》。
④ 《周礼·秋官·司隶》。
⑤ 《周礼·地官·草人》。
⑥ 《礼记·曲礼上》。
⑦ 《韩非子新校注》卷九《内储说上·七术》。

罚"①；军队出行之时，必须遵守"吏士不得刈稼穑，伐树木，杀六畜……违令者斩"②。对私自砍伐封禁山林的处罚亦体现了刑罚的报应观，如春秋时期的《管子·地数》记载："由动封山者，罪死而不赦。由犯令者，左足入，左足断；右足入，右足断。"③ 齐宣王以圈养麋鹿观赏为乐事，规定："杀其麋鹿者，如杀人之罪"，此举虽被指责是虐政，但在客观效果上，使麋鹿等野生动物较早受到刑法的保护。

刑作为西周重要的法律形式之一，继承和发展了夏商两代法律制度。刑既有习惯法形式，也有成文法形式。礼刑并用是西周国家治理的一大特色。刑作为礼的坚强后盾，"重刑罚以教之"，教化不成，然后用刑；但二者并非同等并列，而是以礼为主。《唐律疏议序》开篇讲道："周公寓刑于礼。"④ 礼和刑既有分司分治的一面，又存在着互为表里，互相补充的一面。《汉书·陈宠传》就西周的礼刑关系描述道："礼之所去，刑之所取，失礼则入刑，相为表里者也"⑤，即凡礼所不容，必为刑所禁，违礼即违法；礼所不禁，刑亦不禁，奉礼即守法。

四　王的命令

作为夏商周时期重要的法律形式之一，王的命令因时因事而制，具有灵活性、针对性，其中不乏生态环境与资源保护相关的内容，从而在先秦生态环境与资源法制中占据一席之地。

我国最早关于生态环境与资源保护的记载出自上古时期的《神农之禁》，其中讲道："春夏之所生，不伤不害。"⑥ 前述已提及，夏禹时期，曾下禁令，"禹之禁，春三月，山林不登斧，以成草木之长；夏三月，川泽不入网罟，以成鱼鳖之长；不麛不卵，以成鸟兽之长。斩材有期日……仲冬斩阳木，仲夏斩阴木，窃木者有刑罚"⑦。意思就是禁止采用竭泽而渔的捕捞方式，给野生动植物腾出休养生息的时间，并对违反禁令、时令的行为施以惩罚。这是我国史载最早的生态环境与资源保护禁令。

商"因于夏礼"，在夏朝法律的基础上有所增损。王的命令是商朝最

① 《周礼·地官·山虞》。
② （唐）杜佑：《通典》卷一百四十九《兵二》。
③ 《管子·地数》。
④ 《唐律疏议·序言》。
⑤ 《汉书·陈宠传》。
⑥ 《群书治要》《六韬·虎韬篇》《神农之禁》。
⑦ 《逸周书·大聚解》。

主要的法律形式，包括诰、训、誓等。例如，《韩非子·内储说上》记载："殷之法，弃灰于公道者断其手。"① 公道是通行的大道，弃灰于公道不仅有损于环境卫生，还会影响社会秩序，引起械斗，因而为当时统治者所禁止。这是我国最早的关于城市市容和环境卫生管理的禁令。西周初年颁布的《伐崇令》规定："毋坏屋，毋填井，毋伐树木，毋动六畜，有不如令者，死无赦。"② 则是中国古代较早的、内容涉及房屋、水源、林木和动物保护的法令，违反者将受到极为严厉的处罚。彼时规定"凡窃木者有刑罚"③，对此如何理解曾多有争议，唐代贾公彦解释的是"此谓非万民入山之时，而民盗山林之木，与之以刑罚"④，认为是在禁伐之时对盗伐行为的处罚。

第二节　先秦重要的生态保护文献——月令

月令是发源于先秦的一种以阴阳五行思想为指导，分月记载历象、物候，并据此安排生产生活和政治管理活动的文献。其基本脉络是通过观察太阳的位置、星宿的变化，将一年 365 天划分为四个季节，⑤ 每一季节又划分为孟、仲、季三个月。月令则依照一年四季十二个月的时令，阐述自然界的交替变化关系，详细记载了先秦时期国家的法律禁令、职官制度、祭祀礼仪等。

根据传世文献的源流，一般认为，月令出自战国阴阳家之手。⑥ 现存先秦至两汉时期的传世月令文献版本众多，主要有《大戴礼记》中的《夏小正》，《逸周书》中的《时训解》，《管子》中的《幼官图》《四时》《五行》《轻重己》诸篇，《吕氏春秋》中的《十二月纪》，《礼记》中的《月令》和《淮南子》中的《时则训》等。这些文献都具备"以月系事"的特征，都是"月令"。其中，《吕氏春秋·十二月纪》和《礼记·月令》最具代表性，两者既有渊源关系，又有一定差别。就其渊源关系，

---

① 《韩非子·内储说上·七术》。

② 转引自严可均撰《全上古三代秦汉三国六朝文（一）》，中华书局 1965 年版，第21 页。

③ 《周礼·地官·山虞》。

④ 《周礼·地官·山虞》。

⑤ 殷商时代将一年分为春、秋两季，西周晚期才进一步细分为春夏秋冬四时。参见薛梦潇《早期中国的月令与"政治时间"》，上海古籍出版社 2018 年版，第 3 页。

⑥ 参见容肇祖《月令的来源考》，《燕京学报》1935 年第 18 期。

许多学者认为《礼记·月令》抄自《吕氏春秋·十二月纪·纪首》，① 如汉代郑玄在《三礼目录》中讲道："《月令》本《吕氏春秋·十二月纪》之首章也，以礼家好事者抄合之，后人因题之，名曰《礼记》。"② 至于差别，《十二月纪》中各纪的"纪首"就是该月的"月令"，相比而言，《礼记·月令》与其仅是在文字上略有差别，二者所涵盖的内在精神是一致的。

一 月令的指导思想

月令的核心指导思想有两点：天地人和谐统一的"三才论"和以阴阳五行为基础的"五行说"。

《周易》认为，天、地、人是宇宙万物间最根本的存在，故称其为"三材"，后演变为"三才"。人居其中，人是天地所生，人的心性与天的德行相通。"不违"天地，顺应自然，与自然和谐相处是人类在自然界立足的前提。《吕氏春秋》在处理天人关系上受到《周易》和先秦儒家思想的影响，其指导思想是"上揆之天，下验之地，中审之人"，追求的目标是天地人"三者咸当"③，即天地人的和谐与统一。《吕氏春秋·十二月纪》"纪首"和《礼记·月令》"孟春之月"均记载，"无（毋）变天之道，无（毋）绝地之理，无（毋）乱人之纪"④，统治者和老百姓均将此作为普遍恪守的规则。"无变天之道"指的是人们应当根据天体运行和气候变化的规律来从事生产生活；"无绝地之理"指的是人们应当因地、因时制宜，依据各地不同的物候条件采取相应的措施；"无乱人之纪"即禁止人们行违背自然规律之事，要求务必尊重并依照自然规律生产生活。⑤

"五行"即水、火、木、金、土，一年四季分属五行：春属木，夏属火，秋属金，冬属水。"土行"附于夏秋之间，与季夏相接。四时的有序交替，取决于五行相生：木生火，火生土，土生金，金生水，水又生木，循环往复，以至无穷。从广度上看，五行首先与自然现象中的五方、五材、五味、五色、五季、五星相对应，进而与社会现象中的五官、五臣、

① 然而也有现代学者认为二者没有直接的继承关系，但后者很可能参阅了前者。参见杨振红《月令与秦汉政治再探讨——兼论月令源流》，《历史研究》2004 年第 3 期。

② （汉）郑玄著，（唐）孔颖达等正义：《礼记正义》卷十四孔疏所引，影印《十三经注疏》本，中华书局 1980 年版，第 1352 页。

③ 《吕氏春秋·季冬纪第十二·序意》。

④ 《礼记·月令》。

⑤ 参见郭文韬《中国传统农业思想研究》，中国农业科技出版社 2001 年版，第 29 页。

五常等相对应，再进而与人体的五脏、五腑、五体、五窍（五官）相对应，再进而与人的情志活动，如五志、五声等相对应，从而形成一个"自然—社会—人身—情志"的结构系统。①

《礼记·月令》（以下简称《月令》）以五行为基础，将天象、气象、物候等自然变化与政令、农事、祭祀等社会活动联系在一起，构成一个整体系统。这个整体系统，以十二个月为依据，按五行及其对应的属性排列。例如，立春之日，"盛德在木"，此时农耕开始，"王布农事，禁止伐木杀兽，不称兵、毋作大事，以妨农事，修利堤防，道达沟渎，开通道路，毋有障塞"②。立夏之时，则"盛德在火"，此时五谷成长，政令是"无起土功，无发大众，毋伐大树，劳农劝民，无或失时，驱兽毋害五谷，毋大田猎"③。立秋之时，"盛德在金"，五谷收获，政令是"完堤防，谨壅塞，修宫室，坏墙垣，补城郭。伐薪为炭，劝种麦"④。立冬时，"盛德在水"，政令是"严冬将至，渔师治鱼，伐林木，取竹箭，具田器，备边境，完要塞"⑤。

由此可见，先秦月令经过发展，五行体系已经相当完备，以此来安排政事、规划农事，使国家行政管理和人民生产生活有条不紊地进行。同时，科学合理的农业生产安排也为动植物资源的休养生息赢得了充足空间，有效缓解了人与自然的矛盾。因此，月令可谓是先秦行政管理和人们生产生活经验、智慧的集中体现。

二 月令中的"时禁"内容

以时禁发、应时而动的"时禁"思想是先秦思想家关于天人关系理论尤其是儒家天人合一生态思想的集中体现，这在儒家对待野生动植物资源的态度上可见一斑。《大戴礼记·卫将军文子》记载："孔子曰：开蛰不杀则天道也，方长不折则恕也，恕则仁也。"⑥《礼记·祭义》亦记载："曾子曰：'树木以时伐焉，禽兽以时杀焉。'夫子曰：'断一树，杀一兽不以其时，非孝也。'"⑦ 孔子、曾子将"时禁"思想与儒家

---

① 参见郭文韬《中国传统农业思想研究》，中国农业科技出版社2001年版，第136页。

② 《礼记·月令》。

③ 《礼记·月令》。

④ 《礼记·月令》。

⑤ 《礼记·月令》。

⑥ 《大戴礼记·卫将军文子》。

⑦ 《礼记·祭义》。

"仁义"联系在一起，视"珍惜生物"与"爱人"一样，同为儒家思想的应有之义。

月令中关于"时禁"的记载数不胜数，由"时禁"生发出顺时而动和不违农时的生产生活习俗具有良好的实践价值，对后世各朝生态环境与资源保护法制产生了深远的影响。月令中"时禁"内容主要有：

其一，春季正值大自然生生之阳气逐渐旺盛，各种新生命孕育萌芽，此时统治者宜施行仁政，为新生命的孕育创造宽松的环境，为大自然"护生"。《吕氏春秋·十二月纪》纪首和《礼记·月令》均记载，孟春之月"禁止伐木""无覆巢，无杀孩虫，胎夭飞鸟，无麑无卵，无聚大众，无置城郭，掩骼霾骴"。① 仲春之月，"无（毋）竭川泽，无（毋）漉陂池，无（毋）焚山林"②。季春之月，"修利堤防，导通沟渎，达路除道"③。月令"时禁"内容中出现许多禁止性的规定，意味着如果人们违反规定将会受到相应的惩罚。比如，春季禁止打猎，禁止布置罗网、投放毒药，禁止砍伐桑拓，禁止虞官、虞人利用职务便利盗取野生动植物资源。这些均为月令中朴素生态习俗的体现。

其二，夏季，大自然生生之阳气达到顶点，转而衰落，肃杀之阴气开始萌发，万物长成，在这个季节应"佐天长养"，保护好山林资源尤为重要。因此，"孟夏之月，无（毋）起土功，无（毋）发大众，无（毋）伐大树。仲夏之月，令民无（毋）刈蓝以染，无（毋）烧炭，无（毋）暴布。门闾无（毋）闭，关市无（毋）索。季夏之月，命虞人入山行木，无或斩伐"④。不可以兴土功，不可以合诸侯，不可以起兵动众。"无（毋）举大事……以妨神农之事。"⑤ 不过，对有些生长周期较短的植物资源或者繁殖能力较强的动物资源，即使夏季也是允许采伐、捕捞的，"乃命渔人，伐蛟取鼍，登龟取鼋。令泽人，入材苇"⑥。

其三，秋季，大自然生生之阳气衰落，肃杀之阴气逐渐旺盛，万物成熟，此时人们的主要任务是收成，因此统治者的工作重心是组织工事修缮。"命百官，始收敛，完堤防，谨障塞，以备水潦"，"趣民收敛，务畜

---

① 《吕氏春秋·十二纪·孟春纪》。

② 《礼记·月令》将《吕氏春秋十二纪》的"无"改为"毋"，《淮南子时则训》将此规定在孟春月。

③ 《吕氏春秋·十二纪·季春纪》。

④ 《礼记·月令》季夏之月为"毋有斩伐"。

⑤ 《礼记·月令》。

⑥ 《礼记·月令》。

菜，多积聚乃劝种麦"，"若或失时"，"行罪无疑"。① 此时，人们为了维持生计，可以执弓操矢以猎，伐薪为炭，获取生活所需的动植物资源。

其四，冬季，大自然肃杀之阴气发展到顶点，万物衰落，此时的主要任务是收藏。孟冬之月，"命水虞渔师收水泉池泽之赋，毋或敢侵削众庶兆民，以为天子取怨于下，其有若此者，行罪无赦"②。到了仲冬之月，"农有不收藏积聚者，牛马畜兽有放佚者，取之不诘，山林薮泽有能取蔬食田猎禽兽者，野虞教道之，其有相侵夺者，罪之不赦"③。到季冬，"命渔师始渔，天子亲往，乃尝鱼，先荐寝庙……命四监收秩薪柴，以共郊庙及百祀之薪燎"④。冬季是野生动植物的蛰伏期，人们应当做好收藏、积聚和储备，至于鱼类、林木、禽兽等动植物，可以有针对性地采捕利用。

综上，月令关于植物、动物、土地、水源方面的保护与利用形成了一套规范有序的禁令。以《月令》为对象，我们进行分类考察。

第一，按时节采伐利用森林资源。月令规定，春夏两季是林木发芽生长的季节，此时严禁入山采伐林木。例如，孟春之月，天子"命祀山林川泽"，"禁止伐木"；⑤ 季春之月，"命野虞，毋伐桑柘"；⑥ 孟夏之月，"毋伐大树"；季夏之月，"树木方盛，命虞人入山行木，毋有斩伐"⑦。到了秋冬季节，草木零落之时，人们可以入山砍伐林木。季秋之月，"草木黄落，乃伐薪为炭"⑧；仲冬之月，"山林薮泽，有能取蔬食田猎禽兽者，野虞教道之"⑨。可见，月令始终将遵循林木的季节演替规律作为保护与利用森林资源的根本前提。

第二，按照动物生长周期制定具体的保护措施。首先，在动物孕育、哺乳阶段，严禁捕捞、宰杀。针对卵生巢居的禽鸟，"不卵""不覆巢"，因此类行为对禽鸟类动物具有毁灭性的破坏。针对胎生乳养的走兽，则

---

① 《礼记·月令》。
② 《礼记·月令》。
③ 《礼记·月令》。
④ 《礼记·月令》。
⑤ 《礼记·月令》。
⑥ 《礼记·月令》。
⑦ 《礼记·月令》。
⑧ 《礼记·月令》。
⑨ 《礼记·月令》。

"不杀胎""不殀夭""不麑"①，禁止捕杀怀孕母兽和幼鹿之类刚出生小动物。此外，春夏两季是动物繁衍的旺季，禁止捕猎、打杀动物。其次，不使用灭绝性的捕猎工具和捕猎方式。例如，禁止使用"罝罦""罗网"，禁止用毒药，"三月：田猎，罝罦、罗网、毕翳、喂兽之药，无出国门"②。最后，对家禽家畜要及时配种繁育，注意养护母畜，养育幼少。人们在熟练掌握动物生长周期的基础上，制定出许多动物保护的禁止性和指引性规定，这些规定是保证动物资源持续存在和永续利用的关键。

第三，土地资源利用与保护相结合。体现在三方面：一是因地制宜合理利用土地资源，"善相丘陵、阪险、原隰，土地所宜，五谷所殖"③。二是用地与养相结合，以便永续利用，"可以粪田畴，可以美土疆"④。三是依据时令保护土地资源，夏季"不动土功"⑤，原因在于保护农作物生长所必需的土壤环境；冬季"无作土事"则是为了保护"土气"，防止"诸蛰则死"⑥，影响生物多样性，致使自然界生态平衡受到威胁。

第四，水资源利用与治理相结合。基于水源对发展农业生产的重要性，月令对水源的利用与治理亦有规定。例如，季春之月，"时雨将降，下水上腾，循行国邑，周视原野，修利堤防，道达沟渎，开通道路，毋有障塞"。另外，孟秋之月，"命百官始收敛，完堤防，谨壅塞，以备水潦"。⑦ 春、秋两季均有修缮堤防之规定，但显然两者目的不同。前者以灌溉为主要目的，"备水潦"为附属目的；后者以"备水潦"和维护堤防完好无损以备来年之用为主要目的。

第五，环境卫生意识开始萌芽。"孟春之月……毋聚大众，毋置城郭，掩骼埋胔"⑧，春季要及时清理、掩埋腐烂的尸体，既是防止疾疫传染之考虑，也是环境卫生意识之体现。

综上，月令的"时禁"习俗蕴含着丰富的生态环境与资源保护内容，是先秦人们朴素的生态保护和资源利用思想的体现，是人类农耕生活经验在阴阳五行体系之下的具体反映和总结。《月令》"时禁"蕴含了古人对

---

① 《礼记·月令》。
② 《礼记·月令》。
③ 《礼记·月令》。
④ 《礼记·月令》。
⑤ 《礼记·月令》。
⑥ 《礼记·月令》。
⑦ 《礼记·月令》。
⑧ 《礼记·月令》。

自然生态的认识，具有生态学意义，时人强调在遵循时令、气节的前提下利用动物、植物、土地、水源等自然资源，维护资源的再生能力。毋庸讳言，《月令》中掺杂了一些虚无思想，然而，其不违农时的思想和重视人与自然和谐关系的理念，成为中国传统生态文化的精髓，值得深入探究和传承。

第三节　先秦生态环境资源管理职官体制

先秦时期，生态环境保护与自然资源合理利用是农业生产的重要环节和有机组成部分，因此，生态环境与自然资源保护制度附属于农业生产管理制度，各朝的生态环境与自然资源保护职能也附属于农业生产管理职能。《周礼》开创性地建立起先秦生态环境与资源管理职官体制，详至建制、级别、编制、职责等：首先，规定天官掌管政务并统管其他五官，地官掌教育、赋税和产殖，春官掌礼仪，夏官掌军事，秋官掌司法，冬官掌百工，构建起先秦生态环境与自然资源管理的总体框架；其次，分别设置了委人、草人、稻人、山虞、林衡、川衡、泽虞、迹人、角人、羽人、囿人、场人、廪人、舍人等几十种与生态环境与自然资源管理有关的专门性职官。"综合性+专门性"的机构设置模式使得各个行政机构之间互相联系、相互制约、井然有序。

一　土地资源管理的职官制度

土地是人类赖以生存最基本的自然资源，属于生产力要素中劳动对象的范畴，是农业生产不可替代的根本性生产资料。中国自古就是一个农业国家，为了规范土地资源分配与管理，《周礼》制定了非常详细、严密的法律制度，其中就包括了重要的土地管理职官制度。

（一）大司徒

大司徒是负责全国土地资源分配与管理的最高行政长官，设卿一人。大司徒的主要职责是：

> 掌建邦之土地之图与其人民之数，以佐王安扰邦国。以天下土地之图，周知九州之地域广轮之数，辨其山林、川泽、丘陵、坟衍、原隰之名物。……以土会之法，辨五地之物生……以土宜之法，辨十有二土之名物，以相民宅而知其利害，以阜人民，以蕃鸟兽，以毓草

木，以任土事。辨十有二壤之物而知其种，以教稼穑树艺，以土均之法辨五物九等，制天下之地征，以作民职，以令地贡，以敛财赋，以均齐天下之政。以土圭之法测土深。……①

可见，大司徒的主要职责是土地资源的分配与管理，不仅要掌管全国土地资源的数量、质量，辨别各类土地资源的性质、收益，还要负责将土地资源在邦国、王公贵族、普通人民之间进行分配和管理。

（二）小司徒

小司徒是大司徒的副手，设中大夫二人。小司徒的主要职责除管理赋税以外，还要协助大司徒进行土地资源分配与管理。普通民众的井田调配管理主要由小司徒负责。正如《周礼》所载：

> 乃均土地，以稽其人民，而周知其数，上地，家七人，可任也者家三人；中地，家六人，可任也者二家五人；下地，家五人，可任也者家二人。……凡国之大事、致民、大故，致余子，乃经土地而井牧其田野。九夫为井，四井为邑，四邑为丘，四丘为甸，四甸为县，四县为都，以任地事而令贡赋。②

（三）职方氏

职方氏隶属于夏官司马，是掌管全国地图、辨别及划分全国土地事务的职官。职方氏"设中大夫四人，下大夫八人，中士十有六人，府四人，史十有六人，胥十有六人，徒百有六十人"③。职方氏负责掌管全天下所有的地图，从而对全天下所有的土地状况都了然于心，掌握诸侯国民和物资情况，熟悉各自生产生活条件，达成一些共同的事业和利益：

> 职方氏掌天下之图，以掌天下之地，辨其邦国、都鄙、四夷、八蛮、七闽、九貉、五戎、六狄之人民，与其财用九谷、六畜之数要，周知其利害，乃辨九州之国，使同贯利。④

---

① 《周礼·地官司徒·大司徒》。
② 《周礼·地官司徒·大司徒》。
③ 《周礼·夏官司马·叙官》。
④ 《周礼·夏官司马·职方氏》。

将国土划分为九州，即东南扬州、正南荆州、河南豫州、正东青州、河东兖州、正西雍州、东北幽州、河内冀州、正北并州等。例如，

> 东南曰扬州，其山镇曰会稽，其泽薮曰具区，其川三江，其浸五湖，其利金、锡、竹箭，其民二男五女，其畜宜鸟、兽，其谷宜稻。正南曰荆州，其山镇曰衡山，其泽薮曰云瞢，其川江、汉，其浸颍、湛，其利丹、银、齿、革，其民一男二女，其畜宜鸟、兽，其谷宜稻。①

职方氏还负责制定公、侯、伯、子、男五等爵位对应封地面积的标准，例如，"凡邦国千里，封公以方五百里，则四公；方四百里，则六侯，方三百里，则七伯；方二百里，则二十五子；方百里，则百男，以周知天下"②。

（四）载师

载师专门负责土地使用和管理，设上士二人、中士四人、府二人、史四人、胥六人、徒六十人。其主要负责制定土地使用的法则，辨明土地的性质和用途，并授予从事不同职业的人，供国家赋税的征收之用。

> 载师掌任土之法。以物地事，授地职，而待其政令。以廛里任国中之地，以场圃任园地，以宅田、士田、贾田任近郊之地，以官田、牛田、赏田、牧田任远郊之地，以公邑之田任甸地，以家邑之田任稍地，以小都之田任县地，以大都之田任疆地。凡任地。国宅无征，园廛二十而一，近郊十一，远郊二十而三，甸稍县都皆无过十二，唯其漆林之征，二十而五。凡宅不毛者，有里布。凡田不耕者，出屋粟。凡民无职事者，出夫家之征，以时征其赋。③

可见，载师不仅要将不同性质的土地分配给有不同职业特长的人使用，而且负责监督、巡查土地使用者是否按照规定使用土地、缴纳赋税，以此规范土地资源的分配和使用。

---

① 《周礼·夏官司马·职方氏》。
② 《周礼·夏官司马·职方氏》。
③ 《周礼·地官司徒·载师》。

（五）遂人

遂人专门负责辨别土质差异，具体指导土地分配与使用，设中大夫二人。这是因为土壤肥力的差异决定了粮食产量的差异，不同的土质类别适宜种植的农作物也不同。遂人的具体职能是：

> 遂人掌邦之野。以土地之图经田野，造县鄙，形体之法。五家为邻，五邻为里，四里为酂，五酂为鄙，五鄙为县，五县为遂，皆有地域，沟树之，使各掌其政令刑禁。以岁时稽其人民，而授之田野，简其兵器，教之稼穑。凡治野，以下剂致甿，以田里安甿，以乐昏扰甿，以土宜教甿稼穑，以兴锄利甿，以时器劝甿，以疆予任甿，以土均平政。辨其野之土：上地、中地、下地、以颁田里。①

可见，遂人的职责主要是掌管王国内的野地，按照地图划分田野，制定行政区划。另外，还要辨别野地的土地性质，分为上、中、下三种等级，据此颁授田地和宅地，并监督土地的使用。

（六）遂师

遂师隶属于遂人，主要负责贯彻和监督遂人的政令实施情况，设下大夫四人、上士八人、中士十有六人。

> 遂师各掌其遂之政令戒禁。以时登其夫家之众寡、六畜、车辇，辨其施舍与其可任者。经牧其田野，辨其可食者，周知其数而任之，以征财征。作役事，则听其治讼。巡其稼穑，而移用其民，以救其时事。②

可见，划分田界和井田，辨别并掌握可供耕种的土地状况和数量，授予农民，并作为国家赋税征收的依据，此为遂师的主要职责之一。

（七）遂大夫

遂大夫是执掌本遂政令的基层官员，设中大夫一人。遂大夫的职责是：

> 备掌其遂之政令。以岁时稽其夫家之众寡、六畜田野，辨其可任

---

① 《周礼·地官司徒·遂人》。

② 《周礼·地官司徒·遂师》。

者与其可施舍者，以教稼穑，以稽功事，掌其政令戒禁，听其治讼，令为邑者。岁终则会政致事。正岁，简稼器，修稼政。三岁大比，则帅其吏而兴甿，明其有功者，属其地治者。凡为邑者，以四达戒其功事，而诛赏废兴之。①

可见，遂大夫主要负责监督管理土地的具体使用情况，确保土地资源得到合理利用。

（八）县正

县正是执掌本县政令的地方官，一县之长，每县设下大夫一人。县正的职责是掌管本县的政令、征发和校比，颁授田地和宅地是其中一项重要职责。

县正各掌其县之政令、征、比。以颁田里，以分职事，掌其治讼，趋其稼事而赏罚之。若将用野民，师田、行役、移执事，则帅而至，治其政令。既役，则稽功会事而诛赏。②

（九）草人

草人是专门负责改良土壤、提高土壤肥力的职官，设下士四人、史二人、徒十有二人。③ 草人的具体职责是：

草人掌土化之法以物地，相其宜而为之种。凡粪种，骍刚用牛，赤缇用羊，坟壤用麋，渴泽用鹿，咸潟用貆，勃壤用狐，埴垆用豕，疆用蕡。轻燮用犬。稻人掌稼下地。以猪畜水，以防止水，以沟荡水，以遂均水，以列舍水，以浍写水，以涉扬其芟。作田，凡稼泽，夏以水殄草而芟夷之，泽草所生，种之芒种。旱暵，共其雩敛。丧纪，共其苇事。土训掌道地图。以诏地事，道地慝，以辨地物而原其生，以诏地求。王巡守，则夹王车。④

换言之，草人掌管改良土壤、审视土地，考察某个地方、某种土壤适

---

① 《周礼·地官司徒·遂大夫》。
② 《周礼·地官司徒·县正》。
③ 《周礼·地官司徒·叙官》。
④ 《周礼·地官司徒·草人》。

宜种植的农作物种类，因地制宜地指导农业生产，根据不同的土质类型确定浸种时需使用的适宜的原料。按照现代概念理解，草人应该是土地职官中的技术人员。

（十）牧师

牧师是专门掌管牧地的职官，设下士四人、胥四人、徒四十人。[①]牧师的职责是管理牧地，授给养马官放牧；颁布禁令，在牧地四周设置藩篱；按照时令安排陈草焚烧或是马匹交配；另外，在进行田猎时，协助职掌山林的长官焚烧陈草，用以开辟田猎场。"牧师掌牧地，皆有厉禁而颁之。孟春，焚牧。中春，通淫。掌其政令。凡田事，赞焚莱。"[②]

二　森林资源管理的职官制度

在生产力水平总体较低的先秦时期，森林资源是一种维系民生的重要自然资源，因此林政成为一种重要的政令，与当时的社会政治与经济发展密切关系。据《周礼》记载，西周王朝对林政十分重视，突出体现在森林资源管理职官的创设，包括山虞、林衡、山师、委人等。

（一）山虞

山虞专门负责管理山林，职责是掌管有关山林的政令。《周礼》根据山的大小，将山分为大、中、小三等，分别设置数量不等的管理人员。

> 山虞，每大山，中士四人、下士八人、府二人、史四人、胥八人、徒八十人；中山，下士六人、史二人、胥六人、徒六十人；小山，下士二人、史一人、徒二十人。[③]

山虞的职责包括：为山中的各种物产设置藩界，发布禁令规范人们入山的行为，限定砍伐树木的时间和范围，定期安排山林之神的祭祀以及监督狩猎活动等。

> 山虞，掌山林之政令，物为之厉而为之守禁。仲冬，斩阳木；仲夏，斩阴木。凡服耜，斩季材，以时入之。令万民时斩材，有期

---

① 《周礼·夏官司马·叙官》。

② 《周礼·夏官司马·牧师》。

③ 《周礼·地官司徒·叙官》。

日。……春秋之斩木不入禁。凡窃木者有刑罚。①

（二）林衡

林衡是负责巡视平地和山脚林木并执行相关禁令的职官。《周礼》将林麓分为大、中、小三等，分别设置数量不等的管理人员。

　　　　林衡，每大林麓，下士十有二人、史四人、胥十有二人、徒百有二十人；中林麓，如中山之虞；小林麓，如小山之虞。②

林衡的职责包括掌管巡视平地和山脚的林木，合理安排护林人员，按时考核他们守护平地和山脚林木的成绩以进行赏罚，按照山虞的指令组织林木砍伐活动。

　　　　林衡，掌巡林麓之禁令，而平其守，以时计林麓而赏罚之。若斩木材，则受法于山虞，而掌其政令。③

（三）山师

山师是专门负责山林命名、山林物产评估等事务的职官，下设中士二人、下士四人、府二人、史四人、胥四人、徒四十人。山师的主要职责是给山林命名，辨别、判断和评估山林的物产以及是否对人有害，将山林分配给各诸侯国，使其得以进贡珍奇物产等，即所谓"山师掌山林之名，辨其物与其利害，而颁之于邦国，使致其珍异之物"④。

（四）委人

委人是专门负责征收薪柴、饲草、草木果实、木材等可资利用的森林物产的职官，设中士二人、下士四人、府二人、史四人、徒四十人。⑤ 委人主要负责征收野地的从业税，收取可蓄积储备的柴薪、草木等物品，以供使用。

---

① 《周礼·地官司徒·山虞》。
② 《周礼·地官司徒·叙官》。
③ 《周礼·地官司徒·林衡》。
④ 《周礼·夏官司马·山师》。
⑤ 《周礼·地官司徒·叙官》。

委人掌敛野之赋敛薪刍。凡疏材木材，凡畜聚之物，以稍聚待宾客，以甸聚待羁旅。凡其余聚，以待颁赐，以式法共祭祀之薪蒸木材。宾客，共其刍薪。丧纪，共其薪蒸、木材。军旅，共其委积、薪刍，凡疏材，共野委兵器，与其野圃财用。凡军旅之宾客馆焉。①

三　动物资源管理的职官制度

捕猎、驯养野生动物是先民们维持生计的主要途径之一，因而古人对动物资源的管理历来重视有加。《周礼》设立的动物资源管理职官包括畜牧管理职官、珍禽异兽管理职官、狩猎活动管理职官等。

（一）牧人

牧人负责牧养六牲，保护其繁殖，为祭祀所需提供完好而纯色的牲畜。牧人设下士六人、府一人、史二人、徒六十人。② 依照祭祀对象、祭祀周期、祭祀方式的不同，选用不同品种、不同毛色、不同规格的牲。

牧人掌牧六牲而阜蕃其物，以共祭祀之牲牷。凡阳祀，用骍牲毛之；阴祀，用黝牲毛之。望祀，各以其方之色牲毛之。凡时祀之牲，必用牷物。凡外祭毁事，用尨可也。凡祭祀，共其牺牲，以授充人系之。凡牲不系者，共奉之。③

（二）牛人

牛人掌管饲养为国家所需的牛，因此饲养的牛当然属于公有，按国家的命令供应。牛人设中士二人、下士四人、府二人、史四人、胥二十人、徒二百人。④ 牛人主要负责提供饮宴宾客、进献膳食、军事犒劳、出兵征伐、祭祀死者等场合所需的牛，且在祭祀时，还应当提供用于悬挂牛牲肉的架子和盛牲血的盆、盛牲肉的笼等器皿。

牛人掌养国之公牛，以待国之政令。凡祭祀，共其享牛、求牛，以授职人而刍之。凡宾客之事，共其牢礼、积膳之牛。飨食、宾射，

①　《周礼·地官司徒·委人》。
②　《周礼·地官司徒·叙官》。
③　《周礼·地官司徒·牧人》。
④　《周礼·地官司徒·叙官》。

共其膳羞之牛。军事，共其犒牛。丧事，共其奠牛。凡会同、军旅、行役，共其兵车之牛与其牵彷，以载公任器。凡祭祀，共其牛牲之互与其盆簝，以待事。①

（三）兽人

兽人是专门负责网捕狩猎野兽的职官，设中士四人、下士八人、府二人、史四人、胥四人、徒四十人。② 凡与捕猎野兽相关的行为，均由兽人掌管政令。兽人须辨别野生动物的种类、毛色，决定四季捕猎野生动物的品种限制和要求，负责维护捕猎工具的使用，规定祭祀、宾客款待、丧事等事宜时野兽（死兽或活兽）的供应。

> 兽人掌罟田兽，辨其名物。冬献狼，夏献麋，春秋献兽物。时田，则守罟。及弊田，令禽注于虞中。凡祭祀、丧纪、宾客，共其死兽、生兽。凡兽入于腊人，皮、毛、筋、角入于玉府。凡田兽者，掌其政令。③

（四）渔人

渔人是专门掌管渔业事务的职官，设中士四人、下士四人、府二人、史四人、胥三十人、徒三百人。④ 渔人负责辨别鱼的种类和形状，依照季节进行捕鱼活动；制作鱼类食品，进献膳食；提供饮宴宾客、祭祀、丧事等场合所需的鱼类食品。与捕鱼相关的政令，以及渔业税收，均由渔人掌管、督办。"渔人掌以时渔为梁。春献王鲔，辨鱼物，为鲜薧，以共王膳羞。凡祭祀、宾客、丧纪，共其鱼之鲜薧。凡渔者，掌其政令。凡渔征入于玉府。"⑤

（五）鳖人

鳖人是专门掌管捕取甲壳类动物的职官，设下士四人、府二人、史二人、徒十有六人。⑥ 鳖人主要负责依照季节叉取鱼鳖龟蛤，管理王朝中有

---

① 《周礼·地官司徒·牛人》。

② 《周礼·天官冢宰·叙官》。

③ 《周礼·天官冢宰·兽人》。

④ 《周礼·天官冢宰·叙官》。

⑤ 《周礼·天官冢宰·渔人》。

⑥ 《周礼·天官冢宰·叙官》。

关叉取鱼鳖龟蛤等事务，提供进献膳食等。"鳖人掌取互物，以时籍鱼、鳖、龟、蜃，凡狸物。春献鳖蜃，秋献龟鱼。祭祀，共蠯、蠃、蚳，以授醢人。掌凡邦之籍事。"①

（六）腊人

腊人是专门负责管理干肉制作和供应的职官，设下士四人、府二人、史二人、徒二十人。② "腊人，掌干肉。……"③

（七）兽医

兽医专门负责医治家畜，设下士四人。④ 通过大量反复的实践，针对各类家畜的疾病，形成了一套体系化的诊疗方案。在当时，兽医对家畜负有具有强制性的诊疗义务，若未能医治好导致家畜死亡的，通过统计死畜的数量，决定兽医俸禄的增减。

> 兽医掌疗兽病，疗兽疡。凡疗兽病，灌而行之，以节之，以动其气，观其所发而养之。凡疗兽疡，灌而劀之，以发其恶，然后药之，养之，食之。凡兽之有病者，有疡者，使疗之。死，则计其数以讲退之。⑤

（八）迹人

迹人是专门负责田猎相关事务的职官，设中士四人、下士八人、史二人、徒四十人。⑥ 西周时期，迹人掌管王国田猎相关的政令，田猎有固定的时令和处所，凡参加田猎的人员，都要绝对服从迹人的安排，违令者将受到惩罚。"迹人掌邦田之地政，为之厉禁而守之。凡田猎者受令焉，禁麛卵者，与其毒矢射者。"⑦

（九）羽人

羽人是专门负责征收羽毛作为上缴国家赋税的职官，设下士二人、府一人、徒八人。⑧ 羽人负责按时向处于山林、川泽之地的农民征收羽毛，

---

① 《周礼·天官冢宰·鳖人》。
② 《周礼·天官冢宰·叙官》。
③ 《周礼·天官冢宰·腊人》。
④ 《周礼·天官冢宰·叙官》。
⑤ 《周礼·天官冢宰·兽医》。
⑥ 《周礼·地官司徒·叙官》。
⑦ 《周礼·地官司徒·迹人》。
⑧ 《周礼·地官司徒·叙官》。

用于王朝税收的征缴。"羽人掌以时征羽翮之政于山泽之农，以当邦赋之政令。凡受羽，十羽为审，百羽为抟，十抟为缚。"①

（十）角人

角人是负责按时向山林、川泽之地的农民征收兽齿、兽角、兽骨之物作为上缴国家赋税的职官。角人设下士二人、府一人、徒八人。② 角人在向山林、川泽之地的农民征收兽齿、兽角等物时，需要用度量器具加以度量，以此供给国家财政。"角人掌以时征齿角凡骨物于山泽之农，以当邦赋之政令。以度量受之，以共财用。"③

四　矿产资源管理的职官制度

先秦手工业生产的发展促进了矿产资源的开采。随着开发日益深入，参与开发的个人和团体增多。为了规范矿产资源开采秩序，维护王国的经济垄断利益，统治者建立健全了矿产资源管理职官制度。例如，《周礼》秋官属官职金与地官属官卝人共同管理矿产资源，卝人掌"以时取之"，负责矿产的开采，职金"主其藏"，负责矿藏的保护，在矿产资源管理方面形成"二官共主之"的格局。

（一）职金

职金是专门负责金、玉、锡、石、丹、青等重要矿产资源管理的职官，设上士二人、下士四人、府二人、史四人、胥八人、徒八十人。④ 职金掌管与矿产资源有关的政令，其工作内容主要包括：辨别矿物的质量和数量并做好标识；将矿物上交至特定的主管机构收藏；供给祭祀、宾客招待所需的矿物等。凡王国有军事行动而需用铜石，就掌管有关领取铜石的政令。

> 职金，掌凡金、玉、锡、石、丹、青之戒令。受其入征者，辨其物之美恶与其数量，楬而玺之。入其金锡于为兵器之府；入其玉石丹青于守藏之府。入其要，掌受士之金罚货罚，入于司兵。旅于上帝，则共其金版。飨诸侯，亦如之。凡国有大故而用金石，则掌其令。⑤

---

①　《周礼·地官司徒·羽人》。

②　《周礼·地官司徒·叙官》。

③　《周礼·地官司徒·角人》。

④　《周礼·秋官司寇·叙官》。

⑤　《周礼·秋官司寇·职金》。

（二）盐人

盐人是专门负责食盐管理的职官，设奄二人、女盐二十人、奚四十人。① 盐人掌管有关盐业管理的政令，确保国家在祭祀、饮宴宾客、王宫生活的食盐供应。"盐人，掌盐之政令，以共百事之盐。祭祀，共其苦盐、散盐；宾客，共其形盐、散盐；王之膳羞，共饴盐。后及世子，亦如之。凡齐事，鬻盐以待戒令。"②

（三）卝人

卝人是专门负责金、玉、锡、石等矿产资源开采与保护的职官，设中士二人、下士四人、府二人、史二人、胥四人、徒四十人。③ 卝人管辖盛产金玉锡石等矿产资源区域，划定开采范围，绘制地图公示，设置藩界和禁令，及时开展巡查工作，加强矿产资源区域的安全守护。"卝人掌金玉锡石之地，而为之厉禁以守之。若以时取之，则物其地图而授之，巡其禁令。"④

五　水资源管理的职官制度

先秦人们深刻认识到水资源对于农业生产的重要性，将其视为社会经济发展的重要依赖和国家经济管理的重要对象，十分重视水资源的管理和保护。其中一项重要制度措施就是建立健全水资源利用与管理的职官体系，包括川衡、泽虞、雍氏、萍氏等职官。

（一）川衡

川衡是专门负责江、河、湖、海等水资源管理的职官。水域按照规模和大小，分为大川、中川、小川，每大川设下士 12 人、史 4 人、胥 12 人、徒 120 人；每中川设下士 6 人、史 2 人、胥 6 人、徒 60 人；每小川设下士 2 人、史 1 人、徒 20 人。⑤ 川衡的主要职责是：制定和颁布禁令，加强水资源的管理，规范水资源的使用。违反水资源管理禁令的行为会受到相应惩罚。"川衡掌巡川泽之禁令而平其守。以时舍其守，犯禁者，执而诛罚之。"⑥

---

① 《周礼·天官冢宰·叙官》。
② 《周礼·天官冢宰·盐人》。
③ 《周礼·地官司徒·叙官》。
④ 《周礼·地官司徒·卝人》。
⑤ 《周礼·地官司徒·叙官》。
⑥ 《周礼·地官司徒·川衡》。

（二）泽虞

泽虞是专门负责王国湖泽管理的职官。湖泽按照规模和大小分为大、中、小三种，"泽虞，每大泽、大薮，中士四人、下士八人、府二人、史四人、胥八人、徒八十人；中泽、中薮，如中川之衡；小泽、小薮，如小川之衡"①。泽虞作为专职官员，负责颁布湖泽管理禁令，划分湖泽范围，督促湖泽所在地的百姓积极生产积蓄物资，并向统治阶层按时缴纳特定物产，此外的财物归于当地人民，并在祭祀、宾客接待、丧事等场合负责湖泽物产的供给。"泽虞掌国泽之政令，为之厉禁。使其地之人守其财物，以时入之于玉府，颁其余于万民。凡祭祀、宾客，共泽物之奠。丧纪，共其苇蒲之事。若大田猎，则莱泽野。及弊田，植虞旌以属禽。"②

（三）雍氏

雍氏是专门负责沟、渎、浍、池等水利设施管理的职官，设下士二人、徒八人。③ 雍氏掌管国家有关水利设施管理的禁令，例如，春季命令设置陷阱，阱中设攍，修挖沟、渎以方便人民灌溉；秋季填塞陷阱，杜绝布置机关捕捉禽兽；禁止依山修建苑围和在湖泽中投药。凡是可能危害王国庄稼的行为都加以禁止。"雍氏掌沟渎、浍、池之禁。凡害于国稼者，春令为阱攍沟渎之利于民者；秋令塞阱杜攍。禁山之为苑泽之沈者。"④

（四）萍氏

萍氏是掌管国家与水有关的禁令的职官，设下士二人、徒八人。⑤ 萍氏的主要职责包括：巡查、节制、规范人们饮酒的行为，并禁止在江河里游泳。"萍氏掌国之水禁。几酒，谨酒，禁川游者。"⑥

总而言之，国力的基础在经济，治国的关键在职官。先秦时期生态环境与资源管理职官的设置体现了统治者对生态环境与自然资源保护的重视。上述《周礼》的记载只是一部分。此外，《尚书》记载了在周以前，尧就曾命益为虞，掌管山林草木，负责掌火，进行田猎，⑦ 是我国最早有关生态环境管理机构的记录。周以后，春秋战国时期的各诸侯国也设置"虞""衡"等职官来管理自然资源。例如，《国语·齐语》所载"泽立

---

① 《周礼·地官司徒·叙官》。

② 《周礼·地官司徒·泽虞》。

③ 《周礼·秋官司寇·叙官》。

④ 《周礼·秋官司寇·雍氏》。

⑤ 《周礼·秋官司寇·叙官》。

⑥ 《周礼·秋官司寇·萍氏》。

⑦ 赵冈：《中国历史上生态环境之变迁》，中国环境科学出版社1996年版，第20页。

三虞、山立三衡"① 和《左传·哀公十四年》记载的 "山林之木，衡鹿守之"②。生态环境与资源管理职官的设置说明我国先秦时期统治者开始认识到生态环境与自然资源的重要性，并加强了管理和保护。

先秦时期创设的生态环境与资源管理的职官体制，涵盖了土地、森林、动物、矿产和水资源，内容丰富，规定翔实。这些官职设置并未随着朝代的更替而消失在历史中，而是被后世大量地沿用、继承，从而对后代生态环境与资源管理机构的新设、变革起到了奠基作用，影响深远。例如，西周掌山泽禁令的虞人这一职官到春秋战国时期仍沿旧用，名称未改；三国魏于尚书之下设虞曹郎中，晋时承继；北魏、北齐时，更名虞曹，掌地图、山川、远近园圃、田猎、杂味等，隶属虞部尚书；北周设虞部下大夫一人，掌山泽草木鸟兽而阜蕃之，又有小虞部，隶属大司马；隋设虞部侍郎，属工部；唐宋继承之，改为虞部郎中，掌山泽、苑圃、草木、薪炭、供顿等事；明初改为虞衡司，掌山泽、桥道、舟车、织造、券契、衡量等事，直到清末废除。其他管理水资源、野生动物资源、矿产资源、土地资源、苑圃等的职官在后世虽有因革演替，但都相沿不绝，在本书后续各章中均有涉及。

先秦时期，人们对人与自然关系的认识，经历了自发的朴素认识到自觉有意识的思考过程。如何遵循自然规律，如何利用和保护资源并重，如何体现保护优先原则，先秦的法律制度实践为这些问题的解答提供了宝贵的经验，为古代生态环境资源保护制度奠定了基础。尤其是发端于先秦，内容宏大详尽的 "时禁" 制度，充分体现了古代先民敬畏自然，"以时禁发"、合理利用资源的哲学境界与生态智慧。它们不仅被劳动人民在此后延绵几千年内奉为生产生活的基本准则，更重要的是被后世历朝历代的国家律典、皇帝诏令所继承和发扬，成为中国传统生态资源法律的基本思想和核心制度。而据《周礼》记载，在这一时期形成的生态职官体制，亦为后续各朝代继承、完善和发展，成为中国传统生态环境资源保护制度的重要内容。

---

① 徐元诰：《国语集解》，中华书局 2002 年版，第 222—223 页。

② 杨伯峻：《春秋左传注》，中华书局 1990 年版，第 1417 页。

第五章　秦汉生态环境资源保护法律制度

秦汉时期是秦、汉两个中国封建社会开端的大一统王朝的合称，历史跨度长达 400 余年，既是中国社会的转型期，也是思想文化的整合期。秦朝建立后，秦始皇奉行秦国长期以来"以法治国"的国策，却最终走向滥用民力、聚敛无度、繁法严诛的境地。西汉初期，统治者推崇黄老之术，政治上实行"与民休息"，采取轻徭薄赋、约法省刑的政策；西汉中期以后，"罢黜百家，独尊儒术"。

秦汉时期的整体生态环境发生了显著变化，具体表现在三个方面：其一，气候由暖到寒。从秦到西汉，这一时期的平均气温，较现今相比要高出 1.5 摄氏度；至东汉时期，较现今相比则低于 0.7 摄氏度。[1] 其二，生态失衡加剧。这是因为农耕经济的发展带动垦荒事业兴起，加上宫室建筑奢华、厚葬之风盛行，于是大量森林被砍伐，使得森林、草原植被破坏严重，引发水土流失，进而导致生态失衡。其三，自然灾害频繁发生。边疆地区因军事需要，进行了大规模的移民垦殖，致使许多原生态的绿洲退化为荒漠、沙漠，使得旱灾、虫灾、沙尘暴等自然灾害增多。统治者意识到生态环境恶化带来的严重后果，通过制颁律令和设官建制的方式，加强对生态环境与自然资源的保护和管理。秦汉时期生态环境与资源保护法律以秦律、汉律中的《田律》为代表，其核心内容充分反映了月令文献中朴素的生态观。

第一节　秦汉月令：从礼俗到制度的发展

秦汉时期，发端于先秦的月令从调整生活秩序的礼俗逐渐成为国家政治管理和社会生产生活的基础制度，并在秦汉法律中占据重要地位。

---

[1]　参见竺可桢《竺可桢文集》，科学出版社 1979 年版，第 481—495 页。

一　有关月令的诏令

秦始皇统一六国之后，非常重视阴阳五行对统治的作用。《汉书》卷二十五《郊祀志第五上》记载："秦始皇帝既即位，或曰：'黄帝得土德，黄龙地螾见（现）。夏得木德，青龙止于郊，草木畅茂。殷得金德，银自山溢。周得火德，有赤乌之符。今秦变周，水德之时。昔文公出猎，获黑龙，此其水德之瑞。'于是秦更名河为'德水'，以冬十月为年首，色尚黑，度以六为名，音上（尚）大吕，事统上（尚）法。"①

对于《夏小正》等月令文献关于十二月历法的内容，秦亦有重视并加以损益。《秦会要》卷十二《历数上》"时令"中记载："始皇二十六年，以十月为正。"②《史记·秦始皇本纪》记载："始皇二十六年，改年始，朝贺皆自十月朔。"③另外，《困学纪闻五》载曰："月令言来岁者二：季冬待来岁之宜，夏正建寅也；季秋为来岁受朔日，秦正建亥也。"④由此可知，自秦始皇二十六年修改历法，秦历与夏历正月不同。秦历以十月为正月，夏历以十二月为正月，秦历正月比夏历正月要早两个月，以此作为秦代行政管理的依据。

秦代法律虽多已佚失，但我们从睡虎地秦简《秦律十八种》之《田律》规定中，依然可以发现与先秦月令内容一致的生态环境与资源保护内容。对此，将在下节进行专题分析。

西汉初期统治者以黄老思想治国，根据天时施政。汉文帝以后，开始重视月令的成果，依照月令的记载安排施政。⑤汉武帝时期，在儒学大师董仲舒的推动下，月令对统治者执政的作用达到巅峰，直接将祥瑞灾异的信号作为执政好坏评判标志。此后，在统治者确定与时令相关的政策和举措时，月令便与《诗》《书》《礼》《易》《春秋》等儒家经典一样被作为依据，而且在皇帝诏令及大臣奏疏中出现的频率并不亚于其他的儒家经

---

① 《汉书》卷二十五《郊祀志第五上》。
② 《秦会要》卷十二《历数上》。
③ 《史记·秦始皇本纪》。
④ 《困学纪闻》卷五《仪礼》。
⑤ 文帝元年三月诏，第一次把政府在春季常规实行的振贷鳏寡孤独穷困、养老受鬻政策与时令联系在一起。文帝二年正月开籍田礼，十三年二月开皇后亲桑礼，传世月令孟春月有天子"躬耕帝籍田"礼，季春月有后"躬桑"礼，因此文帝这两项举措应是附会月令行事。

典，甚至在东汉形成"读令"制度，一直延续到唐代。①

两汉帝王诏令和大臣奏折中多次强调按月令行事和四时之禁的重要性。如《汉书·宣帝纪》记载："元康三年六月诏曰：'其令三辅毋得以春夏摘巢探卵，弹射飞鸟。具为令。'"②《月令》"孟春之月""季夏之月"对应的条文：禁止在春夏两季"摘巢探卵，弹射飞鸟"。

又如，西汉昭宣中兴时期，魏相明确要求帝王"谨于尊天，慎于养人"，据月令行政事，在《表奏采易阴阳明堂月令》中说：

> 明王谨于尊天，慎于养人，故立羲和之官以乘四时，节授民事。君动静以道，奉顺阴阳，则日月光明，风雨时节，寒暑调和。三者得叙，则灾害不生，五谷熟，丝麻遂，草木茂，鸟兽蕃，民不夭疾，衣食有余。③

西汉初元三年，因"间者阴阳错谬，风雨不时"，元帝在诏令中首次明确要求"有司勉之，毋犯四时之禁。丞相、御史举天下明阴阳灾异者各三人"④。永光三年，元帝又诏曰："乃者己丑地动，中冬雨水，大雾盗贼并起。吏何不以时禁？各悉意对。"⑤ 所言"时禁"，从唐代颜师古的注解，即"谓月令所当禁断者也"⑥。可见，月令对现实政治的影响日益深刻。

到了汉成帝时，首次在诏令中出现了"四时月令"的新名词。阳朔二年春成帝《顺时令诏》说：

> 昔在帝尧立羲和之官，命以四时之事，令不失其序。故《书》云："黎民于蕃时雍。"明以阴阳为本也。今公卿大夫或不信阴阳，薄而小之，所奏请多违时政。传以不知，周行天下，而欲望阴阳和

---

① 魏明帝景初元年，通事奏曰："前后但见读四时令，至于服黄之时独阙。"太史令高堂崇以为："黄属土也，土王四季各十八日。土生于火，故于火用事之末服黄，三季则否。其令则随四时，不以五行为令也，是以服黄无令。"（唐）杜佑撰：《通典》卷七十《礼三十·沿革三十·嘉礼十五》。

② 《汉书》卷八《宣帝纪第八》。

③ 《汉书》卷七十四《魏相丙吉传第四十四》。

④ 《汉书》卷九《元帝纪第九》。

⑤ 《汉书》卷九《元帝纪第九》。

⑥ 《汉书》卷九《元帝纪第九》。

调，岂不谬哉！其务顺四时月令。①

颜师古注引李奇曰："时政，月令也。"这是帝王第一次明确规定"顺四时月令"。据《对诏问灾异》记载，生活在汉代成、哀帝年间的李寻曾专门向帝王告诫顺应四时月令的重要性。李寻引经据典称："《易》曰：'时止则止，时行则行，动静不失其时，其道光明。'《书》曰：'敬授民时。'"因此，帝王理应"尊天地，重阴阳，敬四时，严月令"。具体而言，就是要"顺之以善政，则和气可立致，犹枹鼓之相应也。"他还直言不讳道："今朝廷忽于时月之令，诸侍中尚书近臣宜皆令通知月令之意，设群下请事"，并认为帝王应当高度重视此事，不得违背四时月令，否则臣子有义务劝谏，"若陛下出令有谬于时者，当知争之，以顺时气"②。

到了西汉末年，百姓生活贫困，资源匮乏，王莽开始实行"弛禁"政策，下诏允许百姓开发山林水泽资源而免其税，但同样要求百姓必须遵循月令规定。《汉书》记载："惟民困乏，虽溥开诸仓以赈赡之，犹恐未足。其且开天下山泽之防，诸能采取山泽之物而顺月令者，其恣听之，勿令出税。"③

月令同样影响着东汉的政治，从而在客观上对当时生态环境起到了重要的保护作用。东汉年间，出现在帝王诏令中的"顺时""时令""天时"等字词，通常指的就是月令各项规定。例如，明帝在孟夏四月"长养之时"诏令劝勉农桑，大赦天下，以配合天时，诏曰："昔岁五谷登衍，今兹蚕麦善收，其大赦天下。方盛夏长养之时，荡涤宿恶，以报农功。百姓勉务桑稼，以备灾害。吏敬厥职，无令怠惰。"④永平二年（59年）春正月，明帝诏曰："今令月吉日……班时令，敕群后……百僚师尹，其勉修厥职，顺行时令，敬若昊天，以绥兆人。"李贤对此注译说："班，布也。时令谓月令也。四时各有令，若有乖舛，必致妖灾，故告之。"⑤除却明帝，"少宽容，好儒术"的章帝也曾多次下诏要求春季减少诉讼，不违农时，于建初元年（76年）正月颁布诏令：

①　《汉书》卷十《成帝纪第十》。

②　《汉书》卷七十五《眭两夏侯京翼李传第四十五》。

③　《汉书》卷九十九下《王莽传第六十九下》。

④　《后汉书》卷三《显宗孝明帝纪第二》。

⑤　《后汉书》卷三《显宗孝明帝纪第二》。

比年牛多疾疫，垦田减少，谷价颇贵，人以流亡。方春东作，宜及时务。二千石勉劝农桑，弘致劳来。群公庶尹，各推精诚，专急人事。罪非殊死，须立秋案验。有司明慎选举，进柔良，退贪猾，顺时令，理冤狱……布告天下，使明知朕意。①

又如元和三年二月壬寅，章帝告常山、魏郡、清河、巨鹿、平原、东平郡太守、相等说：

月令，孟春善相丘陵土地所宜。今肥田尚多，未有垦辟。其悉以赋贫民，给与粮种，务尽地力，勿令游手。所过县邑，听半入今年田租，以劝农夫之劳。②

其他有关月令的诏书还有顺帝永建四年："务崇宽和，敬顺时令，遵典去苛，以称朕意。"③ 东汉和熹邓皇后也曾禁止不合时令地供荐野味，于永初七年正月诏曰：

凡供荐新味，多非其节，或郁养强孰，或穿掘萌芽，味无所至，而夭折生长，岂所以顺时育物乎？传曰："非其时不食。"自今当奉祠陵庙及给御者，皆须时乃上。④

这无疑是考虑到动物生长规律，不仅符合月令"时禁"思想，而且在朝野上下起到了很好的示范作用。

当然，最集中反映月令制度在汉代法律中重要地位的是汉《二年律令》以及《诏书四时月令五十条》。关于二者，我们也将在下节专题论述。

以上是根据史料考察月令的生态保护思想，特别是其中顺应自然规律，如"顺时而动，不违农时"，以及朴素的土地、动植物、水利资源持续利用思想对秦汉法律，尤其是君王诏令的影响。事实上，月令不只在各方面影响统治者的决策，还深刻影响百姓的生产生活，如被认为是农家月

---

① 《后汉书》卷三《肃宗孝章帝纪第三》。
② 《后汉书》卷三《肃宗孝章帝纪第三》。
③ 《后汉书》卷六《孝顺孝冲孝质帝纪第六》。
④ 《后汉书》卷十上《皇后纪第十上·和熹邓皇后》。

令代表作的东汉崔寔的《四民月令》，正是基于先秦时期的《月令》制定。其中"四民"指"士、农、工、商"，比照《月令》体例拟定"四民"各月的活动规划，以天地人和谐统一作为指导思想。

二　《居延汉简》——有关月令的实施考察

《居延汉简》中最早的纪年简为武帝太初三年（公元前102年），最晚者为东汉建武六年（30年），反映了西汉中后期和东汉初期中国北部边塞社会生活及军事政治管理制度。[①] 此简牍内容涉及政治、军事、日常生活等各个方面，其中就有关于"时禁"的内容。我们通过考察《居延汉简》，可以了解月令时禁制度的在西汉地方的执行情况。如在破城子22号房屋遗址出土的4份简文：

（1）建武四年五月辛巳朔戊子甲渠塞尉放行候事敢言之诏书曰：

吏民毋得伐树木有无四时言·谨案部吏毋伐树木者敢言之（E. P. F22：48A）

掾谭（E. P. F22：48B）

（2）建武六年七月戊戌朔乙卯甲渠哪候敢言之府书曰：

吏民毋得伐树木有无四时言·谨案部吏毋伐树木（E. P. F22：53A）

掾谭令史嘉（E. P. F22：53B）

（3）建武四年五月辛巳朔戊子甲渠塞尉放行候事敢言之府书曰：

吏民毋犯四时禁有无四时言·谨案部吏毋犯四时禁者敢言之（E. P. F22：50A）

掾谭（E. P. F22：50B）

（4）建武六年七月戊戌朔乙卯甲渠鄣守候敢言之府书曰：

吏民毋犯四时禁有无四时言·谨案部吏毋犯四（EP. F22：51A）

掾谭令史嘉（E. P. F22：51B）

E. P. F22：51A 文字后缺失，学者认为，应为：时禁者敢言之（E. P. F22：52）[②]

上述四份简文表明，于"建武四年五月辛巳朔戊子"这天，"行候事"的"甲渠塞尉放"上报甲渠部吏，称所属人员均遵守"吏民毋得伐树木"和"吏民毋犯四时禁"；于"建武六年七月戊戌朔乙卯"这天，"甲渠鄣守候"上报甲渠部吏，称所属人员均遵行"府书"所要求的"吏

---

① 古居延地区位于甘肃北部的额济纳河流域，现属于内蒙古西部阿拉善左旗地区。

② 参见王子今《秦汉时期生态环境研究》，北京大学出版社2007年版，第386页。

民毋得伐树木”和“吏民毋犯四时禁”。① 由此可见，当时便已存在“毋犯四时禁”和“毋得伐树木”的制度，并要求吏员必须严格检查执行情况，定时上报“有无四时言”之情形，具名存档。上述《居延汉简》的记载反映出当时维护生态环境的制度，既包括实体上的行为要求，也规定了程序上的逐级监督。

综上所述，在汉代，月令的时禁制度不仅反映在国家律令、君王诏令、大臣奏折中，而且实实在在地贯彻到基层，落实到日常生产生活与军事管理活动中。

第二节　秦汉律令与生态环境资源保护法律制度

传统法制史观点认为，秦代法律是由战国时期《法经》六篇形成，汉代基本法律《九章律》则是在秦律基础上增加三编而成。② 虽然两部法律均已佚失，但二者的密切联系在史书上多有记述。近年出土的《云梦秦简》和张家山汉简《二年律令》为我们研究秦律和汉律提供了最直接的史料。通过考察出土资料，可以看出“汉承秦制”以及生态环境法律制度一脉相承的法律特征。

一　《云梦秦简》中的生态环境资源保护法律制度

秦朝的建立开启了中国封建法律制度统一的进程。秦律没有完整的版本流传下来，但从 1975 年在湖北云梦睡虎地出土的一批记载了部分秦律的竹简中可以看到大致原貌。这批竹简被称为《云梦秦简》。

《云梦秦简》包括《秦律十八种》《效律》《秦律杂抄》《法律问答》《封诊式》《为吏之道》等，内容涵盖了秦代的刑法、经济、民事、计量、司法解释、官吏任用标准等。它记录了商鞅变法后到秦王朝颁布统一法典以前的大量法律条文，展现了秦律的基本内容，从中可以看到秦律对《法经》的继承与发展。其中的生态环境保护制度，散见于《田律》《秦

---

① 参见王子今《秦汉时期生态环境研究》，北京大学出版社 2007 年版，第 387 页。

② 有学者认为，“九章律”并非汉初萧何所做律的专称，而是汉王朝各个时期律典的泛称，在吕后二年，它指的就是《二年律令》。“九章律”不过是法律家对汉律的习惯称谓，笔者赞同该观点。参见杨振宏《出土简牍与秦汉社会》，广西师范大学出版社 2009 年版，第 82 页。

律杂抄》《法律问答》，内容涉及森林保护、水资源保护、动植物保护以及公共卫生等方面。

《秦律十八种·田律》包含的自然资源保护内容：

> 春二月，毋敢伐材木山林及雍（壅）隄水。不夏月，毋敢夜草为灰，取生荔、麛□（卵）觳，毋□□□□□□毒鱼鳖，置□罔（网），到七月而纵之。唯不幸死而伐绾（棺）享（椁）者，是不用时。邑之□（近）皂及它禁苑者，麛时毋敢将犬以之田。百姓犬入禁苑中而不追兽及捕兽者，勿敢杀；其追兽及捕兽者，杀之。河（呵）禁所杀犬，皆完入公；其它禁苑杀者，食其肉而入皮。①

具体地说，这段文献反映了秦代关于动物保护、水资源利用、植物保护和合理利用以及特殊自然地域保护等方面的法律规范。

其一，植物保护和利用。"春二月，毋敢伐材木山林……不夏月，毋敢夜草为灰，取生荔……到七月而纵之。"②即禁止在春季二月潜入山林、砍伐树木；禁止在夏季以前焚烧草木用作肥料，或是采摘刚刚发芽的植物；以上禁令到七月才能解除。不过也有例外，在因死亡需要伐木制造棺椁的情形下，可以不受季节限制，即"唯不幸死而伐绾（棺）享（椁）者，是不用时"③。可见，在秦代，国家对于丧葬活动所需木材这种关乎"礼"的需求是免除时限的。这种思想可追溯至先秦时期，如《孟子·梁惠王章句上》中记载，"养生丧死无憾，王道之始也"④。在当时的古人看来，棺材的制作优先于山林的保护。

其二，动物保护。同样是"春二月"，禁止捉取幼兽、卵，禁止……毒杀鱼鳖，禁止设置陷阱和纲罟，"毋敢……取……麛□（卵）觳，毋□□□□□□毒鱼鳖，置□罔（网）"，直至七月方能解禁。此外，"邑之□（近）皂及它禁苑者，麛时毋敢将犬以之田。百姓犬入禁苑中而不追兽及捕兽者，勿敢杀；其追兽及捕兽者，杀之。河（呵）禁所杀犬，皆完入公；其它禁苑杀者，食其肉而入皮。"居民点靠近养牛、马兽类养殖场和禁苑的，幼兽繁殖时禁止带着狗去狩猎。同时，对闯入皇家禁苑里

---

① 《云梦秦简·秦律十八种·田律》。

② 《云梦秦简·秦律十八种·田律》。

③ 《云梦秦简·秦律十八种·田律》。

④ 《孟子·梁惠王章句上》。

的狗，如不伤害其中的动物，则要保护，禁止打死；如伤害动物，则毙之。这些规定不仅是对普通地域动物的保护，也隐含着对皇家禁苑等特殊地域生态资源的保护。

其三，水利资源保护。战国时期充斥着旷日持久的争霸战争，各诸侯国仅图一方利益"以邻为壑"，"雍防百川，各以自利"①，设置众多堤防。秦始皇统一后，积极消除各地排水隐患，建立河川堤防制，下令"毁坏城郭，决通川防，夷去险阻"②。《田律》中就有"毋敢……雍（壅）隄水"即不准堵塞水道的规定。

上述《田律》的规定与《月令》所记载的孟仲季春三个月关于严禁采伐林木、严禁捕捞、宰杀动物以及重点保护幼兽的时令制度大体相同。《秦律》作为历史上第一个统一封建王朝的法律，其中体现"以时禁发"原则的《田律》应是最早的生态环境与资源保护法律，内容涉及方方面面，堪称古代生物资源保护的早期集大成者。从这些规定的指导思想来看，可以追溯到先秦时期尚且处于萌芽状态的生态伦理思想和各种保护生物资源的理论。例如，于秦始皇统一中国前夕成书的杂家巨著《吕氏春秋》中反映月令内容的《十二月纪》首章，应当说对上述《田律》的规定产生了深刻影响。

此外，关于提倡大力培育树木，严惩毁林行为的规定在秦律中也有所反映。如《云梦秦简》之《日书》中关于"树木"的内容，便是栽植林木。一方面，栽植树木作为当时官吏政绩考核的一项内容。据《秦律杂抄》记载，"（漆）园殿，赀啬夫一甲，令、丞及左各一盾，徒络组各廿给。（漆）园三岁比殿，赀啬夫二甲而废，令、丞各一甲"③。意思就是，对种植一年漆园进行考核，若经考核被认定为"下等"，相关负责人将受到经济惩罚；若连续三年被认定为"下等"，则在经济惩罚之外，还要撤销其行政职位，且永不录用。④另一方面，对于毁林行为，《秦简·法律答问》记载了严厉的惩处条款，"或盗采人桑叶，臧（赃）不盈一钱，可（何）论？赀繇（徭）三旬"⑤。意思就是，对于偷桑叶的，要计算赃物的价格，即使不足 1 钱，也要处以相当于 30 天劳役的罚金。此法固然严

①　《汉书》卷二十九《沟洫志第九》。

②　《史记·秦始皇本纪》。

③　《云梦秦简·秦律杂抄》。

④　参见孙宏恩《秦汉时期生态环境教育探析》，《安徽农业科学》2012 年第 36 期。

⑤　《云梦秦简·法律答问》。

苛，却也反映出秦代对私有林木的保护颇为严密。

除了这些在月令以及先秦已经存在的生态保护内容，秦律还特别规定了对空气清洁及传染病的防御制度，如《法律答问》记载："者（诸）侯客来者，以火炎其衡厄（轭）。炎之可（何）？当者（诸）侯不治骚马，骚马虫皆丽衡厄（轭）鞅辕，是以炎之。"① 大意是：诸侯国有来客，用火熏其车上的衡轭。（问）为什么要用火熏？（答）倘如诸侯国不清理马身上的寄生虫，寄生虫都附着在车的衡轭和驾马的皮带上，所以要用火熏。

秦律作为第一部统一的封建社会的成文法律，对后世各代产生深远影响，尤其是对汉代法律的影响更为直接。汉律关于生态环境保护的有关规定表现出对秦律明显的继承性。

二　张家山汉简《二年律令》中的生态环境资源保护内容

《张家山汉简》的出土，为还原西汉时期的社会风貌提供了极其宝贵的研究资料。其中，由《汉律》《奏谳书》等竹简资料组合而成的《二年律令》，对研究汉代法律制度具有重要价值。关于《二年律令》的性质，据文物出版社张家山汉简整理小组在《张家山汉墓竹简》一书中的推断，认为是吕后二年施行的法律②。此外，学界还有一些其他看法，如认为《二年律令》是吕后二年总结在此之前诸帝所先后制定的汉律的汇抄，并不是九章律的全部内容。③ 还有学者认为，《二年律令》不是简单地对当时行用的法律进行搜集、收录或汇编，因为其中很多律条内容是惠帝、吕后时期以诏书形式颁布的，它们经过改写成为律条，按其性质归入九章所属篇章中，因此，它们应该是实在法，是吕后二年经过修订后颁行的当代行用法典。④

《二年律令》共有"律"27 种，⑤ 其中，有关生态资源保护的内容分布在《田律》《贼律》与《杂律》中。

---

① 《云梦秦简·法律答问》。

② 张家山二四七号汉墓竹简整理小组编著：《张家山汉墓竹简　二四七号墓》，文物出版社 2001 年版，前言。

③ 参见高敏《〈张家山汉墓竹简·二年律令〉中诸律的制作年代试探》，《史学月刊》2003 年第 9 期。

④ 参见杨振宏《出土简牍与秦汉社会》，广西师范大学出版社 2009 年版，第 55 页。

⑤ 包括《贼律》《盗律》《具律》《告律》《捕律》《亡律》《收律》《杂律》《钱律》《置吏律》《均输律》《传食律》《田律》《□市律》《行书律》《复律》《赐律》《户律》《效律》《传律》《置后律》《爵律》《兴律》《徭律》《金布律》《秩律》《史律》。

如《二年律令·田律》中标号为 246—248 简的内容：

> 恒以秋七月除千（阡）佰（陌）之大草，九月大除道□阪险（无法辨识的那个字应是"及"字），十月为桥，脩（修）波（陂）堤，利津梁。虽非除道之时而有陷败不可行，辄为之。①

其大意是，七月份必须除去阡陌上的草；九月份务必修理道路险阻之地；十月份需要修堤造桥；即使不在修治道路的时令，如果道路破坏不能通行，仍应及时修治。

这段关于农业生态环境保护的时令条款，与 1979 年在四川出土的青川秦牍《更修为田律》内容基本一致。"以秋八月，修封埒（埒），正疆畔，及芟千（阡）百（陌）之大草。九月，大除道及阪险。十月，为桥，修波（陂），利津梁，鲜草离。非除道之时而有陷败不可行，辄为之。"② 《更修为田律》是为秦武王二年（公元前 309 年）颁布。因此，从这两则出土史料来看，汉承秦制是有根据的。

标号 249 简反映了汉初对野生动植物保护的法律条文与传世月令及《秦律·田律》并无二致。"禁诸民吏徒隶，春夏毋敢伐材木山林，及进〈壅〉堤水泉，燔草为灰，取产（麛）卵（鷇）；毋杀其绳重者，毋毒鱼。"③ 即春夏季不准砍伐林木，不准堵塞水利设施，不准将草烧成灰，不准捉取幼兽或动物的卵，不准杀怀孕母兽，不准毒杀鱼鳖。

由于牛马是当时农业生产的主要工具，保护牛马的措施尤其严格，违者要承受严厉的刑罚。《二年律令·田律》252 号简记载："诸马牛到所，皆毋敢穿阱，穿阱及置机能害人、马牛者，虽未有杀伤也，耐为隶臣妾。杀伤马牛，与盗同法。"④ 阱即陷阱的意思。

《二年律令·田律》250 简曰："毋以戊己日兴土功。"⑤ 在传世月令阴阳五行体系中，土为季夏，对应戊己，此时农事正忙，为不耽误农时，不得大兴土木。

《二年律令·田律》245 简记载："盗侵巷术、谷巷、树巷及狠（垦）

① 《二年律令·田律》简 246—248。

② 《更修为田律》。

③ 《二年律令·田律》简 249。

④ 《二年律令·田律》简 252。

⑤ 《二年律令·田律》简 250。

食者，罚金二两。"① 这是农业社会对社区街道布局的法律规定。这实际上是为了保护农田、阡陌、树木等自然资源和生产资料，从而维护农业生态平衡。

此外，《二年律令·贼律》18 简记载："有挟毒矢若谨（堇）毒、米崔，及和为谨（堇）毒者，皆弃市。或命米崔谓䕘毒。诏所令县官为挟之，不用此律。"同律（19 简）又载："军吏缘边县道，得和为毒，毒矢谨臧（藏）。节追外蛮夷盗，以假之，事已辄收臧（藏）。匿及弗归，盈五日，以律论。"② 这是我国目前发现的关于使用剧毒植物最早的法律规定。所载"谨（堇）""米崔""谨（堇）毒"和"䕘毒"均是古人所知的有毒植物，即现代所指的乌头毒。③ 可见，在汉朝，只有经统治者下诏特许的官吏才能挟带毒株或制造乌头毒。若需进一步使用，还应当再次获得统治者授权，违者将受严惩④，进而维护社会秩序。

《二年律令》作为汉初的国家正式法律，其生态保护内容对后代的唐律产生重要影响。

如《唐律疏议·贼盗律》"造畜蛊毒"条规定："诸造畜蛊毒及教令者，绞。造畜者同居家口虽不知情，若里正知而不纠者，皆流三千里。造畜者虽会赦，并同居家口及教令人，亦流三千里。即以蛊毒毒同居者，被毒之人父母、妻妾、子孙不知造蛊情者，不坐。"⑤

又如《唐律疏议·杂律》"侵巷街阡陌"条规定：

> 诸侵巷街、阡陌者，杖七十，若种植垦食者，笞五十。各令复故。虽种植无所妨废者，不坐。其穿垣出秽污杖六十，出水者勿论。主司不禁，与同罪。⑥

再如《唐会要》卷八十六《街巷》载，唐代宗大历二年五月敕：

---

① 《二年律令·田律》简 245。
② 《二年律令·贼律》简 19。
③ 参见刘向明《张家山汉简所见汉初规范毒物管理的法律》，《自然科学史研究》2008 年第 3 期。
④ 参见刘向明《张家山汉简所见汉初规范毒物管理的法律》，《自然科学史研究》2008 年第 3 期。
⑤ 《唐律疏议》卷第十七《贼盗律》。
⑥ 《唐律疏议》卷第二十六《杂律》。

诸坊市街曲,有侵街打墙,接檐造舍等,先处分一切不许,并令毁拆。宜委李勉常加勾当,如有犯者,科违敕罪,兼须重罚。其种树栽植,如闻并已滋茂,亦委李勉勾当处置。不得使有斫伐,致令死损。并诸桥道,亦须勾当。①

以及《唐律疏议·杂律》"失时不修堤防"条规定:

诸不修堤防及修而失时者,主司杖七十。……其津济之处,应造桥、航及应置船、筏,而不造置及擅移桥济者,杖七十,停废行人者,杖一百。②

还有《唐律疏议·杂律》"施机枪作坑阱"条规定:

诸施机枪、作坑阱者,杖一百;以故杀伤人者,减斗杀伤一等;若有标识者,又减一等。其深山、迥泽及有猛兽犯暴之处,而施作者,听。仍立标识。不立者,笞四十;以故杀伤人者,减斗杀伤罪三等。③

总而言之,上述《唐律》规定都可在《二年律令》中找到指导思想、相同内容或者出处来源。

三 秦汉诏令与生态资源保护

对于秦汉时期的自然资源和生态保护内容,除了可以从近年出土的秦汉法律文献中的国家正式律典加以寻找,还可以考察帝王不定期发布的相关诏令,后者内容更加丰富,其中比较集中的包括保护林木、动物、水利资源的诏令、保护特殊自然区域(上林苑、宫苑)的诏令以及禁止奢侈浪费的诏令等。

(一)保护林木、动物资源

从现有秦代法律史料看,除了《秦律·田律》中有月令文献相似的"时禁"内容和生态保护措施外,帝王诏令中也有关于林木资源、动物资

---

① 《唐会要》卷八十六《街巷》。
② 《唐律疏议》卷第二十七《杂律》。
③ 《唐律疏议》卷第二十六《杂律》。

源保护的内容。相传秦始皇看到泰山上的花木稀少，下令"无伐草木"，这或许就是秦始皇焚书时将与种树关联的书籍除外的原因。秦始皇可谓古代植树造林的首倡者之一。据西汉贾山《至言》记载，秦始皇曾下令在全国修筑驰道，要求在驰道两旁，每隔三丈，即"树以青松"，"东穷燕齐，南极吴楚，江湖之上"①，其规模甚大。商鞅颁布的法律条文中"弃灰于道者刑"的规定，就是为了防止弃于道上的灰中余火复燃，殃及周围林木。

更有说服力的是秦代的"壹山泽"政策。战国时期的秦国以牧业为主，并非一开始就是农耕为主的社会，只是在商鞅变法之后，大力发展农耕业，终摆脱牧业传统成为农耕大国。商鞅为了推行重农政策，颁布《垦令》，② 扩大耕地面积，鼓励民众致力于农耕。《秦会要补订》对鼓励务农的垦草政策有如下记载：

> ［补］无宿治，则邪官不及为私利于民，而百官之情不相稽，则农有余日。邪官不及为私利于民，则农不败。农不败而有余日，则草必垦矣。赀粟而税，则上一，而民平。上一则信，信则官不敢为邪，民平则慎，慎则难变。无外交，则国勉农而不偷。民不贱农，则国安不殆。国安不殆，勉农而不偷，则草必垦矣。③

《商君书·垦令》提出 20 种措施，其中第 9 种措施为保护山林的"壹山泽"之策："壹山泽，则恶农慢惰倍欲之民无所于食；无所于食则必农，农则草必垦矣。"④ 学者对此的解释是"谓专山泽之禁，不许妄樵采"⑤。即由国家对山林实行统一管理，封山育林，禁止私人擅自砍伐树木。该项举措通过政府对"川泽""山林"资源的垄断，迫使"恶农慢惰倍欲之民"不得不参与"垦草"，不得不从事农业生产。当然对于"山

---

① 《汉书》卷五十一《贾邹枚路传第二十一》。

② 高亨认为，根据《商君书·更法》，商鞅推行新法的第一道政令是"垦草令"。但该令原文已佚失，内容已不得而知。参见高亨注译《商君书注译》（全四册），中华书局1974年版，第10、19页。有学者认为，《商君书·垦令》应该是商鞅向孝公提出的改革方案，从中可以大体推测"垦草令"的内容。参见林剑鸣《秦史稿》，上海人民出版社1981年版，第181页。

③ 《秦会要订补》卷十七《食货·垦草》。

④ 《商君书·垦令》。

⑤ 朱师辙：《商君书解诂定本》，古籍出版社1956年版，第9页。

泽"而言,是以类似皇家自然保护区的形式,维持了原有的自然生态。①
"壹山泽"政策既有效地推动了生产方式的转变,也及时地保护了当时的
林木资源。然而,农耕经济的发展,虽然刺激了垦荒事业,但随着不断扩
大的滥垦,也产生了生态平衡失调,水土流失日益严重等问题。故而有学
者指出,以牺牲林业和渔业为代价实现农业开发,"并非农业以外诸产业
的凋零,而是无可挽回的自然生态的严重破坏"②。

　　汉代在多灾年份,往往颁布许多弛山泽之禁的诏令,以赈济灾民。如
后元六年夏四月,遭遇大旱,出现蝗虫灾害,于是文帝下诏曰:"令诸侯
无入贡,弛山泽,减诸服御,损郎吏员,发仓庚以振民,民得卖爵。"③
元鼎二年秋九月,武帝诏曰:"仁不异远,义不辞难,今京师虽未为丰
年,山林、池泽之饶与民共之。"④ 皇帝专门发布诏令放宽山泽之禁,意
味着平日里山泽之禁才是常规。多灾之时放开禁令是为了增强灾民的生存
能力,是非常之举。更多时候对山泽的禁令在客观上缓解了当地的生态压
力,抑制了无序开采,保护了生态环境。

　　两汉还通过税收政策节制对山林、动物等自然资源的使用,只有在天
灾人祸的年份,才对采捕猎伐免税。例如,东汉永元九年六月,蝗、旱,
戊辰,和帝诏:"今年秋稼为蝗虫所伤,皆勿收租、更、刍稿;若有所损
失,以实除之,余当收租者亦半入。其山林饶利,陂池渔采,以赡元元,
勿收假税。"⑤ 十五年六月:"诏令百姓鳏寡渔采陂池,勿收假税二岁。"⑥
可见,对采伐捕猎收税是常态,在一定程度上保证了生态资源的持续
利用。

　　此外,汉代地方官员在管理州、郡、县时也会颁布保护野生动物的禁
令。例如《后汉书·法雄传》记载,东汉法雄任南郡太守时改变了以前
"赏募张捕"以息"虎狼之暴"的策略,移书属县曰:"凡虎狼之在山林,
犹人之居城市。古者至化之世,猛兽不扰,皆由恩信宽泽,仁及飞走。太
守虽不德,敢忘斯义。记到,其毁坏槛阱,不得妄捕山林。"⑦ 宋均在九
江太守任上,反对"郡内多设陷阱捕兽"的做法,提出保护野生动物:

① 参见王子今《秦汉时期生态环境研究》,北京大学出版社 2007 年版,第 306 页。

② 王子今:《秦汉时期生态环境研究》,北京大学出版社 2007 年版,第 312 页。

③ 《汉书》卷四《文帝纪第四》。

④ 《汉书》卷六《武帝纪第六》。

⑤ 《后汉书》卷四《和帝纪第四》。

⑥ 《后汉书》卷四《和帝纪第四》。

⑦ 《后汉书》卷三十八《张法滕冯度杨列传第二十八》。

"夫虎豹在山，鼋鼍在水，各有所托。且江淮之有猛兽，犹北土之有鸡豚也。今为民害，咎在残吏，而劳勤张捕，非忧恤之本也。其务退奸贪，思进忠善，可一去槛阱，除削课制。"① 北魏阚骃《十三州志》也有记载："上虞县有雁为民田，春拨草根，秋啄除其秽，是以县官禁民不得妄害此鸟，犯则有刑无赦。"② 可见，汉代不少地方官员反对妄捕、妄猎，并将保护野生动物资源的生态思想落实到地方行政管理实践。

西汉元鼎二年（公元前115年），汉武帝设立水衡都尉，初为专管上林苑，后职能扩充，执掌包括山林资源管理在内的多项事务。《汉书·百官公卿表》云："水衡都尉，武帝元鼎二年（公元前115年）初置，掌上林苑，有五丞，秩二千石。"③ 应劭曰："古山林之官曰衡，掌诸池苑，故称水衡。"颜师古注："衡，平也，主平其税入。"④《汉书·食货志》载，自从杨可告缗打击富商大贾，取得大量财物，充溢上林苑以后，就以水衡主管上林苑。此后水衡的职掌甚广，不单是山林之官。⑤《汉书·龚遂传》说："水衡典上林禁苑，供张宫馆，为宗庙取牲，官职相近。"⑥ 其属官有上林、均输、御羞、禁圃、辑濯、锺官、技巧、六厩、辨铜九官令丞。此外又有衡官、水司空、都水、农仓等均属之。上林有八丞十二尉，均输四丞，御羞两丞，都水三丞，禁圃两尉，甘泉上林四丞，属官还有虎圈啬夫，辑濯士（主用辑及濯行船），农官，领护三辅都水。成帝建始二年（公元前31年），废技巧、六厩官。王莽改水衡都尉为予虞。

（二）保护水利资源

战国时期，各国设置了许多"壅防百川，各以自利"⑦ 的堤防。秦国更是修建了著名的都江堰和郑国渠水利工程。秦始皇统一中国后，废除了战国时期各诸侯国加筑的堤防，着手"堕坏城郭，决通川防，夷去险阻"⑧，建立河川堤防管理的法律制度。这些措施与月令文献中有关春季"修利堤防，道达沟渎"及孟秋"完堤防，谨壅塞，以备水潦"的水资源利用和保护措施基本一致。同时，还有修新渠开通绝途，如"使监禄凿

① 《后汉书》卷四十一《第五钟离宋寒列传第三十一》。
② 《太平御览》卷九百一十七《羽族部四》。
③ 《汉书·百官公卿表》。
④ 《汉书·百官公卿表》。
⑤ 《汉书·食货志》。
⑥ 《汉书》卷八十九《循吏传第五十九》。
⑦ 《汉书》卷二十九《沟洫志第九》。
⑧ 《史记·秦始皇本纪》。

渠通道"①，沟通漓、湘两江。秦代的这些水利措施除了治水之外，也使得各地的水资源可以合理利用。

汉武帝元鼎六年（公元前 111 年），大臣倪宽上奏请求开设六辅渠，从颜师古的注解，其上奏的原因在于"为用水之次具立法，令皆得其所也"②。该水令是至今发现记载最早的水法，可惜详细内容无从考究。

当时汉武帝曾批评地方过重的租税妨碍农事及水利建设和使用，诏曰：

> 农，天下之本也。泉流灌浸，所以育五谷也。左、右内史，地名山川原甚众，细民未知其利，故为通沟渎，畜陂泽，所以备旱也。今内史稻田租挈重，不与郡同，其议减。令吏民勉农，尽地利，平繇行水，勿使失时。③

东汉和帝时，严格要求刺史等地方官员加强对水利资源的疏导，防止水患发生。永元十年春三月壬戌，诏曰："堤防沟渠，所以顺助地理，通利壅塞。今废慢懈弛，不以为负。刺史、二千石其随宜疏导。勿因缘妄发，以为烦扰，将显行其罚。"④ 安帝时，大修沟渠。如元初二年二月辛酉，"诏三辅、河内、河东、上党、赵国、太原各修理旧沟渠，通利水道，以溉公私田畴"⑤。

秦汉时期，为规范水利资源的使用与管理，在太常、少府及三辅之下设立都水长丞，掌管水利资源。《通典·职官九》记载：

> 秦汉又有都水长丞，主陂池灌溉，保守河渠，自太常、少府及三辅等，皆有其官。汉武帝以都水官多，乃置左、右使者以领之。刘向为左都水使者是也。又《续汉·百官志》曰："刘向领三辅都水。"至汉哀帝，省使者官。至东京，凡都水皆罢之，并置河堤谒者。⑥

---

① 《汉书》卷六十四上《严朱吾丘主父徐严终王贾传第三十四上》。
② 《汉书》卷五十八《公孙弘卜式儿宽传第二十八》。
③ 《汉书》卷二十九《沟洫志第九》。
④ 《后汉书》卷四《孝和孝殇帝纪第四》。
⑤ 《后汉书》卷五《孝安帝纪第五》。
⑥ 《通典》卷二十七《职官九》。

汉代，于新设的水衡都尉下同样设有都水长丞，掌管水利。

（三）特殊自然区域的保护

古代的苑囿，通常是皇家畜养禽兽草木鱼鳖以供游猎之地，禁止百姓垦殖、放牧、樵采和狩猎。苑囿虽是帝王豪族对自然资源的垄断使用，但在管理使用的过程中起到了保护自然景观、森林植被和野生动物的客观作用，构成古代特殊的自然保护区域，类似于现代的野生动植物自然保护区或自然保护地。

秦汉时期苑囿众多，这是因为不仅皇家，而且地方豪绅也多圈地设苑，如秦时上林苑（汉时保留）、宜春苑、具囿等，汉时广成苑等。苑囿的面积一般都很大，如秦统一后，"始皇尝议欲大园囿，东至函谷关，西至雍、陈仓"①。此举招致大臣优旃的讥讽，曰："善。多纵禽兽其中，寇从东方来，令麋鹿触之足矣。"② 始皇这才作罢。不过到汉武帝时，上林苑已经"南至宜春、鼎胡、御宿、昆吾，旁南山而西，至长杨、五柞，北绕黄山，濒渭而东，周袤数百里"③。

秦汉时期颁布了许多禁苑诏令，只有在灾荒年间，苑囿才会对百姓有限地开放。如西汉元帝初元元年夏四月，诏曰："关东今年谷不登，民多困乏。其令郡国被灾害甚者毋出租赋。江海陂湖园池属少府者以假贫民，勿租赋。"④ 第二年春三月，又诏："罢黄门乘舆狗马，水衡禁囿、宜春下苑、少府佽飞外池、严籞池田假与贫民。"⑤ 东汉和帝永元五年二月，下诏："自京师离宫果园上林广成囿悉以假贫民，恣得采捕，不收其税。"⑥ 丰年禁苑，灾年弛禁，既保护了苑内的生态资源，同时又具备一定的抗灾能力。

汉武帝新设的水衡都尉是与大司农、少府并行的三大财政机构，也是汉代专管上林苑的职官，因此，水衡都尉实际上是汉代特殊自然区域的管理机构。《通典·职官八》记载："上林署：汉水衡都尉之职，说在《都水篇》。后汉曰上林苑令、丞，主苑中禽兽。颇有人居，皆主之。"⑦

《通典·职官九》记载：

---

① 《史记·滑稽列传》。

② 《秦会要补订》卷二十六《方域下·苑囿》。

③ 《汉书》卷八十七《扬雄传第五十七》。

④ 《汉书》卷九《元帝纪第九》。

⑤ 《汉书》卷九《元帝纪第九》。

⑥ 《后汉书》卷四《和帝纪第四》。

⑦ 《通典》卷二十六《职官八》。

　　汉武帝元鼎二年，初置水衡都尉，颜师古曰："山林之官曰衡。掌诸池苑，故称水衡。"张晏曰："主都水及上林苑，故曰水衡；主诸官，故曰都；有卒徒武事，故曰尉。"衡，平也。主平其税也。掌上林苑，汉赵充国以中郎为水衡都尉，主舡官也。盖主上林离宫燕休之处。王莽改曰予虞。后汉光武省之，并其职于少府。每立秋貙刘之日，辄暂置水衡都尉……①

（四）禁止奢侈浪费的诏令

　　战国初期，魏国李悝著《法经》，为完善"礼制"，提倡节俭生活，将"淫侈踰制"作为杂律一篇，后被商鞅在秦国变法时继受。②《秦会要》还有"毋敢履锦履"记载，对朴素衣着作出要求。③然而秦统一全国后，皇室奢靡浪费，建造豪华宫殿，厚葬之风不绝。在这方面，始皇尤甚，"骄奢靡丽，好作高台榭，广宫室，则天下富豪制屋宅者，莫不仿之。设房闼，备库，缮雕琢刻画之好，博玄黄琦玮之色，以乱制度"④。秦始皇修建阿房宫，"东西五百步，南北五十丈，上可以坐万人，下可以建五丈旗""作宫阿房，故天下谓之阿房宫。隐宫徒刑者七十余万人，乃分作阿房宫，或作丽山。发北山石椁，乃写蜀、荆地材皆至。关中计宫三百，关外四百余"⑤。宫室规模之宏大，令人叹为观止。然而，为了建造如此规模宏伟的宫室台榭，统治者消耗了大量森林木材，林木资源浪费问题愈加突出，部分地区甚至出现林木枯竭现象。阿房宫的建造，最终使得民怨沸腾，加速了秦朝灭亡。

　　战国时期厚葬之风就已盛行，从国君贵族到普通百姓，大家都极尽所能，以附奢华，直接后果就是导致惊人的资源浪费。"国弥大，家弥富，葬弥厚。含珠鳞施，夫玩好货宝，钟鼎壶滥，舆马衣被戈剑，不可胜其数。诸养生之具，无不从者。题凑之室，棺椁数袭，积石积炭，以环其外。"⑥到了秦朝，厚葬之风从始皇身上可见一斑，出土的秦兵马俑便是有力的证据。西汉前期吸取了秦亡的教训，实行"休养生息"政策，厚

---

① 《通典》卷二十七《职官九》。
② 《秦会要》卷六《礼三·禁踰侈》。
③ 《秦会要》卷九《舆服·禁锦履》。
④ 《秦会要补订》卷十六《民政·风俗》。
⑤ 《史记·秦始皇本纪》。
⑥ 《吕氏春秋·节丧》。

葬之风有所收敛，如汉文帝即是帝王死后薄葬之代表。到了西汉晚期，皇室宗亲刘向为了挽救汉衰败的命运，曾经对先秦以来的厚葬之风有过犀利分析："是故德弥厚者葬弥薄，知愈深者葬愈微。无德寡知，其葬愈厚，丘垄弥高，宫庙甚丽，发掘必速。"① 并劝导汉成帝："孝文皇帝去坟薄葬，以俭安神，可以为则；秦昭、始皇增山厚藏，以侈生害，足以为戒。"② 遗憾的是，这并未引起皇帝的高度重视。

不过，总的来说，秦朝的奢靡为汉代皇室提供了前车之鉴，汉代仍出台许多禁止奢侈浪费的法令。如汉初高祖时，就规定爵非公乘以上禁止带"刘氏冠"，禁止商人"衣丝乘车"，并且"重税之以困辱之"③。一方面反映了汉初重农轻商的国家政策；另一方面也反映了当时受"黄老"思想影响，提倡节俭生活的主流态度。

元帝时，贡禹奏言："高祖、孝文、孝景皇帝循古节俭，后世争为奢侈，转转益甚，臣下亦相放效，衣服履绮刀剑乱于主上，主上时临入庙，众人不能别异。……今大夫僭诸侯，诸侯僭天子，天子过天道，其日久矣。承衰救乱，矫复古化，在于陛下。"元帝采信，于是下诏，令"太仆减食谷马，水衡减食肉兽"④，并将宜春下苑给予贫民使用，同时也禁止观看各类角抵戏及齐三服官。

哀帝即位，下诏曰："制节谨度以防奢淫，为政所先，百王不易之道也。"⑤

第三节　汉《诏书四时月令五十条》与生态环境资源保护法律实践

西汉后期，外戚当权。元始五年十一月，汉平帝死，王莽为安汉公，居摄朝政。其间，派遣使者使用大量金银货币，诱使居住在塞外的羌人献地，"立西海郡"，同时在律令中"增法五十条，犯者徙之西海"⑥。但所

---

① 《汉书》卷三十六《楚元王传第六》。
② 《汉书》卷三十六《楚元王传第六》。
③ 《西汉会要》卷十七《礼十一·禁踰侈》。
④ 《西汉会要》卷十七《礼十一·禁踰侈》。
⑤ 《西汉会要》卷十七《礼十一·禁踰侈》。
⑥ 《汉书》卷九十九上《王莽传第六十九上》。

谓"增法五十条"的具体内容在《汉书》等文献中无迹可寻，直至 20 世纪 90 年代初出土《使者和仲所督察诏书四时月令五十条》（该文献又称《悬泉诏书》或《诏书四时月令五十条》）。该文献的出土地效谷县，汉时为中原汉王朝与西域交往的重要邮驿和中转基地，① 关于"增法五十条"的谜团才被解开。学界一般认为，《悬泉诏书》不论在时间、数目还是性质上均与"增法五十条"相吻合，是上述"增法五十条"之全文。而王莽承先秦生态保护之制，颁行这一涵盖大量生态资源保护内容的诏书②，为我们考察研究西汉末期的生态保护法令，提供了宝贵的文献史料。

一　《诏书四时月令五十条》的基本情况

西汉后期，《月令》在政治生活中的影响日益扩大，甚至在统治者阶层形成了定期讲习《月令》的惯例。《使者和仲所督察诏书四时月令五十条》便是王莽摄政时期以太皇太后之名发布的改革措施之一：时任曦和官的刘歆担任主持，并组织学者全面阐述先秦以来的月令观，又选取传世月令中与西汉当时的政治需要相适应的部分，并结合实际情况，制定诏书，以国家法律的形式将传世月令赋予强制效力，并由专人监督执行。按照汉代法律律、令、科、比的形式，该诏书应该属于令的范畴，是当时一部重要法律。该诏书就是《悬泉诏书》，被学者认为是迄今为止我国发现最早的一部较为完备的生态资源保护法规，对研究汉代生态保护制度有重要意义。

《悬泉诏书》先正文，后标题，主体部分共 50 条。依照春夏秋冬四个季节为序，每一季节下分为"孟、仲、季"三个层次，其中春季共 20 条，夏季共 12 条，秋季共 8 条，冬季共 10 条。布告令文，言四时之禁。③其内容主要关涉农业生产生活。诏书每条一般分上下两栏，上栏是纲目，也即诏令条文；下栏是原注，即对本条纲目的具体解释。如第二条，具体条文为"禁止伐木"，其注文为"谓大小之木皆不得伐也，尽八月。草木零落，乃得伐其当伐者"。所作的注解无疑明确了禁令的内容，强化了法律的规范性和可预测性，便于实施。

---

①　参见石明秀《先秦两汉月令生态观探析——以敦煌悬泉壁书为中心的考察》，《敦煌研究》2008 年第 2 期。

②　参见王福昌《我国古代生态保护资料的新发现》，《农业考古》2003 年第 3 期。

③　参见刘芳池《〈悬泉诏书〉整理研究》，硕士学位论文，西南大学，2006 年，第 6 页。

有研究者统计,《悬泉诏书》中关于生态保护的条文达 16 条,占主体内容的 32%①,如果我们将重视农时、工事不违农时等传统月令内容也包含在内,则远不止这个比例。总之,如果说传世《月令》涉及国家政治生活的方方面面,则《悬泉诏书》是以生态保护为主体内容的实践性法律文件。

二　《诏书四时月令五十条》中主要生态保护制度

《诏书四时月令五十条》在继承传世月令思想的基础上,依法令形式规定四季禁忌和须注意的事项,确立了保证农业生产的"农时"秩序,以及人事活动须遵循自然时序的生产生活准则。

(一) 以"敬授民时"和遵循自然界阴阳平衡为主的"时禁"内容

关于何时进行农业生产,何时不得进行额外工事,以免耽误农时,在《诏书四时月令五十条》中均有明确的规定。诏书首先说明颁布的目的是为了解决阴阳不调、风雨不时所造成的人民"数被灾害"的问题。"往者阴阳不调,风雨不时,降农自安,不堇作〔劳〕,是以数被蓄害,恻然伤之。惟圣帝明王,靡不躬天之历数,信执厥中年,钦顺阴阳,敬授民时,劝耕种以丰年也。盖重百姓之命也。故建羲和,立四子……时以成岁,致熹……"

此所谓阴阳五行说,是传世月令的主要思想之一。古人认为,阴阳协调,是自然生活之自然秩序,破之,则灾难将至。《汉书·律历志上》记载:"阴阳不调,谓之乱世。"② 汉统治阶级非常注重阴阳的调和,"阴阳不调,风雨不时"不仅成为当时朝廷议政、大臣谏言的套语,甚至成为政府颁发诏令一类重要法律文书时的重要凭借。如初元元年(公元前 48 年)九月《汉书·元帝纪》颁诏:"阴阳不调,黎民饥寒。"③《汉书·哀帝纪》元寿元年诏:"阴阳不调,元元不赡。"④ 从而在客观上往往都按照他们的理想采取一定的具体措施来调和阴阳。"敬授民时",就是告知百姓时令节气,以免"失其时",妨碍农业生产,影响国计民生。因此,历代统治者均高度重视,特地设立羲和官职,以"顺天文,授民时",指导百姓依时生产。

① 参见王福昌《我国古代生态保护资料的新发现》,《农业考古》2003 年第 3 期。
② 《汉书》卷二十一上《律历志第一上》。
③ 《汉书》卷九《元帝纪第九》。
④ 《汉书》卷十一《哀帝纪第十一》。

　　诏书正文孟春月令云："敬授民时，曰：扬谷，咸趋南亩。"意思是孟春之月，告诉百姓已到播种五谷之时，劝使农人齐赴耕种之地。

　　孟春月令还有数条不得妨碍农时的禁令，如："毋聚大众。·谓聚民缮治也，尤急事若（？）追索□捕盗贼之属也，□下……追捕盗贼，尽夏。其城郭宫室坏败尤甚者，得缮补□。"此条大意为，非有特别紧急状况或宫室亟须修缮的，其时均不得聚集民众。有关此项禁令，据《礼记·月令》记载为："毋聚大众，毋置城郭。"郑玄对此的注解是："为妨农之始。"①《淮南子·时则训》："毋聚众、置城郭。"高诱注解为："毋聚合大众，建置城郭，以妨害农功也。"②可见，在农忙季节之时，"聚大众"将妨害农业生产。与此同时，亦不得大兴土木修建工事。"毋筑城郭·谓毋筑起城郭也……□三月得筑，从四月尽七月不得筑城郭。"这里"三月得筑"前缺三字，据其他月令以及本诏条孟秋月令第一条内容推测，缺字应补为"秋三月"为宜。"大兴土功"之事通常都放在秋季。

　　为不妨碍农时，春夏季不得征战，"毋作大事，以防农事。·谓兴兵正（征）伐，以防农事者也，尽夏"。农业生产的大好时节在春季，征讨等需动用大量人力、物力、财力之事绝不能占用该时期。

　　孟夏仍是农业生产的关键时期，为避免影响农业生产，诏书要求"毋起土功""毋发大众"。即不要进行治水、筑城、建造宫殿等掘地深三尺以上的工程建设；不要聚集民众，除非特别紧急诸如缮治重要设施一类事情。

　　汉代的粮食作物中，隔年成熟之宿麦是种植最为普遍、占绝对优势的粮食作物。历代政府非常重视种植宿麦，这是因为，一方面，由于春秋之间青黄不接，而宿麦刚好是"接绝续乏"的作物；另一方面，在当时的北方地区"种宿麦"，对减少冬季、春季的风沙和扬尘具有重要作用。所以，每年秋季，政府将出面劝导民众种植宿麦，违者将以严惩。《诏书四时月令五十条》仲秋月令规定："乃劝□麦，毋或失时，失时行□毋疑。·谓趣民种宿麦，毋令……［□种，主者］。尽十月，隋（？）窳。"

　　此外，人类活动要"调阴阳""顺时气"，遵循自然规律，不仅反映在春季农事和冬麦种植之中，也反映在一些日常生活习惯以及兴土木等事项。如仲夏月令规定，"毋用火南方·尽……"此条与《礼记·月令》的"无用火南方"意思相同，郑玄注《礼记·月令》云："阳气盛，又用火

---

①　《礼记·月令》。

②　《淮南子》卷五《时则训》。

于其南方，害微阴也。"即此时若是用火于南方，难免阴阳失调。又如季秋月令规定，"毋采金石银铜铁。尽冬"。因秋季在五行中主金，为遵循天时，禁止在秋季开挖矿产资源。

《诏书四时月令五十条》严格遵循阴阳五行说理论与"时禁"思想，仲冬月令多条对此有要求，如："土事无作。·谓掘地深三尺以上者也，尽冬。""慎毋发盖。·谓毋发所盖藏之物，以顺时气也，尽冬。""毋发室屋。·谓毋发室屋，以顺时气也，尽冬。""毋起大众，口固而闭。·谓聚民缮治也，尽冬。""涂阙廷门闾，筑囹圄。□□□。"

强调若违反这些"时禁"则会引起地气泻发，进而导致"诸蛰则死，民多疾疫，又随之以丧"等一系列的灾祸。在《诏书四时月令五十条》中，孟夏月令与仲冬月令的内容及其注解均基本一致，但因季节的不同，生产生活的内容不一，所制定该月令的目的亦有所别。如孟夏月令主要考虑保护农业生产；而仲冬禁令则是避免地气泄露破坏阴阳平衡而致的一系列自然灾害。但包含二者在内的所有"时禁"规则，其指导思想就是"顺时"，即根据"时"的变化合理安排人事活动。可以认为，《诏书四时月令五十条》集中反映了"时禁"思想的生态保护实践价值。

（二）动物保护

《诏书四时月令五十条》孟春月令："毋摘巢·谓巢空实皆不得摘也。空巢尽夏，实者四时常禁。毋杀□虫。·谓幼少之虫、不为人害者也，尽九［月］。毋杀孡（胎）。·谓禽兽、六畜怀任有孡者也，尽十二月常禁。毋夭蜚鸟。·谓夭蜚鸟不得使长大也，尽十二月常禁。毋麛·谓四足……及畜幼少未安者也，尽九月。毋卵。·谓飞鸟及鸡□卵之属也，尽九月。"

春季是动物繁殖的季节，禁止摘鸟巢，禁止杀"幼少之虫"，禁止杀怀胎的禽兽和六畜，禁止捕取幼鸟及各种飞鸟，禁止捕杀麛（即鹿子）及各类幼小动物。这里的"常禁"指全年禁止，四时皆不得犯的禁令。"尽九月"，意思是直到九月才可以开禁。

关于仲春月令："毋焚山林。·谓烧山林田猎，伤害禽兽口虫草木……（正）月尽……"这里的"焚山林"指烧山打猎。该规定主要是为保护春天山林中正在生长繁殖的动物，但同时也保护了林木资源。

关于季春月令："毋弹射蜚鸟，及张罗、为它巧以捕取之。谓□鸟也。"即禁止张设罗网或其他巧妙的方法捕捉鸟类。

关于孟夏月令："驱兽（毋）害五谷。·谓口……毋大田猎。·尽八（？）月。"驱兽，是为了谷物不被动物所糟蹋，从而保护农业生产。但

"驱兽"不等于"田猎"，特别是大规模的田猎。从九月开始，才能有大田猎。

春夏不得狩猎，不仅是对平常百姓的要求，帝王大臣同样得遵守。西汉末年，月令对政治生活的影响达到顶峰，借由月令内容反对帝王狩猎的情形屡见不鲜。而东汉永平四年（61年），东平王刘苍也曾以狩猎妨碍农业生产、违反孟春之令为由上书劝谏明帝："臣闻时盛春农事，不众兴功。传曰：田猎不宿，食饮不享，出入不节，则木不曲，此失春令者也。"① 并表达了希望依照月令所要求的天时进行狩猎活动，"至秋冬，乃振威灵，整法驾，备周卫，设羽旄"②。显然，东平宪王希望帝王的狩猎活动合乎礼的规范。

（三）林草等植物资源的保护

《诏书四时月令五十条》孟春月令："禁止伐木。·谓大小之木皆不得伐也，尽八月。草木零落，乃得伐其当伐者。"传世月令版本诸多，但均注重对不以时伐木行为的禁止性规定，仅在禁伐期限上稍有差别。西汉后期，为满足由于人口增加而建设城邑，为守边备塞而开垦屯田、生产兵器，带动大量矿山开发，从而不可避免地破坏山林树泽。与此同时，宫室奢靡，建筑耗材数量惊人；加之受"礼"的影响，棺木及其他葬具用材亦浪费大量林木，此外还有生活所需的薪柴消费等，都使得森林消耗量日益增多。秦汉时期统治者对此非常关注，通常依照传世月令，规定禁伐期，并规定开禁以后也只能选择性采伐使用，追求资源的合理利用。以五行终始为原则，《诏书四时月令五十条》明确要求禁伐之期延续至八月底；《吕氏春秋》则记载，八月"杀气浸盛，阳气日衰"③，九月"草木黄落，乃伐薪为炭"④。相较而言，《吕氏春秋·孟春纪》规定得更为明确、严格。

上述仲春月令"毋焚山林。·谓烧山林田猎，伤害禽兽口虫草木……（正）月尽……"则起到保护林木和动物的双重作用。

孟夏月令："毋攻伐口口。谓口。""攻伐"下所残缺，结合本条前后考察，当为"大树"二字。

概言之，春夏两季为草木旺盛的季节，阳气上升，若此时砍伐林木视

① 《后汉书》卷四十二《光武十王列传第三十二·东平宪王苍传》。

② 《后汉书》卷四十二《光武十王列传第三十二·东平宪王苍传》。

③ 《吕氏春秋·仲秋纪》。

④ 《吕氏春秋·季秋纪》。

为"逆时""违时"，将会遭到自然报复，如山洪暴发。所以，规定"禁止伐木""毋焚山林""毋攻伐□□"。即待八月后，"草木凋零"之时，才能行伐木之举。

此外，对一些有着特殊用途的植物资源，《诏书四时月令五十条》予以专条规定。如仲夏月令"毋□「蓝」以染。·谓□"。蓝，植物名，种类繁多。古人常采摘蓝（如琴蓝、松蓝等）及其叶子制作蓝色染料。《吕氏春秋·仲夏纪》有"令民无刈蓝以染"①，《淮南子·时则训》将这里的"令民"作"禁民"，强调禁止。《礼记·月令》则有"令民毋艾蓝以染"的记载。之所以"无刈蓝以染"，因为夏季该类植物尚未成熟，正如高诱注解曰："为蓝青未成也。"②

（四）水利资源保护

《诏书四时月令五十条》孟春月令："毋□水泽，□陂池、□□。·四方乃得以取鱼。尽十一月常禁。"③ 蓄水称"陂"，穿地通水为"池"。《吕氏春秋·仲春纪》有："无竭川泽，无漉陂池。"④ 只有"无漉陂池"，才可"四方乃得以取鱼"。这种思想反映出保护山川、陂泽与生物之间相生相因的状态，渗透着"用养结合"的可持续发展观点。

季春月令："修利堤防。·谓〔修筑〕堤防，利其水道也，从正月尽夏。""道达沟渎。·谓 浚雍塞，开通水道也，从正月尽夏。"⑤ 一方面，此时兴建水利设施，以便于在雨季到来时疏通、引导水流；另一方面，引导沟渎水流，以使畅通，"道达沟读"是为了"开通水道"，而"开通道路"则是为了"开通街巷"。

孟秋月令："〔完堤〕防，谨雍〔塞〕，谓完坚堤口……〔备秋水口〕……"⑥《吕氏春秋·孟秋纪》《淮南子·时则训》与《礼记·月令》都有记载："完堤防，谨雍塞，以备水潦。"三书都将"以备水潦"作为修建提防的目的，本条"备秋水"当与其意思相近。高诱对此注曰："是月'月离于毕，俾滂沱矣'，故预完堤防，备水潦。"即孟秋季节多雨，须坚固堤防，严禁堵塞水道，防止水灾发生。

---

① 《吕氏春秋·仲夏纪》。
② 《吕氏春秋·仲夏纪》。
③ 《诏书四时月令五十条》。
④ 《吕氏春秋·仲春纪》。
⑤ 《诏书四时月令五十条》。
⑥ 《诏书四时月令五十条》。

此外，孟冬月令规定："毋治沟渠，决行水泉，尽冬。"①

事实上，对于国家的水利资源，秦汉时期一方面通过收取"水泉池泽之赋"（通常这就是孟秋月水利官员的工作之一），以控制水资源的无节制使用；另一方面禁止民众从事渔业生产，这一政策也使得当时的水利和渔业资源得到保护。汉明帝时，"下令禁民二业"②，宫苑通常严禁平民进入，"绝陂池水泽之利"③。只是在某些特定情况下，如发生严重灾荒，或为了赈济贫民，才把苑囿对民开放，令得渔采，而由政府收取"假税"。通常情况下相当大量的"江海陂湖园池"资源往往是被皇家控制，而"贫民"无从开发利用。这种受到特殊"保护"的自然水面，对于当时生态形势的意义当然更为重要。

（五）保护空气质量和预防环境污染

《诏书四时月令五十条》孟春月令："瘗骼狸骴，骼谓鸟兽之枯也，其有肉者为骴，尽夏。"④此项内容在传世月令中为"掩骼埋胔"，即为了不让已死动物因腐烂变质而发出恶臭，必须掩埋尸体。这项制度一直延续整个春夏季，从而成了环境保护中关于保证空气质量的重要一环。

综上所述，从生态保护内容来看，《诏书四时月令五十条》的规定基本上与传世月令如《礼记·月令》《吕氏春秋·十二月纪》《淮南子·时则训》的规定一脉相承，而差别之处主要在于：月令作为一种农耕时代的思想体系，其中许多条目是纲领性的，理论性强，运用到现实政治中必须落实为具体的措施。《诏书四时月令五十条》作为国家法令，须具有实际执行力和可操作性，因而可以根据需要进行选择，把作为一种思想体系的传世月令最大限度地运用到现实政治和社会生活中，如每条后面所附的说明文字，也都是从现实运用的角度出发。可见，《诏书四时月令五十条》从体例和内容的设计选择上，一方面服从现实政治的需要，另一方面也同时充分考虑到便于吏民理解和执行的重要性，从而将传统的生态保护习俗和惯例置于国家法令执行和监督机制之下。

三　《诏书四时月令五十条》的实效

首先，我们对《诏书四时月令五十条》颁布的原因进行考察。

---

① 《诏书四时月令五十条》。

② 《后汉书·刘般传》。

③ 《汉书》卷六十五《皇甫张段列传第五十五》。

④ 《诏书四时月令五十条》。

王莽之所以借吕后名义颁行生态保护法律制度，个中原因十分复杂。毫无疑问，王莽托古改制以实行"王田"制是一方面，不过我们认为更重要的是当时形势使然。从史料记载可知，秦至西汉，自然灾害日益增多。秦国560多年的历史，有史料可循的自然灾害仅13起；西汉230年的历史，却确切记载了200余起自然灾害；东汉195年的历史，有关灾害的史料却更为庞大，达395条之多。不可否认，秦史料偏少对这一数据造成了影响，且由于战乱，史家关注的重点在于战争和政治，而不是自然灾害，除非那些发生地域广、持续时间长、产生破坏大，且对当时社会产生了重大影响的自然灾害才有记载。故西汉对自然灾害的记载大大详于秦。汉初至汉文帝元年一共27年，自然灾害记录共有11起，平均2.45年一起。从西汉后期开始，中国气候开始由暖变寒，尤其是西汉末期和王莽时代，自然灾害有记载的达202次。从元帝到王莽时期，有记载的水灾、旱灾、雪灾和地震分别是20、15、13、23次。如《汉书·五行志中之下》记录永光元年（公元前43年）三月的一次霜灾，"元帝永光元年三月，阴霜杀菽；九月二日，阴霜杀稼，天下大饥"①。《汉书·元帝纪》又记载了建昭二年（公元前37年）的一次严重雪灾，"冬十一月，齐楚地震，大雨雪"②。对此，《汉书·五行志中之下》记载道："元帝建昭二年十一月，齐楚地大雪，深五尺。"③王莽时代严重低温的反常气候记载更多。《汉书·王莽传下》记载了天凤四年（17年）的一次"大寒"："是年八月……大寒，百官人马有冻死者。"④《太平御览》卷八七八引《汉书·五行志》："王莽天凤六年，四月，霜，杀草木。"⑤《汉书·食货志上》说，王莽专政时，"枯旱霜蝗"，"亡有平岁"。⑥另据《中国历代天灾人祸表》统计，秦始皇元年至吕后元年（公元前246—前187年）的60年之间，一共发生重灾九次。而从吕后二年到新莽末年（公元前186—公元24年）的210年中，重灾年有52个，占统计数字的24.8%。无疑，汉代自然灾害比先秦要多得多。

另外通过历史文献考察可以发现，在汉初，尤其是文帝以前，将月令

①　《汉书》卷二十七《五行志第七中之下》。

②　《汉书》卷九《元帝纪第九》。

③　《汉书》卷二十七《五行志第七中之下》。

④　《汉书》卷九十九下《王莽传第六十九下》。

⑤　《太平御览》卷八七八《咎徵部五》。

⑥　《汉书》卷二十四上《食货志第四上》。

适用于西汉统治政策尚处于初级阶段，多为与国计民生息息相关的领域才予以实施，自武帝起，开始强调月令中的灾异思想，并日渐突显。在儒学大师董仲舒的推动下，月令中的祥瑞灾异思想开始直接作为统治者执政好坏最重要的标志。从后期王莽的分析来看，一般认为武、昭、宣时期与祥瑞相结合，元、成以后则与灾异相联系。① 由此可见，作为政治家，王莽的"托古"改革固然有其个人政治目的，但更重要的是为了巩固政权，因此王莽以诏书形式贯彻传世月令中的时禁思想，强调遵循自然，保障"农时"，保障社会的基本生存来源，达到人与自然和谐相处之目的，以遏制日趋严重的自然灾害问题。

其次，考察该份诏书在实际中的执行及效果。

诏文全称《使者和仲所督察诏书四时月令五十条》，其中"使者和仲所督察"，与武帝时建立的监察制度有关。武帝时期，全国共分为 13 个监察区域，每一个监察区域称为"部"，每部下辖若干郡。部设刺史，由御史大夫、御史中丞直接领导。任一部刺史所管辖的范围约 10 个郡。如此，监察机构几乎能顾及朝廷内外的所有官吏，其以武帝诏条"六条"作为行政监察所参照的标准，逐条考核问事。② 由此可见，该份诏书在地方的执行情况是受到中央政府严格督察的。

汉代时的敦煌是个"地广民稀，水草宜畜牧"③ 之地。当时，有广大的绿洲，乔木林、灌木丛浓密覆盖，土壤肥沃，保持着自然原始的状态。到了汉武帝之时，汉王朝为了"断匈奴右臂"和"通商西域"，占据河西，置"张掖、敦煌郡，徙民以实之"，陈塞列燧，屯军屯田。④ 然而，汉朝在敦煌屯戍的一切措施，都对当地自然环境造成了巨大影响。这里的天然植物芦苇、红柳、胡杨等，都被拿来作为建筑的材料，或用来建造房屋、兽圈、生活器具、简牍等。对于这种边塞之地，恶性无节制地开发引发水土快速流失，从而导致大规模的沙化。所幸，许多地方官员认识到了生态危机的严重性。《诏书四时月令五十条》颁行于元始五年（5 年），历经三月发到敦煌。敦煌太守立即就将诏书题写在"显见处"，即书写在

① 杨振红：《月令与秦汉政治再探讨——兼论月令源流》，《历史研究》2004 年第 3 期。
② "六条"，乃武帝时的"六条诏书"，见《汉书·武帝纪》。颜师古注《汉书·武帝纪》引《汉官典职仪》曰："刺史班宣，周行郡国，省察治状，黜陟能否，断治冤狱，以六条问事，非条所问，即不省。"
③ 《汉书》卷二十八下《地理志第八下》。
④ 《汉书》卷六《武帝纪第六》。

墙壁上，明告世人，让世人知悉。足见，诏文的颁行不仅受到中央重视，地方政府方面更不敢有所懈怠，在贯彻该诏令过程中，迅速下达、明确宣传，执行措施坚决得当。

诏文中所言"建羲和，立四子"，其中"羲和"即是负责执行有关月令"时禁"规定的官员。王莽于元始元年（1年）二月，置"羲和"官，秩二千石，负责"顺阴阳，严月令"，刘歆即为此时的羲和。诏书明确命令职官羲和四子履行督察地方执行诏令的职责。该文献中数次有"尽力奉行"之内容，如"孟夏月羲和臣秀、羲中臣充等对曰：尽力奉行。孟秋月羲和臣秀、羲叔臣□等对曰：尽力奉行。孟冬月羲和臣秀、〔和〕中臣普等对曰：尽力奉行。羲和臣秀、和叔〔臣〕晏等对曰：尽力奉行"。就是上述监察官员就履行监督职责向中央政府作出的承诺。

《诏书四时月令五十条》对于规范、引导当时的社会生产及人民生活起到一定促进作用。光武帝建武二年（26年），"天下旱蝗，黄金一斤易粟一斛，至是野谷旅生，麻菽尤盛，野蚕成茧，被于山阜，人收其利焉"①。由此可见，当时野生资源保护状况良好，即使不行逢灾荒之年，百姓仍能安度。

对比来看，《诏书四时月令五十条》与传世月令的区别，除了前者是国家法令，具有强制性和执行力外，还表现在两个方面：

第一，《悬泉诏书》"月令五十条"关于生态资源保护的内容十分丰富，其所占全篇的比例远远超过《礼记·月令》《吕氏春秋·十二月纪》等文献中的相关内容，折射出汉代统治者对生态资源保护的高度重视。

第二，传世月令中的禁捕、禁猎、禁伐时间规定只有大致要求，而《悬泉诏书》"月令五十条"中对此的规定都明确具体。不仅如此，后者保护的动植物种类也非常多，尤其是在诏令条文之后所附"原注"，即具体解释，既便于普通民众理解，也便于地方官吏执行，足见其规定之全面、合理。

《悬泉诏书》被学者看成是迄今所发现的最早、最系统地反映人类生产生活与自然环境关系的法律文献，从实际执行层面落实传统月令文献所体现的指导思想和"时禁"制度，其所体现的"以时禁发"、因时制宜的思想，与当代"尊重自然、顺应自然、保护自然"的生态文明理念，具有高度的一致性和传承关系。

总而言之，秦汉法制的形成和发展是中国古代法制史的重要组成部

---

① 《后汉书》卷一《光武纪第一》。

分，自秦始皇令民"以法为教，以吏为师"，至汉初制定《九章律》，封建国家法律体系已初具规模。在生态环境资源保护法律制度上，同样适用"汉承秦制"。同时，秦汉时期的生态保护法令与先秦制度又有直接承继关系。秦汉出土史料表明，先秦月令的时禁制度，在秦汉得到进一步继承和完善，后者将先秦时期人与自然和谐相处的朴素认识、顺时而动和不违农时的生产生活习俗上升为国家律令，其内容具有广泛性，涵盖动植物资源、土地资源、水利资源保护制度、苑囿等特殊区域保护制度、空气质量和卫生制度乃至禁奢侈反浪费等。此后各朝各代，由于人口增加和迁徙、战争和灾害以及技术进步等因素，导致人地关系日益紧张，矛盾日益突出。但是对于发端于先秦、发展于秦汉的敬畏自然、顺应自然的生态保护制度各代统治者从未抛弃，以"时禁"为核心的生态保护制度在各代律典尤其是诏令中比比可见。因此，我们认为，受法律文明程度的限制，作为古代统一法律制度的发端，秦汉法律总体上在古代法制史发展历程中处于早期，难免粗糙，但是，秦汉时期的生态保护制度内容已经初见规模，更重要的是，遵循自然、顺应自然、保持人与自然的和谐关系自此成为我国古代生态资源法律制度的基本原则，为中国传统生态法律制度的发展指明了方向和路径，意义重大，影响深远。

第六章 魏晋南北朝生态环境资源保护法律制度

魏晋南北朝（220—589 年）是中国历史上政权更迭最频繁的时期。从三国鼎立，到八王之乱，再到五胡乱华，以及南北对峙，长期的封建割据和持续不断的战争让百姓苦不堪言。同一时期，中国进入寒冷期，气候条件恶劣，农作物生长周期延长，民众难以维持生计。大量的人口死亡使得人人自危，使得人们对传统儒学的信仰开始动摇，玄学兴起。与此同时，佛教传入中土，其信奉因果轮回、追求来世的宗教思想迎合了当时特殊社会环境下民众的心理需求，在中原地区得到广泛传播，并逐渐成为主流的意识形态信仰。佛学和玄学思想对魏晋南北朝时期的生态环境与资源保护产生了深远影响，包括统治阶层处理环境问题的策略、环境资源保护法制的设计以及地方环境保护实践。

由于战乱频繁，法律典籍几乎佚亡殆尽，增加了不小的研究难度，但经过梳理正史和其他相关典籍，我们依然可以从中寻找到关于生态环境与资源保护的零散法律条文。受佛教生态观以及佛教戒律的影响，魏晋南北朝生态环境与资源保护法制的内容主要包括时禁制度、林木和动物资源保护制度、崇俭禁奢规定等。其中，弛山泽之禁充分体现了在当时特定历史条件下，统治者为巩固统治，摒弃了中国上古流传的"普天之下，莫非王土"，一切自然资源归皇家支配的制度传统，改为向民众开放山川湖泽资源，还利于民的转变。这是中国古代自然资源分配制度的重大变革，不仅在客观上维系了当时社会经济的发展，而且为后世提供了协调经济发展与环境保护的有益经验。

第一节 魏晋南北朝律令与生态环境资源保护法律制度

魏晋南北朝时期，虽战火连绵，政治动荡，但统治者继承了前朝环境与资源保护的生态思想，重视相关法制的建立，将生态环境与自然资源保护制度纳入律令体系并予以贯彻落实。也正是在这一时期，中华法系的雏形得以确立。尽管有的律令因年代久远而遗憾佚失，但通过现存史料，我们仍可管中窥豹，从中发掘当时生态环境与资源保护法制的内容。

一　时禁制度

先秦月令确定的时禁制度客观反映了人们朴素的生态保护和资源持续利用思想，1000多年以来一直为各代律令所继承。魏晋南北朝时期的律令对时禁制度也有所规定。

曹魏继承汉制，派御史监察诸郡，以《六条问事》作为考核官吏的标准，其中就包括"察犯田律四时禁者"①。可见，魏有田律，也有四时之禁。

南朝宋孝武继位后，于元嘉三十年（453年）秋七月辛酉下诏，要求："水陆捕采，各顺时日。官私交市，务令优袤。其江海田池公家规固者，详所开弛。贵戚竞利，悉皆禁绝。"②鉴于商人为逐利不惜违背时令，"折未实之果，收豪家之利，笼非膳之翼"③，滥用自然资源，宋明帝于泰始三年（467年）八月丁酉下诏，强调山林川泽等自然资源是用来养活百姓的，申明禁止"非时月"采捕：

> 古者衡虞置制，蝝夭不收；川泽产育，登器充御。所以繁阜民财，养遂生德。顷商贩逐末，竞早争新。折未实之果，收豪家之利，笼非膳之翼，为戏童之资。岂所以还风尚本，捐华务实。宜修道布仁，以革斯蠹。自今鳞介羽毛，肴核众品，非时月可采，器味所须，可一皆禁断，严为科制。④

及北朝，虽是少数民族政权，但亦将时禁制度贯彻于政权治理之中。例如，北魏永平二年（509年）十一月，宣武帝依据月令时禁制度，下诏禁止射杀怀孕的动物，维护动物生息繁衍的环境："禁屠杀含孕，以为永

---

① 《昭明文选》卷五十九《碑文下》。
② 《宋书》卷六《孝武帝》。
③ 《宋书》卷八《明帝》。
④ 《册府元龟》卷一百九十一《闰位部·法制·政令》。

制。"① 北齐文宣帝天宝九年（558 年）春二月己丑下诏："限仲冬一月燎野，不得他时行火，损昆虫草木。"② 北齐武成帝于清河元年（562 年）正月下诏："并断屠杀以顺春令。"③ 北周武帝于保定三年（563 年）二月辛酉还专门下达《政事依月令诏》，要求按照月令制定、执行国家政策，实施政事："自顷朝廷权舆，事多仓卒，乖和爽序，违失先志。致风雨愆时，疾厉屡起，嘉生不遂，万物不长，朕甚伤之。自今举大事、行大政，非军机急速，皆宜依月令，以顺天心。"④

二　劝课农桑与土地资源保护

古代中国是典型的农业文明国家，农业生产为历代统治者所重视，是历朝历代施政的重点。魏晋南北朝时期亦不例外，统治者相继颁布了大量劝课农桑、发展农业生产的诏令。

东晋十六国时期，羯族石勒建立后赵，派员"循行州郡，核定户籍，劝课农桑。农桑最修者赐爵五大夫"⑤。

晋朝灭亡后，中国进入"南北朝"时期。位于长江中下游平原地区的南朝政权是中国传统农业文明的继承者，对农业生产自然十分重视。齐明帝于建武二年（495 年）颁布的《课农桑诏》内容丰富，堪称南朝诏令的典范：

> 食惟民天，义高姬载，蚕实生本，教重轩经。前哲盛范，后王茂则，布令审端，咸必由之。朕肃夜岩廊，思弘风训，深务八政，永鉴在勤，静言日昃，无忘寝兴。守宰亲民之主，牧伯调俗之司，宜严课农桑，阃令游惰，揆景肆力，必穷地利，固修堤防，考校殿最。若耕蚕殊众，具以名闻；游怠害业，即便列奏。主者详为条格。⑥

除此之外，宋文帝⑦、陈后主⑧等都有劝课农桑的诏书遗存后世。

---

① 《册府元龟》卷四十二《仁慈》。
② 《北齐书》卷四《文宣帝纪》。
③ 《册府元龟》卷一百九十五《闰位部·惠民·仁爱·恤征役》。
④ 《周书》卷五《武帝纪上》。
⑤ 《册府龟元》卷二百二十八《僭伪部·崇儒·务农·好文·礼士》。
⑥ 《南齐书》卷六《明帝》。
⑦ 《宋书》卷五《文帝纪》。
⑧ 《陈书》卷六《後主纪》。

北朝统治者虽出身于以游牧为生的少数民族，但在获得中原地区的统治权之后，基于维护统治利益的需要，也不得不重视农业生产。例如，北魏孝文帝于太和元年（477 年）颁布《劝农桑诏》，要求减轻徭役，尽水陆之利，让农民得耕农桑，对妨碍农桑者，进行责罚；对怠于农桑的农民，施以刑罚："宜简以徭役，先之劝奖，相其水陆，务尽地利，使农夫外布，桑妇内勤。若轻有征发，致夺民时，以侵擅论。民有不从长教，惰于农桑者，加以罪刑。"[1]

北周武帝对劝课农桑十分重视，于建德四年（575 年）颁布了《劝农诏》，规定地方官员须亲自劝课农桑，非紧要事务不能影响农业生产："刺史守令，宜亲劝农，百司分番，躬自率导。事非机要，并停至秋。鳏寡孤独不能自存者，所在量加赈恤，逋租悬调，兵役残功，并宜蠲免。"[2]

从统治者的角度来看，农业是立国之基、执政之基；从百姓的角度来看，农业是安身立身之本。统治者深知农业生产对维系民生、巩固社稷的重要性，所以将劝课农桑作为官吏考核的一项重要指标。与劝课农桑有关律令、政策的制定、实施和推行，既加大了对土地资源的开发、利用和保护力度，在一定程度上也兼顾了农业生产与生态环境保护的均衡发展。

三 林木资源管理

（一）均田制与经济林木的普遍种植

肇始于北魏的均田制，经东魏、西魏、北齐、北周、隋，到唐建中元年（780 年）正式废弛，延续约 300 年。北魏均田令由其前期在代北地区实行的计口授田制度演变而来。西晋末年，北方长期战乱，大量人口南迁和死亡，土地荒芜，劳动力与土地分离，严重影响国家赋税收入。为保证赋税来源，北魏孝文帝于太和九年（485 年）颁布均田令，命令在分配的农田上限期、定额种植经济林木。

> 男夫一人给田二十亩，课莳余，种桑五十树，枣五株，榆三根。非桑之土，夫给一亩，依法课莳榆枣。奴各依良，限三年种毕。不毕，夺其不毕之地。于桑榆地分，杂莳余果，及多种桑榆者不禁……[3]

---

[1] 《魏书》卷七《高祖纪上》。

[2] 《周书》卷六《帝纪第六》。

[3] 《魏书》卷一百一十《食货六》。

具体做法是：十五岁以上的男丁可分得四十亩的露田、二十亩的桑田，妇人则可分得二十亩的露田。超过七十岁或者死亡后应当将露田还给官府。桑田为世代传袭，不需要还给官府，但是必须再种植桑、榆、枣等树。不适宜种植桑树的地方，男丁分十亩的麻田，妇人分五亩。家庭内部原有的桑田，所有权不会变更，但是要用来充抵应当分发的倍田份额。达到应分份额的，不准再接受分发；超过应分份额的部分，可以出卖；不足应分份额的，可以买足。贵族官僚地主可以通过奴婢或者耕牛受田来另外获得土地。奴婢的受田额与良民同。每头耕牛分三十亩的露田，一户最高限为四头。只有老小癃残者的家庭，户主按男丁应受额的半数分发。民田还受，应当每年在正月进行一次。在土地不足之处，满十五岁的成丁应分田而无田可分时，以其家中的桑田充数；还不足的，则从其家庭内分布田口已分额中匀减出若干亩给新分田者。

北魏均田制明确规定编民必须种植桑树，成丁除"露田"以外，再分给二十亩的桑田，种榆树三株、枣树五株、桑树五十株。对于不适宜种植桑树、养蚕的地区，应当给予男丁十亩麻田作补偿，妇女则给予五亩麻田作补偿。此外分发种树田一亩，引导榆树、枣树的种植。① 北魏颁行的均田制被北齐、北周所仿效。

北齐的均田制在武成帝河清三年（564 年）田令中得到正式确立。该田令规定，每丁由国家统一分给桑田（又称"永业田"）二十亩，要求在田中种植桑树五十根以上、榆树三根、枣树五根。

南齐时，地方官员在贯彻均田制，引导百姓种植经济林木方面卓有成效。例如，刘善明"为海陵太守，郡境边海无树木，善明课民种榆槚杂果，遂获其利"②；再如，史载"永泰元年，（沈）瑀为建德令，教民一丁种十五株桑，四株柿，及梨栗，女丁半之，人咸欢悦，顷之成林"③。

除了颁布均田令强制百姓种植经济林木之外，政府还立法禁止毁坏经济林木。魏律《魏武军令》就明确规定："军行，不得斫伐田中五果桑柘棘枣。"④ 此外，鼓励百姓在荒地上种植经济林木也是当时政府加强土地资源利用和林木资源管理的一项重要举措。例如，两晋就曾"下书令民植桑柘"：

---

① 《魏书》卷一百一十《二十五史》。
② 《南齐书》卷二十八《刘善明传》。
③ 《梁书》卷五十三《良吏·沈瑀传》。
④ 《通典》卷一百四十九《兵二》。

今疆宇无虞，百姓宁业，而田亩荒秽，有司不随时督察，欲令家给人足，不亦难乎！桑柘之益，有生之本。此土少桑，人未见其利，可令百姓人殖桑一百根，柘二十根。①

（二）植树造林与森林资源保护

魏晋南北朝时期的森林在连绵的战火中不断遭到毁灭性破坏。例如，陆逊火烧连营七百里，夺得夷陵之战的胜利。由此可以管窥战争对当时生态环境与自然资源带来的毁灭性破坏，也引起了当时不少有识之士的关注与重视。于是，不少统治者开始重视林木资源保护，并制定相关的律令。

魏文帝时，命郑浑为山阳、魏郡太守，"以郡下百姓苦乏材木，乃课树榆为篱，并益种五果；榆皆成藩，五果丰实，入魏郡界，村落齐整如一，民得财足用饶"②。植树造林的举措既有经济效益，"民得财足用饶"③，又有环境效益，"村落齐整如一"④。

前秦（350—394 年）时，王猛"整齐风俗……自长安至诸州，皆夹路树槐柳……百姓歌之曰，'长安大街，夹树杨槐，下走朱轮，上有鸾栖'"⑤。这段记载反映了当时长安至各州的行道树种植的盛况，可见种树在美化环境的同时有助于整顿民风民俗。

五凉时期，为改善自然环境和防风护沙、涵养水源，统治者在全国大量栽植桑、杨、榆、柳、松等经济林木。前凉时，张骏从关陇引进槐、楸、柏、漆等新树种。西凉李高《槐树赋》中记载："先是，河右不生楸、槐、柏、漆。张骏之世，取于秦陇而植之，终即皆死。至是而酒泉宫之西北有槐树生焉。"⑥

北周时期，雍州刺史韦孝宽大力推动植树造林：

先是路侧一里置一土堆，经雨颓毁，每须修之。自孝宽临州，乃勒部内当堠处，植一槐树代之，既免修复，行旅又得庇荫。周文后见，怪问知之，曰：岂得一州独尔，当令天下同之。于是令诸州夹道

---

① 《晋书》卷一百二十五《载记第二十五·冯跋传》。

② 《三国志·魏书·郑浑传》。

③ 《三国志·魏书·郑浑传》。

④ 《三国志·魏书·郑浑传》。

⑤ 《晋书》卷一百一十三《苻坚上》。

⑥ 《晋书》卷八十七《列传第五十七》。

一里种一树，十里种三树，百里种五树焉。①

韦孝宽的做法得到了宇文泰的赞赏，得以推广到全国。此后，甘肃一带的植树造林活动持续活跃，不仅有效遏制了汉朝后期土地荒漠化的趋势，祁连山及陇中山区的森林资源也得到了良好恢复。

除了帝王诏令，从当时的农学著作中也可以看出古人对植树造林的重视。例如成书于北魏末年的《齐民要术》不仅记录了诸多种植树木的方法，还特别通过数据来说明植树造林的经济效益："男女初生，各与小树二十株；比至嫁娶，悉任车毂。一树三具，一具直绢三匹，成绢一百八十匹；娉财资遣，粗得充事。"② "种柳千树，则柴足。" "岁种三十亩，三年种九十亩；岁卖三十亩，终岁无穷。"③

有意思的是，植树造林也出现在一些志怪小说中。例如成书于魏晋南北朝时期的《神仙传》就记载了一个"杏林"的故事。"董奉者，字君异，侯官县人也……为人治病，不取钱物，使人重病愈者，使栽杏五株，轻者一株，如此数年，计得十万余株，郁然成林。"④ 时至今日，人们依然用杏林来称颂医生，可见植树造林在当时已经被赋予了经济效益和环境效益以外的精神象征意义。

此外，禅林成为魏晋南北朝植树造林一大特色。由于禅宗的兴起，绿化寺庙，保护禅林渐成风俗。当时佛教兴盛，寺院众多，"而各寺院无不以茂林环绕，盖非此不足以云清净，故曰禅林，斧斤不得入之"⑤。正因如此，现在一些著名寺庙仍然保有几百年甚至上千年的名木古树。据现存敦煌文书记载，当时的寺庙会拿出专门的费用来植树造林。如《后晋时净土寺诸色入破历算会稿》记载了寺院周边民众在窟前栽树的开支记录："面伍斗伍升，窟上大众栽树子食用。"⑥

四　动物资源保护

魏晋南北朝时期以虞部负责山林和野生动物资源管理事务。曹魏时于

---

① 《周书》卷三十一《韦孝宽传》。
② 《齐民要术·种榆白杨第四十六》。
③ 《齐民要术·槐柳楸梓梧柞第五十》。
④ 《神仙传》卷十《董奉》。
⑤ 陈嵘：《中国森林史料》，中国林业出版社1983年版，第25页。
⑥ 转引自唐耕耦《敦煌社会经济文献真迹释录》（第三辑），全国图书馆文献缩微复制中心，1990年，第501页。

尚书之下设虞曹郎中，晋朝沿袭，梁、陈二朝改称虞曹侍郎，北魏、北齐设虞部尚书，北周设虞部下大夫一人，掌管山泽、草木、鸟兽管理事务，并于大司马之下设立小虞部。受儒家和佛教思想影响，大量不杀生、祭祀不用牲、放生、禁止捕捉蓄养鸟兽的诏令等成为这一时期野生动物保护的主要特点。

（一）不杀生

"不滥杀生"在中国滥觞于先秦儒家的仁爱思想，而随着佛教的传入和盛行，不滥杀生与佛教戒律的关系愈加密切。

三国时期曹氏父子酷爱弋猎，魏文帝曹丕尤甚，鲍勋曾劝阻魏文帝弋猎，他对魏文帝说，弋猎"暴华盖于原野，伤生育之至理……虽陛下以为务，愚臣所不愿也"①。鲍勋在此劝阻魏文帝弋猎的理论依据，完全是出于儒家的"仁爱"思想。当时，禁止屠杀、偷猎宫廷禁苑等特殊区域的野生动物，违者将受到国家法律的严厉惩处，举告者受到奖赏或法律保护。如规定"是时杀禁地鹿者，身死，财产没官。有能觉告者，厚加赏赐"②。还有个案记录："刘龟窃于禁内射兔，其功曹张京诣校事言之，帝匿京名，收龟付狱（高柔传）。"③

出于稳定统治的需要，北朝少数民族统治者大力倡导佛教，因而佛教不杀生的戒律开始被北朝统治者吸收进诏令中。北魏文成帝和平四年（463 年）八月《畋猎不滥杀诏》规定："朕顺时畋猎，而从官杀获过度，既殚禽兽，乖不合围之义。其敕从官与典围将校，自今已后，不听滥杀。其畋获皮肉，别自颁赍。"④ 在这里，文成帝强调自己顺时狩猎，遵守时禁，反对滥杀，其主要理论依据还是月令的时禁制度和儒家的仁爱思想。到了延兴二年（472 年）夏四月，北魏孝文帝下诏：

> 内外之人，兴建福业，造立图寺，高敞显博，亦足以辉隆至教矣。然无知之徒，各相高尚，贫富相竞，费竭财产，务存高广，伤杀昆虫含生之类。苟能精致，累土聚沙，福钟不朽。欲建为福之因，未知伤生之业。朕为民父母，慈养是务。自今一切断之。⑤

① 《三国志·魏书·崔毛徐何邢鲍司马传》。

② 《三国志·魏书·高柔传》。

③ 《三国志·魏书·高柔传》。

④ 《魏书》卷五《高宗纪》。

⑤ 《魏书》卷一百一十四《释老志》。

在这里，理论依据已经转为了佛教戒律。之所以禁止"兴建福业""造立图寺"，是因为这些兴土功的行为会"伤杀昆虫含生之类"。太和六年（482 年），孝文帝再度下诏："虎狼猛暴，食肉残生，取捕之日，每多伤害，既无所益，损费良多，从今勿复捕贡。"① 这里体现的并不是月令时禁或者儒家对母兽、幼兽的仁爱，而是佛教基于众生平等的"不杀生"。

北魏孝明帝于正光三年（522 年）六月颁布《祈雨诏》，其中明确规定"禁止屠杀"："……上下群官，侧躬自厉，理冤狱，止土功，减膳撤悬，禁止屠杀。"②

天保七年（556 年）五月，北齐文宣帝"以肉为断慈，遂不复食"③，次年下诏："诸取虾蟹蚬蛤之类，悉令停断，唯听捕鱼""公私鹰鹞俱亦禁绝。"④

总之，作为以游牧为生的少数民族，对大自然有着天然的敬畏，加之受佛教戒律影响，因此北朝颁布的禁止杀生诏令数量众多。通过仔细考察其具体内容，可发现少数民族有独特的动物保护经验。如禁止射杀鹰鹤，是因为鹰鹤可用于辅助狩猎，这表明当时对野生动物资源保护已有较为深刻的认识。

南朝的统治者继承了传统中原汉文化，故而南朝律令中关于禁止、限制杀生的规定在早期更多受儒家思想影响。例如，南朝刘宋孝武帝继承了历代传承的时禁制度，诏曰："……水陆捕杀，各顺时月。"⑤ 刘宋明帝在诏书中斥责了商人唯利是图，采摘未成熟果实，捕鸟供玩赏的行为，下令革除这种奢侈浪费的社会风气。如明帝泰始三年（465 年）诏曰：

　　古者衡虞置制，蟓蚳不收；川泽产育，登器进御。所以繁阜民财，养遂生德。顷商贩逐末，竞早争新。折未实之果，收豪家之利，笼非膳之翼，为戏童之资。岂所以还风尚本，捐华务实。宜修道布仁，以革斯蠹。自今鳞介羽毛，肴核众品，非时月可采，器味所须，

① 《魏书》卷七《高祖纪上》。

② 《魏书》卷九《肃宗纪》。

③ 《北史》卷七《齐本纪第七》。

④ 《册府元龟》卷一百九十五《闰位部·仁爱》。

⑤ 《宋书》卷六《孝武帝纪》。

可一皆禁断，严为科制。①

不过随着佛教传播日益深广，佛教戒律逐渐渗透到南朝的律令中，南朝统治者相继制定颁布涉及戒杀、禁杀、祭祀不用牲、放生的律令。例如，陈宣帝曾应和尚智禅师的请求，颁布《敕禁海际捕鱼沪业》："智禅师请禁海际捕鱼沪业，此江苦无乌贼珍味，宜依所请，永为福地。"② 而梁武帝的《与周舍论断肉敕》对佛教不杀生的理论作了系统的阐述，并将不杀生上升为梁朝的基本国策之一。③

（二）祭祀不用牲

依《周礼》之制，祭祀之事为吉礼。中国古代祭祀用牲有着一套严格的标准，这对规范祭祀所需动物资源起到了积极作用。到魏晋南北朝时期，有的统治者在遵守礼制的前提下，以灵活的方式改良祭仪，减少或者停用牲牢。例如，北魏延兴二年（472年），孝文帝颁布《诏群祀无用牲》：

> 朕承天事神，以育群品，而咸秩处广，用牲甚众。夫神聪明正直，享德与信，何必在牲？《易》曰东邻杀牛，不如西邻之礿祭，实受其福。苟诚感有著，虽行潦菜羹，可以致大飨，何必多杀，然后获祉福哉！其命有司，非郊天地、宗庙、社稷之祀，皆无用牲。其理由便是："有司奏，天地五郊、社稷已下及诸神，合一千七十五所，岁用牲七万五千五百。显祖深愍生命，乃诏。"④

南朝梁武帝萧衍晚年痴迷于佛法，故而当时的祭祀仪式受此影响，不仅禁止使用牲牢，后来甚至取消了血食。天监七年（508年），受佛教不杀生、爱护生灵的影响，梁武帝采纳了尚书左丞司马筠等人的建议，下令祭祀不准用牲。司马筠等认为："以昆虫未蛰，不以火田，鸠化为鹰，罻罗方设。仲春之月，祀不用牲，止珪璧皮币。斯又事神之道，可以不杀明

---

① 《宋书》卷八《明帝纪》。

② （清）严可均：《全上古三代秦汉三国六朝文·全陈文》卷三《陈宣帝》，中华书局1965年版，第3418页。

③ 《广弘明集》卷二十六《慈济篇》。

④ 《魏书》卷一百八《礼四》。

矣。况今祀天，岂容尚此？请夏初迎气，祭不用牲。"① 天监十六年（517年）春三月丙子，梁武帝要求太医"不得以生类为药"，官员服饰禁用鸟兽皮毛，"公家织官纹锦饰，并断仙人鸟兽之形，以为亵衣，裁翦有乖仁恕"②，还规定郊庙牲栓，祭祀宗庙皆以面代之，不再用血食，"于是祈告天地宗庙，以去杀之理，欲被之含识。郊庙牲栓，皆代以面，其山川诸祀则否。时以宗庙去牲，则为不复血食，虽公卿异议，朝野喧嚣，竟不从"③。四月，梁武帝再次颁布《量代牲牢诏》，规定："夫神无常飨，飨于克诚，所以西邻礿祭，实受其福。宗庙祭祀，犹有牲牢，无益至诚，有累冥道，自今四时烝尝外，可量代。"④ 十月又下诏："今虽无复牲腥，犹有脯修之类，即之幽明，义犹未尽，可更详定，悉荐时蔬。"⑤ 可见，随着梁武帝礼佛趋于痴迷，祭祀之礼完全取消了肉食，只准以时蔬代替，即所谓的"祭祀不用牲"，在客观上有利于野生动物资源的保护。

与"祭祀不用牲"制度相关的还有放生习俗，放生也是随着佛教的盛行逐渐演变成一种习俗。晋人董勋《问礼俗》记载了当时五月流行"放生"的习俗，"五月俗称恶月，俗多六斋放生"⑥。据文献记载，北魏献文帝下敕禁止用牲畜祭祀天地宗社，每年可救活七万五千头牲畜的性命。梁武帝笃信佛教，并下令建造十三种无尽藏，实践放生、布施二科，佛教得以大行天下。到梁元帝，则将古人好生护生的典故重新整理诠释，并于荆州建造放生亭碑。

（三）禁止捕捉蓄养鸟兽

魏晋南北朝时期野生动物资源保护的另一重要体现是禁止捕捉、畜养鸟兽。例如，魏孝文帝于太和四年（369年）正月诏曰："罢畜鹰鹞之所，以其地为报德佛寺……至是诏罢鹰师及诸鸷伤生之类，宜放之山林，以其地为太后立寺。"⑦

北魏延兴三年（473年）十二月，显祖拓拔弘田猎时，捕获一只鸳鸯，但是另一只鸳鸯"其偶悲鸣，上下不去"。拓拔弘感叹不已，认为鸟

---

① （清）严可均：《全上古三代秦汉三国六朝文》之《全梁文》卷五十八，中华书局1965年版，第3293页。

② 《南史》卷六《梁本纪上》。

③ 《南史》卷六《梁本纪上》。

④ 《隋书》卷二《礼仪志二》。

⑤ 《太平御览》卷九百七十六《菜茹部一》。

⑥ （唐）徐坚：《初学记》，中华书局1962年版，第74页。

⑦ 《册府元龟》卷五十一《崇释氏》。

类同人类一样是有感情的："虽人鸟事别，至于资识性情，竟何异哉！"于是下诏："禁断鸷鸟，不得畜焉。"① 延兴五年（475 年），拓拔弘再次下诏"禁畜鹰鸥"。② 北齐天统五年（569 年）春二月乙丑，后主诏令"禁网捕鹰鹞及畜养笼放之物"。③

魏晋南北朝时期，受儒家仁爱思想与佛教戒律的影响，各朝统治者对动物持有"惜生"情怀，这一方面出于彰显帝王德行和稳固政权的需要，另一方面在客观上对野生动物保护具有一定积极意义。当然，相对于延绵不断的战争给大自然带来的破坏而言，这些制度发挥的作用十分有限。但是不可否认，魏晋南北朝时期的野生动物保护诏令，是中国古代社会动物保护法制史不可或缺的部分。

五　崇俭禁奢

崇俭禁奢既是儒家提倡的生活方式，也是佛教所追求的。奢靡的生活方式会造成资源的巨大浪费，崇俭禁奢与之形成鲜明的反差，对节约自然资源和保护生态环境具有积极意义。历代统治者从巩固自身统治需要出发，大都提倡崇俭禁奢、移风易俗，魏晋南北朝时期的统治者也不例外。

例如，太和二年（478 年）四月，北魏孝文帝颁布《定婚葬律令诏》，要求臣民百姓严守律令，严禁奢靡厚葬之风：

> 婚聘过礼，则嫁娶有失时之弊，厚葬送终，即生者有糜费之苦。圣王知其如此，故申之以礼数，约之以法禁。乃者民渐奢尚，婚葬越轨，致贫富相高，贵贱无别。又皇族贵戚及士民之家，不惟氏族高下与非类婚偶，先帝亲发明诏，为之科禁，而百姓习常，仍不肃改。朕念宪章旧典，祗案先制，著之律令，永为定准。犯者以违制论。④

天保元年（550 年）六月，针对当时婚丧嫁娶中出现的奢靡之风，北齐文宣帝高洋颁布《正风俗诏》，要求从俭去奢：

---

① 《魏书》卷一百一十四《释老志》。
② 《北史》卷三《魏本纪第三》。
③ 《北齐书》卷八《帝纪第八》。
④ 《魏书》卷七《帝纪第七》。

顷者风俗流宕，浮竞日滋，家有吉凶，务求胜异。婚姻丧葬之费，车服饮食之华，动竭岁资，以营日富。又奴仆带金玉，婢妾衣罗绮，始以创出为奇，后以过前为丽，上下贵贱，无复等差。今运属惟新，思蠲往弊，反朴还淳，纳民轨物。可量事具立条式，使俭而获中。①

南朝历代皇帝往往以中原正统自居，对儒家所倡导的崇俭禁奢十分推崇和遵循，如建武二年（495 年）十月，齐明帝萧鸾颁布《崇俭诏》：

轨世去奢，事殷哲后，训物以俭，理镜前王。朕属流弊之末，袭浇浮之季，虽恭已弘化，刻意隆平，而礼让未兴，侈华犹竞。永鉴玄风，兢言集愧，思所以还淳改俗，反古移民。可罢东田，毁兴光楼。并诏水衡量省御乘。②

天嘉元年（560 年）八月，南朝陈世祖文皇帝陈蒨颁布《禁奢丽诏》，要求禁断奢丽，淳化风俗：

朕自诸生，颇为内足，而家敦朴素，室靡浮华，观览时俗，常所扼腕。今妄假时乘，临驭区极，属当沦季，思闻治道，菲食卑宫，自安俭陋，俾兹薄俗，获反淳风，维雕镂淫饰，非兵器及国容所须，金银珠玉，衣服杂玩，悉皆禁断。③

陈宣帝陈顼对当时奢丽浮华、奢靡浪费的风气非常不满，于太建十一年（579 年）十二月颁布《尚俭诏》，进行严厉整肃：

今可宣敕主衣尚方诸堂署等，自非军国资须，不得缮造众物，后宫僚列，若有游长，披庭启奏，即皆量遣。太子秘戏，非会礼经，乐府倡优，不合雅正，并可删改。市估津税，军令国章，更须详定，唯务平允。别观离宫，郊间野外，非恒飨宴，勿复修治。并敕内外文武，车马宅舍，皆循俭约，勿尚奢华。违我严规，抑有刑宪，所由具

---

① 《北齐书》卷四《帝纪第四》。
② 《南齐书》卷六《本纪第六》。
③ 《陈书》卷三《本纪第三》。

为条格，标榜宣示，令喻朕心焉。①

太建十四年（582 年）四月，虽然当时陈朝的统治已经摇摇欲坠，但陈后主陈叔宝即位后颁布了《禁繁费诏》，对车马、服饰、器玩、宅第以及僧道事务进行规范：

> 朕临御区宇，抚育黔黎，方欲康济浇薄，蠲省繁费；奢僭乖衷，实宜防断，应镂金银薄及庶物化生土木人采花之属，及布帛幅尺短狭轻疏者，并伤财废业，尤成蠹患；又僧尼道士，挟邪左道，不依经律，民间淫祀妖书，诸珍怪事，详为条制，并皆禁绝。②

奢靡之风不仅败坏社会风气，而且危及政权根基，甚至严重威胁人类赖以生存的自然环境。正因如此，魏晋南北朝时期有关崇俭禁奢的诏令屡见不鲜，而统治者们推行崇俭禁奢政策，在一定程度上抑制了动乱年代人们对自然索取的冲动和欲望。

第二节　东晋南朝占山护泽令

山林川泽是生态环境和自然资源的重要载体，山林川泽的开发和利用直接关系到一个朝代社会经济的繁荣与衰退。西周强调"溥天之下，莫非王土；率土之滨，莫非王臣"③。在分封制下，山林川泽之利大多为贵族阶层所独享，普通百姓无法正常开发利用山林川泽。"汉兴，海内为一，开关梁，弛山泽之禁，是以富商大贾周流天下，交易之物莫不通，得其所欲。"④ 汉代以来，国家开放山泽之禁，老百姓得以利用其中的资源创造财富，这也是汉初国家经济得以休养生息、逐渐繁荣的重要因素。到了东晋南朝时期，被北方少数民族驱赶流亡到南方的士族豪强，既需要广阔的地域安置自己的族人，也需要占领大量的土地资源为自己牟利。因此代表士族豪强的南朝皇帝从维护自身统治出发，不得不满足士族豪强的要

---

① 《陈书》卷六《本纪第六》。
② 《陈书》卷六《本纪第六》。
③ 《诗·小雅·北山》。
④ 《史记》卷一百二十九《货殖列传》。

求，颁布了许多占山护泽令，弛山泽之禁，让老百姓进入山林川泽种树，鼓励种植经济林木。东晋南朝的占山护泽令是当时生态环境与资源保护法制中最具特色的内容之一。

一　东晋南朝占山护泽令的缘起

秦汉时期，名义上山林川泽属国家所有，且山泽之利属于皇帝的私人收入，政府设置少府专门管理。但是，由于地域广阔，中央管控地方的能力受到限制，山林川泽实际上还是为各地百姓所共有。至汉武帝时期，虽有关山泽的禁令趋严，但各地居民仍可加以利用，从事生产生活。统治者基于经济发展，时而亦会主动开放。大致以东晋南朝为界，之前禁止时间多于开放时间，之后则开放时间多于禁止时间。自刘宋孝武帝时期"占山法"颁布，山林川泽基本上开放。

东晋初年，永嘉之乱，衣冠南渡，"洛京倾覆，中州士女避乱江左者十六七"①，著名的士族有百家之多。如何既迅速建立自己的政权，又能够圈占大量土地安家立业，成为南渡豪强士族迫在眉睫的两大任务。当时，三吴一带的经济已经积累了长时期的飞速发展机遇，南迁士族们毫不犹豫地放弃中南地区大量现有的易开垦的无主荒地，聚集在三吴一带进行土地圈占。"自晋氏渡江，三吴最为富庶，贡赋商旅，皆出其地。"②

然而，东晋初年政权面临严重危机，如何稳定南方政局，得以偏安一隅，成为当务之急。大量北方士人拖家带口随元帝南下，在政治上、经济上与南方土著士人冲突迭起，演变成"中国亡官失守之士避乱来者，多居显位，驾御吴人，吴人颇怨"③之势，对作为外来者的南渡晋室非常不利。作为"外来"政权，晋元帝要想维持、稳定政权，既要依靠南方士人，又必须要维护北方南迁士人的政治优势，必须在使南迁士人与南方士人之间达成政治、经济上的势均力敌。于是在矛盾重重、内外交困之中，晋元帝于建武元年（317年）颁布"弛山泽之禁"④，开东晋南朝"开山泽之禁"先河，将过去视为不可侵犯的国有禁地——山川湖泽，向民众开放，这虽是无奈之举，却也是明智之举。"弛山泽之禁"既能在政权初建之时，不损害南方豪强利益，拉拢南方本地豪强，维护政局的稳定；又

①　《晋书》卷六十五《王导传》。
②　《资治通鉴》卷一百六十三。
③　《晋书》卷五十八《周觊列传》。
④　《晋书》卷六《帝纪第六》。

能让南迁士人借机迅速扩充经济实力，使普通百姓有地耕种，达到各方利益上的均衡。由于该政策的落实，平衡了各方豪强的利益诉求，使得东晋政权在初期得以迅速控制局面，稳定了局势，但"弛山泽之禁"对生态环境与自然资源带来的负面影响在此后不久便显露出来。

二　"弛山泽之禁"的反复

现存史料中对晋元帝上述律令、政策的记载，仅用了"弛山泽之禁"短短的五个字。由于当时政局紊乱，统治者控制能力有限，这一政策实际上是对当时南方士人占领山泽的事实承认，实为无奈之举。对于皇家利益旁落他人，皇帝显然并不甘心，因此不时颁令废止占领山泽，导致法令、政策上的反复。例如，晋显宗时期咸康二年，为撤"弛山泽之禁"之令，改设"壬辰之制"，又称"壬辰诏书"或"壬辰之科"，其内容比较严厉，如"占山护泽，强盗律论，赃一丈以上，皆弃市"[①]。义熙八年（412年），刘裕颁令"州郡县屯、田、池、塞，诸非军国所资，利人守宰者，今一切除之"[②]。然而这一政令明显违背当时政治现实，没有任何可行性。所以，在第二年，就不得不废弃，重新"弛湖池之禁"。[③] 到元嘉十七年（440年），宋文帝再次颁布诏令，试图废除"弛山泽之禁"："山泽之利，犹或禁断；役召之品，遂及稚弱。诸如此比，伤治害民。自今咸依法令，务尽优允。"[④] 可惜在广大士族豪强的反对下，终是覆水难收，无果而终。

"弛山泽之禁"虽是无奈之举，但是其后果不可忽视。大片土地被豪族占有，除帝王心有不甘，也极大影响了普通百姓的生产生活，危及朝廷税收。于是随着政权的逐渐稳定，元嘉三十年（453年），宋孝武帝即位，开始颁布诏令，进一步放开了尚未开放的山川湖池，目的是让更多百姓可以从事农业生产，广开税源，并且严禁豪族借此大肆圈地，"其江海田池公家规固者，详所开弛。贵戚竞利，悉皆禁绝"[⑤]。第二年，为方便百姓勤于农业，再次下令开放部分皇家封固的范围，"诸苑禁制绵远，有妨肆业，可详所开弛，假与贫民"[⑥]。

---

① 《南史》卷三十六《列传第二十六》。

② 《宋书》卷二《武帝中》。

③ 《晋书》卷十《帝纪第十》。

④ 《宋书》卷五《文帝纪》。

⑤ 《宋书》卷六《孝武纪》。

⑥ 《宋书》卷六《孝武纪》。

三　占山护泽令的主要内容

对于统治层而言，"弛禁"与否一直存有争议。大明初年，时任尚书左丞羊希与当时的扬州刺史西阳王子尚曾就山湖之禁进行了辩论。西阳王子尚认为，弛禁政策导致大片土地被私人占有，影响一般百姓生活，应该废除，恢复原有禁令：

> 山湖之禁，虽有旧科，民俗相因，替而不奉，燌山封水，保为家利。自顷以来，颓弛日甚，富强者兼岭而占，贫弱者薪苏无托，至渔采之地，亦又如兹。斯实害治之深弊，为政所宜去绝，损益旧条，更申恒制。①

而羊希却认为，弛禁已成事实，应该维持现有政策："壬辰之制，其禁严刻，事既难遵，理与时弛。而占山封水，渐染复滋，更相因仍，便成先业，一朝顿去，易致嗟怨。"② 不过他也认为应将弛禁政策具体化、规范化，使其有法可依。于是，羊希提出五条意见，并得到孝武帝的首肯，得以施行，这就是"占山护泽令"：

> 今更刊革，立制五条。凡是山泽，先常燌爌种养竹木杂果为林，及陂湖江海鱼梁鳅鲎场，常加功修作者，听不追夺。官品第一、第二，听占山三顷；第三、第四品，二顷五十亩；第五、第六品，二顷；第七、第八品，一顷五十亩；第九品及百姓，一顷。皆依定格，条上赀簿。若先已占山，不得更占；先占阙少，依限占足。若非前条旧业，一不得禁。有犯者，水上一尺以上，并计赃，依常盗律论。停除咸康二年壬辰之科。③

这是现存有关东晋南朝私人占山护泽最详尽、最具体的律令文献资料，也是中国历史上第一次确认山林川泽可以为私人占有的律令。"皆依定格，条上赀簿"，以征收"赀税"为目的，将所占山林川泽登记在册，即意味着政府对占山护泽合法性的承认。"占山法"只是否定了壬辰之

① 《宋书》卷五十四《羊玄保附兄弟子希传》。
② 《宋书》卷五十四《羊玄保附兄弟子希传》。
③ 《宋书》卷五十四《羊玄保附兄弟子希传》。

制，并没有否定前期的占山护泽事实。其要旨是在确认过去的占山护泽为"先业"或"旧业"的前提下，为规避其造成的"害治之深弊"，防止阶级矛盾激化，而对今后的占山护泽略作限制。

四　占山护泽令的发展

建元元年（479 年），齐高帝颁布诏令，进一步明确了禁绝的范围："二宫诸王，悉不得营立屯、邸、封略山湖。"①

永明十一年（493 年），齐郁林王颁布诏令，进一步将开弛的范围扩大到御府诸署无用的池、田、邸、冶："御府诸署池田邸冶，兴废沿事，本施一时，于今无用者，详所罢省，公宜权禁，一以还民。"②

天监七年（508 年），梁武帝颁布诏令，规定更进一步将开弛的范围扩大到官府所属的屯、戍，这种开山泽之禁比单纯的封山禁伐力度更大、更有积极意义：

> 刍牧必往，姬文垂则，雉兔有刑，姜宣致贬。薮泽山林，毓材是出；斧斤之用，比屋所资。而顷世相承，并加封固，岂所谓与民同利，惠兹黔首。凡公家诸屯戍见封炘者，可悉开常禁。③

无论皇室、官府，或是达官显贵占山护泽的行为，都严重妨害了普通民众的生产生活。为革除此不利影响，梁武帝大同七年（541 年）颁布诏令如下：

> 又复公私传、屯、邸、冶，爰至僧尼，当其地界，止应依限守视；乃至广加封固，越界分断，水陆采捕及以樵苏，遂致细民措手无所。凡自今有越界禁断者，禁断之身，皆以军法从事。若是公家创内，止不得辄自立屯，与公竞作以收私利。至百姓樵采以供烟爨者，悉不得禁，及以采捕，亦勿诃问。若不遵承，皆以死罪结正。④

该令规定，官府、豪贵及寺院地主都不能"越界分断"，否则"皆以

---

① 《南史》卷四《齐本纪上》。
② 《南齐书》卷四《郁林王纪》。
③ 《梁书》卷二《武帝中》。
④ 《梁书》卷三《武帝下》。

军法从事"；在政府山泽封禁后不得"辄自立屯"，违者处以"死罪结正"；所占之山林川泽，除开辟成田、园、墅的情况外，屯、传、邸、冶者，皆不得禁止民众入内，违者将被处以"死罪结正"。同时应注意到，事关百姓生计的樵采捕猎并不受禁止，体现了对民生的兼顾。

五　东晋南朝占山护泽令的实施效果

占山护泽令虽然承认了之前的士族的圈地事实，但其要旨是限制士族地主大肆强占土地、森林、野生动物、水等各种资源，以维护封建王朝的统治。由于它确认了普通百姓占山护泽的合法性，限制了具备较强资源开发能力的士族地主的掠夺行为，因此，占山护泽令的实施，客观上有利于生态资源的保护和修复。

但是，还是有人公然违反此令。例如，《宋书·孔灵符本传》记载孔灵符在占山护泽令颁布后违法占用大片土地，在被调查时还辩称其所占之地是在占山护泽令颁布之前占有，"为有司所纠，诏原之，而灵符答对不实"，最终"坐以免官"。[①]

为克服政策弊端，有效约束士族豪强疯狂的土地兼并行为，宋孝武帝在大明七年（463年）颁布诏令，强调"申明旧制"："前诏江海田池，与民共利。历岁未久，浸以弛替。名山大川，往往占固。有司严加检纠，申明旧制。"[②] 该诏令中的"旧制"就是指"占山护泽令"。

在占山护泽中，屯、塞、冶、池、传、舍、邸、田、园、墅和别业等是最常见称呼，有学者对此已有精辟的诠释。其中，屯、塞、冶、池、传、舍、邸等绝大多数行为均为统治阶层剥削普通民众，掠夺自然资源的举措。传、舍、邸，更是害民，专为封略山湖设置，成为扰民的渊薮。[③]《宋书·武帝纪》记载："会稽多诸豪右，不遵王宪。又幸臣近习，参半宫省，封略山湖，妨民害治……会土全实，民物殷阜，王公妃主，邸舍相望，桡乱所在，大为民患，子息滋长，督责无穷。"[④] 对于东晋一代的占山护泽，刘裕自我总结道："先是山湖川泽，皆为豪强所专，小民薪采渔

① 《宋书》卷五十四《孔灵符本传》。

② 《宋书》卷六《孝武帝纪》。

③ 参见唐长孺《三至六世纪江南大土地所有制的发展》，上海人民出版社1957年版，第55—73页。

④ 《宋书》卷五十七《蔡廓附子兴宗传》。

钓，皆责税直。"①

　　总而言之，东晋南朝的占山护泽令以开放山林川泽为目的：一方面，让拥有丰厚资财和大量依附民的士族豪强独占山林川泽的行为合法化。由于其确认以前的占山护泽为"先业"的条件十分宽松，故而士族豪强们只要稍借托词，就可达到"听不追夺"的目的。另一方面，也在一定程度上限制和规范了占山护泽。与"弛山泽之禁"以及没有任何条件承认士族豪强的土地兼并行为相比较，其多少还是包含了要求开发的一些内容。占山护泽令是中国历史上土地、水、森林和野生动物资源分配制度的一次重大变革，在保护当时士族豪强掠夺兼并各种资源的同时，客观上对南方山林川泽资源的开发利用和社会经济发展起到了重要的促进作用。

---

　　① 《宋书》卷二《武帝中》。

第七章 隋唐生态环境资源保护法律制度

隋唐时期是中国封建社会鼎盛时期，经济强盛、文化繁荣、外夷臣服。据竺可桢先生研究，隋唐是中国历史上气候相对温暖的时期。[①] 温暖湿润的气候，导致农牧业分界线变化，农业作物种植北线北移，农作物生长周期缩短，单产量提高，粮食总产量增加，相应的农业经济发展具备了有利的自然环境基础。尤其到了唐代，人口和经济增长达到了一个前所未有的高度，人口最多达 7722 万，每平方公里 20 多人;[②] 垦田面积在 800 万—850 万顷之间,[③] 人地比率在 10—8 之间,[④] 有"四海之内，高山绝壑，未耜亦满"[⑤] 的说法。

隋唐时期，有关生态环境保护和资源利用的法律制度较前朝有较大发展，以《唐律疏议》《唐六典》《唐大诏令集》为代表的唐代律令构成隋唐生态环境资源保护法律的主体。道教在唐代被尊为国教，得到广泛传播，道教的生态观对唐朝生态环境资源保护法律制度产生了一定影响。这一时期环境资源保护法律制度内容主要包括动植物资源的保护、森林保护与城市绿化、崇俭禁奢等方面。而随着江南的大力开发，中国经济重心南移，江淮地区的水利设施高度发达，水资源管理法律制度随之得到长足发展，形成了代表性法规《水部式》，对后世产生深远影响。

---

① 竺可桢:《中国近五千年来气候变迁初步研究》,《中国科学》1973 年第 2 期。

② 杜文玉:《唐宋经济实力比较研究》,《中国经济史研究》1998 年第 4 期。

③ 唐长孺等编:《汪篯隋唐史论稿》,中国社会科学出版社 1981 年版，第 67 页。

④ 转引自蓝勇《唐代气候变化与唐代历史兴衰》,《中国历史地理论丛》2001 年第 1 期。

⑤ 《元次山集》卷七《问进士》。

第一节　劝课农桑与经济林木保护制度

为保障国家税收，避免劳动力流失和土地荒芜，隋唐延续前代的劝课农桑政策，并将其纳入国家法律体系，在此基础上大力推广经济林木种植。与此同时，随着大城市的涌现，为美化城市环境，政府颁令在城市道路、水陆交通以及庭院、园陵等地种植绿化树木，充分体现了对林木资源管理的重视。

一　劝课农桑，推广经济林木种植

自先秦起，劝课农桑便成为历朝历代相沿不改的基本国策，是中国古代督促和勉励以农业为主的自然经济发展的重要措施。劝课农桑政策对有效利用土地资源、保持和恢复土地肥力、维持国家税收和稳定社会秩序发挥着重要作用。魏晋南北朝时期尽管战乱频繁，统治者们仍高度重视农业生产，颁布了大量劝课农桑的诏令。至隋唐，则继续以均田制为基础，进一步强化劝课农桑各项发展经济的政策和措施。

唐代前期对隋及其以前的均田制进行了完善，与前朝制度相比，唐朝均田制有两个明显变化：一是明确取消了奴婢、妇人及耕牛授田，放宽土地买卖限制，内容更为详备；二是北朝、隋朝以户（一夫一妻）为单位授田，而唐则以男丁为单位授田。唐朝最具代表性的田令有武德七年（624 年）令、开元七年（719 年）令和开元二十五年（737 年）令。开元二十五年令规定：

> 田广一步，长二百四十步为亩，百亩为顷。丁男给永业田二十亩，口分田八十亩……诸永业田皆传子孙，不在收授之限，即子孙犯除名者，所承之地亦不追。每亩课种桑五十根以上，榆、枣各十根以上，三年种毕。乡土不宜者，任以所宜树充。①

由此可知，唐朝授予百姓的田分为永业田和口分田两种，其中每丁男授永业田二十亩，口分田八十亩。该令明确规定，凡授田户必须在三年内种桑五十根以上，榆、枣各十根以上。从田令的内容可以看出，种植桑榆

---

① 《通典》卷二《食货二》。

是唐代法律规定每家每户必须履行的法定义务。而这一规定在《唐律疏议·户婚》中可得到印证："依田令：户内永业田，每亩课植桑五十根以上，榆、枣各十根以上。土地不宜者，任依乡法。"① 此外，口分田在农民寿终之际要退还一部分或全部，而永业田则"不在收授之限"②，成为农民的私有物，这就消除了农民对所植树木所有权的疑虑。正因如此，桑榆等经济林木的种植在唐代得以普遍推广。

唐历代皇帝通过发布诏、制等对劝课农桑政策提出了具体要求，把劝课农桑政策执行的好坏作为衡量地方官政绩和升迁的重要依据。县令太守是负责劝课农桑的地方主官，在基层"里"设置"置正"专司劝课农桑之职，"诸户以百户为里，五里为乡，四家为邻，五家为保。每里置正一人，若山谷阻险，地远人稀之处，听随便量置。掌按比户口，课植农桑，检察非违，催驱赋役"③。

唐玄宗曾下诏将地方官劝课农桑业绩与考绩联系在一起：

> 凡诸郡县，仍令太守县令劝课农桑，其先处分太守县令在任有增减户口成分者，所由司量为殿最。自今以后，太守县令兼能勾当租庸每载加数成分者，特赐以中上考。如三载之内皆成分，所司录奏，超资与处分。④

唐中叶以后，人口增加，土地兼并日益严重，均田制基本上被废弛。唐德宗建中元年（780 年），实行"两税法"，均田制被正式废止。此后诏令成为劝课农桑、推广经济林木种植的基本法律依据。唐宪宗元和七年（812 年）发布《劝种桑诏》，不仅具体规定地方官吏必须实施劝课农桑政策，还规定对违反者予以处罚：

> 农桑切务，衣食所资。如闻间里之间，蚕织犹寡，所宜劝课，以利于人。诸道州府有田户无桑处，每检一亩，令种桑两根，勒县令专勾当。每至年终，委所在长吏检察，量其功具殿最奏闻，兼令两税使

---

① 《唐律疏议》卷十三《户婚》。
② 《通典》卷二《食货二》。
③ 《通典》卷三《食货三·乡党》。
④ 《全唐文》卷二十四。

同访察。其桑仍切禁采伐，犯者委长吏重加责科。①

唐代宗《劝天下种桑枣制》对劝课农桑政策推行的必要性进行了具体分析，也要求地方官吏必须认真推行，实施到位：

> 天下百姓，宜劝课种桑枣，仍每丁每年种桑（枣）三十树。其寄住、寄庄、官荫、官家每一顷地，准一丁例。仍委节度观察州县长吏躬亲勉率，不得扰人。务令及时，各使知劝，一一勉谕，讫，具数奏闻。②

唐代在全国范围内推行劝课农桑政策，大力推广桑、榆、枣等经济林木的种植，取得了十分显著的效果。如唐太宗李世民留有"洪涛经变野，翠岛屡成桑"③的诗句，从一个侧面反映了当时桑树等经济林木种植的普遍。著名诗人李峤在诗《奉教追赴九成宫途中口号》中也描述当时桑木茂盛、禾黍油油的美好景象："郁郁桑柘繁，油油禾黍积。雨馀林气静，日下山光夕。"④著名思想家、文学家李翱在《平赋书（并序）》一文中，更是对当时经济林木的种植面积和产量作出大致的评估：

> 凡百里之州有田五十有四亿亩，以一十九亿四万有四千亩为之州县、城郭、通川、大途、川遂、沟浍、邙墓、乡井、屋室、径路，牛豚之所息，葱韭菜蔬之所生植，余田三十四亿五万有六千亩（三万四千五百六十顷也）。亩率十取粟一石，为粟三十四万五千有六百石，以贡于天子，以给州县凡执事者之禄，以供宾客，以输四方，以御水旱之灾，皆足于是矣。其田间树之以桑，凡树桑人一日之所休者谓之功。桑太寡则乏于帛，太多则暴于田，是故十亩之田，植桑五功。一功之蚕，取不宜岁度之，虽不能尽其功者，功不下一匹帛。公索其百之十。凡百里之州有田五十四亿亩，以十九亿四万有四千亩为

---

① 《全唐文》卷六十。另外，《唐会要》卷六十九《县令》亦载："（元和）七年四月敕：诸道州府有田户无桑处，每约一亩，种桑两根，勒县令专勾当。每年终，委所在长吏检察，量其功课，具殿最闻奏。"
② 《全唐文》卷四百一十。
③ 《全唐诗》卷一《春日望海》。
④ 《全唐诗》卷五十七《奉教追赴九成宫途中口号》。

之州县、城郭、通川、大途、川遂、沟浍、邱墓、乡井、屋室、径路，牛豚之所息，葱韭菜蔬之所生植，余田三十四亿五万有六千亩，麦之田大计三分当其一，其土卑，不可以植桑，余田二十三亿有四千亩，树桑凡一百一十五万有二千功。功率十取一匹帛，为帛一十一万五千有二百匹，以贡于天子，以给州县凡执事者之禄，以供宾客，以输四方，以御水旱之灾，皆足于是矣。①

由此可知，在农田之间种植桑树，疏密皆有讲究，一般而言，十亩田可以种桑五"功"，哪怕是年岁不好，每功桑树养蚕至少也可产一匹织锦。如此算下来其税收足够支付官员薪水，还可以支付外援，应对各种水旱灾害。这充分体现了推广种植经济林木的益处：一方面，采用循环利用土地资源这种农业生产方式，有利于恢复和保持土地肥力；另一方面，经济林木也成为国家税收的重要来源。

二　城市及道路绿化

唐代对城市及道路的绿化非常重视，在街道两边种植了大量树木，绿树成荫。树种以槐树和榆树为主，以致唐人常直呼长安街道为"青槐街""绿槐街"。都城长安的绿化由京兆尹负责，左、右街使具体组织实施，所需费用由政府负担。

唐代有关城镇绿化的诏令很多。例如，广德元年（763年）九月颁敕，规定城内街道必须由政府统一绿化，百姓不得擅自种植。永泰二年（766年）正月十四日，京兆尹黎干上奏，请求在京城街道种植树木，唐代宗下令："种城内六街树。"② 大历二年（767年）五月，唐代宗颁布敕令，委派李勉常加勾当，在街道两边栽植树木，同时令李勉加强对道路两侧林木的管理，禁止砍伐街道林木，避免发生林木死损。贞元十二年（796年），鉴于京城街道两边树木损毁，负责绿化的部门就补种了一些榆树，对此，当时的京兆尹吴凑提出异议，认为在交通要道不适宜种植榆树，而应种植槐树。贞元十四年（798年），京兆尹吴凑带领百姓"尝于官街树槐"③。太和九年（835年）八月，文宗颁布敕令，命令在街道两边添补树木，并规定左、右街使负责落实此项工作所需费用，由左、右街

① 《全唐文》卷六百三十八。

② 《历代帝王宅京记》卷六。

③ 《长安志》卷上《京兆尹》。

使到京兆府折价领取，当年八月份必须补种完毕，同时要求将种植树木的结果上奏汇报。①

对于陆上交通道路两旁的绿化，唐代亦十分重视。开元二十八年（740年）正月十三日，唐玄宗命令殿中侍御史郑审充当使者，专门在东西两京道路两边种植果树。② 政府不仅在道路两边种树，还禁止砍伐道路两边的树木。唐代宗于大历八年（773年）七月颁布敕令，规定："诸道官路，不得令有耕种，及斫伐树木。其有官处，勾当填补。"③

栽种经济林木除了可以美化环境外，还具有可观的经济价值。以榆树为例，三年可以卖叶，五年堪作椽，十五年堪作车毂，而且每年捡柴亦收益颇丰。而那些用以制造器物的树种更可获利十倍，既省人力又没有水旱虫蝗之灾，"比之余田，劳逸万倍"。因此，一般老百姓总是习惯于在庭前院后种上榆、柳、槐、松柏、白杨等树木。除此之外，桃、李、杏、梨等果树的种植也比较普遍。这些经济作物既改善了百姓的生活，又美化了居住环境，一举两得。

此外，禁苑、园陵等特殊区域也是实行绿化的重点区域。唐时宫城附近有三个大的苑囿：西内苑、东内苑和禁苑，均是皇帝悠游狩猎之处，禁止百姓擅自进入。这些苑囿内的森林和野生动物受到严格保护，绿化程度不言而喻。但是，对园陵的绿化同样需要按时令进行。会昌二年（842年）四月二十三日，唐武宗下敕：

> 敕节文诸陵柏栽。今后每至岁首，委有司于正月、二月、七月、八月四个月内，择动土利便之日，先下奉陵诸县，分明榜示百姓，至时与设法栽植。毕日，县司与守茔使同检点，据数牒报，典折本户税钱。④

除了种植常规的树种以外，各国进贡的珍稀物种也在苑内养殖。例如，贞观二十一年（647年）三月十一日，"收马乳葡萄实，于苑中种之，并得其酒法，自损益造酒。酒成，凡有八色，芳香酷烈，味兼醍醐。既颁

---

① 《唐会要》卷八十六《街巷》。

② 《唐会要》卷八十六《道路》。

③ 《唐会要》卷八十六《道路》。

④ 《唐会要》卷二十一《诸陵杂录》。

赐群臣，京中始识其味"①。这是我国种植葡萄并酿造葡萄酒的最早史料记载。禁苑、园陵因受到统治者的重点保护，植物物种丰富，维持了较高的物种多样性水平。

三　保护森林，禁止滥伐、毁损林木

隋唐时期，东北、两广、云贵等地，地广人稀，森林密布，大都处于原生态状态，森林资源保存完好。史载甘肃风沙灾害现象仅有两次，并且都发生在隋唐以前，说明隋唐时期甘肃很少有较大风沙灾害，从侧面证明隋唐时期关陇地区生态资源的优越。② 但在人口密集、生产耕作频繁的地区，山林破坏的情形大量存在。

山林破坏的原因是多方面的。首先，为了满足战事驻边用兵以及城市建设的需要，大量山林被毁。如吕梁山北段，就是唐代建设两京的主要伐木基地。③ 其次，毁山林开山田的现象频频发生。如有的地区盛行"畬田"，在山上先放火烧毁草木，以其灰烬作为肥料，然后播种。这样随意放火给山林造成的破坏可想而知。再次，樵采和烧炭在一定程度上也影响了森林资源的平衡。白居易笔下的"卖炭翁"，"一车炭千余斤"，日积月累，对山林的破坏程度可见一斑。最后，由于朝廷兴建宫室，缺少节制地砍伐山中巨树也带来了严重后果。开元、天宝年间，长安附近山中甚至无大树可伐，工人们只能到今山西、内蒙古一带寻木。

森林资源的大量消耗和破坏引起了政府的重视，反映到唐律中，即对砍伐树木科定以盗窃重罪。《唐律疏议·杂律》第 442 条"弃毁官私器物"条规定："毁伐树木、稼穑者，准盗论。"④ 此外，对于失火烧毁山林树木的行为也予以严厉处罚。《唐律疏议·杂律》第 430 条"失火及非时烧田野"条规定："诸失火及非时烧田野者，笞五十。（非时，谓二月一日以后、十月三十日以前。若乡土异宜者，依乡法。）"⑤

保护森林资源，划定禁伐区是古代通行做法，尤其是禁苑、陵园以及宗教圣地。骊山因位于首都长安南郊，风景秀美，开元四年（716 年）二

①　《唐会要》卷一百。

②　袁林：《西北灾荒史·西北风沙灾害志》，甘肃人民出版社 1994 年版，第 1271—1316 页。

③　《太平寰宇记·宪州》。

④　《唐律疏议》卷二十七《杂律》"弃毁官私器物"条。

⑤　《唐律疏议》卷二十七《杂律》"失火及非时烧田野"条。

月，唐玄宗颁布《禁骊山樵采敕》，禁止百姓在骊山地区樵采。"骊山特秀峰峦，俯临郊甸……自今以后，宜禁樵采，量为封域。称朕意焉。"①《唐六典》也将长安、洛阳方圆三百里内，划作保护区，禁止在其中猎捕野兽和飞禽、樵采和砍伐树木，规定："凡京兆、河南二郡，其近为四郊三百里，皆不得弋猎采捕。"同时对五岳名山专门规定："凡五岳及名山能蕴灵产异、兴云致雨，有利于人者，皆禁其樵采。"② 可见，之所以禁止樵采树木，是因为崇山峻岭可以调节气候，有利于人的身体健康。至今，一些名山仍然保存着上千年的古树，森林覆盖率极高，树种丰富，树龄较长，这与古人对森林生态系统功能的认识以及保护山林的传统有密切关系。

此外，道教在唐朝被确立为国教，一些著名的道教圣地以及周边地区的生态环境与自然资源也因此得到很好的保护。例如，为保护道教圣地茅山，唐玄宗曾专门发布《禁茅山采捕渔猎敕》，规定在茅山禁止采捕及渔猎，甚至禁止吃荤的百姓进入茅山地区："自今已后，茅山中令断采捕及渔猎。四远百姓有吃荤血者，不须令入。如有事式申祈祷，当以香药珍馐，亦不得以牲牢等物。"③ 唐睿宗在建桐柏观时下敕："闻始丰县人毁坏坛场，砍伐松竹，耕种及作坟墓……令州县与司马炼师相知，于天台山中辟封内四十里，为禽兽草木长生之福庭，禁断采捕者。"④ 对于这些特殊区域的盗伐行为，法律的处罚更重，如《唐律疏议·盗贼律》第 278 条"盗园陵内草木"条规定："诸盗园陵内草木者，徒二年半。若盗他人墓茔内树者，杖一百。"⑤

而为了规范宫室用木材，政府出台了一系列的诏令，限制林木的过度砍伐，节约资源。如"凡宫室之制，自天子至于士庶各有等差"；"凡修造所须材干之具，皆取之有时，用之有节"⑥。

由于经济林木价值高，用途广，因而也时常发生滥砍滥伐或者盗伐等事件。为此，唐朝统治者颁发了许多禁止砍伐经济林木的诏令。唐武宗颁布的《加尊号赦文》明确禁止砍伐桑树，违者处以违敕罪："勤课种桑，

---

① 《全唐文》卷三十四《玄宗十五》。

② 《唐六典》卷七《虞部》。

③ 《全唐文》卷三十六《禁茅山采捕渔猎敕》。

④ 《全唐文》卷十九《复建桐柏观敕》。

⑤ 《唐律疏议》卷十九《盗贼律》"盗园陵内草木"条。

⑥ 《唐六典》卷二十三《将作都水监》。

比有敕令，每年奏闻。如闻都不遵行，恣为剪伐，列于市肆，鬻为柴薪。州县宜禁断，不得辄许更卖，犯者科违敕罪。"① 即便如此，还是难以完全禁止此类的砍伐行为。鉴于此，会昌二年（842 年）四月，唐武宗再度下敕重申禁伐桑树事宜："旧课种桑，比有敕命。如能增数，每岁申闻。近知并不遵行，恣加剪伐，列于廛市，卖作薪蒸。自今委所由严切禁断。"② 唐朝后期，土地高度集中，百姓流离失所，大量土地荒芜，阶级矛盾激化。为防止社会矛盾进一步激化，唐宣宗李忱在其颁布的《受尊号赦文》中，明令禁止砍伐逃户荒废的桑田树木："其屋宇桑田树木等，佃人逃户未归，五年内不得辄有毁除砍伐，如有违犯，据根口量事情科责，并科所由等不检校之罪。"③

由此，通过多年的保护，唐代全国许多地区的森林覆盖率都非常高。如五台山周边，"环基所至五百余里……茂松盖数……东连恒岳，中间幽旷，人迹罕至……林泉清茂……深林密箐"④。到长江中下游地区，生态环境资源优越，天然林虽比前代有所减少，但由于人工植树，山地、丘陵等地保有成片人工林，周边山区更是"古林幽篁丛生"⑤。"材干筋革，出自江淮"⑥，可见，晚唐时的江淮地区亦有着十分丰富的森林资源。湘江流域森林植被覆盖良好，水质清澈，"潇湘间无土山，无浊水……民乘是气，往往清慧文，长沙人浩初生既因地而清矣"⑦。又如四川盆地，气候温暖湿润，森林密布，大象、犀牛等野生动物繁衍其间。盆地西缘"沉黎界上，山林参天，岚雾晦日"⑧。盆地南缘珍稀树木众多，"山多楠木，堪为大船"⑨。综上可见，隋唐时期的森林生态系统、物种的多样性都得到了较好的保护。

总之，唐代林木资源保护方面的政策和法律制度覆盖多个层面。就经济林木的种植而言，国家和农户各有收益，政府通过实行劝课督促及鼓励政策，加之对农户经济树木私有权的确认，有效推动了经济林木的种植与

---

① 《全唐文》卷七十八《加尊号赦文》。

② 《唐会要》卷八十六《市》。

③ 《全唐文》卷八十二《受尊号赦文》。

④ 《清凉山志》。

⑤ 刘礼堂：《唐代长江上中游地区的生态环境文化》，《江汉论坛》2007 年第 4 期。

⑥ 《李德裕文集校笺》卷七《赐王元逵诏书》。

⑦ 《刘禹锡集》卷二十九《送僧二十四首·海阳湖别浩初师·引》。

⑧ 《读史方舆纪要》卷七十三《四川八》。

⑨ 《元和郡县图志》卷三十。

管理。就城市及道路、园陵等地的绿化树木而言，其所有权非私有，完全以政府为主导管理。唐代就林木资源保护颁布了众多诏令（尤其是名山寺庙、道观周边茂密森林保护方面），客观上为古老、珍稀树种资源的存续提供了有利的法制环境。

第二节　禁令与野生动物保护制度

受儒家仁爱思想和道教好生恶杀生态伦理的影响，隋唐时期通过律令，创制了许多野生动物资源保护制度，规定野生动物所有权归属国家。如《唐律疏议·杂律》规定："诸占固山野陂湖之利者，杖六十。"其下"疏议"曰："山泽陂湖物产所植，所有利润，与众共之，其有占固者，杖六十。"[①] 山林湖泊等生态资源并非私有，如若对其进行侵占与掠夺，则处以"杖六十"的惩罚。律令通过时禁、断屠钓、禁奢侈等制度加强野生动物保护，从各方面限制对野生动物的滥用。

一　祥瑞与珍稀动植物"名录"

古人大多将珍稀动植物看作"祥瑞"，是国家兴盛的象征。隋唐统治者同样秉持这一思想。在某些出现过"祥瑞"现象的地区，皇帝会颁布诏令，对该地区的动植物实施保护。例如，天宝六载（747年）正月二十九日，唐玄宗诏令，对河南荥阳仆射陂和陈留篷池加以保护，禁止在两地采捕："今属阳和布气，蠢物怀生，在于含养，必期遂性。其荥阳仆射陂，陈留篷池，自今以后，特宜禁断采捕。仍改仆射陂为广仁陂。篷池为福源池。"[②]

唐朝规定，一旦发现珍稀动植物，地方官应该及时上报。如"凡祥瑞依图书合大瑞者，随时表奏。百官诣阙，上表奉贺，告庙，颁下。自外诸端，并申所司，元日以闻"[③]。为此，《唐六典》中详细设置了珍稀动植物名录，将"祥瑞"分为大瑞、上瑞、中瑞、下瑞四等，"大瑞谓景星、庆云、黄星真人、河精、麟、凤、鸾、比翼鸟……之类，周匝、角瑞……江河水五色、海水不扬波之类，皆为大瑞。上瑞，谓三角兽、白狼、赤

---

① 《唐律疏议》卷二十六《杂律》"占山野破湖利"条。

② 《唐会要》卷四十一《断屠钓》。

③ 《通典》卷一百八《礼六十八·开元礼纂类三·序例下》。

黑……玉琉璃、鸡趣璧之类，皆为上瑞。中瑞，谓白鸠、白乌、苍乌、白泽……草木长生，如此之类，并为中瑞。下瑞，谓秬秠、嘉禾、芝草、华苹……神雀、冠雀、黑雉之类，为下瑞"①。由此可见，当时的生物多样性可谓十分丰富。

　　放生是唐朝保护珍稀动植物的主要手段。开元年间，唐玄宗曾制法令曰："其鸟兽之类，有生获者，放之山野，余送太常。若不可获，及木连理之类不可送者，所在官司察验非虚，具图书上。"② 即对于珍稀动植物"名录"中的鸟兽，如若生擒，则应放归大自然；对于植物，也不需要将其本体送至官府，可以图画的形式上呈。

　　古代对野生动植物的统计虽无现代科技手段，无法按照物种的科学价值、经济价值、资源数量、濒危程度等多项因素综合评价论证和分级，但从《唐六典》的上述内容看，唐代是按照珍稀动植物的数量多少以及是否常见为标准来进行基本分级的。极少见的动植物数量相对稀少，被归为"大瑞"，一旦发现"大瑞"动物，"随时表奏，百官诣阙，上表奉贺，告庙颁下"③，说明国家祥瑞，国富民强。其他野生动植物依次为"上瑞""中瑞"，比较常见但也需保护的属于"下瑞"。

二　春夏捕猎时禁

　　隋唐继承先秦以来的月令时禁制度。时禁所提倡的顺时而动和不违农时的生产生活习俗，要求人们在尊重动植物生长规律的前提下合理利用资源，保证以动植物为基础的生态系统能够休养生息。比如朝廷为了习武，经常举行狩猎活动，但为了不妨碍野生动物的生长繁殖，一般会选择秋冬季节狩猎。据《旧唐书·太宗纪》载，贞观年间唐太宗有过七次田猎，都是选择当年的十、十一、十二月出围，可见即便是国家政事，也必须遵守时令，不违农时，不违动植物生长规律。

　　唐代律令对动植物的捕猎时间和工具方法都有明确规定。按照《唐律疏议》规定，"诸施机枪、作坑阱者，杖一百；以故杀伤人者，减斗杀伤一等；若有标识者，又减一等"。"其深山、迥泽及有猛兽犯暴之处，而施作者，听。仍立标识。不立者，笞四十。"④ 即严禁在一般地方"施

_____

① 《唐六典》卷四《尚书礼部》。
② 《唐会要》卷二十八《搜狩·祥瑞上》。
③ 《通典》卷一百八《礼六十八·开元礼纂类三·序例下》。
④ 《唐律疏议》卷二十六《杂律》"施机枪作坑"条。

作机枪作坑弩",否则"杖一百",如果做了警示标记,可以减一等罪;在猛兽出没的地区捕猎的"施作机枪作坑弩者"要"立标职",否则要处以"笞四十"的刑罚。《唐六典》要求虞部郎中、员外郎按照时令指导采捕畋猎等活动,并对捕猎的工具、方法进行规范:

> 虞部郎中、员外郎,掌天下虞衡山泽之事,而辩其时禁,凡采捕畋猎必以其时、冬春之交,水虫孕育,捕鱼之器、不施川泽;春夏之交、陆禽孕育、餧兽之药不入原野;夏苗之盛,不得蹂藉,秋实之登,不得焚燎。若虎豹豺狼之害,则不拘其时,听为槛穽,获则赏之,大小有差。①

《唐大诏令集》也规定:

> 春夏之交,稼穑方茂,永念农作,其勤如伤,况时属阳和,令禁麛卵,诉以保兹怀生,下遂物性,近闻京畿之内,及关辅近地,或有豪家,时务戈猎,放纵广犬,颇伤田苗,宜令长吏常切禁察,有敢违令者,捕系以闻。②

天宝六载(747年)正月二十九日,玄宗下《禁采捕诏》:

> 今属阳和布气。蠢物怀生,在于含养,必期遂生。如闻荥阳仆射陂、陈留郡蓬池等,采捕极多,伤害甚广,因循既久,深谓不然。自今已后,特宜禁断。各委所由长官严加捉搦。辄有违犯者,白身决六十,仍罚重役。官人具名录奏,当别处分。③

上述律令通过限制人们春夏之交的捕猎行为,保证了野生动物的生息繁衍。

三　断屠钓

所谓"断屠",就是禁止屠宰牲畜或野生动物。这一措施显然对野生

---

① 《唐六典》卷七《尚书·工部》。
② 《唐大诏令集》卷八十《禁弋猎敕》。
③ 《册府元龟》卷四十二《帝王部·仁慈类》。

动物繁殖起到了保护作用。有史可考最早的"断屠"记载出现于隋朝。仁寿二年（602 年）六月十三日是隋文帝生日，为了纪念自己的生身父母，为死者荐福，隋文帝下诏，在全国范围内实行断屠一日。①

唐承隋制，断屠钓成为唐代一项长期执行的制度。隋唐断屠钓制度同时受到佛教和道教的影响，尤其是道教珍视一般生命的观念深刻影响了唐代动物保护法制。唐高祖于武德二年（619 年）正月诏："释典微妙，净业始于慈悲；道教冲虚，至德去其残杀。四时之禁，无伐麑卵；三驱之化，不取前禽。盖欲敦崇仁惠，蕃衍庶物，立政经邦，咸率兹道。朕只膺灵命，抚遂群生，言念亭育，无忘鉴寐。"②"自今以后，每年正月九日及每月十斋日，并不得行刑。所在公私，宜断屠钓。"③ 道教"无伐麑卵""言念亭育"的戒杀好生思想，促使帝王诏令将禁杀的对象扩大到了一般生命。武德三年四月，高祖颁布《关内诸州断屠杀诏》，再次严厉斥责"刍豢之畜靡供，肴核之资、胎卵之群莫逐蕃滋之性"④ 的现象。

此后历任皇帝先后十余次下诏实施断屠。⑤ 断屠的日期包括佛教斋日、道教三元日、节日、忌日和遭遇严重水旱灾等特殊日期。《唐会要》记载道：

> （开元）二十二年十月十三日敕：每年正月、七月、十月三元日，起十三日至十五日，并宜禁断宰杀渔猎。（开元）二十三年八月十四日敕：两京五百里内，宜禁捕猎。如犯者，王公以下录奏，余委所司，量罪决责。⑥

武周时期是整个唐代实行断屠钓最频繁的时期。武则天将佛教提高到

---

① 《隋书》卷二《高祖下》。
② 《唐大诏令集》卷一百一十三《政事·道释》。
③ 《唐会要》卷四十一《断屠钓》。
④ 《唐大诏令集》卷一百八《政事·禁约上》。
⑤ 据记载，先后有武则天武周如意元年（692 年）五月、圣历三年（700 年）、唐玄宗先天元年（712 年）十二月、开元二十二年（734 年）十月十三日、天宝五年（746 年）七月二十三日、天宝七年（748 年）五月十三日、唐肃宗至德二年（757 年）十二月二十九日、乾元元年（758 年）四月二十二日、唐德宗建中元年（780 年）五月、唐文宗开成二年（837 年）八月、唐武宗会昌四年（844 年）四月、唐懿宗咸通十一年（870 年）六月等。
⑥ 《唐会要》卷四十一《断屠钓》。

国教地位，来源于佛教典仪的断屠钓自然更受重视。垂拱四年（688年），因有人声称于洛水得"宝图"，武则天就下令禁止在洛水渔钓。① 长寿元年（692年）四月，武则天又下令，"禁断天下屠杀"②。从圣历元年（698年）五月到圣历三年（700年）十二月，武则天更是实施了长达两年多的断屠。③ 长安四年（704年）正月再次下令禁屠。④

　　唐中宗时期，开始将断屠制纳入刑事法律规范当中，对违禁者实行刑事制裁，以保证断屠钓得到贯彻执行。例如，景龙二年（708年）九月八日，中宗颁布敕令，禁止捕捉鸟雀昆虫，违者决杖三十，"鸟雀昆虫之属，不得擒捕，以求赎生，犯者先决三十。宜令金吾及县市司严加禁断"⑤。

　　唐玄宗笃信道教，其在位期间也力推断屠令。出于道教对鱼类的崇拜，他将断屠的范围扩展到捕钓鱼虾，如开元十三年（725年）发布《断屠及渔猎采捕敕》："其缘祭祀，及在路供顿，牺牲饩牢，礼不可阙。除此外，天下诸州，令并断屠及渔猎采捕。"⑥开元十八年（730年）三月，玄宗颁布敕令，禁止滥捕鱼类："诸州有广造篗沪取鱼，并宜禁断。"⑦据《唐会要》记载，唐玄宗在位期间，先后八次下令断屠钓，如先天二年（713年）六月敕："杀牛马骡等，犯者科罪，不得官当荫赎。公私贱隶犯者，先决杖六十，然后科罪。"⑧ 对于杀死牛马骡等行为，科以重罪，不仅对违犯的公私贱隶犯要决杖六十，然后科罪；而且对违犯的官吏，也不允许"官当荫赎"。

　　至德二年（757年）十二月二十九日，肃宗下敕令："三长斋月，并十斋日，并宜断屠钓，永为常式。"⑨

四　禁奢侈，禁贡献

　　中国历代王朝统治都曾有过奢靡之风盛行之时，比如畜养珍稀动物，

---

① 《新唐书》卷四《则天本纪》。
② 《旧唐书》卷六《则天皇后》。
③ 《旧唐书》卷六《则天皇后》。
④ 《新唐书》卷四《则天本纪》。
⑤ 《唐会要》卷四十一《断屠钓》。
⑥ 《唐大诏令集》卷六十六。
⑦ 《唐会要》卷四十一《断屠钓》。
⑧ 《唐会要》卷四十一《断屠钓》。
⑨ 《唐会要》卷四十一《断屠钓》。

用于玩乐、进贡；或违反"礼制"，用野生动物皮毛制作华丽服饰。奢靡之风不仅对社会风气的影响十分恶劣，而且由于其崇尚使用动植物资源或黄金等矿物资源及制品，无疑对有限的自然资源造成极大的浪费。古代很多皇帝都喜欢畜养鸟兽，"上有所好，下必甚焉"①，故而地方官员向皇帝进贡鸟类等玩物逐渐变为定例。越来越多的贵族追求华丽服饰，社会一般士人也趋之若鹜，如《旧唐书》记载，"自安乐公主作毛裙，百官之家多效之，江岭奇禽异兽毛羽，采之殆尽"②。

历代帝王为了表示仁政，均发布过崇俭禁奢诏令，禁止贡献珍稀动物，禁止奢靡浪费，唐朝许多皇帝也颁布过相关诏令。

一类是禁奢令。唐历代皇帝中，玄宗在弘扬"俭德"、禁革奢侈方面的力度最大，诏令颇多。玄宗首先是自己身体力行，要求文武百官明白自己力行"俭德"的苦心。玄宗在《示节俭敕》中讲道："是以所服之服，俱非绮罗；所冠之冠，亦非珠翠。若弋绨之制，大帛之衣，德虽谢于古人，俭不忘于曩哲。庶群公观此，当体朕之不奢。"③ 为了有效推行"俭德"，唐玄宗提拔素以俭朴著称的杨绾出任中书侍郎平章事，对当时官员风气整顿起到了很好的示范作用。《唐会要·杂录》记载：

> （开元）十三年正月，国子祭酒杨绾拜中书侍郎平章事。……绾素以德行显著，质性贞廉，车服俭朴。居庙堂未数月，人心自化。御史中丞崔宽，家富于财，有别墅在皇城之南，池馆台榭，当时第一，宽即日潜遣毁拆。中书令郭子仪，在邠宁行营。闻绾拜相，座内音乐，减散五分之四。京兆尹黎干以承恩，每出入驺驭百余，亦即日减损。其余望风变奢从俭者，不可胜数。④

玄宗还颁布《禁断奢侈敕》，阐明奢侈的危害，弘扬"俭德"传统，淳化社会风气，同时重申律令制度，要求有关部门严格执行：

> 雕文刻镂伤农事，锦绣纂组害女红。粟帛之本或亏，饥寒之患斯及。朕故编诸格令，且列刑章，冀以还淳，庶皆知禁。如闻三公以

---

① 《孟子·滕文公上》。
② 《旧唐书》卷三十七《五行志》。
③ 《全唐文》卷三十五《元宗十六》。
④ 《唐会要》卷五十三《杂录》。

下，爰及百姓等，罕闻节俭，尚纵骄奢。器玩犹擅珍华，车服未捐珠翠，此非法之不着，皆由吏之不举也。宜令所司，申明格令禁断。①

开元二年（714 年）七月，玄宗颁布《禁珠玉锦绣敕》，规制奇装异服，能染色的，"听染为皂"，无益于时的，"并焚于殿前"②，违反者"决杖百，受雇工匠，降一等科之。两京及诸州旧有官织锦坊悉停"③。自此之后，社会风气日渐淳朴，捕获、圈养鸟兽的行为也逐渐减少。

除了玄宗，唐朝其他皇帝也曾颁布类似禁令，倡行节俭，其内容涉及衣食出行各方面。如乾封二年（667 年）二月，唐高宗颁布诏令，"禁工商不得乘马"④。神龙二年（706 年）九月，唐中宗颁布仪制令，"诸一品已下，食器不得用浑金玉。六品已下，不得用浑银"⑤。太和元年（827 年）五月，唐文宗颁布敕令，重订仪制令，"衣服车乘，器用宫室，侈俭之制，近日颇差。宜准仪制令，品秩勋劳，仍约今时所宜。撰等级，送中书门下参酌奏闻。"⑥ 太和三年（829 年）九月，文宗再次颁布敕令，力戒奢侈，"两军诸司内官，不得着纱縠绫罗等衣服"⑦。唐文宗也曾颁布《崇俭诏》，要求文武百官务朴素、行"俭德"，还让御史进行监督，"自今内外班列职位之士，其各务朴素，宏兹国风。有僭差尤甚者，御史列上，主者宣示中外，知朕意焉"⑧。

另一类是禁止贡献诏令。永徽二年（651 年）十一月癸酉，唐高宗颁令，"禁进犬马鹰鹘"⑨。开元二年（714 年）四月辛未，唐玄宗颁令，"停诸陵供奉鹰犬"⑩。贞元九年（793 年）十一月，唐德宗命令禁止京兆府捕养狐兔，"比来京兆府每年及腊日，府县捕养狐兔，以充进献，自今已后宜停"⑪。另外，唐宪宗曾颁布《禁捕狐兔诏》，再次要求京兆府停止

---

① 《全唐文》卷三十五《元宗十六》。

② 《资治通鉴》卷二百一十一《唐纪三》。

③ 《唐大诏令集》卷一百八《政事》。

④ 《唐会要》卷三十一《舆服上·杂录》。

⑤ 《唐会要》卷三十一《杂录》。

⑥ 《唐会要》卷三十一《杂录》。

⑦ 《唐会要》卷三十一《杂录》。

⑧ 《全唐文》卷七十一《文宗三》。

⑨ 《新唐书》卷三《高宗纪》。

⑩ 《新唐书》卷五《玄宗纪》。

⑪ 《太平御览》卷三十三。

捕养狐兔，"如闻比来京兆府每及腊日，府县捕养狐兔，以充进献。深乖道理，既违天性，又劳人力，自今已后宜并停"①。开成二年（837年），文宗颁布诏令，明确要求释放笼养的鹰鹞及鸡鸭鸟雀狐兔等动物，"内外五坊，凡有笼养鹰鹞及鸡鸭鸟雀狐兔等，悉宜放之"②。

隋唐时期制颁的各类崇俭禁奢律令，有效抑制了社会对自然资源的过度攫取、利用和浪费，在全社会倡行节俭生活方式，净化社会消费观，于消费端刹住奢靡之风，客观上对保护野生动物资源发挥了积极作用。

五 皇家苑囿、园陵与野生动物保护

中国古代皇家苑囿、园陵因其具有特殊的地位和功能受到法律的专门保护。汉宫唐苑是历史上非常有特色的皇家苑囿，禁苑虽然是帝王皇室对自然资源垄断使用的典型，但也逐渐成为特殊的自然保护区域，客观上起到综合保护森林植被、珍稀动植物资源和自然景观的积极作用。

隋朝的禁苑在隋朝的宫城大兴宫北面，称大兴苑。隋初仍沿用汉都长安城，唐都长安源于隋朝的大兴城。由于汉末长期战乱，南北朝五胡乱华，历经七百多年的战乱，汉都旧长安城业已"不足建皇王之邑"③。于是，隋文帝决定迁都，在汉旧长安城东南20里的龙首原之南，建立新都，是为大兴城。开皇二年（582年）六月，隋文帝正式下诏，"诏左仆射高颖、将作大匠刘龙、巨鹿郡公贺娄子干、太府少卿高龙叉等创造新都"④。隋炀帝杨广即位后在济阳造显仁宫，"苑囿连接，北至新安，南及飞山，西至渑池，周围数百里。课天下诸州，各贡草花果，奇禽异兽于其中"⑤。

唐高祖建立唐朝后，仍定都隋都旧址，只是改大兴为长安。就其规模和建筑布局来看，唐长安城基本上沿袭了隋大兴城。唐代对长安城的建设是伴随着大明宫和兴庆宫这两大宫殿的修建而进行的。大明宫于国都北面修建，应隶属于禁苑内，以备太上皇消暑之用。龙朔三年（663年）四月，唐代皇帝开始在大明宫紫宸殿听政，大明宫自此成为唐代主要的朝会之所。《旧唐书·地理志》和《资治通鉴》卷一九三"唐太宗贞观五年"记载，禁苑大约南北三十三里、东西二十七里。隋唐时期的长安禁苑三面

---

① 《全唐文》卷六十《宪宗五》。
② 《册府元龟》卷四十二《仁慈》。
③ 《隋书》卷一《帝纪第一》。
④ 《隋书》卷一《帝纪第一》。
⑤ 《隋书》卷二十四《食货志第十九》。

有苑墙，禁苑四面共有十门，用以隔绝百姓随意进出。值得指出的是，唐朝禁苑还包括位于国都西北面的汉长安城旧址，使得前代历史文化遗迹得到保护。禁苑的四面设有"四监"作为管理机构，设总监，隶属司农寺。"（禁）苑四面皆有监，南面长乐监，北面旧宅监，东监、西监分掌宫中植种及修葺园苑等事。又置苑总监领之，皆隶司农寺。"① "苑总监：自隋而置，东西南北各有监及副监。大唐因之，兼有丞、主簿等官，以掌苑内宫馆园池之事。"② 此外，司农寺下设上林署，置令二人、丞四人，掌管苑囿、池沼等事务。"上林署：汉水衡都尉之职，说在《都水篇》。后汉曰上林苑令、丞，主苑中禽兽。……大唐因之，有令二人，丞四人，掌诸苑囿、池沼、种植、蔬果、藏冰之事。"③

　　除唐都长安禁苑以外，园陵也是唐朝的一个重点保护区域。唐律对破坏皇陵内草木的行为处以严厉的刑罚。据《唐律疏议·盗贼律》第 278 条"盗园陵内草木"规定："诸盗园陵内草木者，徒二年半。若盗他人墓茔内树者，杖一百。疏议曰：园陵者，《三秦记》云：'帝王陵有园，因谓之园陵。'《三辅黄图》云：'谓陵四阑门通四园。'然园陵草木而合芟刈，而有盗者，徒二年半。若盗他人墓茔内树者，杖一百。若赃重者，准下条'以凡盗论加一等'。若其非盗，唯止斫伐者，准《杂律》：'毁伐树木稼穑者，各准盗论。'园陵内，徒二年半；他人墓茔内树，杖一百。"④ 换言之，盗取园陵内草木者，判处二年半有期徒刑；盗伐他人墓茔内树者，要判处杖一百。

　　在惩处失火者方面，《唐律疏议》对山陵范围内外分别作了规定："诸于山陵兆域内失火者，徒二年；延烧林木者，流二千里；杀伤人者，减斗杀伤一等。其在外失火燃烧者，各减一等。"⑤

　　基于统治者的重点保护，禁苑草木茂密，地域广阔。苑内可畜养野兽，种植植物及养育鱼类等水生动物。园陵内绿树成荫，百年古木比比皆是。禁苑、苑囿作为野生动植物的栖息地，对保护唐都长安的生态环境和自然资源起到了重要作用。

---

①　《长安志》卷六。

②　《通典》卷二十六《职官八》。

③　《通典》卷二十六《职官八》。

④　《唐律疏议》卷十九《贼盗律》"盗园陵内草木"条。

⑤　《唐律疏议》卷二十七《杂律》。

通过考察隋唐时期野生动物"祥瑞名录"、禁捕时令、断屠钓制度、禁苑园陵特别保护以及禁奢侈等史料，后人能够对隋唐时期重视野生动物资源保护法律制度有一个基本认识。此外，强化野生动物保护，从唐代设立的专门管理机构同样可以窥见一斑。隋时六部之一的工部设有管理天下山泽水利的虞曹，如《隋书·百官志中》记载，"虞曹，掌地图、山川远近、园囿田猎、殽膳杂味等事。"① 到了唐代，朝廷在这方面的管理与隋相比没有太大变化。虞部仍隶属工部，负责水利、山泽等事物的管理，在机构设置上：

> 虞部郎中一员，从五品上。龙朔为司虞大夫。员外郎一员，从六品上。主事二人，从九品上。令史四人，书令史九人，掌固四人。郎中、员外郎之职，掌京城街巷种植，山泽苑囿，草木薪炭，供顿田猎之事。凡采捕渔猎，必以其时。凡京兆、河南二都，其近为四郊，三百里皆不得弋猎采捕。殿中、太仆所管闲厩马，两都皆五百里内供其自鑫。其关内、陇右、西使、南使诸牧监马牛驼羊，皆贮刍及菱草。其柴炭木口进内及供百官蕃客，并于农隙纳之。②

唐代经历贞观之治和开元盛世，国泰民安，社会稳定，边疆安宁，野生动植物有着良好的繁殖生长环境。且在立法上确认野生动植物的保护，法律渊源众多，动植物保护机构、职官体系完备，并以重刑为最终保障，若发现破坏或伤害野生动植物的行为，将受到以流刑为主的严厉惩处。由于保护力度强，其成效也很显著，如唐代祁连山区的野生动植物分布情况据敦煌遗书《沙州都督府图经》描述，在甘泉水（今党河上游）的河谷，"美草……流曝（瀑）布桂鹤……蔽亏日月……曲多野马……狼虫豹窟穴"③。又如五台山"千峰百岭，松杉郁茂……深壑幽谷，不见其底，幽泉涧水，但闻流响，异鸟极翔，众峰之上"④。

---

① 《隋书》卷二十七《百官》。

② 《旧唐书》卷四十三《职官》。

③ 转引自陈英、高宏《隋唐时期甘肃生态环境考述》，《甘肃农业大学学报》2003年第1期。

④ 《入唐求法巡礼行记》卷二。

第三节　水资源管理制度与《水部式》

我国古代水利管理制度可追溯至春秋时期的《礼记·月令》。早期水利管理制度涵盖在国家综合性的法典之中，以某一条或多条法律条文的形式出现。例如，《秦律·田律》中就有水资源管理的具体条文。迨至唐代，我国已经出现专门性的水利法规。除《唐律疏议》中的水资源管理条款外，《水部式》是唐代制定的水利管理专门法规，也是我国现存最早的全国性的水利法规。

一　唐律中的水资源管理规定

《唐律疏议》中有诸多条款涉及水管理，内容包括建设施工、堤防管理、涉水产权、城市污水排放、水上运输、职官保护等。

其一，在水利设施建设及管理方面，《唐律疏议》第240条"兴造不言上待报"、第241条"非法兴造"、第424条"失时不修堤防"和第425条"盗决堤防"四条分别作出了规定。

《唐律疏议》第240条和第241条规范水利设施建设行为。第240条"兴造不言上待报"规定："诸有所兴造，应言上而不言上，应待报而不待报，各计庸，坐赃论减一等。即料请财物及人功多少违实者，笞五十；若事已损费，各并计所违赃庸重者，坐赃论减一等。（本料不实，料者坐；请者不实，请者坐。）"① 根据该条，凡是兴建水利设施，必须据实向上级申报；未申报而擅自兴建者，以坐赃论减一等论罪，最重者要被判处两年半徒刑。如果所申请购买的建筑材料及所申请使用的人工与实际不符，处以笞五十的刑罚；造成建筑材料及人工损失巨大，合杖六十以上的，按坐赃论减一等论罪。

第241条"非法兴造"条规定："诸非法兴造及杂徭役，十庸以上，坐赃论。"② 也就是说，没有法律规定和上级命令，擅自驱使十个以上庸役建造水利设施等建筑，按坐赃论罪。可见，在唐代规定兴建水利设施必须按要求申报批准，不得擅自建设，严格管理水利施工行为。

第424条"失时不修堤防"和第425条"盗决堤防"是堤防管理法

---

① 《唐律疏议》卷十六《擅兴》"兴造不言上待报"条。
② 《唐律疏议》卷十六《擅兴》"非法兴造"条。

律制度。第 424 条"失时不修堤防"规定："诸不修堤防及修而失时者，主司杖七十；毁害人家、漂失财物者，坐赃论减五等；以故杀伤人者，减斗杀伤罪三等。即水雨过常，非人力所防者，无罪。其津济之处，应造桥、航及应置船、筏而不造置，及擅移桥济者，杖七十；停废行人者，杖一百。"① 根据该条，除非是人力不可抗拒的天灾，有关责任者应该管理好自己所负责的河堤，不按规定修理堤防及修理不及时者，主要责任官员要被杖责七十；如果因不修堤防及不能按时修理堤防而造成财产损失的，按照坐赃论减五等治罪；如果造成人员伤亡的，按照斗杀伤罪减三等治罪。另，有关责任者要在河津渡口建好桥梁，准备好必需的渡船木筏，保证行人能及时渡河；不在河津渡口建桥，不准备好必需的渡船木筏者，要被杖责七十；导致行人不能渡河的，要被杖责一百。

第 425 条"盗决堤防"规定了对盗决堤防行为的刑罚措施。"诸盗决堤防者，杖一百；若毁害人家及漂失财物，赃重者，坐赃论；以故杀伤人者，减斗杀伤罪一等。若通水入人家，致毁害者，亦如之。其故决堤防者，徒三年；漂失赃重者，准盗论；以故杀伤人者，以故杀伤论。"② 凡是盗决堤防取水，不管是公用还是私用，都要被杖责一百。若盗决堤防行为造成严重后果，有财产损失的，以坐赃论治罪，损失十匹判处一年徒刑，十匹加一等；有人员伤亡的，按照斗杀伤罪减一等治罪。因为非取水使用目的而故意盗掘堤防的行为，判处三年徒刑；因此造成的财产损失超过三十匹赃者，按盗窃罪治罪，流放二千里；造成人员伤亡的，以故意杀人罪治罪。另外，第 434 条"水火损败征偿"还对此作了补充规定："诸水火有所损败，故犯者，征偿；误失者，不偿。"③ 换言之，故意盗掘堤防者应赔偿受害者全部财产损失。

其二，唐律明确规定，自然水体中的物产为公共所有，私人不得强行霸占。《唐律疏议》第 405 条"占山野陂湖利"规定，山泽陂湖，属于公共资源，所产生的利益，为公共财产，强行霸占者，要受到严惩，杖责六十。"诸占固山野陂湖之利者，杖六十。"该条疏议认为："山泽陂湖，物产所植，所有利润，与众共之。其有占固者，杖六十。已施功取者，不追。"④ 大历十四年（779 年），掌管山泽的虞部将长春宫的收益分给贫穷

---

① 《唐律疏议》卷二十七《杂律》"失时不修堤防"条。

② 《唐律疏议》卷二十七《杂律》"盗决堤防"条。

③ 《唐律疏议》卷二十七《杂律》"水火损败征偿"条。

④ 《唐律疏议》卷二十六《杂律》"占山野陂湖利"条。

百姓便是依据该法则。

其三，唐律对擅自排放污水的行为进行法律制裁。《唐律疏议》第404条"侵巷街阡陌"规定："诸侵巷街、阡陌者，杖七十。若种植垦食者，笞五十。各令复故。虽种植，无所妨废者，不坐。其穿垣出秽污者，杖六十；出水者，勿论。主司不禁，与同罪。"① 根据该条，不能随便将污水排放到大街小巷中，违者将被杖责六十；主管官员不作为，不及时制止的，同样也要被杖责六十。可见，唐朝对城市污水排放的管理相当严格。

其四，唐律对水上运输行为进行了规范。《唐律疏议》第426条"乘官船远限私载"和第427条"行船茹船不如法"对水上运输进行了规范。第426条"乘官船远限私载"规定：

> 诸应乘官船者，听载衣粮二百斤。违限私载，若受寄及寄之者，五十斤及一人，各笞五十；一百斤及二人，各杖一百；（但载即坐。若家人随从者勿论。）每一百斤及二人，各加一等，罪止徒二年。从军征讨者，各加二等。监当主司知而听之，与同罪。空船者，不用此律。②

可见，除非官船空驶，乘坐官船者携带的行李不得超过二百斤，否则，要受到刑事处罚，最高者将被处以二年徒刑；监管官员失职，不及时制止上述行为，将受到同样的刑事处罚；在运送军用物资的官船上私自载货，罪加二等。

第427条"行船茹船不如法"规定：

> 诸船人行船、茹船、写漏、安标宿止不如法，若船筏应回避而不回避者，笞五十；以故损失官私财物者，坐赃论减五等；杀伤人者，减斗杀伤三等；其于湍碛尤难之处，致有损害者，又减二等。监当主司，各减一等。卒遇风浪者，勿论。③

该条规定开船者必须按照规定驾船、泊船，否则不仅要被笞五十，造

① 《唐律疏议》卷二十六《杂律》"侵巷街阡陌"条。

② 《唐律疏议》卷二十七《杂律》"乘官船违限私载"条。

③ 《唐律疏议》卷二十七《杂律》"行船茹船不如法"条。

成财产损失的，要以坐赃论减五等处罚，最多将被处以杖一百的处罚；造成人员伤亡的，以减斗杀伤三等处罚；在水流湍急和泥沙淤积的河道上致人受损时，相应减轻处罚。

其五，唐律保障水利管理机构的官员的人身安全。《唐律疏议》第252条"谋杀制使府主等官"规定，严惩谋杀唐朝水利管理机构官员的行为："诸谋杀制使，若本属府主、刺史、县令及吏卒谋杀本部五品以上官长者，流二千里；……已伤者，绞；已杀者，皆斩。"其疏议规定："吏卒谋杀都水使者，或折冲府卫士谋杀本府折冲、果毅，如此之类，并流二千里……已伤者绞，仍依首从法。已杀者，皆斩。"① 该条对谋杀制使府府主等五品以上官员的刑罚进行了详细规定。根据《通典》卷四十《职官二十二》，开元二十五年（737年）制定的大唐官品规定都水使者属于正五品。谋杀都水使者的行为属于重罪，最轻的也要被处以流二千里，重者被处以绞、斩的刑罚。都水使者是唐代水资源管理的重要职官，唐律对该机构官员人身安全的特别保护反映出唐代对水利管理的重视。

二　《水部式》的主要内容

《水部式》是唐代颁布的专门性水利法规，也是我国现存最早的单行水利法规。《唐六典》卷六云："式以轨物程式。"② 这里的式，是唐代一种重要的法律形式，是关于国家机关的办事细则，具有单行法规性质。

20世纪初，在敦煌吐鲁番地区出土了大量唐代法律文献资料，其中P2507敦煌文书号《开元水部式残卷》③，共存有7纸144行，每行16—20字，现藏于法国巴黎国立图书馆。P2507号《开元水部式残卷》共有29个自然段，35条，约2600字。篇幅虽不长，但内涵丰富，包括水资源管理机构设置、用水管理、水碾和水磨的设置、渔业管理、航运船闸桥梁的管理与维修以及城市水道管理等方面的内容。

第一，关于水资源合理使用原则。P2507号《开元水部式残卷》第6—7行规定："凡溉田，皆仰须知顷亩，依次取用，水遍即令闭塞，务使均普，不得偏并。"④ 该款说明唐代的水资源分配原则是公平分配、上下有序、杜绝浪费。这也体现在了渠水的使用规则上，首先要统计田亩，再

① 《唐律疏议》卷十七《贼盗律》"谋杀制使主等官"条。
② 《唐六典》卷六。
③ 刘俊文：《敦煌吐鲁番唐代法制文书考释》，中华书局1989年版，第326—354页。
④ 刘俊文：《敦煌吐鲁番唐代法制文书考释》，中华书局1989年版，第326—354页。

按需要和顺序取水，取水完毕后要立即关闭水门。

第二，关于水利设施的设置。其内容在 P2507 号《开元水部式残卷》第 3—6 行，有两个关于如何修造河堰、安置斗门等的法律规定："诸溉灌大渠有水下地高者，不得当渠（造）堰，听于上流势高之处为斗门引取。其斗门皆须州县司检行安置，不得私造。其傍支渠有地高水下，须临时暂堰溉灌者，听之。"① 根据该条，唐代严格限制在河渠造堰或在其上流设斗门，若需建造斗门，则须经州县司检行后方可，不得私自建造，以防止扰乱用水秩序。

第三，关于水渠的管理机构设置以及水利主管官员考核制度。其内容在 P2507 号《开元水部式残卷》第 8—11 行："诸渠长及斗门长至浇田之时，专知节水多少。其州县每年各差一官检校。长官及都水官司时加巡查。若用水得所，田畴丰殖，及用水不平并虚弃水利者，年终录为功过附考。"② 根据该条规定，唐朝在中央和地方均设置水利管理机构，中央设都水监，地方由州县官员负责巡查；在各个河渠设置渠长和斗门长，负责水资源的具体分配事宜，并将其纳入年终官员考核。管理得力者，每年年终考核时予以褒奖；如果管理不力，年终考核时要给予惩罚。

第四，关于碾硙、航运与灌溉的关系。P2507 号《开元水部式残卷》有两项规定。第 46—47 行规定了碾硙堵塞河渠时应该采取的措施："诸水碾硙，若拥水致泥塞渠，不自疏导，致令水溢渠坏，于公私有妨者，碾硙即令毁破。"③ 第 81—85 行规定了碾硙的具体使用时间："诸溉灌小渠上先有碾硙，其水以下即弃者，每年八月卅日以后，正月一日以前，听动用。自余之月，仰所管官司于用硙斗门下着锁封印，仍去却硙石，先尽百姓溉灌。若天雨水足，不须溉田，任听动用。其傍渠疑偷水之硙，亦准此断塞。"④ 碾硙是用于加工研磨小麦、水稻等农作物的工具，一般建于河渠上，依靠水流运转。一旦河水流量不足，就需截断渠水，然而如此便影响了下游地区的农业灌溉。因此，碾硙运行与农业灌溉之间常常产生矛盾，为解决这一矛盾，《水部式》确立了基本原则，即优先灌溉，碾硙不能妨碍灌溉。

唐朝各运河经常有航运与灌溉冲突的事情发生，例如，江南运河、淮

---

① 刘俊文：《敦煌吐鲁番唐代法制文书考释》，中华书局 1989 年版，第 326—354 页。
② 刘俊文：《敦煌吐鲁番唐代法制文书考释》，中华书局 1989 年版，第 326—354 页。
③ 刘俊文：《敦煌吐鲁番唐代法制文书考释》，中华书局 1989 年版，第 326—354 页。
④ 刘俊文：《敦煌吐鲁番唐代法制文书考释》，中华书局 1989 年版，第 326—354 页。

南运河以及汴河等地。在一般地区，灌溉优先于航运。但是，对于一些特殊航道，因为航运关系到整个国家运输动脉，事关全局利益，如汴河，所以即使水源不足，航运与灌溉难以兼顾时，《水部式》也明确要保障航运，灌溉需节用，"百姓须溉田处，令造斗门节用，勿令废运"①。依据这一原则处理用水矛盾，在社会安定、各种利益诉求尚能平衡的时候，是可以做到的。但是在社会动乱，法律实施困难的唐代后期，断航频频出现。例如，处于灌溉时节的汴河地区，由于引水过多，经常发生断航情况。为此，在贞元二年（786年），朝廷派官员督察此事，然而因该地军阀割据，势力混乱，朝廷已无法完全禁止此类行为，而被迫允许开渠引水。故而，每年四月至七月的汴河常有断航发生。可见，航运代表国家整体利益，灌溉代表地方局部利益，在运河水资源不足而社会又动荡之时，如何平衡二者关系，通常要考虑众多因素，法律所确立的原则此时不得不被打破。

第五，对于渔师以及鱼类供应的规定。其内容在 P2507 号《开元水部式残卷》第 92—102 行，规定了渔师数量、分布、主要职责以及供应鱼类的具体机构等。"都水监渔师二百五十人，其中长上十人，随驾京师。短番一百廿人，出虢州。明资一百廿人，出□（房）州。各为分四番上下，每番送卅人，并取白丁及杂色人五等已下户充。并简善采捕着为之，免其课役及杂徭。本司杂户、官户并令教习，年满廿补替渔师。其应上人，限每月卅日文牒并身到所由。其尚食、典膳、祠祭、中书门下所须鱼，并都水采供。诸陵，各所管县供。余应给余处及冬藏，度支每年支钱二百贯送都水监，量依时价给值，仍随季具破除，见在，申比部勾覆。年终具录申所司计会。若有回残，入来年支数。"②

第六，关于各河渠水量分配、管理维护的具体规定。P2507 号《开元水部式残卷》中共有九项法律条文，涵盖了京城、西北地区以及长江流域的多个河渠，不仅范围广，其内容也非常翔实，占了 P2507 号《开元水部式残卷》很大一部分篇幅。

第 1—2 行："泾、渭白渠及诸大渠用水溉灌之处，皆安置斗门，并须累石及安木傍壁，仰使牢固。不得当渠造堰。"③ 这是关于泾、渭白渠管理的规定。

第 12—18 行："京兆府高陵县界清、白二渠交口，着斗门堰。清水恒

① 刘俊文：《敦煌吐鲁番唐代法制文书考释》，中华书局 1989 年版，第 326—354 页。
② 刘俊文：《敦煌吐鲁番唐代法制文书考释》，中华书局 1989 年版，第 326—354 页。
③ 刘俊文：《敦煌吐鲁番唐代法制文书考释》，中华书局 1989 年版，第 326—354 页。

准水为五分，三分入中白渠，二分入清渠。若雨水过多，即与上下用水处相知开放，还入清水。二月一日以前，八月卅日以后，亦任开放。泾、渭二水大白渠，每年京兆少尹一人检校。其二水口大斗门，至浇田之时，须有开下。放水多少，委当界县官共专当官司相知，量事开闭。"[1] 规定了清渠与白渠的水流分配及管理。

第19—23行："泾水南白渠、中白渠、南渠水口初分，欲入中白渠、偶南渠处，各着斗门堰。南白渠水一尺以上二尺以下，入中白渠及偶南渠。若雨水过多，放还本渠。其南、北白渠，雨水汎涨，旧有泄水处，令水次州县相知检校疏决，勿使损田。"[2] 规定了泾水南白渠、中白渠、南渠水量的控制管理。

第24—27行内容为："龙首、泾堰、五门、六门、升原等堰，令随近县官专知检校，仍堰别各于州县差中男卅人，匠十二人分番看守，开闭节水。所有损坏，随即修理，如破多人少，任县申州，差夫相助。"[3] 规定了渠堰的维护管理。

第28—32行规定了蓝田新开渠的维护管理："蓝田新开渠每斗门置长一人，有水槽处置二人，恒令巡行。若渠堰破坏，即用随近人修理。公私材木并听运下。百姓须溉田处，令造斗门节用，勿令废运。其蓝田以东先有水碾者，仰碾主作节水斗门，使通水过。"[4]

第33—35行："合壁宫旧渠深处量置斗门节水，使得平满，听百姓以次取用。仍量置渠长、斗门长检校。若溉灌周遍，令依旧流，不得因兹弃水。"这是关于合壁宫旧渠维护管理方面的规定。

第48—49行规定了同州河西县的水资源使用："同州河西县□水，正月一日以后，七月卅日以前，听百姓用水，仍令分水入通灵陂。"

第36—38行规定了河西诸州水渠的修造管理："河西诸州用水溉田，其州县府镇官人公廨及职田，计营顷亩，共百姓均出人功，同修渠堰。若田多水少，亦准百姓量减少营。"[5]

第52—53行规定如何使用沙州的水资源："沙州用水溉田，令县官检

　　① 刘俊文：《敦煌吐鲁番唐代法制文书考释》，中华书局1989年版，第326—354页。
　　② 刘俊文：《敦煌吐鲁番唐代法制文书考释》，中华书局1989年版，第326—354页。
　　③ 刘俊文：《敦煌吐鲁番唐代法制文书考释》，中华书局1989年版，第326—354页。
　　④ 刘俊文：《敦煌吐鲁番唐代法制文书考释》，中华书局1989年版，第326—354页。
　　⑤ 刘俊文：《敦煌吐鲁番唐代法制文书考释》，中华书局1989年版，第326—354页。

校。仍置前官四人，三月以后，九月以前行水时，前官各借官马一匹。"①

三 《水部式》所反映的唐朝水权制度

作为我国历史上第一部真正意义的"水法"，《水部式》首次以国家法律的形式确认了水权，并确立了一整套与当时社会经济相适应的水权制度。《水部式》所反映的水权制度内容涉及管理机构、用水制度以及涉水刑事责任等。

首先，建立了较为完备的水资源管理机构。唐朝从中央到地方都设立了比较完备的水资源管理机构，配备了专门的管理人员。中央政府设置了两套掌管水利的行政机构，即工部下辖的水部郎中和中央的都水监。其中，在机构编制方面，工部设水部郎中一人，其下有员外郎一人，主事二人，主要职责是制定全国水利行政管理法规，管理湖泊、江河、水运等与水有关的事务。

> 水部郎中、员外郎掌天下川渎、陂池之政令，以导达沟洫，堰决河渠。凡舟楫、灌溉之利，咸总而举之。凡天下水泉三亿三万三千五百五十有九，其在遐荒绝域，殆不可得而知矣。其江、河自西极达于东溟，中国之大川者也；其余百三十有五水，是为中川者也；其千二百五十有二水，斯为小川者也。若渭、洛、汾、济、漳、淇、淮、汉，皆亘达方域，通济舳舻，徙有之无，利于生人者矣。其余陂泽，鱼鳖，茭蒲，粳稻之利，盖不可得而备云。②

都水监是唐代负责水利工程建设与维护的具体执行机构。都水监内又设都水使者、丞与主簿。《唐六典》中具体规定了官员的职责。都水使者："掌川泽、津梁之政令，总舟楫、河渠二署之官署。辨其远近，而归其利害；凡渔捕之禁，衡虞之守，皆由其属而总制之。凡献享宾客，则供川泽之奠。凡京畿之内渠堰陂池之坏决，则下于所由，而后修之。每渠及斗门置长各一人，至溉田时，乃令节其水之多少，均其灌溉焉。每岁，府县差官一人以督察之；岁终，录其功以为考课。"③ 丞是掌判监事："凡京

---

① 刘俊文：《敦煌吐鲁番唐代法制文书考释》，中华书局1989年版，第326—354页。
② 《唐六典》卷七《尚书工部》。
③ 《唐六典》卷二十三《将作都水监》。

畿诸水，禁人因灌溉而有费者，及引水不利而穿凿者；其应入内诸水，有余则任王公、公主、百官家节而用之。"① 主簿负责监管，"凡运漕及渔捕之有程者，会其日月，而为之纠举"②。

在内设机构方面，都水监有舟楫署和河渠署两个部门分别负责管理具体水利事宜。其中，舟楫署负责管理漕运和水上交通，河渠署负责管理河流等水资源利用。河渠署的机构编制比较庞大，下设"令一人，丞一人，府三人，史六人，河堤谒者六人，掌修补堤堰渔钓之事。典事三人，掌固四人。长上渔师十人，短番渔师一百二十人，明资渔师一百二十人"③。河渠令负责："掌供川泽、鱼醢之事；丞为之贰。凡沟渠之开塞，渔捕之时禁，皆量其利害而节其多少。"④ 除此之外，在 P2507 号《开元水部式残卷》第 92—102 行法律条文中，还明确规定了都水监下渔师的设置及职责。

可见，地方水利行政管理机构体系可谓完善。第一，唐朝政府常委派渠堰使对重要河渠进行维护和管理。如贞元十三年（797 年）七月，唐德宗诏令京兆尹韩皋充使修堰，负责昆明池的维护和管理。不过，唐朝的渠堰使大多由地方官员兼任，并非专职的行政官员。第二，唐朝地方州、县长官对本辖区的河流水利负有直接的行政责任。根据《唐六典》记载："京畿及天下诸县令之职，皆掌导扬风化，抚字黎氓，敦四人之业，崇五土之利……若籍帐、传驿、仓库、盗贼、河堤、道路，虽有专当官，皆县令兼综焉。"⑤ 对于地方官员怠于维修河流堤坝行为，根据《唐律疏议》第 424 条"失时不修堤防"规定，主管官吏将被追究刑事责任。第三，唐前期地方州县设有都水官司，其长官称都水令，是地方主管水利的机构，属于中央都水监。都水令的职责是统管一州境内的诸水渠系。在吐鲁番地区也设置知水官，管理水利诸事。第四，唐朝设置渠长及斗门长等基层行政管理人员，具体负责河渠等水利设施和水资源分配管理。

其次，明确用水制度。根据《唐六典》的记载，唐朝政府规定的用水顺序一般是灌溉最先，航运次之，碾硙最后；在运河地段，漕运优先。

---

① 《唐六典》卷二十三《将作都水监》。
② 《唐六典》卷二十三《将作都水监》。
③ 《旧唐书》卷四十四《职官志三》。
④ 《唐六典》卷二十三《将作都水监》。
⑤ 《唐六典》卷三十《三府督护州县官吏》。

"凡水有灌溉者，碾硙不得与争利。"① "凡京畿诸水，禁人因灌溉而有费者，及行水不利而穿凿者，其应入内诸水。有余者则任诸公、公主、百官家节而用之。"② 而 P2507 号《开元水部式残卷》对此也作出了相似规定，第 46—47 行规定了碾硙堵塞河渠，造成河渠损坏时，必须拆除碾硙；第 81—85 行则明确规定了灌溉优先原则。

根据 P2507 号《开元水部式残卷》第 6—7 行法律条文，唐朝的分水原则是均平，"务使均普，不得偏并"。分水按照 P2507 号《开元水部式残卷》第 17—18 行规定，"放水多少，委当界县官共专当官司相知，量事开（闭）"。节水的制度和措施则是根据 P2507 号《开元水部式残卷》第 6—7 行法律条文规定的 "水遍则令闭塞" 和第 33—35 行法律条文规定的 "深处设置斗门节水"。③

最后，建立了严厉的水事刑罚制度。《唐律疏议》第 424 条和第 425 条分别规定，对 "失时不修堤防" 和 "盗决堤防" 两种行为施加严厉的刑事处罚。这一时期的《水部式》中便有 "决泄有时，畎浍有度，居上游者，不得拥泉而颛其腴；每岁少尹一人行视之，以诛不式"④ 的规定。

作为见于文字记载最早的一部水事专门法律，《水部式》的发现，说明唐代对水资源的开发利用已经达到相当高的水平。毫无疑问，《水部式》对研究古代水利发展史有重要意义。同时因其全面性、严密性和特色性，《水部式》对后世水事管理法制也产生了深远影响，尤其是其确立的水权制度，深刻影响了后代水权立法。比如宋代水法多依唐律，采用单行法的立法形式，所制定的《农田水利约束》，与《水部式》均系全国性专门的水利法规。

---

① 《唐六典》卷七《水部郎中员外部》。
② 《唐六典》卷二十三《将作都水监》。
③ 刘俊文：《敦煌吐鲁番唐代法制文书考释》，中华书局 1989 年版，第 326—354 页。
④ 刘俊文：《敦煌吐鲁番唐代法制文书考释》，中华书局 1989 年版，第 326—354 页。

第八章　宋代生态环境资源保护法律制度

宋代生态环境与自然资源受到气候变化、经济重心南移、北方少数民族南侵等众多因素的综合影响。气候方面，宋代处于历史气候的寒冷期，平均温度比前后两个朝代要低，且干旱少雨。北方受此影响较大，农作物种类减少，生长周期变长。于是，大量人口南迁、经济重心渐渐南移，自然资源的开发力度不断增强，南方生态环境亦因人类的干预和影响恶化。而随着北方少数民族南侵，宋朝原辖区被逐步蚕食，辖区内的城市、集镇、乡村环境受到毁坏和重构，原有农耕区的生态环境遭到破坏。

从思想渊源上看，宋代生态环境与资源保护法律受到了"天人合一"思想的深刻影响；从制度形式上看，《宋刑统》《庆元条法事类》《宋大诏令集》等构成宋代生态环境与资源保护法律的框架；从内容上看，宋代生态环境与资源保护法律制度较之隋唐有全新的发展，尤其是为了解决城市人口、环境与能源问题，制定了一系列完整、规范、有效的城市环境与能源管理制度。

第一节　宋代律令与自然资源保护制度

两宋时期，随着经济发展和人口大幅度增加，人类生产生活对自然资源的需求猛增，人地关系日益紧张，资源承载力面临超限风险。有虑及此，政府通过颁布律典和专门诏令加强对自然资源的保护、管理和利用。其一，沿袭历朝奉行的劝课农桑政策，大力推广经济林木种植；在与北方少数民族长期军事斗争的过程中，实行大规模的军事防护林建设。其二，注重对动物资源的法律保护，集中体现在对牛、马等服务农业生产和军事斗争的牲畜保护上；同时，通过颁布大量月令诏书，如祈雨诏、禁捕猎诏和禁屠诏等，保护野生动物。其三，在水资源管理方面，通过颁行《农田水利约束》等专门性法令，确立了水资源利用的基本原则，建立和完善了水资源管理制度，同时兴修了大量水利设施，对水资源的充分利用和水旱灾害的防治起到了积极作用。

一　林木资源保护

宋代林木资源法律保护制度主要涉及鼓励植树造林，禁止乱砍滥伐以及军事防护林建设等。

（一）通过"劝课农桑"政策，推广种植经济林木

农业乃宋朝立国之本，宋代历朝皇帝都注重劝课农桑，"设劝课之法，欲重农桑，广种植也"①。宋朝开国之君宋太祖赵匡胤曾强调："永念农桑之业，是为衣食之源。"② 两宋在推广经济林种植方面的劝课农桑政策，反映在法律诏令中，主要包括以下内容：

其一，通过惩罚不履职的官员，落实"课农桑"制度，保障经济林木的种植。《宋刑统》卷十三《户婚律》专门列有"课农桑"条，该条规定：

> 诸里正，依令授人田，课农桑。若应受而不授，应还而不收，应课而不课，如此事类违法者，失一事，笞四十；（一事，谓失一事于一人。若于一人失数事及一事失之于数人，皆累为坐。）三事，加一等。县失十事，笞三十；二十事，加一等。州随所管县多少，通计为罪。（州、县皆以长官为首，佐职为从。）各罪止徒一年，故者各加二等。③

该条将宋朝下至基层小吏里正，上至县、州长官在劝课农桑方面的责任规定得具体翔实，对失职行为的处罚措施十分明确，可操作性强。从条文可以看出，宋朝基层官员从下到上，对劝课农桑都承担不可推卸的职责，若不履行职责，将受到严厉的刑事处罚，最重刑罚为徒一年（故意则加二等）。这一点，在本条的"议曰"部分逐句作了详细的注解。例如，对该条中"诸里正，依令授人田，课农桑。若应受而不授，应还而不收，应课而不课，如此事类违法者，失一事，笞四十"注解如下：

---

① 《宋史》卷一百七十三《食货志》。
② 《宋会要辑稿·食货六三之六一》。
③ 《宋刑统》卷十三《户婚律》。

依田令，户内永业田课植桑五十根以上，榆枣各十根以上，土地不宜者任依乡法。又条，令应收授之田，每年起十月一日，里正预校勘造簿，县令总集。应退、应受之人，对共给授。又条，授田先不课役，后课役，先无后少，先贫后富，其里正皆须依令造簿通送及课农桑。若应合受田而不授，应合还公田而不收，应合课田农而不课，应课植桑枣而不植，如此事类违法者，每一事有失，合笞四十。①

又如对"一事，谓失一事于一人。若于一人失数事及一事失之于数人，皆累为坐"注解如下：

一事谓失一事于一人者，假若于一户之上，不课种桑枣为一事，合笞四十；若于一人失数事，谓于一人之身，应受不授，又不课桑枣，及田畴荒芜，及一事失之于数人，谓应还不收之类，在于数人之上，皆累而为坐。②

再如对"三事，加一等。县失十事，笞三十；二十事，加一等。州随所管县多少，通计为罪"注解如下：

假有里正应课而不课，是一事，应受而不授，是二事，应还而不收，是三事，授田先不课后课，是四事，先少后无，是五事，先富后贫，是六事，田畴荒芜，是七事，皆累为坐。其应累者，每三事加一等，即失二十二事，徒一年。县失者，亦准里正，所失十事笞三十，二十事加一等，一百七十事合徒一年。州随所管县多少，通计为罪。谓管二县者，失二十事笞三十，失三百四十四事徒一年。其管县多者，通计各准此。③

如对"州、县各以长官为首，佐职为从。各罪止徒一年，故者各加二等"注解如下：

州、县以刺史、县令为首，其长官阙，即次官为首，佐职及判户

---

① 《宋刑统》卷十三《户婚律》。
② 《宋刑统》卷十三《户婚律》。
③ 《宋刑统》卷十三《户婚律》。

曹之司为从。各罪止徒一年，谓州县长官及里正，各罪止徒一年。故犯者，各加二等，即是一事杖六十，县十事答五十，州管二县者，二十事答五十，计加亦准此通计为罪，各罪止徒二年。其州止管一县者，各减县罪一等。若有故失，罪法不等者，亦依并满之法，假如授田等失七事，合杖六十。又有故犯三事，亦合杖六十，即以故犯三事并为失十事科杖七十，其州县应累并者各准此。①

劝课农桑政策的推行，鼓励了经济林木的种植，客观上发挥了保护生态环境与自然资源的功能。前引《宋刑统》"课农桑"条"议曰"部分还进一步明确规定了每户应种植经济林木的下限，即桑树五十根以上，榆树、枣树十根以上，"依田令，户内永业田课植桑五十根以上，榆枣各十根以上，土地不宜者，任依乡法"②。显然，达不到基本种植数量将面临一定的惩罚，如对有责任的地方主官考课降级。可见宋代"劝课农桑"法律关于推广经济林木种植的制度已经相当具体详尽。

其二，通过奖励政策，鼓励种植经济林木。与《宋刑统》注重对不执行劝课农桑政策的官员的处罚不同，南宋所编的《庆元条法事类》则明确规定了对认真执行劝课农桑政策行为的奖励办法，一张一弛，相得益彰。《庆元条法事类》卷四十九《农桑门》中的"赏令""赋役令"和"赏格"条，具有行政法律的性质，规定了对执行劝课农桑政策到位的奖励措施。其中，"赏令"规定了对规劝民户开耕的地方官吏的奖励政策："诸有碱地县令、佐，能劝诱民户开耕，收刈苗稼，计顷应得减磨勘三年而数又及一倍者，奏裁。诸有碱地州主管官，能检察籍记属县劝诱民户开耕收刈苗稼者，以一州所管县通及立定逐等顷数者，依令、佐推赏。"③"赋役令"则规定对开垦荒地农户的税赋优惠措施："诸人户开耕碱地种成苗稼者，令、佐亲诣验实，标立顷亩四至，取乡例立定税租，以五分为额，仍免四料催科。"④而"赏格"则规定了对劝课农桑有功的地方官吏的具体奖励标准，"有碱地县令、佐，能劝诱民户开耕收刈苗稼者：三

① 《宋刑统》卷十三《户婚律》。
② 《宋刑统》卷十三《户婚律》。
③ 杨一凡、田涛主编：《中国珍稀法律典籍续编》（第一册），黑龙江人民出版社 2002 年版，第 682 页。
④ 杨一凡、田涛主编：《中国珍稀法律典籍续编》（第一册），黑龙江人民出版社 2002 年版，第 682 页。

顷，升半年名次；七顷，升一年名次；十顷，减磨勘一年；二十顷，减磨勘二年；三十顷，减磨勘三年"①。

除《庆元条法事类》"赏令""赋役令""赏格"等规定劝课农桑的职责、义务外，皇帝还广泛发布诏令，奖励地方官员及开垦农户。宋太祖赵匡胤曾颁布诏令："所在长吏谕民，有能广植桑枣、垦辟荒田者，止输旧租；县令、佐能招徕劝课，至户口增羡、野无旷土者，议赏。"②绍兴五年（1135年）五月十五日，宋高宗根据户部的建议，下诏颁布实施《守令垦田殿最格》，详细规定了各级官员实施劝课农桑政策的考核、奖励办法，"令三省、吏部、户部、诸路通用"③。梳理史料发现，宋太祖先后于建隆三年（962年）正月颁布《赐郡国长吏劝农诏》，乾德二年（964年）正月颁布《劝农诏》，乾德四年（966年）八月颁布《劝栽植开垦诏》，开宝五年（972年）正月颁布《沿河州县课民种榆柳及所宜之木诏》。宋太宗赵光义于太平兴国七年（982年）闰十二月颁布《置农师诏》，又于至道元年（995年）六月颁布《募民耕旷土诏》。宋英宗治平四年（1067年）闰三月颁布《无夺民时振救失业诏》。④这些诏书都集中反映了宋代对劝课农桑政策的重视程度和推广力度。

其三，将地方官员政绩考课与种植经济林木数量相结合。宋朝出于强化中央集权、控制各级官吏、提高工作效率的目的，对官员考课予以高度重视，对地方官吏的考课标准尤为具体，"以七事考监司"中就包括"劝课农桑、增垦田畴"⑤的内容。因而，劝课农桑受到各级地方官吏的重视。如范仲淹在任襄城知县时，因积极劝导农桑备受百姓爱戴，"教民艺桑，自此人得其利。公去，民不忘，至今号'著作林'。著作，公宰县时官也"⑥。

法律规定了地方官员在任内引导督促农户种植树木必须达到一定数量，否则考评降级处分。《庆元条法事类》卷四十九《农桑门》规定："诸县丞任满，任内种植林木亏三分，降半年名次，五分降一年，八分降

---

① 杨一凡、田涛主编：《中国珍稀法律典籍续编》（第一册），黑龙江人民出版社2002年版，第682页。

② 《宋史》卷一百二十六《食货志》。

③ 《宋会要辑稿·食货六一之八二》。

④ 《宋大诏令集》卷一百八十二《政事三十五之田农》。

⑤ 《宋史·职官志》。

⑥ 《宋人轶事汇编》卷八《范仲淹》。

一资。"① 相反，如果任内种植树木很多，则依考核结果予以奖赏：

> 诸县丞任满，任内种植林木滋茂，依格推赏，即事功显著者，所属监司保奏，乞优与推恩。② 县丞任满，任内种植树木滋茂：三万株，承务郎以上，减磨勘一年；承务郎以下，占射差遣。六万株，承务郎以上，减磨勘二年；承直郎以下，循一资。九万株，承务郎以上，减磨勘三年；承直郎以下，循一资，仍占射差遣一次。③

皇帝对督促种桑的数量也有诏令。如乾道元年（1165 年）正月二十一日，宋孝宗赵昚颁布诏令，规定两淮地区官员须在任内督促种植一定数量的经济林，多种者有奖：

> 应县令丞于本县界内种桑及三万株，承务郎以上减磨勘二年，承直郎以下循一资；六万株，承务郎以上减磨勘四年，承直郎以下循两资，并与占射。守倅劝课部内植二十万株以上，转一官。④

宋代劝课农桑政策的推行取得了良好的成效，桑、榆、枣等经济林作物得以迅速推广种植。宋代的桑林，以河北路、京东路、陕西路、淮南路和成都路最为繁盛。"南北东西本一家，从来河朔富桑麻。"⑤ 河北路号称"绫绢州"，桑麻繁多，种植规模巨大。京东路则是"平原厌次，沃野千里，桑麻之富，衣被天下"⑥，也是宋代主要的植桑养蚕区域，其治下的应天府纺织品质量上乘，官方不惜重金求购。宋太宗就曾颁布诏令，命应天府的税绢归内藏库收贮。⑦ 而广大南方长江流域，桑林同样繁茂，"东

---

① 杨一凡、田涛主编：《中国珍稀法律典籍续编》（第一册），黑龙江人民出版社 2002 年版，第 685 页。

② 杨一凡、田涛主编：《中国珍稀法律典籍续编》（第一册），黑龙江人民出版社 2002 年版，第 685 页。

③ 杨一凡、田涛主编：《中国珍稀法律典籍续编》（第一册），黑龙江人民出版社 2002 年版，第 686 页。

④ 《宋会要辑稿·食货一之三三》。

⑤ 《松隐集》卷十七《过真定》。

⑥ 《苏轼文集》卷一百八《外制制敕七十四》。

⑦ 《宋会要辑稿·食货五一之一》。

南之郡……平原沃土，采柘甚盛"①。劝课农桑推广经济林木的法律和诏令，既实现了发展农业生产，保障人们的物质生活需要，又起到了防止水土流失、抵御水旱灾害的作用，客观上实现了林木资源保护的效果，维护了生态系统的平衡。

（二）大力建设军事防御林

自后晋石敬瑭割让燕云十六州以后，汉唐时期控制北方少数民族南下的北部高地要塞尽失，"自沧海、乾宁、雄、霸、顺安、广信，由中山拒并、代"②，一线成为中原王朝与北方少数民族对峙区域。为了延缓北方少数民族骑兵的进攻速度，避其锋芒，北宋初年已经开始大规模种植军事防护林，即政府在北方边境地区有组织、有计划地种植了大量树木，作为一种重要的军事防御手段。军事防御林的建设客观上有利于北方边境地区森林资源的保护，在宋代林木资源保护实践中具有特殊的地位。

熙宁二年（1069 年），宋神宗颁发军事防护林建设的指令，"安肃、广信、顺安军、保州，令民即其地植桑榆，或所宜木，因可限阂戎马"③。熙宁五年（1072 年）十一月，鉴于沧州"西至满城近二百里，无险可恃，向虏入寇，尝取道于此"，于是"今议植榆为塞，以捍奔卫之势，异时王师可以保固焉"。④ 宋英宗颁布诏令："皇城使程昉、河北缘边安抚司屯田司同相度沧州界塘泊利害及边吴淀滩地，令人户指射栽种桑枣榆柳。"⑤ 熙宁六年（1073 年）秋七月，宋英宗再次颁布诏令，命令安肃、广信、顺安军和保州"人户地内，令自植榆桑或所宜之木，官为立劝课之法"⑥。

崇宁五年（1106 年）二月，据河东沿边安抚司报告："从来禁伐五台山一带林木，以遏胡马之冲。比来颇多盗伐，于边防所系不轻，乞许帅臣诣代州管下诸寨及五台一带与河北相接被边处检视，一岁再往。置人于阻险间，使察捕奸人，从之。"⑦ 宋徽宗颁令照准。宣和三年（1121 年）四月，有官员上书，在忻州、代州、宁化军等地，自仁宗和神宗封禁以来，"积有岁年，茂密成林，险固可恃，犹河朔之有塘泺也"⑧，但是近年情况

---

① 《直讲李先生文集》卷十六《富国策》。

② 《欧阳修全集》卷六十《居士外集》。

③ 《宋史》卷一百七十三《食货志》。

④ 《宋会要辑稿·兵二八之一三》。

⑤ 《续资治通鉴长编》卷二百四十。另见《宋会要辑稿·兵二八》。

⑥ 《续资治通鉴长编》卷二百四十六。

⑦ 《宋会要辑稿·兵二九之三》。

⑧ 《宋会要辑稿·刑法二之八》。

不容乐观，"比年采伐渐多，乞立法禁"①。于是宋徽宗再次颁令，禁止砍伐这些地区的树木。此外，北宋政府还通过减免租税等措施，鼓励种植军事防护林。例如，大中祥符九年（1016 年）八月，宋真宗就颁令："诏河北沿边州郡所种桑榆，自今许人租课及以捣纸。"②

靖康之耻以后，随着南宋与北方少数民族军事对抗前线南移到两淮、荆襄一线，南宋政府又在两淮、荆襄沿边州郡实行军事防护林建设。乾道八年（1172 年）十二月，依据枢密院上奏，对"两淮、荆襄沿边州郡划一约束"③，为加强该地区军事防御能力，宋孝宗颁布六条恤民诏书，强调"要害边关之地，广植杂木榆柳之数，以捍奔冲"④。

绍熙二年（1191 年）三月，根据有官员上书，"淮上一望无阻隔，时下栽植榆柳虽未便何用，缓急亦可为藩篱"⑤。宋光宗于次年颁布诏令，命两淮、京西、湖北、四川等地的主帅，配合本路帅司，"密切差人点检各处近边私小便路，有碍边防去处，同共措置断塞多种林木，令人防守"⑥。

南宋末期，东、西、北三面都被蒙古人占领，四川成为边关要冲，"绵亘四百里，山谿阻限，林木障蔽，初时封禁甚备"⑦。对于这一起着重要防御作用的军事防护林保护，起初，"每帅臣到官，即分遣属吏检阅禁山"⑧，即地方官派员检阅。然而，到绍兴六年（1136 年）四月，太常博士李弥指出，"顷岁以来，一切废弛，加以军兴，而制器械，运粮造船，自近及远，斫采殆尽，异时障蔽之地，乃四通八达"⑨。四川山区森林资源的破坏已经严重影响其军事防御功能。于是，李弥上奏"望诏有司检会禁山条例，严行约束"。基于国家安全考虑，宋高宗下诏，设置四川制置大使司，"禁止采伐，禁山林木"⑩。

南宋的军事防护林建设主要集中在四川、两淮和荆襄地区，范围、规

---

① 《宋会要辑稿·刑法二之八》。

② 《宋会要辑稿·兵二七之一九》。

③ 《宋会要辑稿·职官五九之二八》。

④ 《宋会要辑稿·职官五九之二八》。

⑤ 《宋会要辑稿·兵二九之四四》。

⑥ 《宋会要辑稿·兵二九之四四》。

⑦ 《续资治通鉴长编》卷一百一十六。

⑧ 《宋会要辑稿·刑法二之八三七八》。

⑨ 《续资治通鉴长编》卷一百一十六。

⑩ 《续资治通鉴长编》卷一百一十六。

模都远不及北宋时期。宋代的军事防护林建设客观上都有利于林木资源保护，而且由于森林是一个综合性的生态系统，也间接促进了动物资源、水资源的保护，维系了生态系统的平衡。

（三）禁止乱砍滥伐

宋朝法律对乱砍滥伐等破坏林木资源的行为采取严厉处罚措施，相关规定集中在《宋刑统》《庆元条法事类》以及皇帝颁布的敕、令中。

《宋刑统》卷二十七《杂律》中，"弃毁官私器物树木"条、"食官私瓜果"条、"失火"条，《宋刑统·贼盗律》"发冢盗园陵内草木"条、"贸易官物取人山野刈伐积聚物"条等，都涉及林木资源保护方面的内容。例如，"弃毁官私器物树木"条规定，对毁伐树木者，以盗窃治罪。"诸弃毁官私器物及毁伐树木、稼穑者，准盗论。即亡失及误毁官物者，各减三等。"①

"食官私瓜果"条规定，擅自到官私果园摘取瓜果食用和毁弃瓜果的行为，以坐赃论处；擅自拿走瓜果的行为，按盗窃治罪；主管官员放纵这种行为的，要加重一等治罪。"诸于官私田园辄食瓜果之类，坐赃论，弃毁者亦如之，即持去者准盗论，主司给与者，加一等，强持去者，以盗论。主司即言者不坐。非应食官酒食而食者，亦准此。"②

"失火"条规定，对失火毁林、不按时令烧荒、不及时报告火情、不及时救火等行为，进行严厉处罚：

> 诸于山陵兆域内失火者，徒二年。延烧林木者，流二千里。杀伤人者，减斗杀伤一等。其在外失火而延烧者，各减一等。余条在外失火准此。诸失火及非时烧田野者笞五十。非时谓二月一日以后，十月三十日以前。若乡土异宜者，依乡法。延烧人舍宅及财物者，杖八十。赃重者，坐赃论，减三等。杀伤人者减斗杀伤二等。其行道然火不灭，而致延烧者，各减一等。诸见火起，应告不告。应救不救，减失火罪二等。谓从本失罪减，其守卫宫殿、仓库及掌囚者，皆不得离所守救火，违者杖一百。③

"发冢盗园陵内草木"条对园陵、墓茔内林木资源实施特殊保护，该

---

① 《宋刑统》卷二十七《杂律》。
② 《宋刑统》卷二十七《杂律》。
③ 《宋刑统》卷二十七《杂律》。

条规定："诸盗园陵内草木者，徒二年半。若盗他人墓茔内树者，杖一百。"①

"贸易官物取人山野刈伐积聚物"条规定，擅自将公共林地中的他人财物据为己有，以盗窃治罪，"诸山野之物已加功力，刈伐积聚而辄取者，各以盗论"②。

《庆元条法事类》卷八十《杂门》中也有一些林木资源保护方面的规定，有的与《宋刑统》的规定相似，有的内容为《宋刑统》所未载。《庆元条法事类》对盗伐林木行为的处罚规定得更为详细，"诸系官山林辄采伐者，杖八十，许人告。诸因仇嫌毁伐人桑拓者，杖一百，积满五尺，徒一年，一功徒一年半，每功加一等，流罪配邻州。虽毁伐而不至枯死者，减三等"③。另外，还规定了告发盗伐林木行为的奖励办法，"诸色人告获辄采伐系官山林者，钱三十贯"④。

对于特定区域内林木资源的保护，《庆元条法事类》较《宋刑统》规定得更为详细。如不仅禁止砍伐皇家园陵、私人墓地的林木，还规定所有皇家园陵、名臣贤士、义夫节妇坟塚、岳渎及名山洞府、灵迹界内的山林都不准樵采、创造屋舍及制窑埋葬：

> 诸前代帝王及诸后陵寝，不得耕收樵采。其名臣贤士、义夫节妇坟塚准此。诸系官山林，所属州县籍其长阔四至，不得令人承佃。官司兴造须采伐者，报所属。诸岳渎及名山洞府、灵迹界内山林，不得请佃及樵采。所禁地内亦不许创造舍屋、置窑埋葬。⑤

相比《宋刑统》，《庆元条法事类》对纵火毁林行为予以重点规制，针对纵火者、监管失察者规定了相应法律制裁举措，对告发者则明确了具体的奖惩措施。《庆元条法事类》规定：

---

① 《宋刑统》卷二十《盗贼律》。
② 《宋刑统》卷二十《盗贼律》。
③ 杨一凡、田涛主编：《中国珍稀法律典籍续编》（第一册），黑龙江人民出版社2002年版，第911—912页。
④ 杨一凡、田涛主编：《中国珍稀法律典籍续编》（第一册），黑龙江人民出版社2002年版，第912—913页。
⑤ 杨一凡、田涛主编：《中国珍稀法律典籍续编》（第一册），黑龙江人民出版社2002年版，第912页。

诸故烧黄河堤埽岸并物料厂，依烧粮草法；非向著处，依烧积聚财物法。监专、巡防人失觉察者，各杖一百，非向著处，杖七十，擅离地分致烧者，各加三等。① 告获故烧官山林者，不满一亩，钱八贯；一亩，钱十一贯，每亩加二贯。获兵夫在道若役所放火，杖罪，钱二十五贯；徒罪，钱五十贯；流罪，钱一百贯；死罪，钱二百贯。②

此外，《庆元条法事类》中还有禁止擅自损毁桑柘，禁止春夏时节伐木的规定。"诸人户栽种桑柘，非灾伤及枯朽而辄毁伐者，杖六十"③，"诸春夏不得伐木，若不可待时者，不拘此令"④。

除《宋刑统》《庆元条法事类》等法律外，宋朝历代皇帝发布的诏令中，也有许多禁止乱砍滥伐的内容。例如，为禁止砍伐桑枣等经济林木，建隆三年（962年）九月，宋太祖赵匡胤颁布《禁斫伐桑枣诏》："桑枣之利，衣食所资。用济公私，岂宜剪伐。如闻百姓斫伐桑枣为樵薪者，其令州县禁止之。"⑤ 大中祥符四年（1011年）四月，宋真宗赵恒颁布《禁泰山樵采诏》，禁止在泰山地区樵采；另外又颁布《令十月后方得焚烧野草诏》："火田之禁，著在礼经。山林之间，合顺时令。其或昆虫未蛰，草木犹蕃，辄纵燎原，则伤生类。式遵旧制，以著常科。诸路州县畲田，并如乡土旧例外，自余焚烧野草，并须十月后方得纵火。其行路野宿人，所在检校，无使延燔。"⑥

两宋通过国家法律和诏令等，推行劝课农桑政策以倡导植树造林，构建军事防护林带，并以严厉的刑罚打击乱砍滥伐行为，作为保障。从内容上看，两宋林木资源保护方面的规定比唐代更为完整、详细、具体，更具操作性。这既是生产生活和抵御外敌需要，同时客观上提高森林覆盖率，有利于维持生物资源多样性，以及防止水土流失等自然灾害的频发。

---

① 杨一凡、田涛主编：《中国珍稀法律典籍续编》（第一册），黑龙江人民出版社 2002 年版，第 915 页。

② 《庆元条法事类》卷八十《失火》。

③ 《庆元条法事类》卷八十《采伐山林》。

④ 杨一凡、田涛主编：《中国珍稀法律典籍续编》（第一册），黑龙江人民出版社 2002 年版，第 912 页。

⑤ 《宋大诏令集》卷一百九十八《政事五十一之禁约上》。

⑥ 《宋大诏令集》卷一百八十二《政事三十五之田农》。

二　野生动物保护

宋代的动物保护法令以刑事责任为主，保护对象兼顾了蓄养动物和野生动物。一方面，制定了对军事斗争和农业生产有特殊作用的畜力如牛、马、驼、骡、驴等蓄养动物的保护法律，如《宋刑统·廐库律》中，有"牧畜死失及课不充"条、"乘驾损伤官畜官马不调习"条、"故杀误杀官私马牛并杂畜"条等，以及众多禁屠诏令。[①] 另一方面，有关野生动物保护的法令之严，禁约之细，颇为称道。

野生动物作为一种自然资源，在宋代社会体现为三方面的需求。首先，作为生存资料，满足百姓日常食用的需要。其次，宋朝发达的自由贸易经济环境下，野生动物成为贸易的重要商品，上至皇亲贵族、下至普通市民，捕捉与养殖野生动物作为宠物在社会上蔚然成风。[②] 再者，奢靡之风逐渐盛行，野生动物制品成为上层交往享乐的必备物资。在这样的社会背景之下，加之环境变迁，野生动物生存条件面临巨大挑战，而统治者显然不能漠视野生动物生存现实。因此，宋朝的统治者既遵守"时禁"，继承了"用之有度、取之有时"的保护思想，颁布禁令，又强调以"尊重自然，顺物之性"的理念保护野生动物，反对驯养式的保护。

其一，对野生动物的保护以禁捕诏令形式为主，既是宣扬了统治者的恤民与恭俭，客观上也是保护生长繁殖期的野生动物。建隆二年（961年）二月宋太祖颁布《禁采捕诏》禁止阳春时节采捕虫鱼，弹射飞鸟。

> 王者稽古临民，顺时布政。属阳春在候，品汇咸亨，鸟兽虫鱼，俾各安于物性。置罘罗网，宜不出于国门，庶无胎卵之伤，用助阴阳之气。其禁民无得采捕虫鱼，弹射飞鸟。仍永为定式，每岁有司具申明之。[③]

"王者稽古临民，顺时布政"，代表宋太祖"法古"以"时禁"施政

---

① 如大中祥符九年，宋真宗颁布《禁屠杀牛诏》："薮牧之畜，农耕所资。盗杀之禁素严，阜蕃之期是望。或罹宰割，深可悯伤。自今屠耕牛及盗杀牛、罪不至死者，并系狱以闻，当从重断。"见《宋大诏令集》卷一百九十九《政事五十二之禁约下》。

② 纪昌兰：《试论宋代社会的宠物现象》，《宋史研究论丛》2015年第1期。

③ 《中国皇帝全书》编委会主编：《中国皇帝全书》，大众文艺出版社2010年版，第2412页。

之执政观。阳春之际禁止"采捕""弹射",使鸟兽虫鱼"各安于物性",也符合《月令》"孟春之月……禁止伐木,毋覆巢,毋杀孩虫、胎、夭、飞鸟,毋麛毋卵"①的要求;"永为定式""每岁有司具申明之"体现出宋代统治者意图将政策历代延续的决心。

太平兴国三年(978年),宋太宗颁布《二月至九月禁捕猎诏》,禁止在二月至九月鸟兽繁衍时节进行捕猎活动:

> 方春阳和之时,鸟兽孳育,民或捕取以食,甚伤生理,而逆时令,自宜禁民二月至九月,无得捕猎,及持竿挟弹,探巢摘卵。州县吏严饬里胥,伺察擒捕,重真其罪。仍令州县于要害处粉壁,揭诏书示之。②

此份诏令直接指出"方春阳和之时"捕食鸟兽既"伤生理",又"逆时令",要求地方官员在公共场所显著位置警示民众。

其二,为制止将野生动物作宠物豢养,以及使用其制品的奢靡之风,特别颁布保护禁令。端拱元年(988年)十月,宋太宗颁布了《罢畋游放五坊鹰犬禁诸州不得献鹰犬诏》,"蒐狩之礼"原本旨在"顺时令而讲武事",却由于后世帝王的"失道"而堕成"禽荒"。于是,太宗决心以史为鉴,革除弊政。

> 蒐狩之礼,先王所以顺时令而讲武事也,逮夫失道,遂成禽荒。故五子有洛汭之歌,长卿陈上林之讽,明鉴不远,余风未惩。朕惟怀永图,思革前弊,庶协好生之德,用孚解网之仁。起自今后,除有司顺时行礼外,朕非时更不于近郊畋游,其五坊鹰犬并放之。仍令诸州更不得以鹰犬来献。③

这就强调除了"有司顺时行礼外",不进行畋猎游乐活动,释放驯养的鹰犬,禁止各地进献鹰犬。

天禧三年(1019年)二月,宋真宗颁布《禁采捕山鹧诏》,严厉禁止对山鹧的捕猎行为,要求地方官吏严加监管。

---

① 《礼记·月令》。
② 《宋大诏令集·政事五十一·禁约上》。
③ 《宋大诏令集·典礼三十·弋猎》。

山薮之广，羽族寔繁。眷彼微禽，本乎善斗。致婴羁绁之患，以为玩好之资。悦目则多，违性斯甚。载念有生之类，务敦咸若之仁。属以阳春戒时，动植叶序，特申科禁，俾遂熙宁。自今诸色人，不得采捕山鹧。所在长吏，常加禁察。①

山鹧以"善斗"为特质，社会上盛行"斗鹧"游戏，伴随攀比之风。为禁止斗禽，整肃社会秩序，诏令严禁捕猎山鹧，强调以此为玩乐而"致婴羁绁之患"显然"违性斯甚"，对待有生命的动物，都应该怀有仁人之心，故"特申科禁"。

其三，不只是禁令，还有众多放生诏令。真宗大中祥符二年（1009年）六月颁《纵鹰鹘诏》："三驱之礼，足表于好生，四时之田，宁务于多杀……其教骏所养鹰鹘，除量留十余，以备诸王从时展礼外，自余并去其羁绁，纵之山林，无得更有蓄养。"②"三驱之礼"体现了王者在狩猎中对动物的怜悯之心，至于"四时之田"，强调的也是顺时行猎。对于所豢养的鹰鹘，除少量留用以备"从时展礼"，其余释放，禁止再豢养。

天禧元年（1017年）四月，真宗颁布《放鹰犬诏》：

朕自膺瑞命，即绝畋游，蒐狩之郊，咸恣其耕垦，羽毛之族，尽罢于縶维。其或诏跸时巡，官司景从，置罘弋猎，禁止甚严，动植昆跂，毫芒靡犯，庶乎品汇，普恰至和。但以每岁殊邻，常用鸷禽充贶，执而将命，诚叶礼文，悯彼见羁，深违物性，释其笼槛，俾遂飞翔。其所养鹰鹘猎犬五十三头，宜令入内内侍省因投龙简使臣，赍放名山高僻之所。③

历史上真宗"禁围草地，许民耕牧"④，而诏令中也一再强调朝廷禁止"置罘弋猎"，保护动植物昆虫等，"毫芒靡犯"，因"深违物性"而命将五十三头鹰犬全部投放于"名山高僻之所"，彻底放生。宋代统治者借颁布野生动物保护的禁令、放生令，彰显统治者仁德、宽厚的治国形象，从而树立在民众心中的威望。但客观上对保护特定的野生动物的确起

---

① 《宋大诏令集·政事五十二·禁约下》。

② 《宋大诏令集·典礼三十·弋猎》。

③ 《宋大诏令集·典礼三十·弋猎》。

④ 《宋史·礼志二十四·军礼·田猎》。

到了积极作用。现代学者研究史料认为，宋代放生活动盛行，宋朝中央政府多次下诏，命全国各郡县置放生池，因而宋代的放生池及其碑记远远超越此前或此后的任何一个王朝。[①]

三 水资源管理

由于经济发展、人口增加等因素，生产生活对水资源的需求激增，也引起了统治者的重视。关于有效管理合理分配和利用水资源，两宋相关法律诏令比较完备。考虑到其中城市的供水排水管理实际上可以划归城镇环境管理，因此于下一节讨论，于此不赘。

(一) 确立水资源利用的基本原则

首先，在水资源分配方面，《庆元条法事类》确立了公平用水的原则。

> 诸田为水所冲，不循旧流而有新出之地者，以新出地给被冲之家，虽在他县亦如之。两家以上被冲而地少给不足者，随所冲顷亩多少均给。其两岸异管，从中流为断。[②]

其次，在灌溉用水方面，宋代法律确立了下游优先于上游、水田优先于旱地、漕运灌溉优先于碾硙、兴修水利用工以受益者优先等基本原则。《庆元条法事类》规定："诸以水灌田，皆从下始，仍先稻后陆。若渠堰应修者，先役用水之家，其碾硙之类壅水，于公私有害者，除之。"[③] 同时还规定建造、安装灌溉所需的斗门、堤堰，必须由官府统一组织，由官府派人检视。"诸大渠灌溉，皆置斗门，不得当渠造堰。如地高水下，听于上流为斗门引取，申所属检视置之。"[④]

硙碾让位于灌溉和漕运是宋代法律始终坚持的一项用水原则。宋代制茶业发展很快，硙碾被广泛应用于磨茶，结果妨碍了灌溉和漕运。宋朝对此非常重视，专门发了不少诏令，予以整治。例如，熙宁六年（1073 年）五月，宋神宗赵顼颁布诏令，对因设置硙碾而妨碍灌溉者予以制裁。"诏诸创置水硙碾硾有妨灌溉民田者，以违制论，不以去官赦降原免。官司容

---

① 参见赵杏根《宋代放生与放生文研究》，《上饶师范学院学报》2012 年第 2 期。

② 《庆元条法事类》卷四十九《农田水利》。

③ 《庆元条法事类》卷四十九《农田水利》。

④ 《庆元条法事类》卷四十九《农田水利》。

纵准此。"① 绍圣二年（1095 年）三月，宋哲宗赵煦又颁布诏令，禁止因砲碾妨碍漕运，"诏就差提举茶场水磨官兼提举汴河堤岸，专管自洛至府界调节汴水，应副茶磨，不得有妨东南漕运"②。为了优先灌溉用水，确保农业生产不违农时，《庆元条法事类》明确规定，除非有剩余的水量，否则只能在每年九月一日至十二月的农闲季节才能用水驱动碾砲。"诸小渠灌溉，上有碾砲，即为弃水者，九月一日至十二月终方许用水。八月以前，其水有余，不妨灌溉者，不用此令。"③

（二）建立水资源管理制度

1. 建立和完善水资源管理机构、机制

首先，设立河堤判官、在京都水监等水利管理机构。开宝五年（972年）二月，为加强对河防的管理，宋太祖颁布诏书，决定在开封府天雄军等十七处设置河堤判官，负责水利管理。

> 朕每念河堤溃决，颇为民灾，故尝置使以专掌之。思设僚佐，共济其事。自今开封府、天雄军、郓、澶、沧、滑、孟、濮、怀、郑、齐、棣、德、博、淄、卫、滨十七处各置河堤判官一员，即以逐州通判充；如阙通判，委本州判官兼领之。④

嘉祐三年（1058 年）十一月，宋仁宗颁布诏令，罢三司河渠司，设置专门负责水利管理事务的在京都水监，以加强河防，保护首都东京汴梁安全。⑤

其次，对水患比较严重的地区委派专使，进行巡视和指挥修筑河堤。太平兴国八年（983 年）九月，宋太宗赵光义颁布《遣使按行遥堤诏》，指派专使，按行遥堤。

> 近年以来河堤频决，坏庐舍，坏田亩，数郡被其灾。先是筑遥堤以遏，民利其膏沃。多种蓻居处于其中，河涨即罹其患。宜令殿中侍御史柴成务、国子监丞赵孚、供奉官万彦恭、殿直郭载分往黄河南北

① 《宋史》卷九十五《河渠志》。

② 《宋会要辑稿·食货八之三四》。

③ 《庆元条法事类》卷四十九《农田水利》。

④ 《宋大诏令集》卷一百六十《政事十三·官制一》。

⑤ 《宋史·仁宗纪》。

岸，按行遥堤。有不完处，发丁男治之。①

再次，加强对河道、河防的管理，以及对主管官员履职的监督。宋朝十分重视对占用河道、影响行洪行为的整治。嘉祐五年（1060年）七月，宋仁宗赵祯颁布诏令，明确规定，所有溪涧、沟、渠、泉源等都不得填筑为田；春耕时由农户按田亩均摊出工整修备旱；州县应将水利设施的地名、源流去处、广、狭、深、浅及灌溉亩数等，报都水监，时加检查。治平三年（1066年）年底，宋英宗赵曙颁布诏令，明确规定，陂泽之地，不得壅塞、侵耕，妨碍蓄水疏流；各州、县，分派"乡耆"，逐季巡查，不得容纵侵耕；告发者按侵耕面积，每亩赏钱三千，以犯事人家财充给，并将侵耕所得地利入官；违者，有关官吏及侵耕人，以违制之罪处罚。绍兴二十一年（1151年）十一月，宋高宗说："近闻陂塘水利去处多为人侵占，可令有司措置，无妨众用。"② 还说："须是常平官得人。若监司用心，此等事无虑。闻近时监司多是端坐，不出巡历，提点刑狱职在平反，尤当遍临所部，宜功戒饬。"③ 于是，他先后两次下诏，要求户部和工部进行检查，依法严办，并将检查结果上报尚书省。④

《庆元条法事类》还规定了疏浚河道，以防止水患的申报管理程序：

> 诸雨水过常而潴积为害及于道路有妨者，令、佐监督导决，水大者，州差官计度，仍申监司。若功役稍众，转运司应副并差官同本州相度，行讫，具应用财力及导决次第申尚书本部。⑤

此外，《宋刑统》卷二十七《杂律》"不修堤防盗决堤防"条，明确规定了盗决堤防、官员失职不修堤防或修理不及时等行为的处罚措施，其内容与《唐律疏议》的规定基本一致，例如"盗决堤防，取水供用，无问公私，各杖一百"⑥。即未经允许，盗决堤防取水，无论公用还是私用，都要刑杖一百。

---

① 《宋大诏令集》卷一百八十一《河防·遣使按行遥堤诏》。
② 《宋会要辑稿·食货七之四七》。
③ 《宋会要辑稿·食货七之四七》。
④ 《宋会要辑稿·食货七之四七》。
⑤ 转引自杨一凡、田涛主编《中国珍稀法律典籍续编》（第一册），黑龙江人民出版社2002年版，第684—685页。
⑥ 《唐律疏议》卷二十七《杂律》。

2. 制定专门的水利行政法规

对于水资源的开发利用，唐宋两代都制定了专门的法规。相比唐代，宋代水资源立法又有了新的发展。熙宁二年（1069 年）十一月，主持变法的临时官署——制置三司条例司颁行《农田水利约束》，又称《农田利害条约》①，是宋代在全域范围内进行水利状况普查后颁行的一部鼓励和规范农田水利建设的行政法规。这部法规从酝酿至正式出台历经 20 余年，主要内容包括：第一，关于水利工程计划的提出和报告。鼓励并嘉奖提出兴建、恢复和扩建水利工程计划的人员，并加以核实；各县应当将核实的水利工程计划向上级机构报送，并制定预算；拟建的水利工程所涉河流流经数个州、县的，要求各州、县均应提出相应意见，并向上级机构报送。第二，关于水利工程的实施。各州、县收到水利工程报告后，主管官吏应当与各路提刑或转运官吏进行复查核实，经协商批准后，下令各州、县组织施工；涉及数个州的大型水利工程，应当报送中央并经中央批准。第三，关于水利工程的监管。因水利事务繁重各州、县官员难以应对的，可以增设辅助官吏；因各州、县官员能力不足，无法胜任水利事务管理工作的，应当调动；制定细致的奖惩标准，对于按期完成水利工程的主管人员，给予奖励或录用；对于不能按期完成水利工程的主管人员，责令罚款；对于兴修水利有功的官吏，以功劳大小作为升迁的考量因素，临时委派人员同样比照此方式奖励；采取多种方法，筹集水利建设资金，私人可向官府贷款兴修水利，州、县也可劝谕富家借贷，另有州、县官员被罚款的，所收罚款充抵水利建设费用。

《农田水利约束》颁行后，经不断补充、更新，愈加成熟。熙宁三年（1070 年），专设农田水利事务主管机构——司农寺，明确各州、县报送的周期和内容，并将农田水利事务管理作为政府官吏考绩的重要内容。同时，增设有关灌区的专门性法规，如丽水通济堰依据范成大制定的堰规，设堰首掌管全堰工作。堰首之下，设甲头、溉头、堰匠、堰工等负责下级渠系管理和专业施工，由上述人员和若干受益"田户"共同组成管理机构；并统一制定了各级渠道的尺寸和轮灌办法。熙宁四年（1071 年）新增规定，灌溉按面积分为千顷以上、五百顷以上、百顷以上三等，对兴修水利有功的官吏，分别予以奖励。熙宁五年（1072 年）又新增关于兴修水利占用民田以官田补偿的办法，以及出官钱资助无力承办兴工者的办法。

---

① 黄河水利委员会黄河志总编辑室编：《黄河志》，河南人民出版社 1994 年版，第 129 页。

《农田水利约束》在实施过程中取得了良好的实效。宋神宗熙宁年间，出现了我国历史上兴修水利的高潮，在《农田水利约束》实行的十七年间，全国兴修了一万多处水利工程，[①] 成为古代水资源保护与利用方面值得称道的经验。

第二节　宋代城市环境与能源管理制度

宋代科学技术的进步，促进了农业和手工业的发展，进而推动了本土交易及海外贸易的繁荣。商业的发展促进了市场规模的扩大，全国形成了以城市市场为中心，以镇市、草市为补充的多层级市场。北宋都城东京汴梁和南宋都城临安都成为人口超过百万的大城市。据史书记载，淳化二年（991 年）六月，宋太宗曾讲道："东京养甲兵数十万，居人百万。"[②] 时人孟元老就曾形容东京城"人烟浩穰，添十数万众不加多，减之不觉少"[③]。有学者推算，北宋东京最盛时有户 13.7 万左右，人口 150 万左右，[④] 是当时世界上人口数量最多的城市。南宋都城临安在隋朝时便成为"珍异所聚""商贾并凑"[⑤] 的大城市，自隋以降，人口持续增加，蜕变为一座人口超百万的大城市。作为南宋政治、经济、文化中心，临安"辇毂驻跸，衣冠纷集，民物阜蕃，尤非昔比"[⑥]。据《梦粱录》记载，隋朝时临安仅有 15380 户，到唐贞观年间增至 35071 户，北宋时最高达205369 户，南宋乾道年间达到 261692 户，而咸淳年间更是达到 391259户。[⑦] 以户均 6 口计算，约有一百万人。如果加上军人及其家属和其他不入籍的人口，咸淳年间，临安城内外有一百二三十万人。[⑧]

宋代城市的发展，尤其是汴梁、临安等大城市的出现，在局部地区造成人口增长、经济发展与有限的环境、资源承载量之间的紧张关系。为了

---

① 耿戈军：《宋代的〈农田水利约束〉》，《治淮》2001 年第 1 期。

② 《续资治通鉴长编》卷三十二。

③ 《东京梦华录》卷五《民俗》。

④ 周宝珠：《宋代东京研究》，河南大学出版社 1992 年版，第 348 页。

⑤ 《隋书·地理志》。

⑥ （南宋）吴自牧撰：《梦粱录》卷十二《西湖》，浙江人民出版社 1984 年版，第 102 页。

⑦ 《梦粱录》卷十八《户口》。

⑧ 南宋临安城军队及其他不入籍人员的估算方法，可参照林正秋、赵冈等关于南宋临安人口研究方面的成果。

解决这种紧张关系，实现人口、经济发展与环境、资源的平衡，宋代中央政府实行了一系列行之有效的城市环境与能源管理制度，包括城市供排水、能源管理、城市环境卫生治理等具体内容。这些制度和措施的实行，有效解决了城市生产生活面临的问题，不仅稳定了城市秩序，而且维持、优化了城市环境。

一　城市供排水

城市供排水管理包括对供水系统和排水系统的管理。

（一）供水管理

足够的水源供应，是城市赖以存在和发展的基础，北宋历任皇帝对东京汴梁的供水管理都非常重视。汴河、五丈河、蔡河、金水河四条河流纵横交错于北宋都成东京汴梁城内外，供给宋人生产生活之用。如城南有蔡河：

> 蔡河环绕外城南部，入外城南部提供水源。汴河自西向东横贯东京中部，从外城西墙间入城，再进里城，又经大相国寺南边出里城，向东偏南出外城，是西城、东城和里城南部用水的主要来源。城东偏北是五丈河……横过外城东北部，经开宝寺塔，出外城北部，解决外城东北部的供水问题。①

但河流泥沙混杂，水质不宜饮用：

> 乾德三年，又引贯皇城，历后苑，内庭池沼，水皆至焉。开宝九年，帝步自左掖，按地势，命水工引金水自承天门凿渠，为大轮激之，南注晋王第。真宗大中祥符二年九月，诏供备库使谢德权决金水，自天波门并皇城至乾元门，历天街东转，缭太庙入后庙，皆甃以礲甓，植以芳木，车马所经，又累石为间梁，作方井、官寺、民舍，皆得汲用。②

虽然上述措施解决了汴梁城的大部分供水问题，但仍有需求难以满足。于是，宋朝政府允许临街人户沿街凿井，使得打井取水成为获取水资

---

① 程遂营：《唐宋开封生态环境研究》，中国科学社会出版社 2002 年版，第 169 页。
② 《宋史》卷九十四《河渠四》。

源，保证水资源供应的重要手段。通过上述方法，基本解决了汴梁的水资源供应问题。

熙宁七年（1074 年）十二月二十三日，都水监上言皇帝提出规范京城地区水资源分配与使用的策略，包括两方面：一是统一管理机构，将金水河咸丰门里至街道司口子之间的水段交给西水磨务管理，统一管理权限以便落实责任；二是以政府力量调控水资源的分配，照顾到重点地区的同时，可以避免水资源的浪费。

> 相度将金水河上自咸丰门里下至街道司口子，并割与西水磨务管勾，今后不问河水大小，须管依元定尺寸应副。内并太庙、万寿观等处供使，稍有阙，责在本务。及乞拨与巡河铺分剩员、河寨兵级，令在务管。①

此外，为调节城镇用水资源，北宋初期政府还运用了市场手段，向民众征缴"水课"，直到大中祥符元年（1008 年）九月才免除。"诏京城缘街官渠民汲水课，自今蠲之。"② 所谓"水课"，实际上就是水资源税，虽是宋朝统治者搜刮民财、充实国库的一种手段，却在客观上制止了京城地区人们对水资源的浪费。

（二）排水管理

城市排水系统的设计既要考虑到上游河道的承载能力，也要考虑城市地势以及城内沟渠的分流能力。东京汴梁地势低平、河道交错，河堤决口易造成水灾泛滥，从而对整座城市造成极大威胁，故河渠堤防显得极为重要。北宋建国之初，便下诏"分遣使者发畿县及近郡丁夫数万治河堤。自是岁以为常，皆用正月首事，季春而毕"③。

由于东京汴梁地势低平，排水系统不能有效利用地势，抵御暴雨灾害能力较弱。淳化四年（993 年）七月，"京师大雨，十昼夜不止，朱雀、崇明门外积水尤甚，军营、庐舍多坏"④。天禧四年（1020 年）七月，"京师连雨弥月，甲子夜大雨，流潦泛溢，民舍、军营圮坏太半，多压死

---

① 《宋会要辑稿·方域一六》。

② 《续资治通鉴长编》卷七十。

③ 《续资治通鉴长编》卷八。

④ 《宋史》卷六十五《五行志》。

者"①。因此，完善的排水系统对东京汴梁极为重要。宋朝为将城市内部的积水泻入河流之中，共开挖了二百多条水沟，数量众多且挖掘深广，有力地促进了城市的泄洪排水，"汴都地广平，赖沟渠以行水潦"②。

为保障排水沟渠畅通，每年二月，政府都要派人去疏通沟渠，发现侵占沟渠，设置行洪障碍物者，便责令开封府监督进行拆除，"遣内殿承制阁门祗候刘永崇等与八作司分诣八厢治水口，凡权豪邸第覆压占庇，填阏不通，开封府察举之"③。针对依仗权势、妨碍排水系统的权贵，开封府可以直接向朝廷禀报弹劾。宋仁宗时，"中官势族筑园榭，侵惠民河，以故河塞不通；适京师大水，拯乃悉毁去。或持地券自言有伪增步数者，皆审验劾奏之"④。

宋朝一方面积极治理东京城内分流河道、沟渠，另一方面严格执行排水管理制度，有效缓解了汴梁城的水灾隐患，在供水与排水管理的关系上实现了平衡。

二　能源管理

能源问题在宋代已经成为影响城市生存和发展的重要问题。宋代城市能源主要由木材、木炭、石炭（煤）等构成。作为人口超百万的特大城市，东京汴梁的燃料供应无疑是一个庞大的工程。

（一）木材、木炭的供应管理

旧时，柴薪木炭向来是民众生产生活不可或缺的能源材料。宋代东京汴梁人口众多，手工业发达，城市日常作息对柴薪木炭的需求量不言而喻，能通向东京汴梁的河流基本上都负有运柴送炭的任务。"其惠民、石塘、广济、黄、御、蔡河押薪炭者。"⑤ 该六条主要大河，常年向汴梁运送柴薪木炭。柴炭的运送主要通过汴梁城外的一些主要河渠进行，"汜水白波辇运司柴三十六万斤"⑥，"泗水上供绵、木炭及燕山丝之类"⑦。

宋代柴薪、木炭的供应管理可分为官府和市场两个系统，前者保障官府需要，后者服务民间需求。

---

① 《宋史》卷六十五《五行志》。

② 《宋史》卷九十四《河渠志》。

③ 《续资治通鉴长编》卷一百一。

④ 《宋史》卷三百一十六《包拯传》。

⑤ 《续资治通鉴长编》卷九十五。

⑥ 《宋会要辑稿·崇儒七之五九》。

⑦ 《宋会要辑稿·刑法二之九七》。

1. 官府管理

朝廷组织运到东京城的柴薪，是为了满足官府系统的日常消费。宋朝冗官冗费，庞大的政治机器对柴薪的需求量极大，据记载，仅熙宁十年（1077年）宫廷御厨用"柴一百四十五万四百一十三斤半，炭三千五百五十七秤六斤"①，着实令人震惊。仅在京城地区，皇帝及皇室成员加上文武百官，以及一百多万百姓，一年消耗的柴薪数量令人无法想象。自宋初乾德四年（963年），"始赐百官薪火"②，其后燃料成为官员俸禄支付中的一项。每月给京城各级官员的燃料俸数量有明文规定，"宰相，枢密使，月给薪千二百束。……防、团军事判官，薪十五束，篙三十束。……宰相，枢密使，岁给炭自十月至正月二百秤，余月一百秤"③。另有东京汴梁驻军数十万，燃料的日常消耗也令人瞠目结舌。大中祥符五年（1012年）十二月，宋真宗"赐诸班直、诸军及剩员薪炭有差，军士外戍家属在营者半之"④。

为解决政府各级部门所需柴薪问题，宋朝政府在司农寺下设置了内柴炭库和炭场两个管理机构，"储薪炭以待给用"⑤，其职责是"内柴炭库，掌储薪炭，以给宫城及宿卫直班之赐予。炭场掌储炭，以供百司之用"⑥。二者的职能各有分工，内柴炭库掌储备薪柴、木炭，以供应宫中及赐予宿卫禁军诸班值；炭场不仅负责储存运入京城的纲柴、纲炭，而且还负责储存税柴、税炭，对进入都城的木材、炭薪等商品收税。

2. 市场供应与调控

东京汴梁民间柴薪的供应与管理主要由市场规则来调整，有时辅以政府调控手段。由于市场很大，不但有贩运柴草进城的乡村农户、囤积居奇的柴薪商人。汴梁城内还开设了燃料专卖市场——"炭坊"、燃料集散地和以姓氏命名的炭号店铺，进行柴薪交易。

冬春之际，由于供求关系紧张，加上受到投机商人的操控，有时导致木柴薪炭价格暴涨，甚至北宋前期还因木材燃料的短缺发生过严重的伤亡事件。大中祥符五年（1012年），东京汴梁遇到柴薪供应危机，宋真宗就对宰相王旦等人说："民间乏炭，其价甚贵，每秤可及二百文。虽开封府

① 《宋会要辑稿·方域四之一》。
② 《续资治通鉴长编》卷七。
③ 《宋史·职官志》卷一百二十一《职官十一·奉禄》。
④ 《续资治通鉴长编》卷七十九。
⑤ 《宋史·职官志》。
⑥ 《宋会要辑稿·职官二六之二》。

不住条约，其如贩夫求利，唯务增长。"① 因此，"宜令三司出炭四十万，减半价鬻于贫民"②。但由于市民们奋起抢购，酿成"官场卖炭，人颇拥并，至有践死者"③。好事变坏事，可见当时柴薪市场供应紧张的状况。为此，宋朝在东京汴梁设置了常平仓，储备柴炭，在柴薪短缺而致价格大幅上涨时，政府为了抑制供需矛盾下引起的物价上涨，满足百姓日常生活，开始出面售卖储备的柴薪。同年十二月，"仍令三司常贮炭五、七十万秤，如常平仓，遇价贵则贱鬻之"④。朝廷平抑炭薪价格的措施很快发挥了实效，京城炭薪市场恢复秩序。次年，宋真宗对炭薪价格调控情况颇感欣慰："今岁民间缺炭，朕寻令使臣于新城内外减价，置场货卖四十万秤，颇济贫民。"⑤ 庆历四年（1044 年）正月，东京汴梁再次发生柴薪危机，宋仁宗因此下诏："京城积雪，民多冻馁，其令三司置场，减价出米谷、薪炭以济之。"⑥

除了设置常平仓平抑炭薪价格外，宋朝政府对哄抬价格、囤积居奇等行为等重点打击，有效规范了炭薪市场秩序。由于柴薪市场有利可图，除了商人外，有些皇亲国戚和文武百官也参与操控东京汴梁柴薪市场。一个主要原因是当时法律规定皇亲国戚和文武百官参与柴薪买卖可以免税，于是许多权贵便利用这种规定牟取暴利。例如，"驸马都尉柴宗庆遣家僮自外州市炭入京，所过免算，至则尽鬻以取利"⑦。大中祥符八年（1015 年）闰六月，宋真宗就此下诏，对此进行规范：

　　　　皇族及文武臣僚、僧道诸河般载薪炭刍粟舟船，止准宣敕及中书、枢密院所降圣旨札子内只数与免差遣。如许令将钱出京城门，即置簿拘管。其见今行运有河分交互者，取索元降文字，令行纳换。⑧

（二）石炭的供应管理

石炭（亦称煤炭、石墨）最初是作为北宋东京汴梁出现柴薪危机时

---

① 《宋会要辑稿·食货三七之六》。
② 《宋会要辑稿·食货三七之六》。
③ 《宋会要辑稿·食货三七之六》。
④ 《续资治通鉴长编》卷七十九。
⑤ 《宋会要辑稿·食货三七之六》。
⑥ 《续资治通鉴长编》卷一百四十六。
⑦ 《宋会要辑稿·刑法二之十》。
⑧ 《宋会要辑稿·食货五十之一》。

一种备用的、新型的能源，直到北宋后期才被大量使用。南宋初期的庄绰曾描述："昔汴都数百万家，尽仰石炭，无一家然薪者。"[1] 北宋后期，由于新型能源石炭的大量开发和使用，城市能源结构发生变化，曾长期困扰京城的能源危机有效缓解，东京汴梁很少出现以前因材料匮乏而致人死亡的事件。[2]

鉴于石炭的重要作用，宋朝对石炭的管理采取官方垄断经营模式，对石炭实行纲运制。例如，元符元年（1098 年）四月壬午，宋哲宗就在诏书中提及石炭纲问题："诏曰：'京西排岸司言，西河石炭纲有欠，请依西河柴炭纲欠法。'从之。"[3] 北宋后期，对石炭实行政府专卖，设立石炭场这一专门管理机构，其职能是"掌受纳出卖石炭"[4]，与司农寺所辖炭场"掌储炭以供百司之用"的职能不同，石炭场具有官营的性质，因此，不宜像炭场一样同置于司农寺下，而改由兼管商事的太府寺管辖。

北宋东京汴梁先后设置了 20 多个官卖炭场，包括"河南第一至第十石炭场、河北第一至第十石炭场，京西软炭场、抽买石炭场、丰济石炭场、城东新置炭场"[5]。除官营石炭场外，东京汴梁还有街东车家炭、州桥张家炭、炭场巷以及炭坊巷等经营石炭的私营炭店。[6] 另外，东京的集市上不仅出现了荷大斧斫柴的店铺，而且也有了供香饼子、炭团等煤制品的加工店铺。[7] 宋朝石炭多由官方垄断，加之产量有限，价格高昂，绝大部分民众望尘莫及，因而仍以柴薪为主要燃料。

三 城市环境卫生治理

北宋东京汴梁和南宋都城临安作为人口超百万的特大城市，随着城市规模的逐步扩展，都面临着越来越大的环境压力。例如，居民生产生活会产生大量的废水、固体废弃物，如果处理不善，将污水横流，垃圾堆积成山，严重影响市容市貌和环境卫生，而且如果固体废弃物随意倒入河道、

---

① 《鸡肋编》卷中"石炭"条。
② 参见许惠民、黄淳《北宋时期开封的燃料问题——宋代能源问题研究之二》，《云南社会科学》1988 年第 6 期。
③ 《续资治通鉴长编》卷四百九十七。
④ 《宋史·职官志》卷一百六十五《职官五》。
⑤ 《宋会要辑稿·食货五十六之四》。
⑥ 《东京梦华录注》卷二，宣德楼前省府宫宇。
⑦ 参见（宋）孟元老撰，邓之诚注《东京梦华录注》卷三，中华书局 1982 年版，第 119 页。

沟渠，将会堵塞河渠，影响城市的供排水，削弱城市抵御洪灾的能力，进而导致各种疾疫的产生和蔓延。据记载，仅临安一市，从绍兴元年至淳熙八年（1131—1181年）50年间就暴发了5次大规模的瘟疫，敲响了城市环境卫生治理、防治疾疫的警钟。

宋朝主要从规范排污行为、建立垃圾清理制度和城市绿化三方面来加强城市环境卫生治理。

（一）规范排污行为

其一，法律禁止影响市容市貌的排污行为，惩罚随意排放污水、污染大街小巷的行为。《宋刑统》规定："其有穿穴垣墙以出秽污之物于街巷，杖六十。直出水者无罪，主司不禁与同罪。"①

其二，禁止将固体废弃物倒入沟渠、河道。如绍兴四年（1134年）二月二十七日，刑部上奏称：

> 两浙运副马承家等言，今来沿河两岸居民等尚将粪土瓦砾抛掷已开河内，乞严行约束。本部寻下大理寺立到法，辄将粪土瓦砾等抛入新（河）八十科断。仍令在城都监及排岸外沙巡检常切觉察，如有违戾，许临安府依法施行，及仰本府多出文榜晓谕。今看详，欲依本寺所申。②

刑部根据两浙运副马承家等人的禀报，上奏皇帝请求按照"杖八十科断"的法律规定，严格约束运河两岸居民将粪土瓦砾抛置河中的行为，宋高宗从之。

又如，临安知府吴言淳熙七年（1180年）六月上奏："都亭驿桥南北河道，缘居民多将粪土、瓦砾抛扬河内，以致填塞，流水不通。今欲分委两通判监督地分厢巡逐时点检钤束，不许人户仍前将粪土等抛扬河渠内及侵占去处。"③ 宋孝宗亦从之。

（二）建立垃圾清理制度

宋朝在以汴梁、临安为代表的大城市中建立起完整规范的垃圾清理制度，从具体内容上看，包括街道垃圾、废水收集清理和城市河道、沟渠清理等方面。

---

① 《宋刑统》卷二十六《杂律》。
② 《宋会要辑稿·方域一七》。
③ 《宋会要辑稿·食货八·渠篇》。

其一，街道垃圾、废水收集清理。北宋时期，东京汴梁风沙大、尘灰多，特别是达官显贵们喜乘车驾出行，车驾所到之处灰尘弥漫，易引发不适，故习惯在出行时，遣仆人持镀金水罐洒水于地面，以减少灰尘的影响。城市街道以及居民聚居区的保洁工作则由官民共同负责，既有由官府出面雇用他人收集垃圾并清理；也有经政府引导，为创造宜居环境，由民众自发地清理垃圾并适度利用。南宋临安便出资雇用穷困者、流浪者等需要借此谋生的人员专职垃圾、污秽物的清理，"有每日扫街盘垃圾者，每支钱犒之"①。

民间则由社区或商铺组织收集垃圾、粪便、馊水，并进行多样化的利用，挑拣垃圾中的可用物资，进行二次利用；或将粪便运送至乡村，变卖作为肥料；或集中馊水以饲养家畜等。"人家有泔浆，自有日掠者来讨去。杭城户口繁伙，街巷小民之家，多无坑厕，只用马桶，每日自有出粪人瀽去，谓之'倾脚头'，各有主顾，不敢侵夺。"② 嘉定五年（1212年），时人程珌就对此有比较直观的描述："每见衢、婺之人，收蓄粪壤，家家山积，市井之间，扫拾无遗。"③ 学者程遂营认为："由于居住面积有限，到北宋时期，东京普通居民的家中一般都不设坑厕，多用马桶。每天早晨，有固定人员沿街收取粪便、馊水，用车拉或船载出城。"④

其二，城市河道、沟渠清理。在生产力、生产工具、环保意识均有所欠缺的年代，处理垃圾、污物的方式多为直接倒入河渠。日积月累，垃圾堆积、沟渠堵塞、臭味弥漫，不得不组织定期清理。北宋时期，东京汴梁建立了严格的沟渠清理制度："每遇春时，宫中差人夫监淘在城渠，别开坑盛淘出者泥，谓之'泥盆'，候官差人来检视了方盖覆。夜间出入，月黑宜照管也。"⑤ 即保护夜行人安全，防止其跌入淘井中，采取了专人看管的方式，保洁制度的严密可见一斑。南宋时期，两浙部分城市逐渐形成了定期进行沟渠清淤的制度。临安每隔一段时间就要进行一次大规模的沟渠清理工程。乾道四年（1168年），知府周淙"出公帑钱三十余万缗，米一万六千余斛，招集游手之民"⑥，全面整治河道，疏浚河道1200余丈；

① 《梦粱录》卷十三《诸色杂货》

② 《梦粱录》卷十三《诸色杂买》。

③ 《洺水集》卷十九《壬申富阳劝农》。

④ 程遂营：《唐宋开封生态环境研究》，中国社会科学出版社2002年版，第175页。

⑤ 《东京梦华录注》卷三《诸色杂卖》。

⑥ 《淳祐临安志·河渠》。

同时，"又置巡河铺屋三十所，撩河船三十只，日役军兵六十人"，负责日常的"疏通淤塞"工作，"民甚便之"。①

为了确保京城道路通畅、市容市貌规范有序，宋代在都水监下设立街道司，专门负责城市环境卫生整治，"掌辖治道路人兵，若车驾行幸，则前期修治，有积水则疏导之"②。街道司的人员配置为"勾当官二员，以大使臣或三班使臣领之"。另外，"招置兵士五百人，充街道司指挥功役"③。街道司在履行分内之职的同时，还须配合开封府共同维护京城街道的环境卫生。

商品经济的发达，城市规模的扩大，百万以上人口的聚居，都给宋代城市环境与能源管理提出了新的挑战。宋朝在城市供排水、能源管理、环境卫生治理方面都作出了诸多尝试，包括以立法的形式确立各种禁止性的规范，以行政手段调控能源供应市场的平衡有序，以司法手段加大对违反城市环境与能源管理规定行为的处罚等。放眼整个中国古代史，宋代的城市环境与能源管理制度都可谓最具特色、最为系统、成效也最为显著，为后世解决城市发展过程中的诸多问题，提供了可资借鉴的经验和智慧。

第三节　崇俭禁奢教化与诏令

首先应当明确的是，对勤俭节约这一美德的推崇并非只出现在宋代，而是贯穿整个中国传统文化。老子将"俭"视为处世"三宝"之一："我有三宝，持而保之，一曰慈，二曰俭，三曰不敢为天下先。"④孔子将"俭"与"温良恭谨让"并列为社会的基本道德准则。早在战国初期魏国李悝著《法经》，为完善"礼制"，提倡节俭生活，曾将"淫侈踰制"作为杂律一篇，商鞅在秦国变法时继受该项制度。⑤后为历代律令典章所因袭。《秦会要》还有"毋敢履锦履"记载，对朴素衣着作出要求。⑥进入统一封建国家，虽然浮华、奢靡是帝王贵族生活的基本态势，然则历代仍

---

① 《淳祐临安志》卷十《山川》。

② 《宋史·职官志》卷一百六十五《职官五》。

③ 《宋会要辑稿·职官三十》。

④ 陈鼓应：《老子注释及评介》，中华书局1985年版，第318页。

⑤ 《秦会要》卷六《礼三·禁踰侈》。

⑥ 《秦会要》卷九《舆服·禁锦履》。

有不少帝王大臣，对资源的忧患意识促使其倡导节俭的生活方式。秦朝皇室奢靡浪费，建造豪华宫殿，厚葬之风不绝，最终成为灭亡的重要原因，同时为汉代皇室提供了前车之鉴。汉代有许多禁止奢侈浪费的法令。《西汉会要》在《礼》中专门安排"禁踰侈"①，其中记载，汉初高祖时，规定爵非公乘以上禁止带"刘氏冠"，禁止商人"衣丝乘车"并且"重税之以困辱之"。② 一方面反映了汉初的重农轻商国家政策，另一方面也反映了当时受"黄老"思想影响，提倡节俭生活的主流态度。至汉末哀帝即位，尽管国力日渐衰弱，帝王仍未忘祖训，还下诏曰："制节谨度，以防奢淫，为政所先，百王不易之道也。"③

隋唐时期，秉承了尚"俭"传统，在衣食住行方面，践行"俭德"。唐朝皇帝常常为此发布诏令，弘扬"俭德"，防止奢侈。例如，唐玄宗发布《禁断奢侈敕》，明令阻止相关部门的奢侈之风：

> 雕文刻镂伤农事，锦绣纂组害女红。粟帛之本或亏，饥寒之患斯及。朕故编诸格令，且列刑章，冀以还淳，庶皆知禁。如闻三公以下，爰及百姓等，罕闻节俭，尚纵骄奢。器玩犹擅珍华，车服未捐珠翠，此非法之不著，皆由吏之不举也。宜令所司，申明格令禁断。④

同时自己身体力行。⑤

北宋以来，随着城镇规模扩大，手工业、纺织业、矿业等发展，奢靡之风在社会各阶层盛行，甚至一些大户人家，奴婢仆人都穿着"细纹绮縠，冰纨锦绣"，人们追求建筑宏大且装饰色彩鲜艳、服饰用料华丽，以金银装饰甚至以动物皮毛制衣制帽，这些现象不但逾越礼制，且造成整个社会攀比浪费之风。为刹住奢靡之风，从宋太祖起，历代皇帝发布了许多诏令，在社会推崇节俭，制止奢靡浪费现象。内容诏书大抵可以分为三

---

① 《西汉会要》卷十七《礼十一·禁踰侈》。
② 《西汉会要》卷十七《礼十一·禁踰侈》。
③ 《西汉会要》卷十七《礼十一·禁踰侈》。
④ 《全唐文》卷三十五《玄宗十六》"禁断奢侈敕"。
⑤ 《全唐文》卷三十五《玄宗十六》记载玄宗的《示节俭敕》："朕闻舞者，所以节八音而行八风，岂徒夸翊时人，眩曜耳目而已也。自立韶内府，百有余年，都不出于九重。今欲陈于万姓，冀与群公同乐，岂独娱于一身。且珠翠绮罗，孰非珍玩，尝念百金之费，每惜十家之产。是以所服之服，俱非绮罗；所冠之冠，亦非珠翠。若弋绨之制，大帛之衣，德虽谢于古人，俭不忘于曩哲。庶群公观此，当体朕之不奢。"

类：第一类是禁止僭越礼制、奢侈靡费。第二类则主要是为了在全国提倡节俭，制止滥费。第三类主要是针对某种特定有碍俭德的奢侈行为颁布的诏书，对保护某种特定的资源具有积极作用。

一 禁止僭越礼制

为遵循"礼制"，淳化三年（992年）十一月，宋太宗发布《申禁奢僭诏》，规定："国家先定车服制度，寻以颁行。如闻士庶之间，尚多奢僭之事。重申禁约，用革浇浮。自今御史台纠举之。"① 可见，太宗强调要制定颁行"车服制度"，遵循古训"禁踰侈"，并规定由御史台负责纠举。

景祐三年（1036年）二月，宋仁宗颁布《详定宫室物玩制度诏》：

> 夫俭守则固，约失则鲜，典籍之格训也。贵不逼贱，下不僭上，臣庶之定分也。如闻辇毂之间，士民之众，罔遵矩度，争尚僭奢。服玩织华，务极金珠之饰；室居宏丽，交穷土木之工。倘惩革之弗严，恐因循而滋甚。况历代之制，甲令备存。宜命攸司，参为定式，庶几成俗，靡蹈非彝。其令两制与太常礼院同详定制度以闻。②

仁宗针对社会上僭越礼制不守规矩、以穷奢极侈为荣、衣着华美、大量使用用金银珠宝装饰、居室规模宏大而色彩艳丽等现象，强调遵守"淫侈踰制"的必要性，指出如果不用严厉的法律来禁止，则僭越礼制、奢靡风气将会越来越盛行，后患无穷，遂命令内阁和太常礼院按照历代相关制度规定，制定禁止奢靡之风的详细制度。

嘉祐四年（1059年）五月，仁宗颁布《诫僭奢诏》，以身作则，谆谆教诲："惟是俭勤，敢忘勉励！"③ 并分析奢靡之风原因是上行下效，治理要从上层开始。强调了治理奢靡之风的决心和有效措施："夫令信由于贵始，下化先于上行。眷予一二之臣，其率庶工而警职；俾尔多方之众，勿逾常宪以干刑。庶渐革于侈风，以共趋于治路。"④ 具体要求"凡居室之制，器用之度，冠服之章，妾滕之数，其令中外臣庶，遵守前后条

---

① 《宋大诏令集》卷一百四十八《政事一·礼乐上》。
② 《宋大诏令集》卷一百九十九《政事五十二·禁约下》。
③ 《文忠集》卷八十七《内制集卷六》。
④ 《文忠集》卷八十七《内制集卷六》。

诏"①, 不得僭越礼制, 要求御史台和开封府对僭越礼制的行为纠察闻奏, 并要求诸路州军委派转运使、提点刑狱及各级长吏遵照施行。

二　丰年储蓄, 倡行节约

与禁止奢靡风气同步, 宋代颁布多个提倡百姓丰年多储蓄, 节俭避免浪费, 以备饥荒之年所需的诏令。与禁止性的诏令相比, 倡导性的诏令虽缺乏一定的强制力, 但它们往往关乎民本, 从"生活本位"的原旨出发, 体现出"重民""仁民"的思想, 因此易于得到百姓的支持和回应, 社会影响更加持久深入。

乾德元年 (963 年) 四月, 宋太祖颁布《岁稔诫不得枉费诏》, 告诫百姓珍惜粮食, "其谨盖藏, 毋或捐弃"②。下令州县告谕百姓, "夏麦登熟, 不得枉有靡费"③。

乾德四年 (966 年) 八月, 宋太祖又颁布《长吏令佐告谕敦劝储蓄诏》:

> 时和年丰, 有国上瑞。今三农不害, 百姓小康, 夏麦既登, 秋稼复稔, 仓箱有流衍之望, 田里无愁叹之声, 实上玄之垂休, 岂凉德之所致。诸道刺史、县令等, 职在养民, 所宜敦劝, 各令储蓄, 以备凶荒。尚虑下民恃此丰登, 广有费用, 或蒲博好饮, 或游惰不勤, 有一于兹, 是为弃本。倍宜约束, 无抵宪章。所在长吏及令佐等, 当明加告谕, 使知朕意。④

诏令要求刺史县令等官员, 敦促劝勉百姓丰收之年存储余粮等物资, 为荒年做准备; 对那些浪费、赌博酗酒、游荡懒惰行为要严加法律管制。

太平兴国七年 (982 年) 五月, 宋太宗颁布《使民惇本从俭诏》, 教育百姓勤劳耕作, 则生活有保障。"故一年耕则有三年之食。一日劳则有百日之息。"⑤ 要有忧患意识, 否则后果就可能是饥年忍受不了贫困而

---

① 《宋大诏令集》卷一百四十八《政事一·礼乐上》。

② 《中国皇帝全书》编委会主编:《中国皇帝全书》, 大众文艺出版社 2010 年版, 第 2421 页。

③ 《宋大诏令集》卷一百八十二《岁稔诫不得枉费诏》。

④ 《宋大诏令集》卷一百八十二《政事三十七·财利下》。

⑤ 《中国皇帝全书》编委会主编:《中国皇帝全书》, 大众文艺出版社 2010 年版, 第 2539 页。

"遂至冒法"①。所以，"当及丰候。更为储蓄"②，要在粮食丰收富足之年多储蓄，不可浪费。要求官府告谕百姓，"常岁所入，除租调外，不得以食养犬彘，多为酒醪，嫁娶丧葬之具，并从俭简"③。

天禧二年（1018 年）五月，宋真宗颁布《令储蓄诫奢借诏》④，开篇表达自己恤民、勤政，警示百姓粮食等物资储蓄对应对水旱灾荒之重要性，"将防水旱之虞。在乎储蓄之备"⑤。诏令不仅谴责那些肆意铺张浪费，僭越礼制，追求奢靡生活的恶习和不良风气，要求地方官员认真纠察此类风气。同时，官府还对孝顺父母、友爱兄弟、勤于耕作、储蓄年年有盈余的人给予鼓励、加倍抚恤，"有孝悌力田储蓄岁计者。长吏倍加存恤之"⑥。

三　禁止日常服饰使用金银及动物皮毛装饰

这是一类指向明确的特别诏令，针对的是社会上竞相追逐华丽服装，使用珍贵的金银和野生动物皮毛装饰或制作衣帽、有碍俭德的奢侈行为。这类诏书在整顿竞相攀比的奢靡风气、淳化风俗的同时，客观上也保护了某些特殊的矿产和野生动物资源。

针对珍稀动物及制品，宋太宗于至道元年（995 年）六月颁布《令勿以珍禽奇兽祥瑞来贡诏》，禁止各地进贡各种珍禽奇兽，要求各地政府"自今勿以珍禽奇兽诸祥瑞来贡"⑦。

景祐三年（1036 年），为禁止用鹿胎制作帽子的行为，宋仁宗颁布《禁鹿胎诏》：

> 冠冕有制。盖戒于侈心。麛卵无伤。用蕃于庶类。惟兹麀鹿。伏在中林。宜安濯濯之游。勿失呦呦之乐。而习俗所贵。猎捕居多。资其皮存。用诸首饰。兢刲胎而是取。曾走险之莫逃。既浇民风。且暴天物。特申明诏。仍立严科。绝其尚异之求。一此好生之德。宜令刑部遍牒三京及诸路转运司辖下州府军监县等。应臣僚士庶之家。不得戴鹿胎冠子。及今后诸色人。不得采捕鹿胎。并制造冠子。如有违

---

① 《中国皇帝全书》编委会主编：《中国皇帝全书》，大众文艺出版社 2010 年版，第 2539 页。
② 《中国皇帝全书》编委会主编：《中国皇帝全书》，大众文艺出版社 2010 年版，第 2539 页。
③ 《宋大诏令集》卷一百八十二《政事三十五·田农》。
④ 《宋大诏令集》卷一百八十二《政事三十五·田农》。
⑤ 《宋会要辑稿·职官三之五一》。
⑥ 《宋会要辑稿·职官三之五一》。
⑦ 《宋大诏令集》卷一百五十一《政事四·祥瑞》。

犯。并许诸色人陈告。其本犯人严行断遣。告事人、如采捕鹿胎人支赏钱二十贯文。陈告戴鹿胎冠子并制造人。支赏钱五十贯文。以犯事人家财充。①

诏令规定"不得采捕鹿胎。并制造冠子"②，并且鼓励检举，对告发采捕鹿胎者、戴鹿胎帽子以及制造鹿胎帽子者，均有奖赏，赏钱从罚没的犯事者家财中支取。

为了禁止社会上崇尚、制作、使用黄金制品的行为，仁宗还屡次颁布诏令，如景祐二年（1035年）五月颁布《禁镂金诏》：

> 弊品之兴。金镒为重。制财艺贡。邦用赖焉。洪惟先朝。深鉴治本。特严淟铄之禁。以杜奢僭之萌。而宵人末工。放利矜巧。如闻比日。潜冒禁防。糜坏至珍。崇华首服。浸相贸鬻。阴长奇衺。官司因循。曾未呵纠。宜申布于前令。俾大革其非心。尚或弗悛。罔有攸赦。敦风远罪。当称朕怀。应市肆造作缕金为妇人首饰等物。并严行禁绝。③

黄金是国之重器，但黄金制品也是最盛行的奢侈品。因此，为了刹住奢侈之风，需要设置禁令严格审查黄金制品的生产许可，既要杜绝"糜坏至珍，崇华首服，浸相贸鬻"④ 恶习，同时也要禁止用黄金制作首饰。于是，庆历二年（1042年）五月，宋仁宗又颁布《禁销金诏》，规定"除大礼各有旧制"⑤ 以外，上到宫廷，下到官吏平民，均不得使用黄金制品："内廷自中宫已下，并不依销金贴金镂金间金戗金圈金解金剔金陷金明金泥金楞金背金影金栏金盘金织捻金线等。但系装著衣服并不得以金为饰。"⑥

宋真宗在咸平二年正月也曾颁布过类似的诏书：

> 服用之制，典册具存，傥奢僭以不惩，则耗蠹之滋甚。先禁士庶

---

① 《宋大诏令集》卷一百九十九《政事五十二·禁约下》。
② 《宋大诏令集》卷一百九十九《政事五十二·禁约下》。
③ 《宋大诏令集》卷一百九十九《政事五十二·禁约下》。
④ 《宋会要辑稿·舆服四》。
⑤ 《宋大诏令集》卷一百九十九《政事五十二·禁约下》。
⑥ 《宋大诏令集》卷一百九十九《政事五十二·禁约下》。

之家不得服销金、泥金，如闻尚有踰越。宜令御史台、街司巡察断绝，犯者严断，违禁之物给与巡捉人充赏。其铺户敢制造者，亦令捕捉科罪。诸道州军准此。①

建筑宏大、装饰华丽、色彩鲜艳，是奢靡攀比之风的具体表现。"上梁不正下梁歪"，为了刹住不良风气，真宗于大中祥符元年（1008 年）下诏："大内及宫院诸苑囿等……今后止用丹白，不得以五彩装饰，皇亲士庶之家，亦不得施用"②，建筑上的花纹装饰，"止许用草，不得用缣帛"③。

宋代大量崇俭禁奢的诏令表明，帝王"务菲躬而图俭"④ 教化民众，同时对社会上奢靡之风深恶痛绝，严厉谴责浸逾法度、僭越礼制的行为，并要求朝廷内外、各级官吏以身作则，引导社会"冀椓成于淳化"⑤，努力在全社会形成节俭朴素之风。可见，即便是经济发展、国泰民安、百姓富足之时，统治者依然认识到自然资源是有限的，要维持帝业、保持社会的持续稳定，必须用法律规制不守"礼制"的奢靡浮躁之风。不过，从同一朝代多个皇帝颁布内容相似甚至一个皇帝（如宋仁宗）反复颁布性质、内容类同的诏令（如禁止使用黄金制品的诏令），可见当时诏令的执行效果并不理想。奢靡之风屡禁不止，究其原因，其一应是对奢靡之风造成的危害没有充分认识，其二应是法律诏令执行不到位。尽管多数诏令都要求地方官员"纠举"，但成效不大。对此，北宋诗人陆游曾感慨："先王盛时，山泽有虞，川林有衡，渔猎有时，数罟有禁。洋洋乎，浩浩乎，物各遂其生养之宜……至于后世，德化弗行，厉禁弗施，广杀厚味，暴殄天物，放而不知止。舍耒耜而事网罟者，日以益众。"⑥ 说明当时由于追求奢靡生活，为了食用、把玩野生动物和以野生动物皮毛制作服装，人们在禁猎期、禁渔期使用禁猎工具大肆捕捉野生动物，暴殄天物，严重破坏了动植物的生态系统。

① 《宋会要辑稿·舆服四》。
② 《宋大诏令集》卷一百九十九《政事五十二·禁约下》。
③ 《宋大诏令集》卷一百九十九《政事五十二·禁约下》。
④ 《宋大诏令集》卷一百九十九《政事五十二·禁约下》。
⑤ 《宋大诏令集》卷一百九十九《政事五十二·禁约下》。
⑥ 曾枣庄、刘琳主编：《全宋文》（第二十四册），上海辞书出版社 2006 年版，第 381 页。

第九章　元代生态环境资源保护法律制度

受蒙古族草原生态文化的影响，蒙元的统治者十分重视生态环境与资源保护。元朝建立前，为了保护草原、森林、野生动物等动植物资源以及水资源，蒙古社会已经形成一系列富有特色的传统习俗，并制定了严格周密的法律制度。元朝建立后，统治区域覆盖原两宋版图的种植业区、林业区、渔业区，于是过去围绕游牧业制定的法律随之调整，最终形成以《至元新格》《大元通制》《元典章》为主体的元朝生态环境与资源保护法律体系。特别是在草原生态环境保护方面，蒙元统治者构建了以《大札撒》为核心的法制体系，有效维护了草原生态系统的平衡和草原生态环境的可持续发展，成为元代生态环境与资源保护的鲜明特点。

第一节　蒙古族生态习俗与生态禁忌

相较于农耕民族，作为游牧民族的蒙古族逐水草而居，靠天吃饭，因此生产生活与自然界的关系更为密切。有基于此，再加上传统萨满教"敬天思想"的影响，蒙古族追求自身与自然融为一体，逐渐形成了许多尊重自然、顺应自然的生态习俗和生态禁忌。

一　萨满教生态观

萨满教属于晚期原始宗教。我国北方在不同历史时期出现的肃慎、挹娄、匈奴、勿吉、乌桓、鲜卑、柔然、高车、突厥、契丹、蒙、满等民族都是萨满教的信仰者。各民族对萨满教信仰的本质相同，内容各异，呈现出丰富多彩的少数民族宗教文化特色。论及萨满教的源起，一般认为是在北方自然环境下，由各游牧、渔猎民族求生自然的直接体悟演化而来。先民们在采集、游牧、渔猎活动中依赖自然而善于利用自然，有求于自然而深谙敬畏自然之道，因而萨满教文化蕴含了大量人与自然和谐共生的朴素生态观。

萨满教依附自然而生，它亲近自然，将自然视为有意识、有思想、有灵魂的生命集合体，人类融入自然并成为其中的一分子。萨满教通过赋予山川、花草、鸟兽、虫鱼等与人类同样的生命、意志和灵性，确认人与自然和谐共生的生态机制，肯定、颂扬自然价值。萨满教因其秉持着敬畏自然、尊崇万物的思想，从而在面对自然时催生出许多生态避讳和禁忌，并逐步升格为具有约束力的习惯和规范，实现了人类利益与生态平衡的良好互动。由此形成以"万物有灵"为信仰基础，以"自然崇拜"为信仰内容，致力于协调人与自然和谐发展的萨满教生态观。

（一）"万物有灵"与平等、和谐生态观

萨满教采取"多神教"形式，主张"万物有灵"论，这与萨满教信众长久以来的生产生活方式息息相关。在我国，信仰萨满教的民族多居于北方地区，以今内蒙古、吉林、辽宁、黑龙江为核心。广袤的草原、绵延的山脉、宽阔的河源造就了当地居民世代游牧、渔猎的生产方式。在这一生产方式下，先民们对大自然的依赖是显而易见的。在他们看来，天地万物同样具备生命、力量、智慧，即灵性。自然是亿万生命的集合体，人既融于自然之中，又与自然平等共存。人与自然无主客之分、等级之差，二者呈现出相互依存、彼此抗衡、你中有我、我中有你的生态格局。

"万物有灵"是萨满教特有魂灵体系的基础，亦是萨满教文化的核心。这从萨满教大量的创世神话中可以见得，如蒙古族传说"腾格里"（即天）创造了世间一切可感知的存在物，妥善安排了世间一切不可感知的存在。"腾格里"指定"霍尔穆斯塔神"为代理人，作为最高天神主宰世间一切，维护秩序与安宁，大地则是滋养万物的母亲。① 天地之外，日月星辰、风霜雨雪、电闪雷鸣、山川草木、飞禽走兽等万事万物都是上天用心制造和安排，并经大地抚育滋养而成的，因而其皆具有生命和意志。

"神灵创世、神生万物、万物有灵"② 是萨满教的基本内容与原则。它代表了两层含义：一是与人类生存相关的自然存在物均被拟人化、生命化。人类认同天地万物是具备生存价值、拥有智慧和力量的生命现象，因而当人类为了生存向自然索取物质资料时，遵循的是"有借有还"的逻

---

① ［意］图齐、［联邦德国］海西希：《西藏和蒙古的宗教》，耿升译，天津古籍出版社1989年版，第78页。

② 陈旭：《中国北方民族萨满文化所体现的生态伦理价值观念》，《宗教学研究》2007年第2期。

辑，由此萌生感恩自然的生态价值观。二是赋予与人类生存相关的自然存在物以神的灵魂。例如天有天神、地有地神、山有山神、树有树神、湖有湖神、动物有动物神……人类感知到自然的神秘性，认为天地万物均有神灵主宰，赐予人间祸福。神灵支配人类的命运，只有虔诚地供奉这些神灵，它们才会给予人类帮助。

在"万物有灵"观念基础上，萨满教尊崇人与自然的平等，进一步表露出人与自然亲密的血亲关系。首先，"天人一体"，认同人与自然的同源、同性。萨满教信众"与禽兽居，与万物并""会而聚之，无以相异"，体现了人与自然万物共栖共生的原始生态环境。人、动物、植物同属自然界的一部分，亦同为自然界的产物，虽然具备纷繁复杂、形色各异的生命形态，但性质是同一的。在萨满教众多神话中，人与自然万物的生命可以互相转化，人与自然的灵魂息息相通，呈现自然生命间平等、亲和的关系。其次，确立人与自然的亲情关系和亲属称谓。古代社会劳动力在生产关系中占据绝对主导地位。尽管人类追求生育旺盛，但人类的繁衍速度远不如自然界中的动植物，于是在原始阶段的萨满教，试图通过依附其他生命形式来补充人类的生育能力。信民们开始对诸多动植物都冠以父亲、母亲的称谓，甚至在萨满教神话中出现了人兽交合、共育后代等情景。最后，展示人与自然的道德伦理关怀。萨满教对人与自然亲属关系的定性，决定了人与自然互负道德关怀之义务。

"万物有灵"是由族群创造的原初生态观。这种朴素生态观念展露出来的神秘而古老的情感滋生了萨满教信民敬畏天地万物，尊重自然的神秘性和神圣性；肯定了人与自然的统一性和同构性，把人与自然万物置于一个紧密关联、平等共生、共存共荣的生态环境下；表达了人非宇宙中心、人与自然交互作用并相互制约的事实，强调人的生产活动都应恪守天道，顺应自然。概言之，"万物有灵"论构建了人与自然的生命共同体，折射出人类敬畏自然、尊重自然、与自然和谐相处的美好意愿。

（二）"自然崇拜"与互利生态观

"万物有灵"思想最直观的外在表现，是萨满教信民对自然的敬畏、尊奉、崇拜。一方面，人类在"天地万物皆为灵者"的自然面前万万不敢以"万物之长"或"自然主宰"的身份自居，人类必须承认自身的局限，并保持谦卑态度；另一方面，人类为了生存和繁衍，又不得不向自然索取，利用木材、稻草、树叶、河流、动物等自然资源满足筑屋、取暖、蔽体、解渴、饱腹等生活需要。因此萨满教信民很早便认识到人与自然是普遍联系、相互影响、相互依存的关系。自然赐予人类维持生存的物质资料，人类从感激自然到崇拜自然，逐步演化为自觉承担保护自然的义务。可见，萨满教存在的目的便是满足人类生活与生态环境的双重需要，协调人类利益与自然利益的平衡，进而塑造人与自然之间淳朴的互利生态观。

1. 崇天、敬天

崇天、敬天事实上是萨满教对天人关系即人与自然关系的理解。面对大自然，萨满教强调人与自然的和谐性、亲和性与协调性。在这一理念下，萨满教既把"天"（自然）当作敬奉的对象，又把人当作"天"（自然）的一部分。萨满教重敬天之礼，蒙古族敬畏天地，视天地为万物生长之本，神圣不可侵犯。"元兴朔漠，代有拜天之礼，衣冠尚质，祭器尚纯，帝后亲之，宗戚助祭。"① 古时蒙古族祭天，要找一座山，或一条河，或一个敖包，作为天的象征来祭祀。每岁农历七月七日为祭天日。② 祭典以后，象征天的这座山、这条河也就成为圣山、圣河，成为人们顶礼膜拜的对象，这些山上、河中的一切都会受到保护。

2. 山川、土地崇拜

萨满教对山川的崇拜与先民劳动生息的地理环境有着密切的联系。数世纪以来，天山、阿尔泰山、唐努乌拉山、长白山、大小兴安岭和外兴安岭等山脉绵延起伏，黑龙江及其支流以及鄂毕河、叶尼塞河、勒拿河的上源各支流等水系纵横交错，共同塑造着萨满教信民的生活方式。游牧、渔猎民族"逐水草而居"的特性，使得河川对萨满教而言具有非常特殊且重要的意义。萨满教以河川为神灵，崇拜河川、尊奉河川，诸如向水中吐唾沫、洗涤衣物、乱扔杂物、大小便等行为都被认定是对河神的大不敬，进而演进为水源保护的禁忌和规则。

萨满教信民对土地的尊崇与生俱来，它既体现在对"土地神"的敬拜上，也体现在对土地本身的赞美和爱护之中。"土地神"是萨满教最重要的神祇之一。在蒙古语中，"大地"被誉为"万物起源之母"。长久以来，萨满教信民都拥有着狂热的"祭地"习俗。元代，意大利旅行家、商人马可·波罗便在来华游记中写道："彼等有神，名称纳赤该，谓是地神……大受礼敬……凡时和年丰，家人繁庶等事，皆向此神求之。"③ 这生动地描绘了当时人们祭拜土地神的热闹景象。

---

① 《元史》卷七十二《祭祀一》。

② 白翠英等：《科尔沁博艺术初探》，内蒙古哲里木盟文化处，1986 年，第 13 页。

③ 中国宗教学会秘书处编：《中国宗教学》（第 4 辑），宗教文化出版社 2013 年版，第 75 页。

3. 动植物崇拜

对于信奉"万物有灵"的萨满教信民来说，人与动物的关系是复杂的。人们既要猎取、畜养动物以获得生存必需的食物，又要在动物神灵的光环下尊重、崇敬它们。于此，萨满教关于人类利益与自然利益之平衡的智慧集中体现为动物崇拜思想。在保障人类生存的前提下，萨满教主张尊重其他生命的生存和健康，充分体现了游牧民族追求人与自然互利的生态意识。

萨满教的动物崇拜思想可分为动物神灵崇拜和动物图腾崇拜。前者建立在"万物有灵"的思想基础上，动物保护的种类与范围比较广泛，因此人类让利的空间相对狭小。一般体现为感恩动物以及保护孕期母畜、幼崽、动物繁殖等方面的宗教禁忌，如猎取有度、不肆意滥杀动物等规则。对于后者而言，氏族图腾对全体氏族成员来说无疑是神圣而伟大的，它不仅因为代表了氏族血缘亲属的源头而备受尊敬，更由于其所具有的祖先崇拜文化使得氏族成员相信图腾会对自己护佑有加。因此，氏族成员对图腾动物常怀敬畏、感恩之心，也衍生出行为、食物、言语等方面的禁忌。例如，蒙古族萨满教以狼、天鹅为氏族图腾，故而蒙古族人禁猎苍狼、天鹅。

游牧、狩猎等主要生产活动离不开森林、植被、草木的关照，因而萨满教信民对植物同样有着独特的情感。萨满教的植物崇拜体现在两方面：一是在"万物有灵"的思想指导下，赋予植物生命、意志、灵性，为追求人与自然的和谐，创造祈福的途径，以求得内心慰藉。这一类植物崇拜的范围较广，几乎涵盖了所有类别。二是将特定植物作为本氏族的标志或祖先的化身加以崇拜。这种崇拜类型的适用范围相对狭小，但崇拜的规格更高，禁忌和避讳也更多。

萨满教的动植物崇拜反映了信民对生存在同一自然界中生命体的眷念和关怀之情，并在各种保护禁忌中具体体现。这一方面反映了萨满教主张"天人一体"、人与自然生命共同体的生态智慧；另一方面在客观上有利于维护生物的多样性及资源的永续利用。

二　内容丰富的生态禁忌

在萨满教"万物有灵"观念的影响下，蒙古族在日常生产生活中形成了很多生态禁忌，这些禁忌也成为蒙元生态环境与资源保护法律制度的重要渊源。

其一，关于水的禁忌。蒙古族人将水看成是神圣之物，将污染水源的行为视为对水神的亵渎。在生活习俗的影响下，蒙古族采取多种措施保护水源，例如禁止人们向水中溺尿，不能在河里洗澡，禁止在水中洗濯衣服，不准将垃圾等不洁之物倒入水中，严格保护水源地附近的植被等。除此之外，在节约利用水资源方面，蒙古族也有严格的规定。例如，通过禁止人们徒手汲水，要求必须使用特定器皿，以节约水资源。

其二，关于火的禁忌。由于火既能带来巨大的益处，也能带来重大灾难，古代蒙古人对火敬重有加，故而祭火成为其文化传统中最古老的祭祀活动。在蒙古人看来，火具有灵性，是善良、光明、洁净的象征，是家庭幸福、平安的保护神，更是民族传宗接代的源泉、兴旺发达的根基。历史上，当铁木真箭射别克帖尔时，别克帖尔说的就是："不要毁灭我的火盘，不撇弃别勒古台。"① 此所谓"火盘"象征着香火传承，是蒙古人祖传的家产，毁灭"火盘"也就意味着断子绝孙，是最大的禁忌。此外，蒙古人还规定了有关火的一系列风俗和禁忌，如不能将锋利的刃器插入火中、不能用棍鞭扑打火、不准往火中投不洁之物、不准往火堆泼水、不准从火上面跨过等。

其三，捕猎方面的禁忌。蒙古人打猎要求只打雄性动物，不打雌性动物；只打成年的大动物，不猎杀怀胎母兽与幼仔，若有男人违反禁忌猎取这些野兽，将被视为最无能的表现，受到他人百般揶揄；在捕猎过程中遇到受伤的野生动物，会悉心疗伤豢养；每次围猎的最后，总是以放生大批幼兽和带仔母兽来收场；一旦围猎结束，任何人再不得触犯野兽。蒙古人打猎还忌讳"断群"，即如果猎取十头以上的兽群，必须要放掉几头；如果猎得的全是公兽或赎辈（不孕或空怀）母畜，必须要放生一两头；如果一群动物中只有一头公兽，也必须要将它留下。

其四，草原、森林方面的禁忌。例如蒙古牧人用牛羊粪或拾捡枯树、干枝和落叶取暖、做饭，禁止砍伐树木；禁止连根拔起叶茎药材；禁止在草原出苗或出芽时动土；禁止随便在草场地上挖坑和掘草根；迁移牧地前，一定要掩埋灰烬；如果看见草根或树根被风刮出地面，要下马掩埋等。

这些生产生活方面的禁忌有利于维持草原生态系统的可持续性和修复力，客观上发挥了保护生态环境与资源的作用。

---

① 札奇斯钦：《蒙古秘史新译并注释》，联经出版事业公司 1979 年版，第 82 页。

三 以野葬为代表的生态习俗

优美的生态环境是蒙古人孜孜向往的理想生活环境。蒙古族神话史诗《江格尔》体现了他们对理想生存环境的创造、描述和歌颂。[①] 他们认为，最理想的生存环境就是宝木巴那样的地方，四季如春，没有炙人的酷暑，没有刺骨的严寒，清风飒飒吟唱，宝雨纷纷下降，百草芬芳。[②] 但是，草原生态天然脆弱，过度放牧会导致草原退化、盐碱化、沙化、土壤肥力下降，动物日益减少，水源被破坏，使得整个生态系统以及生物多样性受到威胁，灾害频发，最终将影响草原民族生存与繁衍。于是为了维护草原生态系统的平衡和稳定，古代的蒙古族在长期生产生活中一直严格遵守顺应自然的游牧生活方式，减少因过度放牧而导致的草原生态破坏。例如居住的蒙古包，其支架是树木枝干，其上是毛毡子，无论是对林木、动物等资源的利用，还是对环境的破坏，都是人类长期住宅建筑中最小的。

在蒙古族众多的生态习俗中，最著名也最具代表性的是丧葬习俗，即野葬。《黑鞑事略》记载："其墓无冢，以马践蹂，使如平地。"[③] 野葬，又称天葬或明葬，是蒙古族常见的传统丧葬方式，指将死者装入白布口袋，或用白布、土布缠裹全身，载于牛车，送至荒野，任狐狼、野鸟啄食。这种丧葬方式寓意"生前吃肉成人，身后还肉予禽兽"。因为在蒙古人看来，这是一种自然循环的过程：人生前用其他动植物的生命换来自己生命的延续，那么死后理应将自己交还给大地万物，以报答养育之恩，一饮一啄，蕴含天理。所以，蒙古人实行野葬，死者不入棺、不掩埋，被直接放置在指定的草地上，任由鸟兽吃掉或风化。[④] 时至今日，这种丧葬方式依然在一些人畜稀少、地域辽阔的牧区得以保留。从生态环境保护的角度来看，相比土葬、野葬不动土、不挖坑，对保护草地植被非常有利；相比棺葬，野葬不造棺，不劈柴，对保护草原上稀少的树木非常有利；相比火葬，野葬不火化，不会产生烟气，对维护空气质量非常有利。

蒙古人统一中原后，建立了疆域广阔的元王朝，继承和发展了蒙古族在萨满教"万物有灵""天人一体"生态观影响下形成的生态习俗和禁

---

① 葛根高娃、乌云巴图：《生态伦理学理论视野中的蒙古族生态文化》，《内蒙古大学学报》2002年第1期。

② 贾木查：《史诗〈江格尔〉探源》，汪仲英译，新疆人民出版社1996年版，第132页。

③ 王国维：《王国维遗书》第八册，上海书店出版社1983年版，第254页。

④ 邢莉、易华：《草原文化》，辽宁教育出版社1998年版，第102页。

忌。一方面，元代在中原及江南地区推行汉法、劝课农桑、推广植树、兴修水利；另一方面，元代草原生态保护法律中仍保留了大量的草原民族生态习俗和禁忌。

第二节　元代动植物与水资源保护制度

草原民族时期的习俗禁忌和习惯法，是元代生态环境与资源保护法律制度的重要来源。元代建立之后，《至元新格》《元典章》《大元通制》等成文法典规定了大量生态环境与资源保护制度，其内容涵盖了草原保护、野生动物资源保护、森林资源保护、水资源保护与利用等方面。其中草原保护独具特色，将在第三节做专门阐述，于此不赘。

一　动物保护

动物是草原生态系统中不可或缺的重要组成部分，对草原民族生活生产活动产生巨大影响。元代对动物，尤其是对野生动物的保护，在中国历代王朝中堪称最为突出、最具特色。从忽必烈开始，继承皇位的诸汗都下达过保护野生动物的律令，包括取有时与定时禁屠、设立特定区域、保护特定动物、设立专门机构、围猎有度、弛禁有节等内容。

（一）取有时与定时禁屠

元朝政府始终坚持"取有时"的围猎政策，使野生动物更好地繁衍生息，从而有效保护野生动物资源。蒙古人素来将围猎作为军事训练的重要手段，但春夏不围猎。《大札撒》规定："从冬初头一场大雪始，到来年春牧草泛青时，是为蒙古人的围猎季节。"此外，《北虏风俗·耕猎》记载："若夫射猎，夷人之常业哉，然亦颇知爱惜生长之道，故春不合围，夏不群搜。"① 总体上，春夏时节禁止围猎，秋冬时节才允许捕猎。元宪宗下令："正月至六月尽怀羔野物勿杀，违者治罪。"② 至元三十年（1293 年）规定，只允许每年的九月、十月、十一月围猎，其他时间一概禁止。大德二年（1297 年）又规定，"正月初一为头至七月二十日，不拣是谁休打捕野物者"。皇庆元年（1312 年）又规定，·"今后围猎呵，十月

① 　《北虏风俗·耕猎》。
② 　《元文类》卷四十一《经世大典序录·鹰房捕猎》。

初头围猎……"① 皇庆元年（1312 年）五月，颁布诏令："诸王脱忽恩速失以农时出猎扰民，软禁止之"；皇庆三年（1314 年）三月，"敕拘还所奉玺书。禁天下春时畋猎"②。

　　之所以限制围猎的时间，一是为了不误农业生产时令，二是考虑到春夏间为动物生育繁殖期，三是因为春夏季节动物皮肉经济价值低。正月至七月间，动物处于生长繁育阶段，绒毛未全且瘦弱，如果这时进行捕猎，不仅动物的皮肉价值不高，而且容易捕捉到怀胎母兽、幼兽，影响动物种群的繁衍。故而，元朝规定，不许在此期间进行大型围猎，待到入秋后野兽长膘、绒毛丰满时，方可在特定的区域内有计划、有组织地围猎。《元典章》规定："正月为头，至七月廿日，除毒禽猛兽外，但是禽兽胎孕卵之类，不得打捕，亦不下捕打猪鹿獐兔。"③《大元通制条格》规定："自正月至七月，为野物的皮子肉歹，更为怀羔儿的上头，普例禁约有。"④ 大德元年（1297 年）二月，元成宗颁布圣旨："正月为怀羔儿时分，至七月二十日，休打捕者。打捕呵，肉瘦，皮子不成用，可惜了性命。野物出了踏践田禾么道，依在先行了的圣旨体例，如今正月初一日为头，至七月二十日，不拣是谁，休捕者。打捕人每有罪过者，道来圣旨。"⑤ 同年三月丁亥再次颁布诏令："禁正月至七月捕猎，大都八百里内亦如之。"⑥

　　此外，还有定时禁屠，同样在一定程度上减少人们对动物资源的索取。定时禁屠的时日一般是在元统治者指定的忌日或作佛事的日子，在此期间，禁止围猎、屠宰牲畜。例如，蒙哥汗时期规定，每月初一、初八、十五和二十三日四天不得宰杀牲畜。⑦ 元朝成立以后，定时禁屠成为一项专门制度。据《元史·刑法志》记载："诸每月朔望二弦，凡有生之物，杀者禁之。诸郡县岁正月五月，各禁宰杀十日，其饥馑去处，自朔日为始，禁杀三日。诸每岁，自十二月至来岁正月，杀母羊者，禁之。"⑧ 元世祖忽必烈发布诏令，规定每月朔、望两日禁杀，正月和五月各禁宰牲畜十日，此外，皇帝的"天寿节"也实行禁屠。后来，受吐蕃喇嘛教的影

①　《大元通制条格》卷二十八《杂令》。

②　《元史》卷二十五《仁宗二》。

③　《元典章》典章三十八《兵部·围猎》。

④　《大元通制条格》卷二十八《杂令》。

⑤　《元典章》典章三十八《兵部·围猎》。

⑥　《元史》卷十九《成宗二》。

⑦　《元典章》典章五十七《刑部十九·禁刑》。

⑧　《元史》卷一百五《刑部志四·禁令》。

响，因三月八日、十五日为佛祖诞生、入涅槃之日，三日为元仁宗生日，因此，至大四年（1311年）十一月元仁宗颁布诏令，规定三月一日至十五日禁杀半月：

> 纳牙失里班的苕八哈奏：西天田地里在先传流将来的道理说呵，三月初八日佛降生的日头，当月十五日佛入盘的日头，这日头真个显验，且的刺纳儿经文里有。西天田地里这日头里不教宰杀做好事来。三月初三日皇帝圣节有。一就自三月初一日为始至十五日，大都为头各城子里禁断宰杀半月，羊畜等肉休教入街市卖者，也休教买者。不拣几时做常川断屠呵，皇帝洪福根底的重大福有。么道。奏呵，阿里哈牙参议、秃鲁花帖木儿参议两个奉圣旨：那般者。是大好事勾当有。这里都省里行与各行省各城子里文书者。每年三月里常川禁断宰杀半月者。断屠的日头其间，羊畜等肉休教入街市卖者。么道圣旨了也。钦此。[①]

综上可见，蒙古族从游牧生产方式和生活方式中总结出的"取有时"、定时禁屠的制度，在客观上对动物尤其是野生动物的繁衍与可持续利用起到了有效保障。

（二）设立特定保护区域

元代设立的动物保护特定区域分为两类：一类是与蒙古族宗教、禁忌、习俗紧密相关的禁地、禁区；另一类是以野生动物保护为直接目的的禁猎区。

第一类特定区域指的是禁地、敖包、寺庙以及圣山圣水附近。所谓"大禁地"是指皇帝、贵人沉眠的墓地，有专人看守，在方圆几十甚至几百里的范围内，禁止任何人进入，且该特定区域的生命物和无生命物都不允许受到侵犯。"蒙古有一座名叫不儿罕·合勒敦的大山，从这座山的一个坡面流出许多河流，这些河流沿岸有无数树木和森林……成吉思汗将那里选做自己的坟葬地。"[②] 所谓敖包是蒙古族自然崇拜、祖先崇拜等各种信仰的载体和外化形式，因此其附近的生命物都被蒙古人视为神圣不可侵犯，敖包及其周围地区也就自然而然成为禁地，禁止普通人进入。至于寺

---

① 《大元通制条格》卷二十八《杂令·屠禁》。

② ［波斯］拉施特：《史集》（第一卷第二分册），余大钧、周建奇译，商务印书馆1986年版，第321页。

庙，是因为元朝时藏传佛教逐渐取得了国教的地位，因此在寺院及其附近地区禁止狩猎、砍柴等，使得实际上也成为动植物资源保护的特定区域。此外，受佛教"放生"文化的影响，统治者有时甚至把湖泊划为禁渔地，以保护鱼类等水生生物资源。例如至元二十五年（1288 年）二月，元朝把杭州西湖作为放生池进行保护。①

第二类特定区域是指元朝中央政府划定的围猎禁地。元朝成立以来的历代皇帝都以诏令的形式设立了一系列禁猎区，如中统三年（1262 年）十月，忽必烈颁布诏令将中都四面各五百里地指定为围猎禁地：

> 道与中书省忽鲁不花为头官员，圣旨到日，照依旧来体例，中都四面各伍伯里地内，除打捕人户依年例合纳皮货的野物打捕外，禁约不以是何人等，不得飞放打捕鸡兔。这地面里头若有养鹰鹞飞放的人每，飞放的心有呵，咱每根底问了，教靠着咱每飞放也者。这般省谕了呵，咱的言语别了的，不有罪过那甚么。②

至元十年（1273 年）九月元世祖颁布诏令："禁京畿五百里内射猎……今后拆么诸班鹰鹞，都休放者。东至涿州，南至河间府，西至中山府，北至宣德府，已前得上司言语来底休放者。若有违犯底人呵，将他媳妇孩儿每、头匹、事产，都断没也者。"③清代《日下旧闻考》引《鸿雪录》，对本条诏令作了详细解释：

> 大都八百里以内，东至滦州，南至河间，西至中山，北至宣德府，捕兔有禁。以天鹅、鸉□、仙鹤、鸦鹊私卖者，即以其家妇子给捕获之人。有于禁地围猎为奴婢首出者，断奴婢为良民。收住兔鹊向就近官司送纳，喂以新羊肉，无则杀鸡喂之。自正月初一日至七月二十日禁不打捕，著之令甲。④

这表明，元世祖在位时已经形成了一个以大都为中心，四面扩及五百里的大型围猎禁地，这是元朝统治范围内最重要的禁猎区。

---

① 《元史》卷十五《世祖十二》。
② 《大元通制条格》卷二十八《杂令·屠禁》。
③ 《元典章》典章三十八《兵部》。
④ 《日下旧闻考》卷七十五。

至元十八年（1281 年）五月，忽必烈再次颁布诏令："禁高丽、全罗等处畋猎扰民。"至元二十四年（1287 年）春二月又一次诏令："禁畏吾地禽兽孕攀时败猎。"同年九月诏令："禁宣德府畋猎。"同年冬十月再次诏令："严益都、般阳、泰安、宁海、东平、济宁败猎之禁，犯者，没其家赀之半。"① 不仅仅是世祖，之后的历代元朝皇帝也颁布了许多划定禁猎区的诏令。至大元年（1308 年）冬元武宗颁令："禁奉符、长清、泗水、章丘、霜化、利津、无棣七县民田猎"；同年闰十一月再次颁令："禁江西、湖广、汴梁私捕驾鹅。"②

为确保围猎禁地得到切实保护，元朝一方面严惩偷猎、盗猎行为，另一方面对告发盗猎行为者进行奖励。如《大札撒》规定，奴隶不得背叛主人，但有例外："禁地方围场，奴告主者为良。"③ 至元七年（1270 年）六月，元朝颁布圣旨："今后禁地内除狼、虎、野狐外，如有围猎底人，若奴婢首告出来，断为良者。"④

元朝设立的保护野生动物的特定区域相当于现代的野生动物保护区，它们不但直接保护了野生动物资源，而且保护了区域内的植物资源，维持了局部区域的生物多样性，维系了生态系统的平衡。"有一极美草原，中植种种美丽果树。不少兽类，若鹿、獐、山羊、松鼠，繁殖其中。带麝之兽为数不少，其形甚美而种类甚多，所以除往来行人所经之道外，别无余地。……"⑤ 通过上述《马可波罗行记》第二卷第八十三章《大汗之宫廷》对当时禁猎区的描述，我们可以看到元代特定区域内野生动物保护取得的骄人成果。

（三）特定动物重点保护

其一，禁止捕猎怀胎母兽及幼仔。杀胎者有禁，杀卵者有禁，是蒙古人在日常生活中总结出来的、保护野生动物种群得以正常繁衍的一项重要措施。早在统一中国以前，蒙哥汗就下令："正月至六月尽怀羔野物勿杀。"⑥ 元朝建立后，这一传统进一步制度化。根据《元典章》记载，至元九年（1272 年），元世祖忽必烈下诏："不许杀羊羔，违者重罚。"至

---

① 《元史》卷十六《世祖十三》。

② 《元史》卷二十二《武宗一》。

③ 《元典章》典章三十八《兵部·捕猎》。

④ 《元典章》典章三十八《兵部·违例》。

⑤ ［意］马可·波罗：《马可波罗行记》，冯承钧译，上海书店出版社 2001 年版，第 203—204 页。

⑥ 《元文类》卷四十一《经世大典序录·鹰房捕猎》。

元十六年（1279 年）十二月，"禁杀羊羔儿例"；至元十八年十月，"禁
宰年少马匹"；至元三十年（1293 年）十二月"禁休杀母羊"。至元二十
四年（1287 年），元世祖忽必烈颁布诏令："禁畏吾地禽兽孕孳时畋
猎。"① 至元二十五年（1288 年），其又下令："敕驰辽阳渔猎之禁，惟毋
杀孕兽。"② 至元二十八年（1291 年）再次颁布圣旨："休杀羊羔儿吃，
杀来的人根底打一十七下，更要了他的羊羔儿者。"至元三十年的圣旨又
明确规定："今后母羊休杀者。"③

大德元年（1297 年），元成宗铁穆耳也颁布诏令：

> 在前正月为怀羔儿时分，至七月二十日休打捕者，打捕呵，肉瘦
> 皮子不可用，可惜了牲命……如今正月初一日为头至七月二十日，不
> 拣是谁休捕者，打捕人每有罪过者。④

另外，《至元杂令》规定："诸杂畜有孕皆不得杀。猪羊亦同。其野
物春月含羔时分，亦不得采捕。若有误杀含羔案羊者，于尚良义改。其外
路令所在官司陈首。"⑤《元史·刑法志》也有禁止屠宰母羊的规定，"诸
每岁，自十二月至来岁正月，杀母羊者，禁之"⑥。

在禁止捕猎、屠宰怀胎母兽这一点上，元代法律并没有区分野生动物
和家养动物。如《元典章》规定："正月为头，至七月二十八日，除毒禽
猛兽外，但是禽兽胎孕卵之类，不得捕打，亦不下捕打猪鹿獐兔。"⑦ 可
见，在保护怀胎母兽方面，毒蛇猛兽与野猪、鹿、獐子、兔受到的是同等
保护。

其二，对特殊鸟类进行保护。一些对生态有重要影响又时常被人们作
为美食食用的特殊鸟类，包括鹰、秃鹫、天鹅、鸭、鹊、鹤等受到国家的
特别保护。至大四年（1311 年）五月，元仁宗即位后即颁布诏令："禁民
弹射飞鸟。"⑧《元典章·打捕》规定，"休卖海青鹰鹘""禁捕鴽□鹅鹘"

---

① 《元史》卷二十四《世祖十一》。
② 《元史》卷十四《世祖十一》。
③ 《元典章》典章五十七《刑部·禁屠杀》。
④ 《元典章》典章三十八《兵部·围猎》。
⑤ 黄时鉴辑点：《元代法律资料辑存》，浙江古籍出版社 1988 年版，第 38 页。
⑥ 《元史》卷一百五《刑法四》。
⑦ 《元典章》典章三十八《兵部》。
⑧ 《元史》卷二十四《仁宗一》。

"禁打捕秃鹙"等。① 之所以保护秃鹙，是为了消灭蝗虫。根据《大元通制条格》记载，大德三年（1299 年）七月十八日，中书省就扬州淮安秃鹙帮助消除蝗虫灾害一事请示仁宗，并发布诏令：

> 中书省奏：扬州、淮安管着地面里生了蝗虫呵，正打的其间，伍阡有余秃鹙飞将来，不怕打蝗虫人每，吃得蝗虫饱呵，却吐了再吃，飞呵，一处飞起来，教翅打落，都吃了有。与将图子来有，看了吃子奏呵，百姓每道是。么道圣旨有呵，自来不曾听得这般勾当，皇帝洪福也者，这般说有。奏呵，奉圣旨：您行文书，这飞禽行修打捕者。好生禁了者。②

可见，元代将保护益鸟与治理蝗虫相结合，有效利用生态系统中的生物链防治病虫灾害，这无疑是古人治理生态环境的智慧结晶。

其三，禁止私自屠宰家畜。作为游牧民族，蒙古人对牲畜有着浓厚的人文情怀。如《大札撒》明确规定："禁打马匹之头面。战斗间隙，要放马于草地饱食，禁止骑乘。"③ 13 世纪中期，法国人鲁不鲁乞在《东游记》中写道："鞭打马面者要受到处罚，甚至不许用马鞭接触箭和捕杀鸟类。"④

元代，由于牛、马、羊等家畜是人们生产生活的重要物质来源，为限制牲畜屠宰，统治者通过发布大量诏令的形式对私宰家畜的行为予以严厉处罚。如中统二年（1261 年），元世祖忽必烈下旨规定："凡耕佃备战，负重致远，军民所需，牛马为本。往往公私宰杀，以充庖厨货之物，良可惜也。今后官府上下、公私饮食宴会并屠肆之家，并不得宰杀牛马，如有违犯者，决杖一百。"⑤ 次年十二月，"申严屠杀牛马之禁"⑥。此外，还有元成宗于大德七年五月诏令："赏捕私宰牛马"，于大德七年九月禁"偷宰马牛"。至大四年二月，元武宗也颁发诏令，禁止"私宰牛马"。⑦

---

① 《元典章》典章三十八《兵部·打围》。
② 杨一凡、田涛主编：《中国珍稀法律典籍续编》（第二册《通制条格》），黑龙江人民出版社 2002 年版，第 613 页。
③ 奇格：《再论成吉思汗〈大札撒〉》，《内蒙古社会科学》（文史哲版）1996 年第 6 期。
④ 参见［英］道森编《出使蒙古记》，吕浦译，中国社会科学出版社 1983 年版，第 12 页。
⑤ 《元典章》典章五十七《刑部·禁宰杀》。另外，《元史·世祖纪》也有相关记载。
⑥ 《元史》卷五《世祖二》。
⑦ 《元典章》典章五十七《刑部·禁宰杀》。

这些禁令最后都被写入《元典章》刑部十九、典章五七《禁宰杀·赏捕私宰牛马》。

根据《大元通制条格》规定，私宰牛马者决杖一百，并罚钱至元钞二十五贯；对知情不举的邻居、失察的坊里正、主首、巷长、局院军人头目等相关人员都要处以相应刑罚；对举报有功者实行奖励。

> 私宰马牛，正犯人决杖一百，仍征至元钞二十五贯，付告人充赏；两邻知而不首，决廿七下；坊里正、主首、巷长、局院军人头目有失觉察，决五十七下。见杀马牛人要讫钱物，决七十七下。[①]

《元史·刑法志》对此有更为详细的记载：

> 诸私宰牛马者，杖一百，征钞二十五两，付告人充赏。两邻知而不首者，笞二十七。本管头目失觉察者，笞五十七。有见杀不告，因胁取钱物者，杖七十七。若老病不任用，从有司辨验，方许宰杀。已病死者，申验开剥，其筋角即付官，皮肉若不自用，须投税货卖，违者同匿税法。有司禁治不严者，纠之。诸私宰官马牛，为首杖一百七，为从八十七。诸助力私宰马牛者，减正犯人二等论罪。诸牛马驴骡死，而筋角不尽实输官者，一副以上，笞二十七；五副以上，四十七；十副以上，杖六十七，仍征所犯物价，付告人充赏。[②]

不过，由于牛羊肉是蒙古人的主要食物来源，民间私自屠宰牲畜的行为无法禁绝，因此屠宰管理制度难以切实落地。为此，元代名臣王恽极力呼吁落实屠宰管理制度，提出对私自屠宰马牛的行为加重处罚。他在《为春寒马牛损伤课程带纳马匹事状》中奏言："窃惟马牛，耕战之本，会验明有条，禁马不得驾拽车碾，牛不得私下宰杀，随路有司奉行甚严。今京畿之间，其牛马非理用度，甚者至于驼犁耕种，公然屠宰，以为寻常，兹有司之过也。今后犯者，宜加重论罪，庶几民知畏避，不致日有虚耗。"[③] 为了劝阻百姓私自屠牛，他还专门作诗曰："上司禁汝莫屠牛，间

---

① 黄时鉴辑点：《元代法律资料辑存》，浙江古籍出版社 1988 年版，第 69 页。
② 《元史》卷一百五《刑法四》。
③ 《秋涧先生大全文集》卷八十五。

有人来告事由。岂止到官刑罪惨，怨仇相结几时休。"①

综上，蒙古人对牲畜的爱护，以及元朝禁止私自屠宰牲畜的法律制度，对维护马、牛、羊等家畜的繁衍生息，实现动物资源利用与保护的平衡发挥了重要的作用。

（四）围猎有度、弛禁有节

围猎有度和弛禁有节是蒙古族在野生动物的利用与保护方面的两个重要特征。

围猎有度主要表现为定期休猎、禁止纵火围猎、放生幼小的和雌性猎物等措施，避免灭绝性的围猎。明朝重臣萧大亨在《北虏风俗》中对蒙古族人围猎的情况作了描述："惟三五为朋，十数为党，小小袭取。以充饥虚而已。"② 为防止动物遭到毁灭性捕猎，维持生物资源的可持续利用，除了保留蒙古人古老的放生、忌讳"断群"等习俗以外，朝廷又立法禁止狩猎时纵火驱赶动物，如《元史》记载："诸纵火围猎，延烧民房舍钱谷者，断罪勒偿。"③ 不仅如此，《大札撒》第21条规定："狩猎结束后，要对伤残的、幼小的和雌性的猎物进行放生。"④

此外，蒙古族人在处理围猎与禁猎的关系上坚持"弛禁有节"原则，在遵照法律关于禁猎区和禁猎期规定的同时，根据年景的好坏和农业生产的时令做出灵活的调整。例如"岁饥而盗猎禁地者赦"⑤，就是处理盗猎行为、保护动物资源所确立的一个司法原则，即是指遇到灾荒之年时，为应对农业、畜牧业遭受损失，百姓食不果腹等问题，中央政府应适当开放围猎禁地。再如，至元二十六年（1289年）十二月二十八日，"奏檀州禁地内刘德成杀食野物，早已词伏，缘其因缺食，违禁救死，出不得已。其家有牛二十头，若依例籍没，何以为生，奉旨免之。明年，房山民，亦以饥犯禁，依前例奏免之"⑥。至元二十八年（1291年）十一月，"武平、平滦诸州饥，弛猎禁，其孕字之时勿捕"⑦。可见，围猎的弛禁政策往往以不误农业生产为前提，以维护农业生产的顺利进行。皇庆元年（1312

---

① 《秋涧先生大全文集》卷六十二。

② 《北虏风俗·耕猎》。

③ 《元史》卷一百五《刑法四》。

④ 《元文类》卷四十一《经世大典序录》。

⑤ 《元文类》卷四十一《经世大典序录·鹰房捕猎》。

⑥ 《元文类》卷四十一《经世大典序录·鹰房捕猎》。

⑦ 《元史》卷十六《世祖十三》。

年）正月，因田禾不收，百姓饥困，皇帝放弃了飞放活动；① 第二年（1313年）九月，"奉防腹怀地今年田禾灾伤诸位下毋令实保齐巴尔齐前供"②；泰定三年（1326年）八月，统治者更是"以灾变罢猎"③。有学者统计，元代颁布类似的禁令约有10项。④

（五）设立专门狩猎管理机构

狩猎在蒙古族的生产生活中占有重要的地位，不仅是一种军事训练的重要手段，而且为畜牧业的发展创造了条件。狩猎的过程往往伴随着驯化。猎物被驯化后成为可圈养的牲畜，在这个过程中，蒙古人逐渐认识到动物资源可持续利用的重要性，于是对狩猎的管理越发严格。

随着狩猎活动的常态化和对狩猎效率的追求，蒙古大汗和宗王开始培养大批的钦纽奇（猛犬看管者）和昔宝赤（鹰人、鹰师），统称为打捕鹰房或猎户。这一方面是因为蒙古社会上层认为野生动物是其私有财产，其他人不得干预；另一方面也是因为他们意识到了野生动物资源保护的重要性。因此，为制止和打击偷猎行为，出现了"看守人""管围场官"等管理围猎禁地的专职官员，主要从钦纽奇、昔宝赤或打捕户中选拔任命。

到了窝阔台合罕时期，打捕鹰房的数量增多，管理出现混乱。于是，窝阔台于乙未年（1235年）下令，"籍打捕鹰房户，属御位及诸王公主驸马，置打捕鹰房"⑤，设置了专门管理打捕鹰房的机构，并以职能作为官名。打捕鹰房的设立规范了"钦纽奇"和"昔宝赤"的管理，实现了职能的扩展。除此之外，打捕鹰房还掌握了禁猎区捕猎的专有权、围猎禁地的管理权以及对偷猎、盗猎行为的纠察权。元朝成立以后，忽必烈加强整顿御位及诸王公主驸马所属的打捕鹰房，于各地设置地方管理打捕鹰房的专门机构。至元二十六年（1289年）四月，"置江西福建打捕鹰房总管府"⑥。

总之，打捕鹰房、"看守人""管围场官"等专门机构或官职的设立，有助于蒙元动物资源保护法律的落实。

---

① 《元文类》卷四十一《经世大典序录·鹰房捕猎》。
② 《元文类》卷四十一《经世大典序录·鹰房捕猎》。
③ 《元史》卷三十《泰定帝二》。
④ 参见王凤雷、张敏杰《元代野生动物保护法再探》，《内蒙古师范大学学报》（哲学社会科学版）2005年第6期。
⑤ 《元文类》卷四十一《经世大典序录·鹰房捕猎》。
⑥ 《元史》卷十五《世祖十二》。

二　森林资源保护

入主中原以后，元朝森林资源保护的措施主要包括经济林木、景观林木以及特殊区域林木的种植与利用。

（一）劝课农桑，发展经济林木

蒙古人占领中原、建立元朝以前，主要靠游牧为生，因此劝课农桑尚未成为基本国策，直到建立元朝后，为适应中原及南方地区农耕社会的现实环境，劝课农桑方才成为元朝的一项基本国策。如今看来，劝课农桑政策的推行，尤其是鼓励种植经济林木的政策，是元代森林资源保护的重要举措，有效扩大了全国森林资源的储备量。

为了落实劝课农桑，元朝的统治者作了一系列制度设计。首先，地方各级官吏都负有劝课农桑之责，劝课农桑成果成为考核地方官吏业绩、决定地方官吏升迁的主要标准之一。元朝皇帝曾经多次发布诏令，督促地方官吏履行劝课农桑之责。例如，至元二十九年闰六月，元世祖忽必烈颁布诏令，要求各级官吏，履行劝课农桑之责：

> 仰各道肃政廉访司照依已降圣旨，巡行劝课，举察勤惰。随路若有勤谨官员，仰各路具实迹牒报，巡行劝农官体覆得实，申大司农司呈省闻奏，于铨选时定夺。如文字迟慢，仰廉访司官即将当该司吏，对提点官就便取招，申大司农司责罚。其各路并府州提点官违慢者，大司农司取招呈省定夺。外据社长委有公谨实效之人，行移巡行劝农官体察得实，申覆大司农司定夺。如有违慢者，仰就便依理责罚黜罢。这般省谕了呵，劝农官吏人等却不得因而取受，看循面情，非理行事。本处官司及不以是何人等，亦不得使气力搔扰社长，妨夺劝农事务。如违治罪。仍仰肃政廉访司照依已降圣旨，更为体察施行。①

> 前项农桑水利等事，专委府州司县长官，不妨本职提点勾当。若有事故，差出以次官提点。如但有违慢沮坏之人，取问是实，约量断罪。若有恃势不伏或事重者，申覆上司究治。其提点官不得勾集百姓，仍依时月下村提点，止许将引当该司吏壹名，祇候人壹贰名，毋得因而多将人力，搔扰取受。据每县年终比附到各社长农事成否等第，开申本管上司通行考较。其本管上司却行开坐所属州县提点官勾当成否，编类等第，申覆司农司及申户部照验。才候任满，于解由内

---

① 《大元通制条格》卷十六《田令·农桑》。

分明开写排年考较到提点农事功勤废情惰事迹，赴部照勘呈省，钦依见降圣旨比附以为殿最。提刑按察司更为体察。①

根据上述规定，路、府、州、县达鲁花赤、管民官、提点农桑水利官员等人都负有劝课农桑之责，由肃政廉访司对上述各级官吏进行监察，并将结果报送大司农司，大司农司根据业绩大小决定奖罚。对于倚仗权势，滥征民力，妨碍农时，不履行劝课农桑之责者，提刑按察司负责督查。

其次，为保证劝课农桑政策的贯彻实施，元朝还在最基层设立社长一职，"诸社长本为劝农而设"，专门负责基层的劝课农桑事宜：

> 今后凡催差办集，自有里正、主首。其社长使专劝课，凡农事未喻者，教之，人力不勤者，督之，必使农尽其功，地尽其利。官司有不复，遵守妨废劝农者，从肃政廉访司究治。②

社长不仅要督促社内民众尽力耕种，而且有权对游手好闲、不务农桑者进行责罚：

> 诸州县官劝农日，社内有游荡好闲、不务生业，累劝不改者，社长须得对众举明，量行惩戒。其社长若年小德薄，不为众人信服，即听询举深知农事高年纯谨之人易换。③

再次，元朝规定每个男丁每年都要栽种一定数量的经济林木。例如，元世祖忽必烈颁布"农桑之制"十四条，规定"每丁种桑、枣二十株，土性不宜者，折种榆柳"④。至元二十三年（1286年）六月十二日，中书省上奏，元世祖忽必烈发布诏令：

> 每丁周岁须要创栽桑枣贰拾株或附宅栽种地桑贰拾株，早供蚁蚕

---

①　《大元通制条格》卷十六《田令·农桑》。
②　黄时鉴校点：《元代法律资料辑存·至元新格·治民》，浙江古籍出版社 1988 年版，第 17 页。
③　黄时鉴校点：《元代法律资料辑存·至元新格·治民》，浙江古籍出版社 1988 年版，第 17 页。
④　《元史》卷九十三《食货一》。

食用。其地不宜栽桑枣，各随地土所宜，栽种榆柳等树，亦及贰拾株。若欲栽种杂果者，每丁亥种壹拾株。皆以生成为定数。自愿多栽者听。若本主地内栽种已满，别无余地可栽者，或有病丧丁数，不在此限。若有上年已栽桑果数目，另行具报，却不得朦昧报充次年数目。或有死损，从实申说本处官司，申报不实者并行责罚。仍仰随社布种首蓿，初年不须割刈，次年收到种子，转转俵散，务要广种，非止喂养头疋，亦可接济饥年。①

复次，蒙元律令对砍伐、毁坏经济林木的行为进行处罚，以法律手段确保劝课农桑政策的落实。

> 中统五年八月，钦奉圣旨条画内一款：诸军马营寨及达鲁花赤、管民官、权豪势要人等，不得恣纵头匹损坏桑枣，踏践田禾，搔扰百姓。如有违犯之人，除军马营寨约会所管头目断遣，余者即仰本处官司就便治罪施行，并勒验所损田禾桑果分数赔偿，及军马不得于村坊安下，取要饮食。②

此条规定，对于约束蒙古贵族倚仗权势纵容牲口损坏桑、枣等经济林木的行为具有积极的作用，有利于对经济林木的保护。在大德二年三月、大德十一年五月二十二日、至大四年三月，也出现过禁止放纵牲口损坏经济林木的诏令。

最后，元朝严格规定，仲春以后，各级官吏在履行职务过程中不得妨碍农时，遇到轻微的刑事案件要即时审断，不得拖延关押，妨碍农民正常耕作。"大德九年二月，钦奉诏书内一款：仲春已后，此农民尽力耕桑之时，其敕有司，非急速之务，慎毋生事烦扰，或有小罪，即与疏决，勿禁系妨其时。"③

综上可见，元朝不仅颁布了诸多劝课农桑、推广经济林木种植的法令，还设立了一整套组织管理机构以落实劝课农桑事宜。其劝课农桑政策的推行，维持、扩大了中原及江南地区森林资源的储备量，对维护生态平衡和保障民生发挥了积极作用。

---

① 《大元通制条格》卷十六《田令》。
② 《大元通制条格》卷十六《田令》。
③ 《大元通制条格》卷十六《田令》。

（二）美化环境，种植景观林木

元代除了劝课农桑，强制推行种植桑、枣等经济林木以外，还在道路两边种植大量景观林木以美化环境。至元九年（1272年）二月，忽必烈颁布《道路栽植榆柳槐树》诏书，要求在道路两边种植榆、柳、槐等林木，并对所种林木予以保护：

> 钦奉圣旨节该：据大司农司奏，自大都随路州县城郭周围并河渠两岸、急递铺道店侧畔，各随地宜，官民栽植榆柳槐树，令本处正官提点本地分人护长成树。系官栽到者，营修堤岸、桥道等用度，百姓自力栽到者，各家使用，似为官民两益。准奏。仰随路委自州县正官提点，春首栽植，务要生成。仍禁约蒙古、汉军、探马赤、权势诸色人等，不得恣纵头匹□咬，亦不得非理斫伐。违者并仰各路达鲁花赤、管民官依例治罪，本处官司却不得因而搔扰。①

据统计，元世祖至元二十三年（1286年）共栽种23094672株树，至元二十八年（1291年）栽种各种树木共22527700株。② 可见，元朝种植经济林木和景观林木的成效十分显著，对道路绿化、生态环境维护和农业生产的发展都有重要意义。

（三）特殊区域林木的保护

蒙古族有"祭尚西"的传统习俗，所谓"尚西"，是指在旷野或荒地中独自生长的，枝繁叶茂、高大壮观的树。"祭尚西"意思就是对此类树木实行严格保护，防止牲畜啃吃树皮、枝叶，并禁止采摘果实或攀爬、折断树枝。

元代法律对上述传统习俗予以确认，设定禁伐区以保护林木资源。如"严禁所知事，为按过去之礼法，禁止在召庙山之嘎尔嘎、乌达、苏勒吉叶三辖地打生、伐木"③。含义即将召庙山附近的三个地区划定为围猎、伐木的禁地，对区域内的森林资源予以保护。

如果有人违背了禁伐令，将受到严厉惩罚。《喀尔喀律令》规定，在禁猎区或指定的区域内不得乱砍滥伐树木，对违者罚没其砍伐工具，且区

---

① 《元典章》典章二十三《农桑》。

② 《元史》卷十四《世祖十一》。

③ 金峰主编：《呼和浩特史蒙古文献资料汇编》（蒙文版）（第四辑），内蒙古文化出版社1988年版，第46—47页。

分活树与枯树分别论处。其第 130 条规定：

> 在库伦辖地外一箭之地内的活树不许砍伐，谁砍伐便没收工具及随身所带全部财产，并将没收之物送给发现之人。发现之人拿了（砍伐者之物）后，如不送到札尔忽之处而自己收留，则没有功劳，反而将其财物转给间接证人，如果不转给，由三位"得格"无情收取。为保护树枝，（砍）活树枝以活树枝法，（砍）枯树枝以枯树枝法惩处。①

另有《喀尔喀律令》第 134 条规定："从库伦边界到能分辨牲畜毛色的两倍之地内的活树不许砍伐，如果砍伐没收其全部财产。"②

综上，元朝统治者制定的森林资源保护政策和法律，在有效维护生态环境的同时，又促进了农业经济、林业经济的发展，一举两得。

三　水资源保护与利用

蒙元时期水资源保护与利用方面的措施主要包括禁止污染、浪费水资源，确立水资源利用的基本原则，以及建立水资源管理制度等。

（一）禁止污染、浪费水资源

"逐水草而居"的生活方式决定了水源对于蒙古人生存和发展的重要性。早期蒙古族的习惯法即有"禁止向水中溺尿"的规定。③《多桑蒙古史》亦载："……严禁溺于水中，或灰烬之上……禁洗涤衣服，应服之至于破敝。"④《蒙鞑备录》记载，蒙古族在珍惜水资源的意识指导下，养成了不洗手的习惯。"其俗多不洗手而拿攫鱼、肉，手有脂腻则拭于衣袍上"。⑤ 这种对水资源的节约甚至被披上了神秘色彩。据《史集》记载："春天和夏天，任何人都不在日间坐于水中，在河中洗手，不用金银器汲水，也不把湿衣服铺在草原上，因为按他们的见解，这样会引来雷电大

---

①　道润梯步：《喀尔喀律令校注》（蒙文版），内蒙古教育出版社 1989 年版，第 222 页。

②　道润梯步：《喀尔喀律令校注》（蒙文版），内蒙古教育出版社 1989 年版，第 222 页。

③　参见奇格《古代蒙古法制史》，辽宁民族出版社 1999 年版，第 128 页。

④　［瑞典］多桑：《多桑蒙古史》（上），冯承钧译，商务印书馆 2013 年版，第 184 页。

⑤　转引自赖秀兰《成吉思汗〈大札撒〉中生态法探析》，《安徽农业科学》2008 年第 28 期。

劈，而他们非常害怕，会害怕得落荒而逃。"①

上述蒙古人在生产生活中形成的水资源保护禁忌，成为后来蒙元成文法典中水资源保护制度的主要渊源。成吉思汗于 1225 年制定蒙古族习惯法汇编《大札撒》，将水资源保护方面的禁忌上升为了法律，如《大札撒》明确规定："不得在河流中洗手，不得溺于水中。"② "于水中、余烬中放尿者，处死刑。"③ "禁洗濯、洗穿破的衣服。"④

（二）确立水资源利用原则

《大元通制条格·田令·农桑》规定了水资源利用方面的若干原则：

> 随路皆有水利，有渠已开而水利未尽其地者，有全未曾开种并创可挑撅者。委本处正官壹员，选知水利人员一同相视，中间别无违碍，许民量力开引。如民力不能者，申覆上司，差提举河渠官相验过，官司添力开挑。外据安置水碾磨去处，如遇浇田时月，停住碾磨，浇溉田禾。若是水田浇毕，方许碾磨依旧引水用度，务要各得其用。虽有河渠泉脉，如是地形高卓不能开引者，仰成造水车，官为应副人匠，验地里远近，人户多寡，分置使用。富家能自置材木者，令自置。如贫无材木，官为买给，已后收成之日，验使水之家均补还官。若有不知造水车去处，仰申覆上司关样成造。所据运盐运粮河道，仰各路从长讲究可否，申覆合干部分定夺，利国便民，两不相妨。⑤

从此条看，元代水资源分配、利用的基本原则包括充分利用水资源原则、方便就近灌溉原则、灌溉优先于水碾原则、水资源公平分配原则、灌溉与河运相协调原则等。

为充分使用水资源，元朝允许民众因地制宜，根据当地水资源状况，确定耕作方式：

---

① ［波斯］拉施特编：《史集》（第二卷），余大钧、周建奇译，商务印书馆 1986 年版，第 85 页。

② 内蒙古典章法学与社会学研究所编：《〈成吉思汗法典〉及原论》，商务印书馆 2007 年版，第 15 页。

③ 柴荣：《论古代蒙古习惯法对元朝法律的影响》，《内蒙古大学学报》（人文社会科学版）2000 年第 6 期。

④ 奇格：《古代蒙古法制史》，辽宁民族出版社 1999 年版，第 200—201 页。

⑤ 《大元通制条格》卷十六《田令》。

　　　　仍仰堤备天旱，有地主户量种区田，有水则近水种之，无水则凿
　　　　井。如井深不能种区田者，听从民便。若有水田之家，不必区种，据
　　　　区田法度另行发去。仰本路镂板，多广印散，诸民若农作动时，不得
　　　　无故饮会，失误生计。①

　　另外，元朝还鼓励民众，根据水资源状况，自主选择作物品种，以充
分利用水资源：

　　　　近水之家许凿池养鱼并鹅鸭之类，及栽种莲藕、鸡头、菱角、蒲
　　　　苇等，以助衣食。如本主无力栽种，召人依例种佃，无致闲歇无用。
　　　　据所出物色，如遇货卖，有合税者，依例赴务投税，难同自来办课河
　　　　泊创立课程，以致人民不敢增修。②

　　（三）建立水资源管理制度
　　元朝建立以后，统治者立即着手建立、完善水资源管理机构。元朝统
治者认为"农桑之术以备旱暵为先"③，于是"内立都水监，外设各处河
架司，以兴举水利、修理河堤为务"④。元初已建立都水监、河渠司等水
利机构，中统初年设都水监的下属提举河渠，至元年间设都水少监、都水
监等职。水资源管理机构几经变迁，到至元二十九年（1292 年）正月，
"命太史院郭守敬兼领都水监事，仍置都水监少监、丞、经历、知事凡八
员"⑤。皇庆元年（1312 年）四月，"以都水监隶大司农司"⑥。延佑七年
（1320 年）二月"复以都水监隶中书"⑦。至元二十八年，都水监从工部
独立出来，仁宗时又将都水监直隶于中书省。以上机构的变迁反映出元朝
政府对水资源管理的重视。
　　在水资源管理机制方面，元朝政府还将水资源管理作为地方官吏业绩
考核的重要指标。若因管理不力、未及时修理损毁水利设施而导致水患
的，相关官吏要被处以刑罚。"诸有司不以时修筑堤防，霖雨既降，水潦

---

① 《大元通制条格》卷十六《田令》。
② 《大元通制条格》卷十六《田令》。
③ 《元史》卷九十三《食货志一》。
④ 《元史》卷六十四《河渠志》。
⑤ 《元史》卷十七《世祖十四》。
⑥ 《元史》卷七《世祖四》。
⑦ 《元史》卷二十七《英宗一》。

并至，漂民庐舍，溺民妻子，为民害者，本郡官吏个罚俸一月，县官各笞二十七，典吏各一十七，并记过名。"① 这一规定对落实水资源管理制度，合理利用水资源，有效抵御、防治水旱灾害具有积极作用。

在水利设施建设方面，元朝规定了非常具体的措施，"凡河渠之利，委本处正官一员，以时浚治。或民力不足者，提举河渠官相其轻重，官为导之。地高水不能上者，命造水车；贫不能造者，官具材木给之"②。据不完全统计，元朝兴修的水利工程多达 264 处。③

由于政府对水资源保护与利用的高度重视，确立了水资源利用的基本原则，制定了比较完备的水资源管理制度，元朝的水利建设取得了巨大成就，极大促进了农业生产的发展。对此，后世史家给予了高度评价：

> 元有天下，内立都水监，外设各处河渠司，以兴举水利、修理河堤为务。决双塔、白浮诸水为通惠河，以济漕运，而京师无转饷之劳。导浑河、疏滦水，而武清、平滦无垫溺之虞。浚冶河、障滹沱，而真定免决啮之患。开会通河于临清，以通南北之货。疏陕西之三白，以溉关中之田。泄江湖之淫潦，立捍海之横塘，而浙右之民得免水患。当时之善言水利，如太史郭守敬等，盖亦未尝无其人焉。④

总而言之，动植物和水资源，都是人类赖以生存的重要自然资源，同时也是自然生态系统的重要组成部分和维护生态平衡的重要因子。蒙古族长期以来的草原生存发展实践证实了人与大自然的相互依存关系。野生动植物对于蒙古族来说既是生存的根基，同时也具有无可替代的生态价值，而对野生动植物的保护首先体现在对其生态价值的高度认同。元代对动植物和水资源保护和利用的法律制度，充分反映了蒙古民族所具有的万物有灵、自然崇拜之生态观念；贯彻了取之有时、围猎有度、砍伐有限的资源利用原则；体现了保护优先，利用与保护合理协调的法律格局，对维持草原生态平衡，防止草原沙化、退化，控制风沙肆虐，维护草原生物多样性具有重要作用。

---

① 《元史》卷一百三《刑法二》。

② 《元史》卷九十三《食货一》。

③ 参见石华、张法瑞《元代农业管理的纲领性文件——〈通制条格〉"劝农立社事理条画"相关问题研究》，《古今农业》2006 年第 1 期。

④ 《元史》卷六十四《河渠一》。

第三节　元代草原生态系统保护制度

草原生态系统是指由草原上所有的动物、植物、微生物等生物以及各类非生物环境共同构成，在长时期内维持有序稳定状态的统一整体，是实施物质循环与能量互换的基本单位。作为蒙元民族主要活动区域的内蒙古草原，其生态系统在结构、性能等方面均呈现出与农田、森林生态系统迥然不同的特点：动植物品种单一、群落结构简单；且受降雨量不均衡的影响，种群和群落的结构稳定性极差。衡量草原生态系统的优劣在于草原载畜量，人类活动与自然条件均能对其产生影响。人类可以发挥主观能动性控制载畜量，在保护草原生态平衡的同时维护草原生态系统的良好运行，进而促进畜牧业发展。若载畜量超标，结果通常是大批牲畜死亡，以减轻草原生态系统的承载压力，反之又影响畜牧业的发展。因而，畜牧业能否得到持续的发展，归根结底，还是取决于草原生态系统的优劣。

受科技和生产力水平的制约，古代蒙古族在保护其赖以生存的家园时往往选择最为淳朴而又被事实证明有效的方式，即在人与草原互相交融的生态思想下，通过习俗约束自身行为，一方面保障民族的生存与繁衍，另一方面保护草原生态系统的平衡与稳定。1206 年，蒙古汗国成立之初，国家尚未制定成文法，依靠习惯法，又被称作"约孙"，来约束民众的生产生活，其中包括严禁挖地、锄地、破坏草原植被和严禁放火烧荒等草原生态环境保护内容。1225 年，《大札撒》的制定标志着蒙古汗国分散的法律得到统一，《大札撒》也成为保护草原生态环境的主要法律。此后，元朝建立，草原生态系统环境保护法律增多，逐步形成多种法律形式并行的规范格局。

一　《大札撒》

"扎撒"主要指成吉思汗发布的命令及颁布的法令，除此之外，也有相当一部分传统习惯即"约孙"被写进《大札撒》之中。有学者据此认为，《大札撒》实际上是对蒙古习惯法的汇编，内容较为庞杂，且刑罚严酷。[①] 但也有学者认为，《大札撒》在蒙古国中发挥了根本法的作用，其

----

① 参见朱勇主编《中国法制史》（第二版），高等教育出版社 2019 年版，第 169 页。

兼具法律的系统性与规范性，是蒙古君主制定方针政策的重要指引。①
《大札撒》文本虽已失传，但几个世纪以来，多国学者致力于对其内容的
发掘、整理。根据所发现的"扎撒片段"初步已还原的部分内容，其中
草原生态系统保护的内容主要包括三个方面：

其一，"禁草生而镬地"。《大札撒》规定禁止围垦草场，"禁草生而
镬地"②。草原环境比较脆弱，锄地易导致地表裸露、引发草地荒漠化。
"禁草生而镬地"的主要目的是保护草原地表植被，防止草原荒漠化，其
具体要求是拒绝采用中原汉族的耕作方式，进行土地围垦，发展定居农业
和畜牧业。因为蒙古高原的气候、土壤、水源等环境要素不适宜发展灌溉
农业，只适合开展对上述要素需求不高的牧草的种植。《大札撒》专门设
立毁坏草原罪，即"草绿后挖坑致使草原损坏的，或是失火使草原遭到
破坏的，对全家处死刑"③。

其二，"禁遗火而燎荒，违者诛其家"。火灾对草场、草原生态环境
造成的破坏是毁灭性的。《大札撒》规定："草绿后挖坑致使草原被损坏
的，失火致使草原被烧的，对全家处死刑。"④ 可见，对失火烧毁草场的
行为，要施以"诛其家"的刑罚。从此条刑罚的严酷性可知成吉思汗对
预防草原火灾的重视程度，也可以预见到该条刑罚对普通民众产生的强大
威慑力。宋代官员彭大雅在亲历蒙古汗国后叙述道："其国禁草生而斸
地，遗火而蒸草者，诛其家。"⑤ 元朝建立之后直至北元时期，统治者延
续了重视防治草原火灾的传统，在《大札撒》严惩"遗火而燎荒"行为
的基础上，将相关法律条文细化，规定了对失火、放火引起草原火灾、损
害草原生态环境行为的处罚措施。

其三，保护草场的水源。《大札撒》规定："不得在河流中洗手，不
得溺于水中。"⑥ 南宋官员赵珙在《蒙鞑备录》中对蒙古人的习俗描述道：

---

① 参见赖秀兰《成吉思汗〈大札撒〉中生态法探析》，《安徽农业科学》2008年第28期。
② 奇格：《古代蒙古法制史》，辽宁民族出版社1999年版，第38页。
③ 内蒙古典章法学与社会学研究所编：《〈成吉思汗法典〉及原论》，商务印书馆2007年
　版，第15页。
④ 内蒙古典章法学与社会学研究所编：《〈成吉思汗法典〉及原论》，商务印书馆2007年
　版，第15页。
⑤ 《黑鞑事略》。
⑥ 内蒙古典章法学与社会学研究所编：《〈成吉思汗法典〉及原论》，商务印书馆2007年
　版，第15页。

"其俗多不洗手而拿攫鱼、肉，手有脂腻则拭于衣袍上。"①

二　元代律令中草原生态保护制度

元朝成立后，草原生态保护方面的内容主要包括预防草原火灾、理顺草场产权关系以及保护草原的水源等。

（一）严厉惩治放火、失火行为，预防草原火灾

由于火灾会对草场造成毁灭性的破坏，所以元代法律中有对放火、失火烧毁草原的行为进行严厉处罚的规定。

首先，元朝法律严惩放火行为。对于放火烧死人的行为，元朝明确规定要按照杀人罪处死，并赔偿受害人财产损失。

> 至元五年，河间路归问得高奴厮状招：至元五年正月二十三日夜间，挟仇与弟高念奴各骑马疋，前去刘子村，将火苗于赵妮子北屋草围，烧讫本人房屋物件，并烧死九岁小女儿一个罪犯。法司拟：旧例，故烧私家宅舍者绞。又烧死九岁小女儿一个，旧例，以故杀伤人者斩。二罪从重，合行处死。仍追烧埋银两，给付苦主。部拟呈省断讫。②

对于过失失火行为，元朝法律也明确规定，过失失火烧毁自己财物者，要被笞二十七下；烧毁他人财物的，笞五十七下，罪止八十七下；致伤人命者，按过失伤害处罚。

> ……除故烧官私舍宅已有呈准通例，所据诸人失火，谓烧自己房屋者，笞二十七下。（止坐本家失火之人）若延烧人舍及财物畜产者，笞五十七下。财物虽多，罪止八十七下。因而致伤人命者，依过失例论罪。其所损房屋财物，即是误犯，不须征偿。具呈照详。得此。都省准拟，咨请依上施行。③

另外，元朝法律禁止随意烧荒。规定只有在经过官府批准，有官员监督的情况下，才允许烧荒。

---

① 赖秀兰：《成吉思汗〈大札撒〉中生态法探析》，《安徽农业科学》2008 年第 28 期。
② 《元典章》卷五十《刑十二》。
③ 《元典章》卷五十七《刑十九》。

　　如在荒陂大野，先行耕围，籍记地段，禁约诸人不得烧燃荒草，以备来春虫蝻生发时分，不分明夜，本处正官监视就草烧除。若是荒地窄狭、无草可烧去处，亦仰从长规划，春首捕除。仍仰更为多方用心，务要尽绝。若在煎盐草地内虫蝻遗子者，申部定夺。①

　　为防止野火为害，元朝通过立法明确规定了野火管理的法律责任，特别强调了各级官吏巡禁野火的职责，要求他们采取各种措施，预防野火的发生和减小野火造成的损害后果：

　　大德六年八月，中书省刑部呈：河间路申备同知李奉训关，切详守牧之官，所责至重，岂得专一巡禁野火。若令场官与各县提点正官一同用心巡禁关防，如有火起去处，各官一体当罪，似望尽心。本部约会户部官一同定拟得：所办盐课，乃国之大利。煎办之原，𥂖草为先。所以蒙朝廷累降圣旨，委自管民正官专一关防禁治，无令野火烧燃。其管民官、运司递互相推，于事未便。拟合钦依已降圣旨，委自管民正官，专一关防禁治。每年八月尽间，于煎盐𥂖草周围依例宽治火道，及令运司提调场官人等时复巡历草场，如有野火生发，随即举申理问。自九月为始，场官催督𥂖户并力打刈合用煎盐𥂖草。比至年终，须要搬运到𥂖，如法积垛，亦于周围宽治火场，以备春煎。如违期不办，不将𥂖草搬运到𥂖，或已到𥂖并火道已里胤火烧燃，场官𥂖户赔偿当罪。火道之外，巡禁不严，及不依期治打火道，到有野火生发，延胤𥂖草，管民官当罪。所据哈赤、贵赤、探马赤等人每失火一节，既明里钦奉圣旨专一巡禁，如此等之人违犯，无问火道内外，明里当罪。都省议得：火道已里，如𥂖户与诸色人等相参住坐，似难专责场官。若有胤烧𥂖草，检究明白，除依上赔偿当罪外，𥂖户罪在场官，其余诸色人等责在管民官员。余准部拟。②

　　到了北元时期，延续元代重点预防草原火灾的政策，对草原上失火致人死亡的行为，《阿勒坦汗法典》规定："失火致人死亡者，罚牲畜三九，并以一人或一驼顶替，烧伤他人手足者，罚牲畜二九。烧伤眼睛，罚牲畜

---

① 《大元通制条格》卷十六《田令》。
② 《大元通制条格》卷二十八《杂令》。

一九。烧伤面容，杖一，罚五畜。"①

（二）理顺草场产权关系

清晰的产权关系是法律发挥定纷止争、调整民事法律关系作用的前提。草场以及放牧区域的确定是元代草原生态保护制度的重要内容之一。在我国古代，刑法与民法并不完全分立，刑法有时也发挥调整民事法律关系的功能，元代亦不例外。元朝承认畜牧业主对草场及其牲畜的产权，以律令的形式对其严格保护。一旦牧场主的草地、牲畜被他人侵占，元朝中央和地方政府将出面"理断"，使草地、牲畜物归原主，并对违犯者予以严惩。

诸盗驼马牛驴骡，一陪九。盗骆驼者，初犯为首九十七，徒二年半，为从八十七，徒二年；再犯加等，三犯不分首从，一百七，出军。盗马者，初犯为首八十七，徒二年，为从七十七，徒一年半；再犯加等，罪止一百七，出军。盗牛者，初犯为首七十七，徒一年半，为从六十七，徒一年；再犯加等，罪止一百七，出军。盗驴骡者，初犯为首六十七，徒一年，为从五十七，刺放，再犯加等，罪止徒三年。盗羊猪者，初犯为首五十七，刺放，为从四十七，刺放；再犯加等，罪止徒三年。②

至元二十七年（1290年），吐蕃萨斯迦班智达在致乌斯、藏、纳里僧俗诸首领的公开信中，就明确要求保护各领主封地上的水、草、牲畜等，不许侵犯。③

（三）保护草场的水源

草原生态系统所处地区的气候大陆性较强、降水量较少，故而其水资源并不充足。然而，水源不仅是人、畜生存中不可或缺的要素，还对牧草生长具有直接影响，是草原生态系统生生不息的重要基础条件。如果草原缺水，一旦遇上旱灾，牧草难以生长，牲畜就会因缺饲料而死亡，牧区将面临严重的生存问题。例如，元定宗三年（1248年），"大旱，河水尽涸，野草自焚，牛马十死八九，人不聊生"④；天历二年（1329年）五月，

---

① 苏鲁格：《阿勒坦汗法典》，《蒙古学信息》1996年第2期。

② 《元史》卷一十四《刑法三》。

③ 《西藏画卷》卷一《萨斯迦班智达致乌斯、藏、纳里僧俗诸首领书》。

④ 《元史》卷二《太宗》。

"赵王马扎罕部落旱，民五万五千四百口不能自存"①。因此，元代律令中有若干保护草原水源的条款，要求民众时刻谨记爱护水源，严禁随意污染河流或肆意浪费水资源。元朝的统治者十分重视草原水源短缺的难题，在水资源不足的草原区域，通过打井获取水源，以解决人畜饮水问题。早在太宗窝阔台时，就"筑城和林，建万安宫，又于无水处筑井"②。此后，元朝历代皇帝不断在漠北凿井。至元二十五年（1288年）六月，"发兵千五百人诣汉北浚井"③。延祐元年（1314年）七月，"车驾将北幸，调左右翊车赴北边浚井"④。水井使得不少地区成为比较固定的冬夏牧场，改变了以往"今日行，而明日留，便畜牧而已"⑤的流动不居状态。

三　游牧生产生活方式

相对而言，草原的生态系统较之森林生态系统更为脆弱，因而古代蒙古牧民必须依季节而动，驱赶畜群寻找最合适的草场。如古籍记载："大率遇夏则就高寒之地，至冬则趋阳暖薪木易得之处以避之，过以往则今日行而明日留，逐水草、便畜牧而已。"⑥ 在长期的放牧生活中，蒙古族人为避免草场的过度使用，控制草原载畜量，维系草原生态平衡，养成顺应环境适时流动迁徙的"游牧"方式。不避寒暑，频繁倒场，尽量减少对原环境的破坏，形成了"逐水草而居"为基本特征的畜牧业生产方式。"各部落各有其地段，有界限之，在此段内，随气候迁徙，春季居山，冬近则归平原。"⑦ 游牧生产方式，以畜牧业为核心，既解决了内蒙古高原水源紧缺的问题，又使草原生态系统拥有较好的可持续性和修复力，是保护优先、合理利用草原生态资源的典型生产方式。毫无疑问，游牧生产方式是古代蒙古族与自然和谐相处的最佳方式，也是草原生态环境下自然选择的结果。

蒙古族在长期的迁徙游牧中，注重根据不同畜群的习性、种类和特征进行移牧，总结经验，发展出轮牧制度。牲畜的种类不同，畜牧地也不

---

① 《元史》卷三十一《明宗纪》。

② 《蒙兀儿史记·斡哥歹汗记》。

③ 《元史》卷一十五《世祖十二》。

④ 《元史》卷二十七《英宗一》。

⑤ 转引自黎小龙《试析"安土重迁"与"贵货易土"》，《西南师范大学学报》（人文社会科学版）1990年第3期。

⑥ 《秋涧先生大全文集》卷一百《纪行》。

⑦ ［瑞典］多桑：《多桑蒙古史》（下册），冯承钧译，中华书局1962年版，第29页。

同；畜群与游牧次数正向相关。① 为寻找优质草场放牧，蒙古族牧民们必须不间断地游牧，因为秋冬季节不会储存草料，必须找到有干草的牧地。但移牧带有明显的不确定性，伴随着不能及时找到有干草牧地的风险，于是在长期的游牧活动中，蒙古人总结放牧经验，摸索出不同地区牧草的生长和家畜对草料的不同需求，将草原分区，循序轮回放牧，极大降低了移牧的不确定性，这就是轮牧。有学者评价道，轮牧"逐渐改善了草原生态环境，同时人类通过劳动生产来调节并主动围建水、草、林、料基地，使其成为最具优势的草原生态结构"②。

除此之外，蒙古族牧民还在长久以来的放牧实践中总结经验，创造性运用"草库伦"制以保护草场。究其原理，即使用栅栏、木材等制作藩篱，将草原成块围起，自主形成禁区，以阻止牲畜肆意进入食用或践踏；同时，牧民们适时翻新被圈起区域中的植被。如此，给予草场片区式休养的机会。

轮牧制和草库伦这两种特殊的生产生活方式，是蒙古族适应自然环境和自觉保护草原的共同结果，对于防止过度放牧导致的草原沙化和草场退化，给予草场必要修复时间，对实现畜牧业的可持续发展具有重要意义。

---

① 符拉基米尔佐：《蒙古社会制度史》，中国社会科学出版社 1980 年版，第 58—59 页。

② 苏钦：《浅谈我国少数民族历史上保护生态环境的特点及经验》，《中央社会主义学院学报》2005 年第 4 期。

第十章　明清生态环境资源保护法律制度

中国历史行至明清时期，社会各种要素都发生了重大变化：人口剧增、城镇及手工业发展迅速、新垦土地面积大量增加、农业生产技术和结构部分转型，人类活动对自然生态环境的影响日益凸显，生态环境和资源压力急剧增加。与此同时，有关生态环境保护和资源利用的法律制度较前朝有极大的扩充和发展，传统法律形式得以进一步完善，与农业生产密切相关的生态环境与资源法律内容在这一时期得到迅速增加，责任形式包括刑事、民事和行政责任。

第一节　人类活动与明清生态环境变迁

明清是中国生态环境变迁的转折点，这一时期，区域生态环境问题历经数千年积累日渐明显，生态环境问题的整体性也逐步凸显。从科学的角度来分析，生态环境变迁的原因应是多方面的，就宏观层面而言，包括自然因素和社会因素。人类活动作为生态环境变迁的社会因素之一，与当时所处的自然环境息息相关。[①] 随着科技的进步，人类对水源、土地、森林、草原、植被等自然资源的开发利用程度加深，人类活动对环境变迁所起到的影响作用也在不断增加。就中国古代而言，如果说宋以前，人类活动对生态环境的影响只是渐进的，逐步或较为缓慢，那么到了明清时期，由于人口增速过快，人与自然资源的矛盾凸显，人类活动对自然环境的作用力陡增，所带来的影响有利有弊：一方面是过度垦殖和围湖造田等开发活动造成全国性环境的持续恶化，局部甚至呈现灾难性特点，影响延伸至现代；另一方面在人口压力和经济技术发展需求下，一些新的生产方式又对区域性环境资源的恢复和有序利用发挥着重要作用。

---

① 　钞晓鸿：《生态环境与明清社会经济》，黄山书社 2004 年版，第 55 页。

一　过度垦殖与全国性环境恶化

在中国，很早以来便是由政府控制人口、统计人口，并作为施政依据。自汉代以来，其统计虽时有中辍，但大都是以户、口为统计对象。根据梁方仲先生文集《中国历代户口、田地、田赋统计》，明初太祖时期户是 1066 万，口是 5832 万，到明末熹宗朝时期户是 983 万，口是 5165 万。① 可见，明代的人口增长基本上是稳定缓慢的。在清代初期顺治、康熙、雍正三朝近一个世纪时间里（1644—1735 年），只有人丁统计，不见全国人口数字。根据《清实录》记载，顺治八年（1651 年），人丁总数 10633326 丁，顺治十八年，为 19137652 丁。顺治年间全国人丁总数虽然几乎增长一倍（年平均增长 67‰），但这不是现有人丁的自然增长率，主要还包括清朝统治范围 10 年间扩大的因素在内。对史料的进一步分析表明，清前三朝人口增长仍然较为平稳。而清乾隆朝开始，我国人口增长进入了一个史无前例的增长期，出现"第一次人口爆炸"。乾隆六年（1741 年）开始"民数"统计，"会计天下民数，各省通共大小男妇若干名口"②，从原则上说，已属于完全意义上的人口统计。乾隆六年（1741 年），全国人口数为 1.4 亿，乾隆十六年（1751 年）为 1.8 亿，乾隆四十六年（1781 年）近 3 亿，乾隆五十六年（1791 年）为 3 亿 700 万。经过嘉庆、道光年间的继续膨胀，至道光三十年（1850 年），全国人口达到 4.1 亿。③

人口增长与环境变化往往相互作用，某种程度上还互为因果。朝代更迭初年，通常采取休养生息政策，以修复因战乱影响的民生和经济，巩固新的政权。明太祖时，苏琦上书："为今之计，莫若复业之民垦田外，其余荒芜上田，宜责之守令，召诱流移。未入籍之民，官给牛种，及时播种。"④ 太祖下诏："临濠朕故乡也，田多未辟，土有遗利，宜令五郡民无田者往开种。就以所种田为己业，给资粮牛种，复三年。……又北方近城，地多不治，可召民耕，人给十五亩，蔬地二亩，免租三年。有余力

---

① 梁方仲：《梁方仲文集·中国历代户口、田地、田赋统计》，中华书局 2008 年版，第 272 页。

② 《嘉庆朝实录》卷二十五。

③ 梁方仲：《梁方仲文集·中国历代户口、田地、田赋统计》，中华书局 2008 年版，第 341—345 页。

④ 《续通考》卷二。

者，不限顷亩。"① 经过明末清初的战争，人口减少。清初鼓励垦荒减免税收，尤其是康熙朝实行"滋生人丁，永不加赋"的赋税政策，促进了人口的增长。而随着人口的急剧增加，人地资源矛盾日益凸显。原有的弃荒之地已经全部开垦完毕，甚至边角土地也被充分利用起来。乾隆五年，贵州布政使陈德荣奏："山土宜广行垦辟，增种杂粮……或招佃共垦。"② 乾隆七年，皇帝正式谕令："凡边省内地零星地土，可以开垦者，嗣后悉听该地民夷垦种，免其升科。"③ 最终，零星土地也开垦殆尽，于是大量流民进入深山垦殖，形成一个庞大的"棚民"阶层。④

在大规模垦殖过程中，一些境外农作物被引进，如甘薯、玉米。新作物品种因为对土壤等自然条件要求较低，易于成活，尤其是玉米耐旱耐低温，又可以在沙砾地上生长，因而被广泛推广，在不能种植水稻和麦类的山地丘陵区广泛栽培，取得良好收成。这些作物的种植恰好与"棚民"垦山开荒活动不谋而合，从而有效解决了因人口增殖造成无田、无粮等问题，不仅养活了众多的人口，也使得人口继续急剧增长成为可能，但与此同时，也导致山地丘陵、森林草原地表景观发生了巨大变化。

《清史稿》及一些地方志反映了清中期大规模垦荒种植玉米等作物的情形。陕西南部，原本多为人迹罕至的深山密林，但《道光朝实录》记载嘉庆年间：

> 由陕西之略阳、凤县，东经宝鸡等县，至湖北之郧西，中间高山深谷，统谓之南山老林。由陕西之宁羌、褒城，东经四川之南江等县、陕西之紫阳等县，至湖北之竹山等县，中间高山深谷，统谓之巴山老林。老林之中，地方辽阔，宜种包谷荞豆燕麦。徭粮极微，客民给地主钱数串，即可租种数沟数岭。江、广、黔、楚、川、陕之无业者，侨寓其中，以数百万计。垦荒种地，架数椽，即可栖身。⑤

可见，嘉庆末年，聚居于南巴老林山区的流民已是数以百万计，然

---

① 《太祖实录》卷五十三。
② 《清高宗实录》卷一百三十。
③ 《清高宗实录》卷一百二十三。
④ 所谓棚民，是指那些从外地迁入各地山区搭棚居住，从事租山垦荒等各类生产经营活动的外地流民。
⑤ 《清宣宗实录》卷十。

"山川险阻，棚民易致滋事"①。林区很快被开垦完毕，"昔之深山大林概为熟地"②，"遍山漫谷皆包谷矣"③。棚户以种植玉米为生，"种地之外，多资木箱、盐井、铁厂、纸厂、煤厂佣工为生"④。然而不幸的是，垦种玉米以大量的森林木材砍伐为代价，且只伐不植，对生态环境的破坏力极强，最终加速了该地区生态环境的恶化。

在四川，玉米即"俗名包谷者是也，蜀中南北诸山皆种之"⑤。"玉麦，山居广植以养生。"⑥

在湘鄂山区，同样是"楚蜀游民在彼开山伐菁，垦辟土地者日集日众"⑦。"坡陀硗确之处皆种包谷"⑧，"山土只种包粟"⑨。

在江西，"武宁山谷荒僻……近自湖广、闽、粤异民遍乡开垦，万山童秃"⑩。同样是大规模种植玉米，"近日更有所谓苞粟者，又名珍珠果，蒸食可充饥，亦可为饼食，土人于山上多种之"⑪。

在安徽，"近于乾隆三十年间安庆人携苞芦入境，租山垦种，而土著愚民间亦有效尤而垦者"，"近多不业农而冈利者，招集皖人，谓之棚氓，刊伐山木，广种包卢"⑫，"黟境山多地少，利徒召异搭棚垦种苞芦。"⑬

然而，过度垦殖，尤其是在不宜种植农作物的深山老林，以破坏原有地表植被为代价进行非持续性地垦殖，对自然生态环境的损害是多方面、长时间的，在此仅提及几方面。

一是水旱灾害加剧。"冈陵之区，童山灌灌，名胜之地，树木摧残。气候既不调和，水旱频成灾害。"⑭周边区域往往是"遇旱则干，遇涝则山

①　《清宣宗实录》卷十。
②　光绪《平利县志》卷八《土产》。
③　道光《石泉县志》卷四。
④　《清宣宗实录》卷十。
⑤　道光《内江志要》卷一《物产》。
⑥　嘉庆《彭县志》卷三十九《风俗》。
⑦　同治《建始县志》卷四。
⑧　道光《鹤峰州志》卷六。
⑨　嘉庆《浏阳县志》。
⑩　乾隆《武宁县志》卷三十。
⑪　同治《广信府志》。
⑫　嘉庆《绩溪县志》卷一《舆地志·风俗》。
⑬　嘉庆《黟县志》卷十一《政事志》。
⑭　民国《续安阳县志》卷七《实业志》。

水暴发上冲下压，地皆破坏，不易收拾"①。从康熙五十七年（1718年）到雍正元年（1723年），短短六年时间，黄河在沁河口周围决口多达12次。②

二是大面积水土流失导致土地肥力不断退化。由于外来棚民对土地的情感和依附性远不如本土居民，其开垦方式往往是"焚树掘根"，"挖土既松，水雨冲洗，三四年后，辄成石骨，又必别觅新山，抛弃旧土"③。这种不计后果的粗放型开垦，导致土地急剧退化。"棚民垦山，深者五六尺，土疏而种植十倍，然大雨时行，溪流湮淤，十余年后沃土无存，土地亦竭。"④ 山石与雨俱下后，被冲入江河和平原良田内，水土流失又进一步导致江河、田地淤塞。道光年间甚至产生了长江沙洲，"江洲之生，亦实因上游川、陕、滇、黔等省开垦太多，无业游民到处伐林砍木，种植杂粮，一遇暴雨，土石随流而下，以致停淤接涨"⑤。

三是天然形成的水道系统遭到破坏，河道交通受阻。咸丰五年（1855年），一些河道的多次决溢泛滥，更是出现黄河大改道。黄河夺淮入海的恶果，不仅对黄淮平原生态环境造成不利影响，甚至给大半个中国带来巨大的灾难。

四是地上生物资源减少。山区是林木主要生长地，也是各种动物生息繁衍的场所。大量人口涌入山区，一些动物的生存之地日益狭小，且随着天然植被大规模地砍伐，处在生物链初级、以植物作为主要食物的动物因饥饿而死亡，从而导致更高级动物的生存受到严重威胁。自然界的生物链一旦被人为破坏，物种的减少和灭绝便为期不远。

总之，在人口压力下，人们利用自然资源的方式已经无法再将传统的可持续利用思想作为首要考虑，更多的是粗放型、缺乏修复功能的垦殖，使得植被覆盖率降低，湖泽填平，水面缩小，沙碱面积增大，绿地面积减少，土地日益贫瘠，很多肥沃之地最终失去了使用价值。尤其是人口稀少的边疆社会，以适量畜牧业为主，几千年来少有人类的开发活动，人地关系和谐稳定，原环境并没有什么变化。直到明清移入了大量人口，广种农作物，违背自然条件的自身规律，砍伐森林、滥垦草原，破坏了千百年来

---

① 民国《汜水县志》卷七《实业志》。

② 谭其骧主编：《黄河史论丛》，复旦大学出版社1986年版，第188页。

③ （清）严如熠撰：《乐园文钞》卷七。

④ 同治《武宁县志》卷八。

⑤ 《陶文毅公全集》卷十《覆奏江苏尚无阻碍水道沙洲折子》。

形成的山地、草原土壤的组织结构，其结果是草原土壤沙化，山区地表水土流失，变成乱石裸露的童山秃岭。

二　围湖造田与平原地区的环境恶化

除了山区垦殖，在淮河、巢湖、江汉、洞庭湖等江南平原地区，为解决人口压力，开展了大规模围湖造田。如果说山区过度垦殖是与林争地，那么平原湖泊、江河滩涂的造田运动，则是与水争地，结果同样是改变传统的生态环境和生产方式。

围湖造田，实际上是对江、河、湖、海周边沼泽、陂塘、滩堡、河道等低洼地区进行改造，使其变为农田的一种特定农业生产方式的形象概括。由此开垦的水利田在不同区域分别被称为"圩田""围田""湖田""垸田"等。"圩田"是人们筑造长堤短坝，内以围田、外以围水的水利田。"围田"，即在濒水地区"筑土作围以绕田也"，"虽有水旱，皆可救御"[1]。"沙田"即"沙淤之田也，或滨大江，或恃中洲，四围芦苇骄密以护堤岸"[2]。而"垸田"，即湖泊淤积之地周围挡水形成垸子，在其上开垦的土地，"民田必因地高下修堤防障之，大者轮广数十里，小者十余里，谓之曰垸"[3]。它们的特点都是筑堤围田，对湿地资源改造和利用。垸内（圩内）、堤上，或建有闸道、沟渠、湖塘等设施。发生内涝时，开闸以泄水；遇洪水侵袭时，闭闸以御水；待旱时，则放水入田以灌溉。"沟恤导水宜于深广，圩岸御水利在高厚。田既处洼下，各随村落人户多少，四而筑围，使外水不得导内侵，遇淫雨积为内水，又导之使出。"[4]兼备防水、排水、蓄水、灌溉等多种功能。

上述水利田的修建是古代劳动人民生产智慧的结晶，最晚在唐宋时期就已经出现，于明清时期达到鼎盛。以洞庭湖为例，北部堤垸多建于明代，有100多处。"成化弘治来，汉淤江溢，湖水注，积淳所澄，洲沙渐起，佃民估客日集，因攘为业而垦耕之，由是湖平强半矣。"[5]从留存的各地县志中可看出，明代中叶以后，各地围垦湖泊的力度显然已超出当时生态环境的承受范围。明代万历年间（1573—1620年），潜江县已围筑

---

[1]　《农书·农器图谱·田制门》。

[2]　《农书·农器图谱·田制门》。

[3]　嘉靖《沔阳州志》卷八《河防》。

[4]　光绪《增修甘泉县志》卷三。

[5]　（明）陈全之：《蓬窗日录》寰宇卷之一。

"百余垸"，沔阳亦"百有余区"，监利县则是"田之名垸者星罗棋布，其为堤也，亦龙跃蛇腾"。① 而南部堤垸多建于清代。据统计，滨洞庭湖各州县在乾隆前期已有垸 600 多个。② 乾隆九年（1744 年）洞庭湖区"滨湖之地，尽皆筑垸为田，湖面已非昔比"③。

巢湖流域圩田发展在清代也达到顶峰。和州在明代嘉靖年间（1522—1566 年）已有圩田 28 座。④ 光绪《庐江县志》记载本县大粮圩田 102074 亩，水粮圩田 75828 亩，其中滩田、沟田和废圩计 18386 亩。⑤ 鄱阳湖的南昌县，圩堤在明代已增至 130 余座，至光绪二年，有圩堤 315 座。⑥新建县，明万历四年，重修和新筑圩堤 174 座；万历二十五年（1597 年），修圩 116 座，共长 20 万丈。⑦ 鄱阳县，至同治年间，东南河圩 61 座，圩田面积 131600 亩；西中童子渡河圩 4 座，圩田面积 5400 余亩；西北漳田河圩 44 座，圩田面积约 53485 亩。全县圩田总面积约 190485 亩。⑧ 在珠江三角洲，明代 276 年中，河岸堤围总长达 22.0399 万丈，约 181 条，耕地面积达万顷以上；清代从乾隆十八年至嘉庆二十二年（1753—1817 年），共开垦了 5300 余顷；咸丰、同治年间，又新开垦了 8000 余顷。⑨

围湖造田，堤垸的修建使沿江、沿湖的滩涂变成了良田，既带来了农业经济的空前繁荣，缓解了急剧增长的人口压力，也引发了一系列环境问题，其危害甚至影响到当代。

第一，原有的湖泊河流水文环境被破坏。人为地变更河道走向，或是直接废湖为田，严重扰乱了水道系统，使得外河水流受阻，圩内排水和引水难度大增，兴修水利耗资巨大。而一旦水利设施不完备、不到位，必然造成类似"楚自（万历）庚申以来，川汉二水，每遇夏秋辄交涨泛滥于荆（州）、承（天）河（阳）、武（昌）、汉（阳）之间，沃壤数千里悉成巨浸……田地芜莱者过半，庐舍坟琢，多成故墟，至有百里无人烟者"

---

① 万历《湖广总志》卷三十三，光绪《沔阳州志》卷三，同治《监利县志》卷十。

② 光绪《湘阴县图志·水利志》。

③ 《安襄郧道水利集案》（下）。

④ 光绪《直隶和州志》卷六《河渠志·水利》。

⑤ 光绪《庐江县志》

⑥ 民国《南昌县志》。

⑦ 同治《新建县志》。

⑧ 同治《鄱阳县志》。

⑨ 谭棣华：《清代珠江三角洲的沙田》，广东人民出版社 1993 年版，第 25 页。

的灾害局面。①

第二，影响自然水域的蓄泄平衡。因对河滩的大面积围垦，需要占用行洪道以垒坝筑堤，堤坝建设会引起河道流向的改变，从而阻碍上游泥沙的自然前进，使泥沙常年淤积于河道，形成众多大小不一的沙洲，严重影响蓄水量和泄洪能力。赣江下游"圩之对岸多洲，河之中流多滩，迩来洲与滩日见其增，彼有所增，则此有所损"②。

第三，湿地面积大量减少，环境系统平衡遭到破坏。湿地在区域性生态环境中有着重要的调节作用。一方面，湿地是地下水的重要补给源之一，也是地下水的排水区；另一方面，湿地中的植被可以阻截一部分洪水以减缓流速，起到调蓄洪峰、控制洪水的作用。此外，湿地还是多种野生动物和鱼类良好的栖息地，一定程度上可以调节局部地区的小气候。因此，湿地面积的减少，既影响了水生物及候鸟等动植物的繁殖，造成了鸟类数量的急剧减少，甚至造成了一些珍贵物种的灭绝；同时又降低了蓄洪能力、改变了局部地区小气候。

对于围湖造田过度开发圩田、垸田给生态环境带来的危害，明清时期的有识之士多有论及，如思想家顾炎武认为其后果是造成水患灾害，"宋政和以后围湖占江，而东南水利亦塞"③。各地方官员也采取一些措施加以修复，如乾隆八年（1743 年），湖南巡抚蒋溥第一次疏请禁止围垦湖区。④ 此后 4 年，新任湘抚专门就此问题上疏指出，"湖南滨临洞庭各属，多就湖滨筑堤垦田，与水争地，常有冲决漫溢之忧"，要求凡有关水利蓄泄之地，一律"严禁垦筑"。⑤ 乾隆十三年（1748 年），湖北巡抚彭树葵上奏不准与水争地，禁止擅自增筑围坑。⑥乾隆二十八年（1763 年），湖广总督陈宏谋提议"掘毁私围"，为此出现大量退田还湖行动。⑦ 嘉庆七年（1802 年），湖南巡抚马慧裕又申湖区围垦相关禁令。⑧道光十二年

①　万历《湖广总志》卷三十二《水利》。

②　同治《南昌县志》卷三。

③　（清）顾炎武：《日知录》卷十《治地》。

④　光绪《湘阴县图志·水利志》。

⑤　《皇朝经世文编》卷三十八。

⑥　《楚北水利堤防纪要》卷二。

⑦　高利红、李培培：《中国古代流域生态治理法律制度及其现代启示》，《吉首大学学报》（社会科学版）2018 年第 6 期。

⑧　《皇朝经世文编》卷一百一十七。

（1832 年），重申严禁江湖滩地占垦筑垸。① 然而，由于人口的压力加之地方豪强利益驱动等原因，围湖造田禁而不止，江河湖区生态环境危害日益严重。

三　生态农业生产方式与区域性资源循环利用

明清广州地区，在人口压力等驱动下，各县利用濒临海洋的天然条件，先后展开类似江南平原湖泊地区围湖造田一样的围"海"造田大工程，海中沙洲被开垦，并筑围堤，形成沙田，用以种植水稻。沙田，也就是沿海濒江淤泥积成的田地。珠江三角洲的围垦面积在明代时达 1 万顷以上，清代自乾隆十八年到同治末年，则高达 1.3 万顷。② 然而珠江三角洲本是低洼之地，沙田的过度开垦对生态环境带来危害。随着堤围的不断修筑，农田排水日益困难，新垦沙田成为潦涝之区，水患时有发生。

在此过程中，人们为了排涝灌溉、消除水患，巧妙地将农业生产条件较差的洼地继续深挖蓄水，形成池塘用于养鱼，因地制宜。同时，把泥土覆盖于池塘四周，尽力扩大池塘的基面用于桑树或果树的种植，以促进农田生产。这一特殊的土地利用方式被称为"基塘"。清中期，蚕桑业商品经济日渐发达，洼田变基塘的生产方式开始风靡珠江三角洲地区，深刻地改变着当地的自然生态环境。

基塘初期以果基鱼塘为代表，最终发展为以桑基鱼塘为主。其具体形式是："将洼田挖深取泥，覆四周为基，中凹下为塘，基六塘四。基种桑，塘蓄鱼，桑叶饲蚕，蚕矢饲鱼。"其收效显著，"两利俱全，十倍禾稼"。③ 初期的基塘实行稻鱼轮作，"负郭之田为圃……圃中凿池畜鱼，春则涸之插秧，大者至数十亩，若筑海为池者，则以顷计"④。18 世纪，随着广州对外贸易的迅速发展，尤其是广东生丝大量出口刺激了蚕桑生产，珠江三角洲地区掀起了"弃田筑塘，废稻树桑"的热潮，如南海九江乡形成"境内无稻田，仰籴于外"⑤ 的壮观景象。事实上早在清初，南海县九江地区的塘基已发展成为以种桑为主的桑塘地区，"蚕桑，近来墙下而

---

① 《清朝续文献通考》卷二。

② 谭棣华：《清代珠江三角洲的沙田》，广东人民出版社 1993 年版，第 47 页。

③ 光绪《高明县志》卷二《地理·物产》。

④ 万历《顺德县志》卷三十《杂志·第九》。

⑤ 顺治《九江乡志》。

外，几无隙地，女红本分斯业为盛"①。养蚕的效益大大高于种稻与果树，促进了桑基鱼塘的迅速发展。由此也引发整个广东地区农业经济结构变革和农作物品种的变化。"旧原有稻田，今皆变为基塘，民务农桑，养蚕为业……女善缫丝。"②

桑基鱼塘有效地利用了低洼积水地带，使各种资源得到充分利用，发挥了资源循环和可持续利用的效能。它将水蓄存于低塘之中，塘中养鱼；四周基面较高，能够有效防水以便桑树种植；塘水养鱼，塘中鱼及各类微生物的排泄物可以为塘泥供给养料，用于栽培桑树；桑叶及附在桑叶上的小虫亦可饲鱼，形成良性互补的食物链，构成一个水陆资源相互作用的农业环境系统。另外，人们还在低塘中放养水浮莲，采摘后可用作家畜的饲料，反过来，家畜的粪便亦可成为基面桑地的肥料，从而使桑基鱼塘生产的良性循环更臻完善。

明清时期的桑基鱼塘除了形成循环利用的生态系统，还具有低投入、高产出、高经济效益的特点，而对环境最主要的作用还在于一定程度上缓解了水患灾害。史料记载，由于地势低洼，尤其随着沙田开垦，江河出海口变窄，珠江三角洲水患频繁，"东广之田，广肇患于水溢"③；"吾乡独防雨潦，潦小则丰，潦盛则歉"④。早在唐宋时期，珠江三角洲人们为防洪水、保护农田已开始建造堤围。清代桑基鱼塘生产方式产生后，其与堤围相结合，外防洪水，内除渍涝，成功地解决了原始自然条件下田地与水的矛盾，为珠江三角洲的繁荣发展贡献了不容忽视的力量，也对区域性环境资源与环境的恢复发挥了重要作用。

当然，明清生态环境变化还受其他人类活动的影响。如清代中后期，过度的林产经营也使许多山丘地带森林大面积减少；如日俄企图侵占、控制我国东三省区域，以与清政府合办的名义，先后在东三省境内强行成立大批的采木公司，对东北地区的林木资源进行掠夺式的开发，致使多处原始森林遭到不可逆转的破坏。此外，随着商品经济的进一步发展，城镇的数量增多、规模增大，对煤、铁等能源资源的需求量大增，采矿冶炼生产区开始形成，必然引致大气、水源污染，使得生态环境景观特别是生产区附近区域的生态环境发生重大变化等。总之，在古代人类历史长河中，明

①　顺治《九江乡志》。
②　顺治《龙江志略》卷四。
③　嘉靖《广东通志稿》卷三十一《水利》。
④　嘉庆《龙山乡志》卷四。

清时期的人类活动对自然环境的影响是最为显著的，给现代留下的教训也是最为直观、深刻的。

第二节 明清律例与生态环境资源保护法律制度

明清时期，传统法律形式进一步完善。明朝法制是中国封建社会后期法制的代表形态。清袭明制，同时更改了不合时宜的旧制。明清在传统法制的基础上，进一步确立新的法律体系，严密法律规范，律、典、例、敕的相互为用，制定法与判例法的密切配合。与农业生产密切相关的环境法律内容在这一时期迅速增加，有关禁止滥伐树木、禁止随意宰杀牛马、堤坝修筑和禁止侵占道路等内容，在《大明律》及《大清律例》户律、兵律、工律中各有规定，其他法律形式也大量提及，尤其是众多反映了山林、珍稀动物、水源及河堤、土地等自然资源保护的地方法令和乡规民约，使得这一时期环境资源保护的法律体系和内容较之宋元时期更为丰富。同时，法律责任形式不仅仅为单一的刑事责任，民事责任和行政责任形式亦不乏规定。这说明随着环境问题的日益严重，无论是国家层面，还是民间层面，环境保护的认识和实践都得到进一步发展。只是在后期人口急剧增长的压力，以及阶级矛盾日益突出的形势下，政府不断颁布弛禁令，掠夺性的开采和砍伐反动，造成封建社会晚期我国环境状况的进一步恶化，也导致环境法律的实施效果大打折扣。

一 生态环境资源法律主线

由于人口的迅猛增加，人地关系进一步紧张，农业作为传统支柱产业，对社会稳定、百姓生活乃至皇权永固的意义非同一般。因此，明清时期生态环境与资源保护法律制度始终是以农业生产为中心，以对农业生产密切相关的自然资源的保护和利用为调整对象，主要表现为：

其一，着眼于人口与土地资源的矛盾，颁布大量诏令奖励垦荒，严惩抛荒。明初和清初，由于常年的战争导致大量人口逃离家园，成片耕地变为荒地，土地资源浪费十分严重，于是统治者多次颁布法令，招募流民，鼓励垦荒，对原有弃耕土地进行复耕，颁布了一系列免税令，目的就是使生产力与土地等生产资源紧密结合，既解决灾民饥荒，保证经济复苏和社会稳定，又维持土地资源的有效利用。

明太祖朱元璋，为了招募流民垦荒，实行土地的"耕者有其田"，免除土地税，如洪武元年（1368 年）诏令天下："州郡人民，因兵乱逃避他方，田产已归于有力之家，其耕垦成熟者，听为己业。若还乡复业者，有司于旁近荒田内如数给与耕种，其余荒田，亦许民垦辟为己业，免摇役三年。"① 不仅如此，他还要求将人口从密集而土地稀少之地迁往荒地较多的地区，实现人口与土地资源的合理分配。如洪武三年，太祖诏曰："苏、松、嘉、湖、杭五郡，地狭民众，细民无田以耕，往往逐末利而食不给。临漆，联故乡也，田多未辟，土有遗利。宜令五郡民无田产者往临攘开种，就以所种田为己业，官给牛种舟粮以资遣之，仍三年不征其税。"四千余户前往临漆耕种。②

清世祖爱新觉罗·福临要求各级主管部门和官员，对流民进行登记，配发荒地开垦证，一定年限内免税。"凡各处逃亡民人不论原籍别籍，必广加招徕编入保甲，使之安居乐业。察本地方无主荒田，州县官给以印信执照开垦耕种。永准为业。"六年后，视土地成熟面积，酌情征税，"俟耕至六年之后，有司官亲察成熟亩数，抚按勘实。奏请奉上□日，方议征收钱粮。"并以此作为对各级官员政绩考核的重要依据，"各州县以招民劝耕之多寡为优劣，道府以责成催督之勤惰为殿最。每岁终，抚按分别具奏，载入考成"③。可见，政府着实采取了大量措施，以鼓励民众积极开垦荒地。一则通过对开垦者减税的方式，直接调动民众开垦的积极性，减税的额度也是一再提高，由最初的"免升科三年"延长为四年，后再度增加至六年；二则通过将开垦面积与地方管理者业绩挂钩的方式，督促地方管理者发挥主观能动性，尽力引导地方民众参与荒地的开垦。在地方官员辖区内，荒地新垦面积多的，该官员可以获得奖励；荒地开垦面积不足标准的，该官员将会受到惩戒。

其二，劝课农桑，农副并举，合理利用耕地，挖掘农业经济的综合性潜力，鼓励栽种经济作物。明初规定，栽种桑麻棉的田土应占所有耕地的一定数量，不种桑麻棉的农户必须如数交纳绢布，以满足社会对经济作物产品的需求。"国初令天下农民、凡有田五亩、至十亩者、栽桑麻木绵各半亩。十亩以上者倍之。田多者以是为差。有司亲临督视。惰者有罚。不种桑者、使出绢一匹；不种麻者、使出麻布一匹；不种木绵者、使出绵布

①　《明太祖实录》卷三十。
②　《明太祖实录》卷五十三。
③　《清世祖实录》卷四十四。

一匹。"① 同时，经济作物与粮食作物轮种，改变单一的传统耕种方式，从而改良了土壤，扩大了土地的复种率。清乾隆时期，福建、浙江、广西三省巡抚上报朝廷，认为"所属境内栽种无遗，无事再为劝垦"。针对这种情形，各省官员展开讨论，贵州巡抚认为"试种桑麻，俟有成效"。但直隶等15省督抚认为，各地情形并不完全相同，不宜整齐划一。"应令各省凡官山官地，民间情愿认种者，官给印照，听其树艺。长成后、旁枝准其砍伐。"②强调因地制宜，充分利用土地资源，种植本地适宜生长的品种。许多地方官都精于农桑兼顾之道，如乾隆时期四川总督阿尔泰上奏："宁远府属，地势崎岖。……该地山多田少。臣将近水旱地，令其设法改种稻田；其山角隙地，垦种杂粮不能布种处所，令种茶椒桑麻。"③因而收到良好成效。

其三，修筑堤岸，疏通河渠，保障农业生产。中国古代，农业生产很大程度上是以水为利，亦以水为害，水利是农业生产的命脉和衡量生产水平高低的重要标准。明朝统治者以水患为忧，早在龙凤二年（1356年）即设营田司，以修筑堤防，专管水利。在大兴水利的过程中，统治者逐渐认识到水利立法的重要性，"以法治水"成为当时朝廷的重大举措之一，使"浚陂筑堤，以备旱涝，皆有成法"。④ 洪武二十六年（1393年），太祖颁布法令：

> 凡各处闸坝陂池、引水可灌田亩以利农民者、务要时常整理疏浚。如有河水横流泛滥，损坏房屋田地禾稼者，须要设法隄防止遏。或所司呈稟或人民告诉、即便定夺奏闻。……或差官直抵处所踏勘丈尺阔狭、度量用工多寡。若本处人民足完其事、就便差遣。倘有不敷、著令邻近县分添助人力。……务在农隙之时兴工、毋妨民业。如水患急于害民、其功可卒成者、随时修筑以御其患。⑤

法令明确了三方面的要求：一是老百姓经常性疏浚河渠；二是官吏定期实地勘察，发现隐患，立即修治；三是利用农闲之时，地方统筹安排人

---

① 《明会典》卷十七《户部四·农桑》。
② 《乾隆朝实录》卷六百一十九。
③ 《乾隆朝实录》卷七百九十九。
④ 《明英祖实录》卷六十九。
⑤ 《明会典》卷一百九十九《河渠四·水利》。

力兴修水利，造福于民。

至清，朝廷"轸恤民艰，亟修水政，黄、淮、运、永定诸河、海塘而外，举凡直省水利，亦皆经营不遗馀力"①。清初顺治十一年，皇帝下诏曰："东南财赋之地，素称沃壤。近年水旱为灾，民生重困，皆因水利失修，致误农工。该督抚责成地方官悉心讲求，疏通水道，修筑堤防，以时蓄泄，俾水旱无虞，民安乐利。"②

总体而言，由于人口不断增多、资本主义生产方式开始萌芽，明清政府加大了以农为本的立法，其中环境与资源保护法律既延续了历代传统，也体现了封建社会后期的现实需要。

然而，明清围绕农业生产尤其是种植业所制定的环境政策、法令，对生态环境的影响却是双重性的，客观上说弊大于利。由于清初人口增殖过速，至雍正末年或乾隆初年，不仅所有废耕农地均已实现复耕，甚至平原上尚未开垦的土地也均被垦殖为耕地。河谷地区、平坝地区和平缓适宜种植粮食作物的半山区均被开辟成农田。如要继续增垦农地，只有向山区发展。明末清初很多山禁之处，面临着事实上的弛禁。此种情形下，清廷在乾隆五年（1740 年）谕令各省将新辟"零星地土免科"，乾隆七年正式谕令："山头地角止宜种树者听垦，免其升科。"③ 此所谓种树，指的是种植人工经济林，也就意味着天然植被将被清除。同时，即使零星土地也已经非常稀少。很快，玉米等适宜高山种植且耐旱耐低温的农作物，开始受到人们的青睐。因为客观上可解决人口增殖所造成的无田无粮之问题。乾隆初年开始掀起一阵入山垦荒、广种玉米的狂潮。林木大量被砍伐，且因流民采伐林木从不间株，其方式原始粗暴，只伐不植，因而以牺牲大量林木为代价的开辟农田极具破坏性。于是，原始森林面积锐减，水土流失日益严重。由于生存空间日益狭小，野生动植物日渐减少。中国几千年来缓慢变化的森林生态环境，在清中期遭受了毁灭性的破坏。

二　林木资源保护

明清大力推行劝课农桑政策。为推广经济林木种植和禁止偷盗砍伐森林资源，法律设置了奖惩相结合的多项制度。

---

① 《清史稿》卷一百二十九志一百四《河渠四》。

② 《清史稿》卷一百二十九志一百四《河渠四》。

③ 《高宗实录》卷一百六十三。

（一）劝课农桑，鼓励种植经济林木

明朝农业发展出现新特点，最突出的即是农业出现商品化趋势，经济作物种植范围扩大，形成经济作物种植区。为此，明代统治者尤为重视劝课农桑，加强了对农业生产的行政管理和法律调控。[1] 据《明会典》载："国初农桑之政，劝课耕植，具有成法。初皆责成有司，岁久政弛，乃稍添官专理。"[2] 明代涉农事宜由户部执掌，负责国家劝课政策的制定与颁行、具体劝课工作的督促和监督，并在省府州县增设专职治农的官吏，多为省府州县佐官、副官，如省一级的参政、府一级的通判、州一级的判官以及县一级的主簿、县垂。专门负责劝课事宜的通称为劝农官或治农官，人数不定，往往因事而设。早在明立国之前（1365 年），朱元璋在其统治区内即下令："凡有田五亩至十亩者，栽桑麻木棉各半亩，十亩以上者倍之，田多者，以是为差。有司亲临督视，惰者有罚。不种桑者，使出绢一匹；不种麻者，使出麻布一匹；不种木棉者，使出棉布一匹。"[3] 洪武年间，太祖更是颁布了一系列劝课农桑尤其是种植经济作物的法令，具体内容包括确立定额、传授技术、蠲免赋税以及对不种植者进行惩罚等。

其一，确定种植经济作物的定额。洪武二十四年（1391 年），太祖令五军都督府：凡天下卫所屯军士兵，每人"树桑枣百株，柿、栗、胡桃之类，随地所宜植之"。洪武二十五年（1392 年），令"凤阳、滁州、卢州、和州，每户种桑二百株，枣二百株，柿二百株"[4]。对于缺乏树种地区，政府帮助调剂，如"湖广辰、永、宝、衡地宜桑而种少者，命取淮徐桑种给之"[5]。

其二，官府督促百姓种植经济作物，并传授技术。洪武二十七年（1394 年），太祖命天下种桑枣，并要求各级主管官吏履行劝督职责："……朕深知民艰，百计以劝督之，俾其咸得饱暖。比年以来，时岁颇丰，民庶给足，田里皆安，若可以无忧也。然预防之计，不可一日而忘。尔工部其谕民间，但有隙地，皆令种植桑枣；或遇凶歉，可为衣食之助。"工部发文给地方有司，"督民种植桑枣，且授以种植之法。又令益

---

① 张晋藩、怀效锋主编：《中国法制通史》第七卷（明），法律出版社 1999 年版，第 326—327 页。

② 《明会典》卷十七《户部四·农桑》。

③ 《明会典》卷十七《户部四·农桑》。

④ 《明会典》卷十七《户部四·农桑》。

⑤ 《续文献通考》卷二。

种棉花"。同年，"令天下百姓，务要多栽桑枣，每一里种二亩秧，每一百户内，共出人力挑运柴草烧地，耕过再烧，耕烧三遍，下种，待秧高三尺，然后分栽，每五尺阔，一垅。每一户，初年二百株，次年四百株，三年六百株，栽种过数目，造册回奏，违者，发遣云南金齿充军"①。

其三，对桑麻棉等经济作物蠲免其税。洪武元年（1368 年），太祖规定桑麻棉的税额以及起征时间，"桑麻科征之额，麻每亩八两，木棉每亩四两，栽桑者，四年以后有成，始征其租"②。为了鼓励百姓种植经济作物，减轻农民税负，洪武十八年（1385 年），赋税改为定数，以后"听从种植，不必起科"③。洪武二十七年（1394 年）太祖再次下令，以后所有新种植桑、麻、棉、枣等经济作物一律免征赋税，"率蠲其税，岁终具数以闻"④。

其四，对不种植者及失职官员进行处罚。明律对于荒芜土地怠于种植的行为课以刑罚，例如《大明律集解附例》卷五《户律·田宅》"荒芜田地"条规定：

> 凡里长部内已入籍纳粮当差田地，无故荒芜及课种桑麻之类而不种者，俱以十分为率，一分笞二十，每一分加一等，罪止杖八十。县官各减二等。长官为首，佐职为从。人户亦计荒芜田地及不种桑麻之类，以五分为率，一分笞二十，每一分加一等。追征合纳税粮还官。应课种桑麻、枣、黄麻、苎麻、棉花、蓝靛、红花之类，各随乡土所宜种植。⑤ 不种桑者输绢，不种麻者输布。⑥

可见，不仅有笞、杖等刑罚措施，还有追征税收等经济制裁措施。该律条下还附有典型案例：

> 赵甲依里长部内纳粮当役田地无故荒芜，应课种桑麻之类而不种者，以十分为率，一分笞二十，每一分加一等，八分罪止律，杖八

---

① 《明会典》卷十七《户部四·农桑》。
② 《明会典》卷十七《户部四·农桑》。
③ 《明会典》卷十七《户部四·农桑》。
④ 《明会典》卷十七《户部四·农桑》。
⑤ 《大明律集解附例》卷五《户律·田宅》"荒芜田地"条。
⑥ 《明史》卷一百三十八《杨思义传》。

十。钱乙、孙丙俱县官，各减赵甲罪二等，钱乙系长官，一分减尽无科，二分答一十，每一分加一等，七分罪止律，与钱乙、孙丙各杖六十；孙丙系佐二，为从，减钱乙罪一等，一分、二分俱减尽无科，三分答一十，每一分加一等，七分。李丁依人户以五分为率，一分答二十，每一分加一等，各罪止律，答五十。俱有大诰减等，赵甲杖七十，钱乙答五十，孙丙、李丁各答四十。赵甲系里长，李丁系民，无力的决，有力与钱乙、孙丙各纳米等项，完日还职役宁家，合纳税粮追征还官。①

此外，律法对于劝课农桑失职的官员同样规定了处罚措施。洪武五年（1372年），太祖诏令中书省：凡官吏考核，必有"农桑之绩，始以最闻，违者降罚"②。

有明一代，上述法令始终保持其效力。明中期以前，劝课农桑政策推行的效果明显，经济作物种植的数量快速增长，在洪武二十八年（1395年），仅湖广布政司所属郡县就种植了桑、枣、柿、栗、胡桃共8439万株。③ 经济作物与粮食作物的轮流种植，改变了单一化的传统耕种方式，不仅改良了土地资源，而且扩大了土地的复种率。

清王朝入关以后，迅速从草原游牧生活方式转化为以农业生产生活方式为主。在保障农业生产方面，大体沿用了明代的政策。《大明律·户律》中的"荒芜田地"等内容，《大清律例》均沿用不改，于第97条规定了"荒芜田地"的不同刑事责任：

> 凡里长部内，已入籍纳粮当差田地，无（水旱灾伤之）故荒芜，及应课种桑麻之类而不种者，（计荒芜不种之田地）具以十分为率，一分答二十，每一分加一等，罪止杖八十。县官各减（里长罪）二等，长官为首，（一分减尽无科，二分方答一十，加至杖六十，罪止。）佐职为从，（又减长官一等，二分者减尽无科，三分者方答一十，加至答五十，罪止。）人户亦计荒芜田地及不种桑麻之类，（就本户田地）以五分为率，一分答二十，每一分加一等，追征合纳税粮还官。（应科重桑、枣、黄麻、苎麻、棉花、蓝靛、红花之类，各

---

① 《律条直引》卷五《户律二·田宅》。
② 《明通鉴》卷四。
③ 《明太祖实录》卷二百四十三。

随乡土所宜种植。)①

　　清代中期以前，统治者十分重视经济林木种植，颁布众多诏令。顺治十五年（1658 年）覆准，"桑柘榆柳，令民随地种植，以资财用"②。康熙十年（1671 年）覆准，"民间农桑令督抚严饬有司加意督课，毋误农时，毋废桑麻"③。康熙帝还专门委派官员，监督种树，考察树木成活率。"旧例委官监种，限以三年，限内干枯者，监种官自行补足，限外者，由部核给钱粮补种。"④ 雍正二年（1724 年），世宗诏令：

　　　　舍旁田畔，以及荒山旷野，量度土宜，种植树木。桑柘可以饲蚕，枣栗可以佐食。柏桐可以资用，即榛楛杂木、亦足以供炊爨。其令有司督率指画，课令种植。仍严禁非时之斧斤，牛羊之践踏，奸徒之盗窃，亦为民利不小。至孳养牲畜，如北方之羊，南方之彘，牧养如法。⑤

他还告诫地方官员：

　　　　委曲周详，多方劝导。庶使踊跃争先，人力无遗，而地利始尽……尔督抚等官，各体朕惓惓爱民之意，实心奉行。⑥

　　雍正五年（1727 年）议准，"直隶州县闲旷之地，令相其土宜，各种薪果，如各处河堤栽种柳树……其地宜桑麻者，尤当勤于栽种，令地方官查其勤惰，分别奖惩"。同年再次强调要注意方式方法，"修举水利种植树木等事，原为利济民生，必须详谕劝导，令其鼓舞从事，方有裨益，不得绳之以法"⑦。乾隆皇帝下令植树护堤，"乾隆十年，又覆准晋省水西门外，城堤堰两旁种树，俾根深盘结以资巩固"⑧。

―――――――――

①　《大清律例》卷九《户律·田宅》。
②　《大清会典事例》卷一百六十八。
③　《大清会典事例》卷一百六十八。
④　《钦定大清会典则例》卷一百三十七《四库全书》。
⑤　《清实录·世宗实录》卷十六，中华书局 1958 年影印本（第七册），第 272 页。
⑥　《世宗宪皇帝圣训实录》卷二十五《重农桑》。
⑦　《大清会典事例》卷一百六十八。
⑧　《钦定大清会典则例》卷一百三十四。

乾隆皇帝更是认为农林牧渔要协调发展，以周礼之言教导官吏。《周礼·天官·太宰》记载：

> 以九职任万民，一曰三农生九谷，二曰园圃毓草木，三曰虞衡作山泽之材，四曰薮牧养蕃鸟兽。其为天下万事筹赡足之计者，不独以农事为先务，而兼修园圃、虞衡、薮牧之正。故因地之利，任圃以树事，任牧以畜事，任衡以山事，任虞以泽事。使山林川泽丘陵之民，得享山林川泽丘陵之利。①

这种思想，可以说与当今"山水林田湖草一体化"的发展理念有着相似的认知。

（二）严惩盗伐和贩卖林木

明清时期，政府一方面大力倡导植树，另一方面对乱砍滥伐、故意毁伐树木、破坏森林资源的行为采取了严厉的惩罚措施。

其一，对于滥伐树木者以盗窃罪论。对此，明清法律内容一致。《大明律》卷五《户律·田宅》"弃毁器物稼穑等"条规定："凡弃毁人器物及毁伐树木稼穑者，计赃，准窃盗论，免刺。"②《大清律例》第98条规定："凡（故意）弃毁人器物及毁伐树木稼穑者，计（所弃毁之物即为）赃，准窃盗论，（照窃盗定罪）免刺。"③

对于有"准伐证"的砍伐，如在此过程中偷伐果松等特殊经济林木，清代法律也有严厉的惩罚："盛京各处，山场商人领票砍伐木植，如有夹带偷砍果松者，按照株数多寡定罪；砍至数十根者，笞务实；百根者，杖流失；每百根加一等罪，止杖一百，徒三年，所砍木植变价入官。"④

其二，严惩非法贩卖林木行为。为保障边疆安全，明清政府以天然林网为屏障，布设防护措施。此举使华北、东北乃至西北大部分的天然林得以保护。但是，明中期后，边境地区砍伐贩卖森林资源的情况日益严重。明孝宗于弘治年间曾颁布敕令：

> 大同、山西、宣府、延绥、宁夏、辽东、蓟州、紫荆、密云等

---

① 《周礼·天官·太宰》。
② 《大明律》卷五《户律·田宅》。
③ 《大清律例》卷九《户律·田宅》。
④ 《大清律例》卷二十四。

边，分守、守备、备御，并府州县官员，禁约该管官旗军民人等，不许擅自入山，将应禁林木砍伐贩卖，违者问发南方烟瘴卫所充军。若前项官员有犯，文官革职为民，武官革职差操。镇守并副参等官有犯，指实参奏。其经过关隘河道，守把官军容情纵放者，究问治罪。①

嘉靖二年（1523 年），刑部又颁布条例重申：

> 朝廷以边防为重，近边树木砍伐盗卖，情犯可恶，都押发南方烟瘴卫所充军，家小随住。今后应禁山林树木地方及相连之处，著巡抚都御史严加禁约。但有违犯的，从重治罪，不许轻贷。②

《大清律例》卷九《户律·田宅》对"应禁林木砍伐贩卖"行为，与明律基本相同，而且规定更为详细，区别了已遂、未遂情节，并给予不同处罚："若砍伐已得者，问发云贵两广烟瘴稍轻地方充军"，而"未得者，杖一百徒三年"。③分守武官以及府州县官若犯此罪，"俱革职"，与明律同，但同时增加了对"计赃重者，俱照监守盗律治罪"条款。对玩忽职守"知情纵放者"，"依知罪人不捕律治罪"，较之明律仅规定"究问治罪"，则更具有明确可执行性以及威慑力。

当然，明清对林木资源的保护，除了在《户律·田宅》中以盗窃罪论除外，还反映在对皇家陵园、苑囿等特殊区域的保护条款中。同时，大量乡规民约也涉及森林资源保护，这两部分内容本章拟专节论述，于此不赘。

总体上看，明清为鼓励发展经济林木、保护森林资源，采取了一系列措施，法律制度不可谓不严。然而，由于资本主义生产方式的萌芽和发展，手工业、矿业规模扩大，大规模人口迁移，以及战争等本书尚未分析的其他因素，明清林木资源遭受破坏程度大大高于前朝，森林生态系统的恶化以及与此相关的水土流失、沙漠化等问题也日益加重。

---

① 《大明会典》卷一百六十三《刑部五》，"律例四·户律一"。
② 杨一凡、曲英杰主编：《中国珍稀法律典籍集成》（乙编第二册），科学出版社 1994 年版，第 412—413 页。
③ 《大清律例》卷九《户律·田宅》。

三　动物保护

(一)　保护作为农业生产资料的动物资源

为了保障农业生产，明清律典有诸多的保护耕牛、马、驼、骡、驴等条款。《大明律》卷十六《兵律·厩牧》"牧养畜产不如法"条规定：

> 凡牧养马、牛、驼、骡、驴、羊，并以一百头为率，若死者、损者、失者，各从实开报。死者，实时将皮张骔尾入官，牛觔角皮张亦入官，其群头群副每一头各笞三十，每三头加一等。过杖一百，每十头加一等，罪止杖一百，徒三年。羊减马三等，驴、骡减马、牛、驼二等。若胎生不及日时而死者，灰腌看视明白，不坐。若失去，赔偿。损伤不堪用，减死者一等坐罪。其死损数目并不准除。①

如果饲养牲畜出现消瘦等情形，也要受到处罚。"凡养疗瘦病马、牛、驼、骡、驴不如法，笞三十。因而致死者，一头笞四十，每三头加一等，罪止杖一百。羊减三等。"② "宰杀马牛"条规定："凡私宰自已马牛者，杖一百。驼、骡、驴，杖八十。……若故杀他人马牛者，杖七十，徒一年半。驼、骡、驴，杖一百。"③

此后，各朝皇帝大多延续明初的自然保护国策，颁布相关条例和诏令。明弘治六年，河南道上书都察院，要求禁宰牛以重农桑：

> 臣惟为治以农为本，输载以牛为先，使牛有不足，则田亩凭何耕，输载凭何运也？所谓牛者，有功于世，有益于人，诚为农务之根本。私宰耕牛，在律例固有明禁诶。奈何近年以来，无籍之徒冒律违例，不行遵守。杀牛卖肉者，京城之内连坊接市无不屠宰，大街小巷挑担叫卖。在京城如此，在外可知。若不禁止，贩卖者愈多，屠宰者愈广非止民缺其耕载之用，抑且有伤于天地之和。④

---

① 《大明律》卷十六《兵律·厩牧》。
② 《大明律》卷十六《兵律·厩牧》。
③ 《大明律》卷十六《兵律·厩牧》。
④ 杨一凡、田英杰主编：《中国珍稀法律典籍集成》（乙编第二册），科学出版社 1994 年版，第 167 页。

礼部为此颁布条例，"申明私宰耕牛事例"①，要求禁宰牛以重农桑。

成化五年（1469 年）十一月二十一日，针对部分地区宰杀耕牛严重情况，云南清吏司案呈：

> 窃照耕牛乃农事所本，衣食所费，必须加意畜养，庶不有妨耕种。况今岁顺天府并直隶保定府等州县地方，虽称间有水旱灾伤地方，本部已经依例行勘，分豁减免粮草，以宽其力。近见京城内外，有等官民军余人等，惟知嗜利，不畏国法，将耕牛公然宰杀，随处货买，全无忌惮。若不早为禁治，诚恐日甚一日，宰杀太多，来春务农，必致缺甚。耕牛者，乃民产所先，民无恒产，不无失所。以私宰坐罪，明着律款。②

都察院为此颁布"禁屠令"。③

清朝受萨满教影响，对自然心怀敬畏和感恩。清王朝在入关以前，便用满文颁布过多项保护动物的法令。如天命七年（1622 年），统治者对饲养母猪、禁宰猪发布的法令：

> 有愿养猪者，可向牛录额真、代理章京出具保结，赎母猪喂养之。若以喂养为名赎而杀之，即将该牛录额真及代理章京鞭责一百，赎猪之人，亦鞭责一百，并且刑其耳鼻，以此为戒，不得赎猪妄加杀之也。④

天聪元年（1627 年），统治者颁布禁屠令，禁止宰杀作为战备和生产工具的牛马驴骡，并禁止屠杀母猪：

> 马骡以备乘骑之，牛驴以资负载，羊、山羊、豕、鸡、鸭、鹅等供食用。嗣汗及诸贝勒，以至小民，凡祭祀及筵席、殡葬、市卖所用

①　《皇明条法事类纂》卷三十《兵部类》。

②　杨一凡、田英杰主编：《中国珍稀法律典籍集成》（乙编第五册），科学出版社 1994 年版，第 191 页。

③　《大明实录》卷一百八十一《武宗实录》。

④　张锐智、徐立志主编：《中国珍稀法律典籍集成》（丙编第二册），科学出版社 1994 年版，第 51 页。

牛马驴骡，永行禁止之。若有违禁宰杀者，被奴仆首告，则将首告者离主，并照所用牲畜数，追给首告之人。……①

入关以后，《大清律例》承袭了明律对于违法宰杀牛马等动物的惩罚制度，规定：

> 凡私宰自己马牛者，杖一百，驼、骡、驴，杖八十。……若故杀他人马牛者，杖七十，徒一年。驼、骡、驴，杖一百（官畜产同）。……若伤而不死不堪乘用及杀猪羊等畜者，计（杀伤所）减（之）价，亦准盗论。各追赔所减价钱（完官给主）。价不减者，笞三十。其误杀伤者不坐罪，但追赔减价。②

即便是有屠宰证的屠夫亦不能随意宰杀：

> 凡屠户将堪用牲畜买去宰杀者，虽经上税仍照故杀他人驼驴律，杖一百。若将窃盗所偷堪用牲畜不上税买去宰杀者，与窃盗一体治罪。如窃盗罪名轻于宰杀者，仍从重依宰杀本例问拟，免刺。不得以盗杀论。③

对于耕牛，有更为具体的保护措施：

> 凡宰杀耕牛，私开圈店，及贩卖与宰杀之人，初犯，俱枷号两个月，杖一百。若计只重于本罪者，照盗牛例治罪，免刺，罪止杖一百，流三千里。再犯发附近充军。杀自己牛者，枷号一个月，杖八十，其残老病死者，勿论。对于失察私宰耕牛的地方官，照失察宰杀马匹例，分别议处。④

如果对属于官方所有的牛、马、驼、骡、驴喂养不得法，致其消瘦

---

① 张锐智、徐立志主编：《中国珍稀法律典籍集成》（丙编第二册），科学出版社1994年版，第89页。
② 《大清律例》卷二十一《兵律·厩牧》。
③ 《大清律例》卷二十一《兵律·厩牧》。
④ 《大清律例》卷二十一《兵律·厩牧》。

的，清律与明律一致，"笞三十。因而致死者，一头笞四十，每三头加一等，罪止杖"①。

为了管理统一的多民族国家，清政府在少数民族聚居区，颁布有《蒙古律例》《西宁青海番夷成例》《钦定回疆则例》等民族法规，其中有多项保护动物的内容。例如"凡蒙古等偷在围场内打牲被获，交八沟理事同知审讯。初次者枷号一个月，两次者枷号两个月，三次者枷号三个月，俱在围场附近处所示众"②。又如"凡砍杀牲畜者，除赔偿外，罚一九。误射马匹，死者照数加赔，未死者罚二岁牛"③。

（二）保护野生动物

明清时期的野生动物保护制度，一方面遵循传统"时禁"制度，颁布停罢采贡的诏谕；另一方面，通过苑囿、围场等特殊区域保护制度加以体现。后者拟专节分析。

明开国之初，朱元璋告诫百官保护农民利益，其中就借由保护雏鸟、新木为例，反映出明初统治者动物保护的思想，"天下初定，百姓财力俱困，譬犹初飞之鸟，不可拔其羽，新植之木，不可摇其根，要在安养生息之"④。他遵从儒家"帝王育物""天地好生"的主张，颁布实行了有利于恢复自然环境、保护生物资源生长繁衍的禁令："冬春之交，不施川泽；春夏之交，毒药不施原野。苗盛禁蹂躏，谷登禁焚燎。"⑤

《大明会典》载：朱元璋于洪武二十六年（1393 年）颁诏："春夏孕字之时不采。"⑥ 还发布了停止采捕鸂鶒、竹鸡等禽鸟的诏谕，并禁令附属国进献珍稀野生动物。可见，明初就对自然资源的开发和物种保护等作出具体禁限。此后各朝皇帝大多延续明初自然保护国策，颁布相关条例和诏令。如明世宗即位之初，便"纵内苑禽兽，令天下毋得进献"⑦。穆宗于隆庆元年（1567 年）下令："禁属国毋献珍禽异兽。"⑧ 又据《明史·食货

---

① 《大清律例》卷二十一《兵律·厩牧》。

② 张锐智、徐立志主编：《中国珍稀法律典籍集成》（丙编第二册），科学出版社 1994 年版，第 327 页。

③ 张锐智、徐立志主编：《中国珍稀法律典籍集成》（丙编第二册），科学出版社 1994 年版，第 393 页。

④ 《太祖实录》卷二十九。

⑤ 《明史》卷七十六《职官志一》。

⑥ 《大明会典》卷一百九十一《采补》。

⑦ 《明史》卷十七《世宗本纪一》。

⑧ 《明史》卷十九《穆宗本纪》。

志》记载：洪熙朝光禄卿井泉奏请，要求依照惯例派遣官员采办果子狸，受到仁宗斥责。后来景泰帝曾"从于谦言，罢真定、河间采野味"①。《明孝宗实录》亦记：弘治十六年，孝宗谕令："停止福州采贡鹧鸪、竹鸡、白鹇等禽鸟。"② 综上，此类诏谕一方面宣扬了帝王的"顺天爱物"思想，另一方面也起到禁奢节俭的示范作用，客观上有利于野生动物生长和繁衍。

四　水利资源和水利设施保护

清朝著名思想家陈炽曾这样阐述了河防与生态失衡之间的联系："水利废而河患增，土地瘠，树畜之道，胭然不讲，故耳"③，"沟洫既废，阡陌乃开，水利就湮，河患以亟"④。水利工程在抵御自然灾害，促进农业生产和水上交通方面发挥着重要的作用。水利事业的兴废取决于中央王朝权力的盛衰，由中央王朝来统一执行兴修水利的经济职能，这是历朝的惯例。由于明清皇权专制统治的加强，其水利法制取得了长足的进步，为水资源的保护与利用提供了有效的法律保障。

（一）河防管理

明清律例关于水利资源的保护条款众多，主要集中两个方面，一是对盗决河防、失时不修河防等行为予以严惩，二是关乎漕运管理的单行法律。

明朝统治者很早就意识到水患对经济社会带来的不利后果，极为重视河防管理体系的建构。明初时，河防职官的设置承制元代，"以工部尚书、侍郎、伯侯、都督提督运河"⑤，后随着河患的不断加剧，始设专人管理。自明正德十一年（1516年）"专设总理，以工部侍郎兼都御史或左右副御史兼侍郎兼军务，其沿河分理河务则有工部郎中三人"⑥，"总河"一职作为中央常设官员被固定下来。地方则设置了闸坝官、卫所等职官专事河防。由此，从中央到地方，形成了一套完整的自上而下的治河体系，且"浚陂筑堤，以备旱涝，皆有成法"⑦，对明朝治河实践的成效产生了显著影响。

根据《大明律·工律二》"盗决河防"条，盗决河防、圩岸、陂塘、

①　《明史》卷七十七《食货志》。

②　《明孝宗实录》卷六。

③　赵树贵、曹丽雅编：《陈炽集》，中华书局1997年版，第22页。

④　赵树贵、曹丽雅编：《陈炽集》，中华书局1997年版，第37页。

⑤　《治河通考》卷十《理河职官考》。

⑥　《行水金鉴》卷一百六十五。

⑦　《明英宗实录》卷六十九。

故决河防、圩岸、陂塘等，根据不同情节，处以不同刑罚，乃至以坐赃、窃盗论：

> 凡盗决河防者，杖一百。盗决圩岸、陂塘者，杖八十。若毁害人家及漂失财物，淹没田禾，计物价重者，坐赃论。……若故决河防者，杖一百，徒三年。故决圩岸、陂塘，减二等，漂失赃重者，准窃盗论，免刺。①

因地方官吏失职，致河防失修等，将追究官吏责任，

> "失时不修堤防"条则规定追究官员失职责任："凡不修河防及修而失时者，提调官吏各笞五十。……若不修圩岸及修而失时者，笞三十。因而淹没田禾者，笞五十。"②

清承明制，《大清律例》第 433 条"盗决河防"条与明律上述内容一致，只是处罚更为具体：

> ……若（因盗决而致水势涨漫）毁害人家及漂失财物，淹没田禾，计物价重（于杖）者，坐赃论（罪止杖一百，徒三年）。……漂失（计所失物价为）赃重（于徒）者，准窃盗论（罪止杖一百，流三千里），免刺；因而杀伤人者，以故杀伤论。③

《大清律例》"失时不修堤防"条内容与明律基本一致，新增若"其暴水连雨，损坏堤防，非人力所致者"④，则免除责任。

针对一些地方盗决及故决堤防情节严重，《大明律》附录《问刑条例》规定对首犯发配充军的处罚："河南等处地方，盗决及故决堤防，毁坏人家，漂失财物，淹没田禾，犯该徒罪以上，为首者，若系旗舍余丁民人，俱发附近充军；系军，调发边卫。"⑤《大清律例》卷三十《工律·

---

① 《大明律》卷三十《工律二》。
② 《大明律》卷三十《工律二》。
③ 《大清律例》卷三十九《工律·河防》。
④ 《大清律例》卷三十九《工律·河防》。
⑤ 《大明会典》卷一百七十二《工律·河防》。

河防》有同样条款。《律条直引》卷三十《工律二·河防》对"盗决河防"条作出详尽解释：

> 赵甲故决河防因而杀人者，以故杀律斩，秋后处决。钱乙依盗掘河防、圩岸、陂塘因而杀人者，减斗杀绞罪一等律，杖一百，流三千里。孙丙依故决河防者律，杖一百，徒三年。李丁依故决圩岸、陂塘者，减故决河防罪二等，杖八十，徒二年，周戊依故决河防、圩岸、陂塘、毁坏人家。漂失财物、淹没田禾，漂失赃重者准窃盗免刺六十贯律，杖七十，徒一年半。吴己依盗决河防、圩岸、陂塘、毁坏人家、漂失财物，淹没田禾，计物价重者，坐赃论，一百贯，杖六十，徒一年。郑庚依盗掘河防者律，杖一百。王辛依盗决圩岸、陂塘者律，杖八十。俱有大诰减等。钱乙杖一百，徒三年。孙丙杖九十，徒两年半。李丁杖八十，徒两年。周戊杖六十，徒一年。吴己杖一百。郑庚杖九十。王辛杖七十。系军民，有力纳米等项，无力的决充徒守哨，完满日疏放着役宁家。赵甲系重刑监后会审处决。①

除了用法律严厉打击破坏河防的行为，统治者还不时颁布关于兴修水利的诏令，如明洪武二十七年（1394 年），朱元璋下令各郡县督吏民修治水利：

> ……朕尝令天下修治水利，有司不以时奉行，致令民受其患。今遣尔等往各郡县，集吏民，乘农隙，相度其宜，凡陂塘湖堰可潴蓄以备旱熯，宣泄以防霖潦者，皆宜因其地势修治之，毋妄兴工役，掊克吾民。②

针对各地无节制地扩大圩田，破坏江河湖泊调节功能的现象，明代中央政府意识到了此举可能引发水患灾害的危险，曾颁发多条禁令以加强河防管理。例如，正统十一年（1446 年），应直隶巡抚周忱的上奏，"富豪筑圩田，遏湖水，每遇泛溢，害即及民，宜悉禁革"③，发布诏令禁止扩大圩田。弘治三年（1490 年），鉴于四川灌县都江堰"为居民所侵占，日

---

① 《律条直引》卷三十《工律二·河防》。
② 《太祖实录》卷二百三十四。
③ 《明史》卷六十四《河渠志六》。

以湮塞" 的状况，明孝宗下令给四川按察司官员刘杲，命令提督等地方官吏，"将都江堰以时疏浚修筑；严加禁约势要官校、旗军人等，不许似前侵占阻塞。……敢有不遵约束，沮坏水利之人，拿问如律；应参奏者，奏请处治"①。

（二）漕河管理

漕运制度是古代专有的运输漕粮制度。早在汉代时，即出现了漕粮的征收和运输方式，但未成定例。隋唐开辟京杭大运河后，水运成为粮食输送最主要的方式。至明代时，一方面为强化中央集权，另一方面基于对地方经济掌控的需要，明太祖规定各地方的粮食除少部分留存当地，其余的全部通过运河运送至京城。于是漕运成了定制。漕运发展的首要条件，就是漕运河道的畅通无阻，因此明清时期政府非常重视漕河的整修和管理。

首先是中央朝廷设置河道总督作为漕河的最高职官，全面掌管全国遭运的管理。其具体职责是负责疏浚运河水系、建造、维修闸坝、协调漕运渠道等，在级别上与漕运总督相当，但是隶属于漕运总督管理。

其次是漕河管理立法从地方立法到国家立法。万历年间，为了避免黄河对运道的冲决，确保漕船顺利通行，政府在山东开凿了迦河。该河起自夏镇（今山东微山县）李家口，引运河往东南行，合彭河、河，至邳县西之迦口，再相会于运河，全长 260 余里。连同其上接的南阳新河，共长 350 余里。明万历三十四年（1606 年），明神宗设巡检司和水驿，并就迦河运道制定了《漕河禁例》17 条，明确规定了各级河防官员的职权和职责、漕河运作的具体事项。其所禁约事项均刻成碑文立于河畔，使人人知禁。该禁例原本为管理迦河漕运所制定，但此后其制度被推广，而有些内容还附录于明朝法律中，足见其重要地位。如明《漕河例》规定："凡故决盗决山东南旺湖沛县昭阳湖隄岸，及阻绝山东泰山等处泉源者，为首之人并遣充军。"②《大明律》还对违反《漕河禁例》的首犯充军：

> 凡故决、盗决山东南旺湖，沛县昭阳湖、属山湖，安山积水湖，扬州高宝湖、淮安高家堰、柳浦湾，及徐、邳上下滨河一带各堤岸，并阻绝山东泰山等处泉源，有干《漕河禁例》，为首之人，发附近卫

①　《明孝宗实录》卷三十六。

②　杨一凡、田英杰主编：《中国珍稀法律典籍集成》（乙编第二册），科学出版社 1994 年版，第 333 页。

所，系军调发边卫，各充军。①

清代沿用《漕河条例》，并且对干扰漕运行为严厉制裁。如对明律上述"盗决河防"条款补充，不区分首从，一概发配充军；对串通取材共犯，亦是如此：

> 故决、盗决山东南旺湖……一带各堤岸……并阻绝山东泰山等处泉源，有干漕河禁例，军民俱发近边充军，闸官人等用草卷阁闸板盗泄水利，串同取财，犯该徒罪以上，亦发近边充军。②

漕运制度是明清时期重要的经济制度，关乎政府财政税收，也关乎政府抚恤赈济工作，漕河管理是保障漕粮运输的根本。明清政府完善包括漕河管理在内的漕运立法，设置专门管理机构和职官，有效保障了漕粮运输，对明清政权的运行意义重大。

五　城镇环境卫生管理

明清时期，随着资本主义生产方式的发展，大量的手工业和商业作坊成规模涌现，城镇规模和范围进一步扩大，人口众多的大城市已有不少。城市的发展使建筑、排污、垃圾清理等问题日益突出，如许多空旷之地被利用建立铺屋，不少人在淤浅的河道旁建立商铺，街道建筑的肆意无序搭建，在祠堂附近开设污染较大的产业，并聚集人群交易，城镇河道垃圾堵塞，空气污染、水污染日益严重。

明清统治者为了规范城镇居民生活秩序，管理城镇交通和环境卫生等，一方面在工部设置了专门的中央城市环境卫生管理机构，包括巡街御史、街道厅，地方府、州、县佐贰官、提调以及军卫有司等，均负有管理职责；另一方面制定了管理城市环境卫生的政策、法律，主要包括两个方面：一是对城镇居民建房、排污、市肆经营等易于影响市容市貌和社会秩序的行为进行规制。明、清律例"侵占街道"条："凡侵占街巷道路而起盖房屋及为园圃者，杖六十，各令复旧。其穿墙而出秽污之物于街巷者，笞四十，出水者勿论。"③且还专门规定了破坏京城的城

---

① 《大明律》附录《问刑条例》。
② 《大清律例》卷三十九《工律·河防》。
③ 《大明律》卷三十《工律二》。

市卫生的制裁:

> 京城内外街道,若有作践,掘成坑坎,淤塞沟渠,盖房侵占;或傍城使车,撒放牲口,损坏城脚,及大明门前御道棋盘,并护门栅栏,正阳门外御桥南北,本门月城、将军楼、观音堂、关王庙等处作践损坏者,俱问罪,枷号一个月发落。① 东西公主门、朝房、官吏人等,或带住家小,或做造酒食,或寄放货柜,开设卜肆,停放马骡,取土作坯,撒秽等项作践,问罪,枷号一个月发落。②

二是对桥梁、道路、沟渠、河道等市政设施的兴修与维护。明、清律例"修理桥梁道路"条规定:

> 凡桥、梁、道路,府、州、县佐贰官、提调,于农隙之时,常加点视修理,务要坚完平坦。若损坏、失于修理,阻碍经行者,提调官吏笞三十;若津渡之处应造桥梁而不造,应置渡船而不置者,笞四十。③

北京设有沟渠以供排泄雨水,并设有街道厅专司疏浚淘挖之职。据《大明会典》记载,明宪宗曾多次诏令对京城沟渠进行巡查和疏浚。成化二年(1466年),"京城街道沟渠,锦衣卫官校、五城兵马时常巡视,如有怠慢,许巡街御史参奏拿问。若御史不言,一体治罪"④。还下令增设管理人员定期疏浚排水沟。成化六年(1470年)、十年(1474年),因京城弃尸道路,不及时掩埋,导致沟渠淤滞阻塞。明宪宗颁诏:

> 京城军民,多有贫难弃尸道路的,着顺天府并五城兵马司于崇文、宣武、安定、东直、西直、阜城六门外,离郭四五里,各择向北地段为漏泽园,令土工人等逐日收拾遗尸,于内埋葬,不许迟误。其通州至临清自下沿河尸,行令巡河御史等官一体埋瘗。⑤

---

① 《大明会典》卷二百《工部二十》。

② 《大明律》附录《问刑条例》。

③ 《大明律》卷三十《工律·河防》。

④ 余继登:《典故纪闻》,中华书局点校本1981年版,第267页。

⑤ 《明宪宗实录》卷九十一。

诏令要求军卫有司等地方官吏巡视街渠河道，不许军民之家将病死大小男女尸骸丢弃街巷、沟渠，并对负责收拾尸骸的土工人敲诈钱财的行为进行处罚。"敢有仍前病故大小男女尸骸丢弃暴露，不行掩埋，其土工人等强泼霸占，揢诈财物，就拿便问，依律问罪，照例发落。"①

法律对地方官吏在城市环境治理方面的职责也作了明确规定。明清两代律例"修理桥梁道路"条规定：

> 凡桥、梁、道路，府、州、县佐贰官（职专）提调，于农隙之时，常加点视修理。（桥梁）务要坚完（道路务要）平坦。若损坏、失于修理，阻碍经行者，提调官吏笞三十（此原有桥梁而未修理者）；若津渡之处应造桥梁而不造，应置渡船而不置者，笞四十（此原未有桥梁而应造置者）。②

清代的行政法规也有城市市政管理方面的内容，例如清嘉庆年间《钦定工部则例》对城垣修建与维护作了详细规定，要求城垣有所损坏，即随时修理，"城垣小有缺损，即当随时修治"，"凡城上遇有洼漏之处，步军统领即会同工部委官查验，修补、堆筑坚致，俾水道流通，无致浸啮"。③

从明清律例内容来看，城镇环境卫生管理的主要责任由地方管理承担，违反法律一般处以较轻的刑罚如笞刑，可见其目的更多是警示全体居民和地方主责官吏。

第三节　明清特定区域保护制度

明清两代，在华北和东北地区分别划定面积广阔的特定区域，设置为苑囿、猎苑和围场，主要目的是供祭祀、举行朝会、皇族骑射、游玩观赏、练兵等。这些特定区域一般与皇城或离宫相结合，依托湿地等生产力较高的自然环境，区域内禁止普通百姓生产、生活等日常活动。其地域范

---

① 杨一凡、曲英杰主编：《中国珍稀法律典籍集成》（乙编第五册），科学出版社1994年版，第993页。
② 《大明律》卷三十《工律·河防》。
③ 《钦定工部则例》卷六《城垣》。

围与现今北方地区的一些自然保护区甚至国家公园试点基本相吻合。比如北京的南海子公园，历史上是北京最大湿地，是辽、金、元、明、清五朝皇家猎场，也是明清时期最有代表性的苑囿，现在公园牌楼上的"南海子"就为乾隆御笔，保留的石碑上也还刻有乾隆御笔题《海子行》诗，记载了南海子的历史与生态环境、生物多样性保护概貌。① 又如承德红松洼国家自然保护区，曾是清代皇家猎苑木兰围场的一部分。再如 2017 年列入 10 个国家公园体制试点之一的东北虎豹国家公园，地域范围就涵盖了清代盛京围场、吉林围场。

除上述功能外，明清的苑囿、猎苑和围场等区域内也豢养珍禽异兽、栽植奇花异果，还划定专门的禁猎区，供野生动植物休养生息，因而兼有生产、游赏等多种功能。中央政府对这些特定区域，采取了特殊的保护制度，设置了专门职官进行管理，虽然其目的主要是出于举办秋狝大典、确保皇室贡养、骑射的需要，兼有勤习武备，维持军队战斗力的考虑，但是客观上对特定区域的生态资源起到了保护作用，维持了特定区域生物多样性，因而，可以将它们统一称为特定生态区域。正是这些特殊的保护措施，为今天华北、东北地区的自然保护地奠定了基础。

一　明清特定生态区域简况

明清特定生态区域主要包括皇家苑囿、猎苑、围场等。

苑囿，又名御苑、禁苑、后苑等，大多与皇城或离宫相结合，其面积宏大，地形多样，具有蓄养禽兽、供帝王及贵族游玩、打猎以及种植林木、练兵等多种功能。明清时期最具代表性的苑囿当数南海子（清代称

---

① 《海子行》：元明以来南海子，周环一百六十里。七十二泉非信征，五海至今诚有此。诸水实为凤河源，籍以荡浑防运穿。岁久淤阏事疏治，无非本计塵黎元。蒲苇戟戟水漠漠，凫雁光辉鱼蟹乐。亦弗恒来施增缴，徒说前朝飞放泊。迤南有台高丈余，晾鹰犹踵前明呼。其颠方广不十丈，元院何以容仁虞。二十四园泯遗迹，耕地牧场较若画。是何有于国用资，裕陵诏谕量斯窄。所存新旧两衙门，中官尔日体制尊。一总督更四提督，有如夫势焰熏。内虚外怨祸来乍，大军曾此经南下。阄逃不知何所之，纵横路便黄羊射。胜朝虎殿但存名，颓垣落桷埋榛荆。茸为驷厩飞龙牧，时得良骑出骏英。沿其成例海户守，刍莥往焉雄兔否。设概听之将无禽，如杀人罪则何有。少时习猎岁岁来，猎余亦复撼吟裁。五十年忽省一瞥，电光石火诚迅哉。即看平原双柳树，叠为宾主凡几度。世间万事付不知，风摆长条只如故。

"南苑")。① 元代帝王在北京大兴县正南划定 40 公顷的范围用于游猎，称"下马飞放泊"，是皇家专属猎场。明代"复增广其地，周垣百二十里"，被称为"南苑"或"南海子"，明时的南海子不仅仅局限于过去纯粹的狩猎、练兵之用，而是在此基础上添加了相应的自然生产功能，栽种奇花异果，饲养珍禽异兽。南海子隶属于上林苑，亦为明廷"育养禽兽、种植蔬果之处"②。万历十三年（1585 年）《重修古刹镇国观音寺碑记》中记载："都城南四十里许，乃上林苑南海子，我国蕃育鸟兽之所也。"③《帝京景物略》载："……庶类蕃殖，鹿，獐，兔，禁民无取，设海户千人守视"④，足以窥见南海子内所豢养的禽兽品类之繁多。此外，南海子内还建有皇庄、菜园、马馆、牛圈、桃林等，堪称人工的世外桃源。《养吉斋从录》记载："旧时有皇庄五所，菜园五所，马馆三处，牛圈四处，海户一千六百人。桃林阡陌，沃壤天开。"⑤ 此外，还开辟了"二十四园"，种植奇花异果，以供御用。《宸垣识略》记载："明永乐年间……育养禽兽，又设二十四园，以供花果。"⑥ 明清之际，吴伟业在《海户曲》中这样描述："葡萄满摘倾筠笼，苹果新尝捧玉盘。……芳林别馆百花残，廿四园中灿漫看。"⑦ 清代，南海子改称南苑，规模和功能都进一步扩大，"春蒐冬狩，以时讲武。恭遇大阅则肃陈兵旅于此"⑧，成为京城最大的皇家园林，方圆达 210 平方公里，面积两 3 倍于京城。

猎苑与围场并没有显著的区别，二者与苑囿的差异在于，猎苑或围场专供帝王巡猎之用，或划为专门的禁猎区，供野生动植物休养生息，一般在京城以外，不具备苑囿的综合功能。由于属于禁猎区，其野生动植物保护功能突出。明代的围场尚不多见，清代则涌现出木兰围场、汤河围场、盛京围场、吉林围场⑨、黑龙江围场等。其中，以木兰围场最为著名。清

---

① 此外，明代还有皇城西苑的北、中、南三海，清代则有避暑山庄、北京西北郊的三山五园（万寿山清漪园、玉泉山静明园、香山静宜园，以及圆明园、畅春园）等苑囿。

② （明）张爵：《京师五城坊巷胡同集》。

③ 北京图书馆金石组编：《北京图书馆藏中国历代石刻拓本汇编》（第五十七册），中州古籍出版社 1990 年版，第 133 页。

④ （明）刘侗、于奕正：《帝京景物略》卷三。

⑤ （清）吴振棫：《养吉斋从录》。

⑥ （清）吴长元：《宸垣识略》。

⑦ （清）吴伟业：《海户曲》。

⑧ （清）于敏中等：《日下旧闻考》卷七十四。

⑨ 吉林围场由吉林西围场、伯都讷围场、萤克图围场三部分组成。

朝统治者入主中原以后，为了保持其民族的健壮和军事力量，仍努力沿袭祖先的狩猎习俗，康熙二十二年（1683 年），康熙帝第三次出塞北巡时开创了木兰围场。木兰围场位于现今河北承德围场满族自治县，东西长 125公里，南北宽 122 公里，周长 650 公里，总面积 15300 平方公里，是世界上最大的皇家猎苑。地形复杂，整个地势西北高，东南低，群山分干，降水充沛，有众多河流流经这里，北温带陆生动物应有尽有，数量繁多。木兰围场四面立界，"凡谷皆设栅为限，俗称柳条边"，围场内依山川地形和禽兽的分布又分出 72 个小围，大小不等，远近不同。小围之间距离5—25 华里不等，围址设在森林茂密或野草茂盛的山沟里，每年到其中几个围内行猎，其余留待禽兽繁衍生息逐年轮换。[①]

盛京围场在清代特定生态区域中具有独特的地位。努尔哈赤分别于1607 年、1619 年灭辉发部、叶赫部，将其辖地置为围场。清朝建立后，围场属盛京将军管辖，故名盛京围场。其范围南从沙河尔郎头三通河沿起，北至阿基各色合勒北伊通河沿止，长 490 华里；东从辉发城起，西至威远堡边门止，宽 480 华里；东南从骆驼砬子起，西北至三因哈达交界的西北封堆止，阔 510 华里；西南从英额边门起，东北至色珠勒阿林止，阔520 华里。包括海龙、东丰、西丰、西安（今辽源）、辉南 5 县。盛京围场不仅是皇家狩猎场，而且是八旗官兵演练场，还是清代皇室特供产品基地。

二　明清特定生态区域保护制度

延续前代传统，明清政府针对皇家苑囿、猎苑、围场等特殊区域制定、颁布了大量的法律，且设置了规范严密的管理机构，形成了完备的特殊区域保护制度。

考察相关法律内容可知，其中既有对某个特定区域的专门规定，如《钦定大清会典事例》卷七〇九《兵部·行围》规定木兰围场、盛京围场、南苑的"行围规制""行围燕赏""行围禁令"；也有普遍性制度，如《大明律集解附例》卷十三《兵律·宫卫》、《大清律例》卷十八《兵律·宫卫》禁止擅自进入苑囿的"宫殿门擅入"条："凡擅入皇城午门东华西华玄武门及禁苑者，各杖一百。禁苑谓禁中之苑囿一曰苑囿之有禁制

---

① 　任率英编著：《承德山水》，团结出版社 2014 年版，第 185 页。

者。"① "凡擅入紫禁城……及禁苑者，各杖一百。"② 在此，对南苑、木兰围场、盛京围场的保护制度作重点考察。

（一）南苑（南海子）

永乐十四年（1416 年），成祖诏令将"东至白河，西至西山，南至武清，北至居庸关，西南至浑河"的范围筑墙辟门"并禁围猎"③，还在苑内修建桥梁、新旧衙门官厅、寺庙、行宫和二十四园等。苑内置"海户"，"给地耕种，令其守护"。④ 苑内动物种类数量都极为可观，据万历年间王士性所著《广志绎》记载："南海子即古上林苑，中、大、小三海，水四时不竭，禽、鹿、獐、兔、果蔬、草木之属皆禁物也。"⑤ 为了维护生物链和生态平衡，一旦苑内鹿、虎等动物的数量减少时，即命令海户将野外牛、马等动物交与内官，或是直接从外购买，然后放于南海子内。"南苑官员人等，每年在南苑墙外带领海户等打兔围所得之兔，即放南苑内。"⑥ 如有丢失或伤残的，则需赔偿。如"成化六年诏蕃育等署，今年有因水患，亏损牲口，曾经具奏，查勘明白者，悉免追陪"⑦。

清代设置苑囿的专门管理机构——奉宸苑⑧。清康熙二十三年（1684年），在南苑设置郎中，正四品，属奉宸苑管理，设置总管、防御官守之，蓄育禽兽于其中，以备皇上巡猎。此外，还通过挑补官弁匠役、安放庄头、果园头、安放瓜园头、添放苑护等措施，强化南苑的管理体制。清代南苑"海户"有一千多人，每人分给土地 24 亩，让他们在此看守。为了不影响春耕，康熙三十七年（1698 年）四月下旨："南苑周围墙垣，于

---

① 《大明律集解附例》卷十三《兵律·宫卫》。

② 《大清律例》卷十八《兵律·宫卫》。

③ 《明史》卷七十四《职官三》。

④ （清）于敏中：《日下旧闻考》卷七十四。

⑤ （明）王士性：《广志绎》卷二《两都》。

⑥ 杨一凡、田涛主编：《中国珍稀法律典籍续编》（续编第六册），黑龙江人民出版社 2002 年版，第 186 页。

⑦ 《大明会典》卷二百二十五《上林苑监》。

⑧ 奉宸苑、上驷院、武备院统称"三院"，是内务府的统辖机构。奉宸苑设立于康熙二十三年（1684 年），衙署办公地点在西华门外西苑门旁。最高领导是皇帝特派的总理大臣及奉宸苑卿，其下苑堂设有郎中、员外郎、主事、委署主事、笔帖式，分别掌管苑内各项事务。苑下设苑丞、苑副、委署苑副，另有园丁、园户、匠役、苏拉、葡萄户、蚕户等，专管景山、瀛台三海、倚虹堂、钓鱼台养源斋等处。奉宸苑所属南苑另设郎中、员外郎、主事、委署主事、苑丞、苑副、笔帖式管理，另有海户、苑户、匠役、皂役、庙户，还设有总尉、防御、骁骑校、门军等负责守卫、稽查出入等事。

海户所居附近处开小门十四座，以便出入耕种。收获后，仍行堵筑。"①目的是"开门便农"。

为保障苑内动植物繁殖和利用，朝廷规定了具体喂养的食物标准。如乾隆二年（1737 年）十一月下旨将李卫、白钟山所进鹿狍交于南苑设圈喂养，规定："鹿十二只，每只每日喂黑豆一升、仓米六合六勺六抄、谷草一斤四两。狍二只，每只每日喂黑豆四合六勺六抄。"②

在春夏牧草茂盛时节，允许在南苑放牧皇家所属马羊等，"上驷院马匹，庆丰司羊只，每年四月内进南苑放青，十月内进圈"③。为恢复苑内土地，保障动植物生长，雍正五年（1727 年）正月奉旨："南苑割剩羊草，一半放荒，留一半于出青前喂养牲口。出青以后，将所留一半，亦着放荒。在南苑内坑洼不平之处，着南苑官员带领人役平垫。"④ 专门委派数名庄头栽种树木，同时禁止私自砍伐树木。道光十八年（1838 年）下令："南苑补种树株，嗣后交该处，无拘年限，但有缺少，即行随时补种，以复旧制。至草甸荆茨，饬令三旗、苑丞等随时稽查，遇有私行砍伐之人，立即查拿惩究。"⑤ 乾隆五年（1740 年），为保障宫廷所用木材，曾规定"南苑内树木，或二年或三年，芟锯一次，将树木交与四处行宫熏炕应用"。但此后根据苑内树木生长不足情况，道光十九年（1839 年）停止执行上述制度，"南苑树木渐形稀疏，嗣后请将芟锯回乾一节暂行停止"⑥。

可见，清代对南苑的管理制度，既遵循了自然规律，尊重动植物的生长周期，又兼顾资源的有效利用，坚持传统取之有度的"旧制"。苑囿的设置、管理与保护，对于局部生物多样性保护意义重大，例如据乾隆四十

① 杨一凡、田涛主编：《中国珍稀法律典籍》（续编第六册），黑龙江人民出版社 2002 年版，第 161 页。

② 杨一凡、田涛主编：《中国珍稀法律典籍》（续编第六册），黑龙江人民出版社 2002 年版，第 175 页。

③ 杨一凡、田涛主编：《中国珍稀法律典籍》（续编第六册），黑龙江人民出版社 2002 年版，第 162 页。

④ 杨一凡、田涛主编：《中国珍稀法律典籍》（续编第六册），黑龙江人民出版社 2002 年版，第 176—177 页。

⑤ 杨一凡、田涛主编：《中国珍稀法律典籍》（续编第六册），黑龙江人民出版社 2002 年版，第 181 页。

⑥ 杨一凡、田涛主编：《中国珍稀法律典籍》（续编第六册），黑龙江人民出版社 2002 年版，第 161 页。

二年（1777 年）的记载，南苑的麋鹿达到 400 头。①

（二）木兰围场（热河围场）

木兰围场自设置以来，清廷每年在此举行秋狝大典，主要承担习武练兵之功能。该地位于京师、盛京和内蒙古东三盟的政治地缘接合部，战略地位显著，因此管理、防务都极其严格，尤其是清代前期，备受朝廷重视。

康熙四十五年（1706 年），设热河围场总管（捕盗总管），由热河副都统兼任，秩四品，以统领围场驻防八旗官兵，专门负责围场事务。围场由中央直接管理。于热河围场总管之下设六品章京八员，指定其中四员负责巡查和缉拿盗匪，另四员则专职管理与蒙古族民交涉的案件。乾隆十四年（1749 年），围场总管划归理藩院辖属。乾隆十八年（1753 年）对围场官员秩品升级，改总管为三品。为严格控制蒙民和汉人的进入，每旗下专门设置巡查围场的卡伦五座。"卡伦以内，蒙古、民人毋得阑入，其盗牲畜者，分别治罪。该管官处分，如系蒙古，交扎萨克严行约束。"② 随后，清朝统治者进一步加强了热河地区的管理，于嘉庆十五年（1810 年）设立热河都统，以专职管理军政、民政等事务。直至清末，光绪二年（1876 年），设置围场厅，主责官员为粮捕同知。从管理机构变动以及职官职位的升迁变化看，随着时间迁移，木兰围场重要地位日益显现，但是从一个侧面也反映了清中期以后，由于大兴土木，森林被大面积砍伐，加之官员偷伐贩卖增多、潜入围场捕杀牲兽者也不断增加，使林木日益稀少、牲兽锐减，围场的生态破坏严重，统治者不得不加大管理力度。

在清中期以前，作为禁猎区的木兰围场生态还是很好的，"木兰围场。为上塞神皋，水草肥美，孳生蕃富"③，少有破坏。除了有完备的管理体制外，法律的作用亦不可忽视。例如，康熙三十六年（1697 年）编订的《钦定理藩部则例》规定："私入围场人犯不论首从刺字。……木兰私入围场者，亦照此例一律办理。"④ 又如，"凡私入木兰等处围场及南苑，偷窃菜蔬、柴草、野鸡等项者，初犯，枷号一月；再犯，枷号两月；三犯，枷号三月，满日各杖一百，发落"⑤。因为私自砍伐、盗窃动物等

① 郭耕主编：《中国科普大奖图书典藏书系（心系鸟兽）》，湖北科学技术出版社 2013 年版，第 3—4 页。

② 《钦定热河志》卷四十六《围场二》。

③ 《嘉庆朝实录》卷一百一十八。

④ 《钦定理藩部则例》卷三十七《偷窃上》。

⑤ 《钦定大清会典事例》卷七百九十三《刑部·刑律盗贼》。

行为屡禁不止，嘉庆帝要求军机大臣会同刑部商议，恢复旧制较重刑罚，加大打击力度。"……禁止樵牧。……至旧例围场偷窃牲只、砍伐木植者，拏获按法惩治。罪名本不甚重。后经铁保条奏改议从轻。又经台斐音奏明议改。较前稍重。无如玩法者多。日渐废弛。着交军机大臣会同刑部将条例再行酌覈。应如何复旧加重之处。"①

围场作为朝廷秋狝大典和非战时练兵的重要场地，如何处理重要国事与围场内野生动植物保护之间的关系？对此，历朝皇帝多有口谕。如咸丰帝得知南苑围场内麋鹿过多，曾下令"则开一面放之"②。而在木兰围场，尤其是因为偷盗、偷伐等原因致野生动植物大量减少时，朝廷不得不暂停秋狝大典。如嘉庆帝得知围场麋鹿数量锐减，先是增设官职专职稽查，后又连续两年停止行围国事："木兰秋狝行围。……朕恪守成宪。不敢废弛。前年即敬谨举行。见围场鹿只等项已觉稀少。自不免有偷窃情弊。是以特设围场副都统。严立章程。专职稽查。上年驻跸热河。特派员前往围场查看。鹿只更形缺少。始停止行围。……并据查奏系因近年来砍伐官用木植之外。多有私砍者。并任令奸徒私入捕捉牲畜。以致鹿踪远逸。……所以本年木兰行围。不得已仍着停止。"为严禁砍伐私盗，保证秋狝大典每年正常举行，又谕"嗣后围场地方，不准再行砍伐木植，以杜影射私砍之弊，庶几牲兽蕃多。永行秋狝大典"。同时要严惩失职官员，"是以八年将该副都统官员等均行分别治罪示惩"。并强调"牲畜复至缺少时。朕必将该副都统总管官员等严加治罪。决不宽宥"。③

到了清中期，对围场失职官员的处罚越发具体，包括罚俸禄、降级等。例如道光年间，承德府管辖范围内的民众擅入围场偷打牲畜，当场被围场总管抓获，经查得"该管都司守备千总把总等官"失职，"一年内失察在三案以内者。每案罚俸六月。至四案以上者。自第四案起。每案降一级留任。该管副将。一年内失察在三案以内者免议。其至四案者。自第四案起。每案罚俸一"，"按人犯罪名之轻重议处。人犯罪应拟徒者。该管官罚俸六月。人犯罪应拟流者。该管官罚俸一年。人犯应发乌鲁木齐等处种地者。该管官降一级留任"。④

---

① 《钦定大清会典事例》卷七百九《兵部·行围三·木兰行围一》。

② 《钦定大清会典事例》卷七百九《兵部·行围三·木兰行围一》。

③ 《钦定大清会典事例》卷七百九《兵部·行围三·木兰行围一》。

④ 《钦定大清会典事例》卷七百九十二《刑部·刑律盗贼部·盗田野谷麦》。

（三）盛京围场

盛京作为清朝的陪都，既是八旗日常演练场所，又是皇室贡品的采集地，地位重要。在围场初设之时，负责围场事务管理的机构称为"荒营"①，该机构的长官称为"荒营协领"，或可简称为"协领"，直接隶属于盛京将军。嘉庆二十三年十二月至二十四年二月间，②改"荒营"为"管理围场事务处"（简称"围场处"），③作为专门管理盛京围场日常事务性工作的机构，长官称协领或总管协领，仍隶属于盛京将军。

盛京围场的野生动物，采取轮捕制度，既为围场的生态恢复提供了时间，又为野生动物提供生长空间。《盛京典制备考》所载"围场处应办事宜"称："围场原设一百〇五围，按年轮转捕猎"，"小雪节前围长、翼长带领梅伦委官、专达兵八十名领纛打围"。④为使围场中横七竖八的枯枝败草不妨碍官兵演练和合围，"清明节前，委官二名带兵赴围燎火一次"⑤。枯草被火燎后有助于草茬吸收阳光而返青，枯草被火燎后形成的灰烬又成为滋养其生长的肥料。这些举措，不仅有利于延续围场中各种植物的栖息地，而且利于保护围场中各种动物的过冬地。

通过史料分析，明清特定区域制度对生态保护的意义至少可以确认以下几个方面：

首先，苑囿、围场的主要功能是用于帝王和朝廷祭祀、行大典、游玩观赏、举行朝会、练兵等，以政治和军事目的为主，但由于场内面积宏大，又被划为禁猎区，至少到清代中期，其原生态环境尚未遭到破坏，野生动植物丰富，生物多样性状况良好，为我国近现代的自然保护地留下了宝贵遗产。

其次，由于这些特定区域承载了朝廷重要的政治和军事功能，"盖我

---

① 吉林围场也设有荒营，作为吉林将军的衙署主管围场事务。荒营以下设有行走章京，掌管围务档案，还设有领催外郎和向导兵等，参见长顺修、李桂林纂《吉林通志》卷五十一，载于中国边疆史志集成《东北史志》（第4部第8册），全国图书馆文献缩微复制中心。

② 赵珍：《清代盛京围场处》，《历史档案》2009年第4期。

③ 中国第一历史档案馆藏录副奏片，嘉庆二十四年二月二十一日，盛京将军赛冲阿奏为遵旨将盛京围场荒营改为管理围场事务处字样事，见国家清史工程数字资源总库，档号03-1699-002，缩微号119-0163。

④ （清）崇厚辑：《盛京典制备考》卷五《围场处应办事宜》。

⑤ （清）崇厚辑：《盛京典制备考》卷五《围场处应办事宜》。

国家诘武绥遐，意至深远。木兰行围，实时典礼所系，并非前代游猎可比"①。所以历代皇帝无一例外特别注意落实保护措施，这从南苑和木兰围场、盛京围场的官职设置及对失职官员严格的处罚窥见一斑。而且，因为苑囿、围场为朝廷所用，其生态变化情况，比如某种动物的减少，都能直达天听，被帝王及时知晓，甚至眼见为实，于是对其的保护措施自然比较容易落到实处，这也是清中期以前，苑囿围场生态得以稳定的主要原因之一。

最后，对于私自进入苑内、围场偷打牲畜、砍伐木植的行为，刑罚处罚轻重并不恒定，规律是前期较重，之后一段时间轻刑，再后恢复"旧制"，处罚趋重，说明法律是根据围场内生态破坏的程度作出适时调整。如乾隆三十一年（1766 年）规定："若盗砍木植、偷打牲畜，审系初次、二次，发乌鲁木齐等处种地。犯至三次者，发乌鲁木齐给兵丁为奴。打牲砍木未得人犯，均照已得遣罪减一等，杖一百徒三年。再犯即未得畜木，亦与已得者同拟外遣。"②

到了嘉庆六年（1801 年），对于同一行为，施加的刑罚相应轻缓：

> 若盗砍木植偷打牲畜，已得者，不计赃数，初次枷号三月，二次杖一百徒三年，系旗人，仍枷号三月，鞭一百。犯至三次者，旗民俱发往乌鲁木齐等处种地。如打枪放狗，仅止惊散牲畜而未得，及盗砍木植未得者，各减已得一等，为从亦各减一等。枷号三月两月者，减等递减一月。枷号一月者，减为二十日。……③

至嘉庆十一年（1806 年），对盗砍木植、偷打牲畜的处罚又有加重："若盗砍木植偷打牲畜已得者，俱不计赃数，审系初犯，杖一百徒三年，再犯，发乌鲁木齐等处种地，三犯及三犯以上，发乌鲁木齐等处给兵丁为奴。为从减为首一等。均照例面刺'盗围场'字样。……"此条款的变化，可印证前述史料：嘉庆帝曾要求军机大臣会同刑部商议，恢复旧制较重刑罚，加大打击力度。④ 司法案例也可佐证清中期以后，苑囿、围场刑罚趋于严苛的事实。如道光年间所判一案，"热河都统咨：伍征额系围场

---

①　《钦定大清会典事例》卷七百九《兵部·行围三·木兰行围二》。

②　《钦定大清会典事例》卷七百九十二《刑部·刑律贼盗·盗田野谷麦一》。

③　《钦定大清会典事例》卷七百九十二《刑部·刑律贼盗·盗田野谷麦一》。

④　《钦定大清会典事例》卷七百九《兵部·行围三·木兰行围一》。

马甲，辄敢纠伙入围打牲，已得，应照私入围场偷打牲畜初犯，杖一百，徒三年例，加一等，杖一百，流二千里，销除旗档。道光十一年直隶司案"①。此案的判决依据是道光元年（1821年）诏令："不论赃数，初犯杖一百，徒三年；再犯，发新疆等处种地；三犯，发新疆等处给兵丁为奴。旗人犯者，销除旗档，照民人一律办理。蒙古人犯者，初次照现例枷责，再犯、三犯照旗民一体治罪。"②

而后，大量使用刺字这一兼具肉刑和羞辱刑性质的刑罚，再次体现了法律对私自入内砍伐等违法行为的严苛程度。《读例存疑点注·刑律·贼盗·盗田野谷麦》规定："如系刨挖鹿窖者，首从各于前例流徒罪上加一等治罪。分别面刺'偷窃木植牲畜'字样，未得者免刺。"③《钦定大清会典事例》卷七百九十三《刑部·刑律贼盗·盗田野谷麦二》规定："以上各项人犯，无论初犯、再犯、三犯，均面刺'盗围场'字样。偷盗未得之犯，均面刺'私入围场'字样。"④《钦定大清会典事例 理藩院》卷九百九十六《刑法·违禁采捕》规定："嗣后拿获私入围场人犯，除照例分别拟罪外，不论首从，已得赃者，皆面刺盗围场字，未得赃者，皆面刺私入围场字。"⑤

同时，法律对苑囿、围场内的动植物采取一体保护，不仅保护对练兵、涉猎意义重大的动物，对一些不属于珍稀动植物的生物如菜蔬、柴草、野鸡、蘑菇也规定有保护措施。如"私入木栏等处围场，及南苑偷窃菜蔬、柴草、野鸡等项者，初犯枷号一个月；再犯枷号两个月；三犯枷号三个月，满日各杖一百发落"；"其越边偷窃柴草、野鸡等项，初犯，枷号一个月；再犯，枷号两个月；三犯，枷号三个月，满日各杖一百"。⑥这意味着，苑囿、围场内无论何种动植物均属于帝王财产，法律保护其财产权。而在客观上，动植物一体化对区域内生态平衡的稳定具有重要意义，因为这些生物是整个生物链一部分，是苑内、围场内其他生物必不可少的食物或栖息之处，毁之将影响区域内生态系统平衡。

---

① （清）祝庆祺等编：《刑案汇览三编（四）》"盗田野谷麦"·"围场马甲偷打牲畜"，北京古籍出版社2004年版，第148页。

② 军机处录副奏折，《谕内阁围场偷打牲畜及偷砍木植着分别定拟治罪》，见中国第一历史档案馆、承德市文物局整理《清宫热河档案》第十四册，第373页。

③ 《读例存疑点注·刑律·贼盗·盗田野谷麦》。

④ 《钦定大清会典事例》卷七百九十三《刑部·刑律贼盗·盗田野谷麦二》。

⑤ 《钦定大清会典事例·理藩院》卷九百九十六《刑法·违禁采捕》。

⑥ 《读例存疑点注·刑律·贼盗·盗田野谷麦》。

苑囿、猎苑、围场等特定生态区域的设立和管理，既保障了大典、习武等国事、军事训练的顺利进行，又客观上通过封禁政策保护了大量野生动植物资源。例如在历史上，麋鹿仅见于中国，当野外麋鹿绝迹后，这个物种一直圈养于皇家苑囿，虽是帝王的狩猎对象之一，但正因为麋鹿长期圈养于帝王的猎苑内，才免于强烈的猎杀压力，种群得以延续。此外，现今承德红松洼国家自然保护区是清代皇家猎苑木兰围场的一部分。清代通过设立围场的方式，对东北整体性封禁延续两个多世纪，并因地制宜、因时制宜施行不同的政策，有力地保护了东北地区的自然生态环境，使得东北地区成为现今我国森林与动物资源最为丰富的地区之一。昔日盛京围场良好的生态环境为今日之美景奠定了基础，东丰县、西丰县等地成为远近闻名的"鹿乡"、林场和自然景区，现今位于吉林省辽源市的寒聪顶国家森林公园也属于盛京围场的一部分。2017 年列入 10 个国家公园体制试点之一的东北虎豹国家公园，其地域范围与盛京围场、吉林围场部分重合。被世界环保组织列为全人类共同财富的长白山自然保护区及吉林西部的向海、黑龙江西部的扎海等湿地能留存至今，与明清特定生态区域保护同样不无关系。

然而，大面积的封禁必然影响当地百姓生活。很多流民进入东北后，无法依据合法的方式得到生存保障，只能瞒报官吏，私自开垦农田、采撷人参、砍伐树木、偷猎围城动物以供家用，或是进行售卖换取养家糊口的银两。[①] 之所以如此，恰恰是因为苑囿、猎苑、围场等特定生态区域的设立和管理与民争利，影响到周边百姓的生存与发展。这些特定区域占地辽阔，大片的山林川泽被划为禁地或禁区，原本生活在这片区域以及周围靠山吃山的百姓，失去了生活来源，故而出现"民不畏死"盗砍树木、偷猎野生动物等行为。所以，尽管刑罚日益严苛，也未能全然禁绝民众偷猎、盗伐。可见，如何处理生态环境资源保护与经济发展的关系，从古至今一直是人类发展历程中不可回避的重要问题。

第四节　明清生态环境资源保护的民间规约

明清时期，除国家律典、诏令等法律形式中包含丰富的环境保护与资

---

① 参见陈跃《清代东北地区生态环境变迁研究》，博士学位论文，山东大学，2012 年，第237—261 页。

源利用规定外，还存在着大量的以碑刻、誓约、会款、典仪等形式出现的民间环境与资源保护规约。作为乡土中国的民间社会组织自治规范，存在于乡村的民间规约（即"村规"或"乡规"）构成了明清民间规约的主体，而人们习惯上将其称为乡规民约。① 乡规民约是古代民间法最重要的组成部分和主要的表现形式。

涉及环境与资源保护内容的乡规主要以碑刻、盟约会款、会典祭仪等形式出现，而且多以成文形式表现，既有综合性乡规中包含资源保护条款，也有专门性的资源保护乡规。乡规在开篇一般首先说明立约宗旨，部分经官府批准的乡规，在正文前还会镌刻官府告示，使其变成"奉宪颁示"的官方行为。这说明乡规本身为了获得权威性，往往借助国家法来宣誓自己的效力，以维护乡村的社会秩序。乡规根据内容可分为劝诫性乡规和惩戒性乡规，前者重教化而厚风俗，引导、劝告、督促乡民爱护自然资源；后者维护乡村原始生态环境，宣示、明确乡村生活生产秩序，禁止破坏环境和资源。乡规具有效力的持续性和极强的地域性，如护林碑、禁渔碑、禁猎碑等，此类以立碑形式革除恶俗的方式，在以熟人维系的乡村社会不仅起到广而告之的作用，更以碑刻历经千年而不衰的特点彰显了乡规恒久的效力。但是，也存在效力空间有限的弊端，因为立碑只有周围附近的人才能知道，不可能让距离较远的人知道，所以其效力只是限于村落本身。

明清时期是封建社会碑刻发展的鼎盛时期，由于我国地域辽阔，各地自然资源分布并不均匀，加之经济发展水平差异，生活生产习惯各有不同，以及不同的民族图腾和不同的生活环境等原因，分布在不同区域的村社，在乡规民约的具体内容上是有区别的，各地碑刻的内容也有区别。但其中的环境与资源保护碑刻，多表现为护林、水资源保护、动物保护、禁止开采以防水土流失、保护桥梁道路和维持城镇卫生等方面，我们以各地碑刻为考察对象，对明清时期乡规民约中的环境资源保护情况作初步分析。

一　保护森林资源的乡规民约

明清时期，随着人口的急剧膨胀，加之"棚户"众多，开山垦殖广种玉米，自然森林面积锐减，水土流失严重，生态环境随之发生恶化。为

---

① 乡规民约，也称"村规民约"，是指在某一特定乡村地域范围内，按照当地的风土民情和社会经济与文化习惯，由一定组织、人群共同商议制定的某一共同地域组织或人群在一定时间内共同遵守的自我管理、自我服务、自我约束的共同规则或约定。

了保护山林，民间出现大量的护林碑，一部分是民间自发立碑，另一部分是报请官府设立。典型护林碑刻的内容主要有四项，即保护林木的意义、封禁山林的四至范围、禁止事项和有关护毁森林的奖惩。按照保护对象，可分为古树名木护林碑、风水林护林碑、经济林护林碑、寺庙林护林碑、基树护林碑、公山护林碑等。① 清代盛行护林碑的原因：一是人们对森林的多种价值有更深的理解，特别是明确认识到森林具有涵养水源、保持水土和减轻灾害的作用。二是与当时毁林严重有关。有史料形容安徽当时的入山垦殖给当地带来的环境危机："自皖民开种包芦以来，沙土倾泻溪涧，填塞河流，绝水利之源。"② "皖北人寓宁，赁山垦种苞芦，谓之棚民。其山既垦，不留草木，每值霉雨，蛟龙四发，山土崩溃，沙石随之，河道为之壅塞，坝岸为之倾陷，桥梁为之坠圮，田亩为之淹涨。"③ 三是与清代风水意识盛行，以及人民追求清新自然的景观意识有关，"木胜则生风"④，"崇山峻岭，好鸟枝头有良朋；巍峨叠翠，古木树种听远音"⑤。

民间护林碑的内容，首先体现了与国家法律的一致性。与明清时期政府鼓励种植多种经济林相适应，各地也出现鼓励因地制宜种植桑树的碑文，如清咸丰七年山西高平《西坡村种桑养蚕碑》载强调种桑的重要性："尝思《禹贡》纪桑土之蚕，原为国家重务。《月令》载分茧之训，实为闾阎要图。是桑也者，固原隰之所宜，而蚕事之所收赖者也。"并且认为"吾侪觇物土之宜，知美利之兴莫重于桑"。要求"缘合社按家各栽桑数株，以为养生良策"。重视桑树的长期生长规律，严禁牛羊等动物毁坏桑树，"第桑为蚕储，宜作十年之计，而人勤蚕事，系忍他物之伤?""讵养蚕之桑，而能听其损伤而不顾乎? 爰是，社中严立条规，勿许牧羊者犯境"。最后碑文描绘种桑美好前景，"庶桑日以茂，蚕日以多，而老者有衣帛之资，幼者得养生之助，里闾比党之中渐臻丰富，岂不懿哉?"

保护公山资源，确认林木公有权，是一些原始林密集区碑文的主要内容。如清代云南剑西老君山"为全滇山祖，合州要地"，但乾隆时期，一些人私自盘踞其下，"延山砍伐，纵火烧空。以致水源枯竭，栽种维艰"。

---

① 倪根金：《中国传统护林碑的演进及其在环境史研究价值》，《农业考古》2006 年第 4 期。

② 道光《徽州府志》卷四。

③ 嘉庆《宁国府志》。

④ （宋）赖文俊：《催命篇》卷《评龙篇》。

⑤ 张正明、[英]科大卫、王勇红编著：《明清山西碑刻资料选》（续二），山西经济出版社 2009 年版，第 25 页。

甚至"擅将隔境官山给照开挖"。乾隆四十八年，丽江府颁布《保护公山碑记》，重申老君山的公有属性，禁止随意砍伐上将树木，指定看山人，"自示禁之后，务遵律纪条规保全公山，如敢私占公山及任意砍伐、过界侵踏等弊，许看山人等扭禀，以便究治，绝不姑宽，示遵照毋违时"。公山严禁条规内容包括："禁颜仁（即私自侵占公山之人）等现留公山地基田亩不得私占；禁岩场出水源头处砍伐活树；禁放火烧山；禁砍伐童树；禁砍挖树根；禁各村不得过界侵踏；禁贩卖木料；右仰遵守。"①

寺庙、祖坟周边树木禁止采伐，在明清律典中有明文规定，于明清护林碑中也有相应内容，而且较律典更为具体。如明万历四十六年（1618年），福建泉州府为保护吴乡官祖坟树木，撰文刻石示禁：

> 据吴选状告称：义父吴乡官有祖坟二首，一葬在灵源寺西，东至路，西至路，南至□□□，北至洞仔；一坐在灵源寺西牛岭山，东至路，西至山脊处，南至龚宅山，北至岭。界限明白，植荫数千。近被附近居民乘父宦游，累肆侵剪，愚民视为利薮，公行旦之之斧斤。妇一民惩□□图冥冥之风水，痛深水火，害切肤身，垦乞给示严禁等情到府。看得坟茔树木乃系远荫风水，附近居民乘机累肆侵剪，情甚可恨，本当查究，姑记出示严禁。为此，示仰附近居民人等知悉：凡系吴乡官坟茔界内草木生枯，不许擅行分伐，亦不许纵放牛羊践害。如有不遵，许社首及墓客指名呈报告提究罪枷号示惩，决不轻贷。须牵示者，右仰知悉。②

咸丰七年（1857年）贵州长贡罗氏一族为制止族人砍伐祖茔周边古树，立有《贞丰长贡布依族护林碑》：

> 自清朝以来，罗氏一门，将祖茔安厝于弄房之易，茂阴儿孙，一脉相传，今为数枝之广所。蓄大树，数树原赖后龙，家之麟毛而已！竟有不识之子孙，几毁伤龙脉，砍伐古树，惊动龙神，祖茔不安。是以合族老幼子孙，合同公议，故立碑以示后世子孙：如有妄砍树木，挖伤坟墓者，严拿赴公治罪，莫怪言之不先。自禁之后，各宜凛遵，

① 杨一凡、田涛主编：《中国珍稀法律典籍续编》（第十册），黑龙江人民出版社2002年版，第71—72页。

② 粘良图编：《晋江碑刻选》，厦门大学出版社2002年版，第134页。

毋得行毁伤龙神……特此故立碑禁止。如有遵碑，毋得擅砍坟山，子孙发达，长产麒麟之子，定生凤凰之儿。①

康熙二十二年（1683年），肇庆鼎湖山庆云寺为警示盗伐人，确认、保护寺庙周边松杉权属，立碑刻：

> 道人于崇祯癸酉年住山，本山左边只有土坟数堆，原无树木。所有松杉，皆由常住工植，五十余载，已成丛林风水之树。今陈廷宾盗伐松树，籍坟冒认为祖山边树，此是欺心瞒骗，殊失忠厚。为此，示职事人知，以后不得容其再来砍伐树木。凡一切俗人无知混伐者，须以此理告之。若持强不悛者，当鸣官究治。②

立于河北满城神垦乡翟家村的一块碑文显示，康熙四十九年：

> 翟家左白连洞老贾庵住持尼僧来金，察前事内称，本寺屡遭各乡打柴人众，日每遭践山中柿树数科，供佛应用被摘窃一空。易州正堂□□赵为叩天赏事禁约，如有不法之徒在此遭践、渝摘山柿者，许该管甲地住持指名报州，以凭严拿究处，各宜凛遵毋违。③

国家法律往往通过刑罚惩罚盗伐林木者，而民间规约，尤其是少数民族聚集区护林碑，惩罚盗林等行为多使用罚款的方式。这从一个方面表现了国家法和民间法之间的刚柔相济作用，多种方式手段治理滥伐、盗伐现象。顺治年间广西防城县永福村"原居沿地六路多歧，最掌养山林木条秀茂，以济风水，多赖神安民乐"，为防止内各邻村"利党之徒，用力为强，不遵不咱，兹村约擅入盗斩散败，致以神不安民不利"。因而制定《封山育林保护资源禁规》，规定在本村高山庙、水口人王庙、四姿庙，及居民后林一带山林：

> 析生枯木树林根等项，一皆净禁，自后或何人不遵如约内，贪图

① 杨一凡、田涛主编：《中国珍稀法律典籍续编》（第十册），黑龙江人民出版社2002年版，第283页。
② 肇庆林业志编纂领导小组编：《肇庆林业志（内部）》，1992年，第232页。
③ 转引李立功等《满城发现清康熙年间护林碑》，《河北林业》1986年第3期。

利己，擅入盗掘，破巡山各等，捉回本村，定罚铜钱三千六百及猪首一只，糯米十斤、酒五十筒，谢神有恩不恕。同时，山林、木条、生藤及木根等项，一皆净禁，若不论何人不遵禁例，擅入斩伐，守券捉得，本村定罚券钱二千六百整，收入香灯，或村内诸人捉得，本村定赏花红钱六百整，诸盗入所受不恕。本村净禁诸各地头及高坡四处，一皆净禁，不得开掘，若何人不咱如约，擅入开掘，本村定罚铜钱三千六百整不恕，或罚何人不咱，送官究罚不恕。①

康熙十一年（1672 年），贵州《从江侗族高增款碑》规定"偷柴、瓜菓，割蒿草、火烧山、罚钱一千二百文"②。道光十五年（1835 年），云南大理《铁甲场村乡规碑记》禁止掠夺性采伐，"遇有松园，只得抓取松毛，倘盗刊枝叶，罚银五两。查获放火烧山，罚银五两"③。

一些碑文还明确了可伐林木的基本采伐规则：特种林不得采伐，封禁时不得采伐，正在生长的幼林不得采伐，并间接确定权属，如道光十七年云南云龙县《长新乡乡规民约碑》："松树不得砍伐，其余确磨各项，只许先来后到，不得相争搅乱。"④ 又如光绪二十三年（1897 年）安徽绩溪县《新仁里村乡约》："斧斤时入，王道之本。近有非时入山肆行砍伐，害田苗于不顾，甚至盗伐面山，徒为己便，忍罚童松，实属昧良。此后如有故犯者，定即从重公罚。禁白（山）后，犹不云砍竹下山。"⑤

总的看来，在明清政府迫于压力开山"弛禁"，从而使得森林资源的消耗和破坏远大于修复的情形下，各地出现了大量的护林碑等乡规民约。尽管碑文的内容各不相同，罚则也有所区别，但客观上在特定区域起到了一定作用，延缓了森林资源的进一步恶化趋势。

---

① 杨一凡、田涛主编：《中国珍稀法律典籍续编》（第十册），黑龙江人民出版社 2002 年版，第 221 页。

② 杨一凡、田涛主编：《中国珍稀法律典籍续编》（第十册），黑龙江人民出版社 2002 年版，第 240 页。

③ 杨一凡、田涛主编：《中国珍稀法律典籍续编》（第十册），黑龙江人民出版社 2002 年版，第 256 页。

④ 杨一凡、田涛主编：《中国珍稀法律典籍续编》（第十册），黑龙江人民出版社 2002 年版，第 258 页。

⑤ 杨一凡、田涛主编：《中国珍稀法律典籍续编》（第十册），黑龙江人民出版社 2002 年版，第 392 页。

二　禁止开山采石的乡规民约

在中国传统风水体系中，环绕村寨及城市的山体，通常被理解为"龙脉"，如果被破坏，造成水土流失，会引发泥石流等自然灾害，由此，与保护森林资源相关的，就是以禁止开山采石、挖矿，以免破坏山体和植被，防止山体水土流失、土壤条件恶化、自然灾害频发为目的的乡规民约。

福建永安富产铁矿，然"自邑有铁贡额，射利者每籍以滋蠢，不知额有常数，启有常所，即所以冶。……今射利者不念，惟私是逞，察其可入始焉，啖之以细，乘其间隙，遂号召丁夫，锄夷其葬蘙，践蹂其植穗，挖损疆土，所经为墟"。为禁止随意在山上开采铁矿，冶炼矿石，破坏地脉，影响附近八乡百姓生活，明万历十六年（1588年），由百姓上报官府，永安县经考察，认为该地为"属有干地脉，塑碟不虚"，于是立碑示禁："果禁永不许启取"，以确保"乡民庶草木命脉于深长也"。[①]

贵州兴义县原本"天地之钟灵，诞生贤哲，山川之毓秀，代产英豪"。其缘由为良好风水所致，"是以维狱降神，赖此朴械之气所郁结而成也"。且"山深必因乎水茂，而人攒必赖乎地灵"。然而当地岑姓宗族因私自牧放牲畜、开山破石，导致"草木因之濯濯，巍石遂成嶙峋"。于是清咸丰五年（1855年）百姓自发立下《兴义绿荫布依族永垂不朽碑》："齐聚与岑姓面议，办钱十千，椙与众人，永为世代，□后龙培植树木，禁止开挖，庶民龙脉丰满，人物咸□。倘有不遵，开山破石还钱，一千二百文，牧牛割柴罚钱六百文。勿谓言之不先矣！"碑文还将助钱之人姓名开列于后，以示参与人的贡献以及便于相互监督。[②]

广东佛山清代陶瓷业发达，但过于挖土取沙伤及岗地田园坟墓，于是嘉庆十一年（1806年）颁布《藩宪严禁挖沙印砖碑示》："嗣后石湾东北一带山山岗，毋许挑沙挖土，致伤田园坟墓，凡有烧造缸瓦器皿、红砖等项，需用沙土，务向别境采运制造，不得在于本境私自收买。倘敢故违，一经访闻，或被告发，定将私买及挑挖之人，一并从重治罪。"[③] 这项禁

---

① 雍正《永安县志》卷二。

② 杨一凡、田涛主编：《中国珍稀法律典籍续编》（第十册），黑龙江人民出版社2002年版，第282页。

③ 广东省社科院历史研究所中国古代史研究室等编：《明清佛山碑刻文献经济资料》，广东人民出版社1987年版，第124页。

令和规约既保护了乡民继续从陶业中获取利益，又保护了岗地田园庐墓的完整性。

嘉庆十一年（1806 年）四月，泉州知府徐汝澜为禁止乡民于当地后茂乡开山，立碑示禁：

> 照得泉郡东关外后茂乡，地近清源山，乃系发源入脉之所。前因屡被附近居民挖掘窑土，开筑罄厕，有伤源脉，当经前府示禁在案。乃愚民无知，仍复任意开掘射利，殊属玩违。查永春、仙游交界之白鸽岭，亦系泉郡发源之处。先被官民树立路碑，开筑罄厕，业经本府因公驻州当经会同永春州捐资填塞迁移，百姓咸皆悦从。在隔属尚知凛畏，岂本辖转难遵奉耶？除现在捐与诸绅给资填塞外，诚恐将来无知匪徒，再行开掘射利，合行勒石示禁。为此，示仰附近居民知悉：自示之后，尔等毋许仍在该处挖掘窑土，开筑罄厕，致伤源脉。倘敢故违，许该地保及策事人等指名票究。保约涉私容隐，并予责革，决不宽贷。各宜凛遵，毋违！①

清代中期，苏州采石宕户常常非法开采被政府划为"永禁"之山。如苏州府所辖天平山麓为清历朝立碑永禁之处，然而仍有宕户私自开采。同治十一年，为制止在封禁之山私自开采取石，颁布《苏州府重申封禁各山严禁宕户私行开采碑》，"将私开大山之范姓等六宕及横山等宕户，一体严惩"，并"重勒新碑。……仰该地保及各宕户诸邑人等知悉：尔等须知，历届封禁各山，攸关苏省地脉，岂容肆行开采，实属胆玩。此次重申示谕之后，即永远封禁，不得再有开动。如敢仍在划船岭、火子岭、玳瑁山一带地方及各处禁山私自偷凿，化名渔利，一经访闻，或被告发，定即严拿到案，尽法究办，决不姑宽。地保徇隐，一并重惩。其各漂遵毋违"。②

至光绪十三年（1887 年），为保护白鹤顶山资源，经当地绅士等报请，苏州府再次颁布《为宕户私开封禁各山勒石永禁碑》，划定开采区，重申"封禁各山，攸关苏省地脉，曾经前府节次示禁，岂容不法奸宕故智复萌，越址开凿。自此次重申示禁之后，遇需石料，止准仍在元山、三

---

① 道光《晋江县志》（上册）卷四。

② 苏州历史博物馆等合编：《明清苏州工商业碑刻集》，江苏人民出版社 1981 年版，第126—127 页。

山及金山山麓低区采取。此外各山，永远封禁，不准私动一斧一凿。倘再有地棍及宕户人等，仍在封禁山内捏换山名，私自偷凿，一经访实，或被告发，定即严提到案，尽法惩办，决不宽贷。地保徇隐，一并重惩"①。

随着明清后期采矿业、冶炼业的发展，其原材料的开挖与保持传统风水观念、维护水土资源的完整性形成极大矛盾。上述禁碑虽然只是各地类似乡规民约的代表，但反映出在新型经济出现和不断发展需求下，民间有识之士和地方官府并未盲目追求经济利益。这些碑文对滥采行为设立严厉的打击措施，且多在征文之后注明"其各察遵毋违，特示！"可见力度和决心。尽管多数碑文保护以传统"龙脉"为着眼点，但实际上对当地的山体等自然资源起到了重要的保护作用。

三　保护水利资源的乡规民约

作为以灌溉为主的农业社会，水资源的重要性在中国古代不言而喻。由于明清时期的水利建设主要以民间独建或官民合办的小型水利为主，因此，生产生活水权分配和水资源管理等，在实践中多以各地民间法调整为主。

明清时期，对于水权管理和分配，民间通常采用"水册"形式进行记载，此外用碑刻形式公开宣示。所谓水册，"是在广泛监督下，有所涉渠道之利户及受益人在渠长主持下制定的一种水权分配登记册"②。水册一般不对外公开，在发生水权纠纷时，作为处理水权纠纷的依据出示。而水利碑刻则是公开、透明、显示权威，它具有定纷止争的作用。③

水利刻碑一般放置在比较重要的场所，如安放在水利工程之中，使其成为水利工程的一部分，以此加强对水资源的管理。一些权威性的水利纠纷碑石、合同、章程保存于寺庙等场所，供人们祭祀。个别地方，有关解决水权纠纷的官司碑就存放于审理水权纠纷的衙门，以示权威，并资遵守。

各地水利碑刻的内容，多集中在对用水权的分配、水资源的管理责任、兴修水利工程及对相关水利工程维护等。

道光十四年（1834 年）贵州赫章县为规范共有水资源的有序利用，

---

① 苏州历史博物馆等合编：《明清苏州工商业碑刻集》，江苏人民出版社 1981 年版，第 128 页。

② 萧正洪：《历史时期关中地区农田灌溉中的水权问题》，《中国经济史研究》1999 年第 1 期。

③ 田东奎：《中国近代水权机制解决纠纷研究》，中国政法大学出版社 2006 年版，第 183 页。

立有《赫章平山铺放水碑》，将使用顺序划定为六轮，规定：

> 一、承接轮水□，以日出时起至日落时止，不准私行夜间偷放。达者公罚。二、恃强放不遵轮期者，报官究治。三、同轮放水者，约□多寡不一，务宜计数均派，不可以估少，亦不可以多抗少，稍有估抗，请示至于公罚。四、未至轮期私自盗放者，一经查出，此等不遵乡正规定之人，必逐人移居，不唯止其轮期并公罚。①

并且宣誓所订"轮期"的持久性："轮期为永定例，无分晴雨，俱宜通守，肆意混放者罚。"对于"坝头上之水，或被痕箕山之处擅行挖去放在他处，不由右沟□该处引放螺丝田沟水者，齐集向伊理论，推诿不前者，凭众处罚"。即禁止擅自改道水流方向放水。"值水少天旱，水每不足，各人公议分均酌量放水多少，以资灌溉，不准一家人占沟放水流水，达者凛究。"即遇有天旱水量不足情形，需公议协商酌量用水，保证水资源的合理平衡使用。最后碑文明确六轮放水地点和时间，"头轮街横沟起，至后街横沟田坝。横街至庙门长秧田止，书放。二轮至横田以下，革化子田二门同轮夜放。三轮瓦厂平头道沟起，酸梨树沟起，同轮分放，书放。放坝头上之处，日后开田者，勿得占管沟之水。四轮石丫岔沟至庙门大路以下沟尾止，夜放。五轮平埂田石丫起，至坟左右同放，书放。六轮碗厂坪起至庙山后，顺大路高坎子左右至上街口止，夜放。横街一路，横沟至尾沟各日轮者，有劫水者罚款一两八分"。并宣示权威性，"奉命同议室□□□□□将此水剖为六轮，永远不得混乱，倘恃势抗达者，详控罚"②。

从上述碑文分析可知，基层民众对水资源的认识至少到达两个层面：一是水资源作为共有并日益稀缺的资源，归国家所有，并非某村某人的私有财产；二是水源所在地拥有对水的特殊控制、使用权利，因而有必要对使用权的合理行使进行规范。这则水利碑文从水的使用原则、使用次序、使用量、使用时间等各个方面制定被基层社会习惯上认同的规则，可谓以极低的成本和费用规范和保障了村庄的用水权，维系公平的分配格局，维持相对和谐的用水和灌溉秩序。类似的水权碑文还有很多，碍于篇幅，在

---

① 贵州省毕节地区地方志编纂委员会编：《毕节地区志》，方志出版社 2008 年版，第 129 页。

② 杨一凡、田涛主编：《中国珍稀法律典籍续编》（第十册），黑龙江人民出版社 2002 年版，第 263 页。

此不一一列举。

一些碑文还记载了对特定地域水资源管理情况。如乾隆十一年（1746年），山西洪洞县为表彰韩讳荣及其前辈以及地方管理官员渠司、水巡恪尽职守管理北霍渠，立下石碑《督水告竣序》："赵邑北霍渠者，乃源泉圣也。灌溉水田数万亩，由柴村而至高崖，渠远地广，输流难周。督斯渠者，责任最重。本年掌例韩翁讳荣字贵天者，宝贤人也。秉性刚直，行事公正。一任厥事，勤勉度岁，诚敬祀神。遇改种之期，催水不暇，率其子弟，烦其亲友，上下催督，日夜费息。供给费用皆有己备，从不搅扰各村也。是以感格天心而田无旱，禾皆丰收。颂翁之德者而并美其先君养寰公也。先年两督渠事，灌溉相宜，已为邑人称扬焉。今翁世继其美，可谓有光前烈矣！且又不惜资财，不惮劳苦，整修麻子桥堰、燕家沟，兼顾无患，兼得渠司、水巡同心协力，三坊沟头劳瘁与共，均宜镌石而志，已为后人之观望云而。"① 该碑现存于洪洞县水神庙。

兴修水利工程的碑刻往往会将捐款人的姓名刻在其上。如《修浚旗带水记》记载雍正三年佛山镇修水道"旗带水"的经过，所有捐资修筑人"皆镇中乡绅士"，此辈将负责水道的管理，"列渠而居，时加修筑，勿塞勿淤，慎毋到一时之安，而惰众以将事，趁则予之志也，夫是则予之志也"。并将姓名一一刻在碑刻正文之下，既是表彰，亦起到监督作用。②

如果出现因个人私利导致河道和堤岸的堵塞或倾颓，一些碑刻会将对这些破坏行为的制裁过程作为内容，目的是引以为戒。如刻于明嘉靖四十五年的《肇庆府禁谕宋崇水口碑记》记载，肇庆城东郊西江羚羊峡西口南岸有条支流称宋崇水，当西江涨水时，此河可起到泄洪作用，但在明宣德、天顺年间，便有"奸民阁利"而筑塞河口，导致"仓储损坏，群黎困匾"。碑文重点记述了嘉靖当时发生的一起案件的诉讼及处理经过，"志其事于石，垂鉴戒焉"。③

乾隆四十九年（1784年）九月，商人李润汉、冯焕承办广东高要县麒麟硝厂，但故意欺瞒官府，擅自迁往佛山栅下河旁设厂，"未奉详准，

① 张正明、[英] 科大卫、王勇红等编著：《明清山西碑刻资料选》（续二），山西经济出版社2009年版，第70页。

② 广东省社科院历史研究所中国古代史研究室等编：《明清佛山碑刻文献经济资料》，广东人民出版社1987年版，第32页。

③ 肇庆市文物志编辑委员会编：《肇庆市文物志（内部印刷）》，广东省新闻出版局，1987年，第132页。

随行筑造"。当地百姓以其妨碍水道，联名上控，获得官府批示"伤禁押拆，永利商民"。并将批文勒石刻碑，以杜后患。"俾一切贪图射利、淤塞河道者，永不收稍存兴建之念。"《禁设硝厂碑》指出硝厂开设所造成的五大弊端：

> 若更设厂煎硝，残泥堆积，田面必成土岗，河道愈加浅窄，西北潦涨，下流壅遏，上流亦增其势，基围溃决，不待知者而知也。荡析离居，祸不旋踵，其害一。佛山四方杂处，田少人多，惟仰食他州之谷。潮退冬涸，沙日不能通舟，谷船必迂道数十单，由栅下使得至埠。倘此处淤浅则谷船难通，民食奚赖，其害二。佛山白货所萃，众籍营生，此水浅塞，各省货难至埠，四乡渡亦难通，生理立见萧条，居民将归游乎，其害三。……田禾立受其殃……不意硝厂先增一水患也，其害四。……倘此厂一设，恐有匪党假冒坭艇夜行，难于缉察，其害五。[①]

最后经过勘察，"栅下建厂煎硝，其地枕近佛山，爆竹铺多"，很容易引发火灾，于是作出了禁令，并令其"将厂押拆，以净根株"。[②]

同治七年（1868年），江苏常熟县洞港径由于过度捕捞，"网取鱼虾螺蚌等物，以致川无恬鳞，且瞽捞篱拥土松，岸易倾颓"。为保护堤岸土质，防止发生溃堤，经当地绅士报请，官府立有《常熟县禁止网鱼碑》，"仰洞港径居民地保人等知悉：该处虽系支河，而通达各处官塘，舟楫往来甚广。自示之后，不准渔船进港网鱼以及攀曹捕捉等事。如敢故违，许即鸣保扭票解县，以凭讯究。其各凛遵毋违"[③]。

光绪年间苏州水灾，"灾区修筑圩岸，以工代赈"，"有圩之图，将岸增高帮阔；无圩之图，相度形势添筑"。并在圩岸之旁，"遍植芦苇蒿草，以固岸脚而御风浪"。然而一些"无知乡民，每在岸脚处拔青芦，斫蒿草，间有捕鱼捉虾，掘鳝张螺，以及靠岸罱泥，日积月累，岸脚松动，致

---

① 广东省社科院历史研究所中国古代史研究室等编：《明清佛山碑刻文献经济资料》，广东人民出版社1987年版，第83页。

② 广东省社科院历史研究所中国古代史研究室等编：《明清佛山碑刻文献经济资料》，广东人民出版社1987年版，第83页。

③ 苏州历史博物馆等合编：《明清苏州工商业碑刻集》，江苏人民出版社1981年版，第651页。

圩坍坏"。当时长洲县府规定，"凡采芦、草、捕生、罱泥，概须离岸二丈，分段插标记认，俾各一目了然。又□好岸堰门，向章春闭秋开，责成圩甲堰户"。但是由于无人监督，法令没有得到认真执行，"遂使良法不终"。后经当地乡绅报请，光绪十六年（1890 年）立有《长洲县示禁保护圩岸碑》，要求"各该乡民经保坪甲人等一体知悉：须知修筑好岸，种植芦苇、蒿草，均为保卫田畴起见。自示之后，毋许再有捕鱼、捉虾、掘鳝、张螺、罱泥等项情事"。并声明，"倘敢故违，许该董等指名桌县提究，决不宽贷"。①

四　保护动物资源的乡规民约

耕牛是明清小农经济最基本最重要的生产工具，屠宰耕牛是各民族乡规民约中严厉禁止的行为，各地为此多立有碑刻。如顺治年间广西颁布《禁止屠宰耕牛告示》，并立石碑，严厉谴责"射利不法之徒，每至圩期，擅将耕牛私宰剥卖，大干例禁"之行为，规定对此类行为"饬差查拿"，"除老弱倒毙不能耕种，才许其呈报验明批示外，方准剥卖"。"倘有何人不遵，仍蹈前辙，仰圩长协同目甲、行长人等，立将人牛一并缚拿解赴本州岛，按以阻挠抗之，例应宪办，决不宽贷。"可见制裁措施之严厉程度。②

嘉庆十二年（1807 年）江苏按察司应当地举人呈请，颁布《永禁苏州私宰耕牛碑》，重申耕牛对农民的重要性以及国家法律对耕牛的保护措施，内容如下：

> 钦命江南江苏等处提刑按察使司按察使兼管释传事加十级纪录十次百为据察勒石永禁私宰耕牛事。照得大飨始尊元武；鞭春特重耕犁。牛只虽同列于六畜之中，而裨益农民，其功甚大。驾车则多资负载，力田则全代耕耘。小民终岁勤动，动需倚赖。是以宰杀贩卖，初犯枷责，再犯充军，偷盗则计只定罪，自枷杖以至军绞。定例何等森严，有犯岂容不究！况查苏城并无牛贩往来，绝少菜牛。其所宰剥者，虽称有病牛只，售卖汤锅，实则尽属农民所畜。苟非窝伙偷窃，则市肆屠戮，适从何来？明系棍徒开局私宰，包贼消赃，以致下乡肆

---

① 王国平、唐力行主编：《明清以来苏州社会史碑刻集》，苏州大学出版社 1998 年版，第652 页。

② 杨一凡、田涛主编：《中国珍稀法律典籍续编》（第十册），黑龙江人民出版社 2002 年版，第 220 页。

窃，民不聊生。试思食力农民失一耕牛，惨同子女，投保诉状，无论原赃能否追给，而家业早已荡然。况此所失之牛，又复死于非命，人心渐灭，天理何存？本司于下车时即密访查拿，出示晓谕在案。兹据举人王寿棋、谈晋昌，生监韩际昌、顾翔、钱士铸、潘世锦、李清杰等呈请勒石永禁，前来，合函勒石永禁。为此示。仰按属军民地保人等知悉：嗣后尔等务须及早改业，谋生自保身家。倘敢枯恶不俊，仍前盗窃民间耕牛及知情窝变宰剥者，一经确访，或被首告，定即按名严拿，照例从重治罪。邻保人等知情容隐，察出一并坐罪，决不姑贷。各宜凛遵，毋贻后悔。须至碑示者。①

该碑文是民间规约与政府力量相结合，借助国家法律和行政权威，共同保护耕牛，确保农业生产的典型范例。

对偷盗牛等较轻的违法行为，则以罚款处置。如康熙十一年（1672年）贵州《从江侗族高增款碑》规定，"议偷牛（盗）马，挖墙拱壁偷禾穀、鱼，共（公众）罚钱二千文整"②。

清代在许多河流设置放生区域，禁止在其中采捕，此区域类似现代的"禁渔区"，任命渔甲、渔总为管理者。但常有渔甲与刁民勾结，罟捕鱼虾之事发生。以苏州府辖区为例，在元和、长洲、吴县三县流经河道虎丘等处设立放生区。但是一些大胆妄为之徒与地保、渔甲等"串通分肥"，"一网罟尽"，导致该鱼类资源锐减。为此于乾隆、嘉庆、光绪年间，三县多次立碑，禁止"网罟捕鱼"。乾隆六十年（1795年）元和县设立《永禁渔船在虎丘放生河道网捕碑》，重申"半塘桥起至万点桥、陆庄桥、西山庙桥、后山虹桥河道"为放生鱼虾河道，"再行示禁"。碑文告知该地保、居民、渔船小甲、渔户人等，"嗣后毋许再于半塘桥至陆庄桥、西山庙桥、并虎丘东西两溪后山至虹桥一带河道网罟放鹰捕鱼，及挡虾扒挖螺蛳放鸭等船。再敢抗违，许该堂司事指名奈县，以凭拿究"。如果地保、渔甲对违者仍然像以前"徇隐"，"定即一并提究"。③

<hr>

① 王国平、唐力行主编：《明清以来苏州社会史碑刻集》，苏州大学出版社1998年版，第574页。

② 杨一凡、田涛主编：《中国珍稀法律典籍续编》（第十册），黑龙江人民出版社2002年版，第240页。

③ 苏州历史博物馆等合编：《明清苏州工商业碑刻集》，江苏人民出版社1981年版，第286—287页。

嘉庆年间，"苏郡虎丘山塘官河西，由西瓜桥起，东至渡僧桥、聚龙、山塘各桥，南自六房庄，北至钱万里桥、十字洋、虎丘后山等处，历经各善堂察蒙各大宪放生惜命，禁止采捕。均于桥座凿有禁止字样"。但仍有"渔户勾串地匪，得规徇纵。始则夜间捕捉，今则白昼布网。甚至前舟放生，后船撒罗。曹网所在，不计其数，欲其生而仍置于死"。清节堂董事陈道修及职员何桂岩等报请，"情愿捐资备石，各处勒碑，永禁采捕，以护水族，而励好善。并捐牌晓谕，以便随时巡查"。并要求"长、元、吴三县一体禁约，严饬各地保，渔总，毋许得规徇纵"。嘉庆二十四年（1819 年）设立《苏州府永禁渔船在虎丘一带放生官河采捕碑》，要求"各该地保、渔总、渔户以及附近居民诸色人等知悉：所有虎丘山塘官河西，由西瓜桥起，东至渡僧、聚龙、山塘各桥，南自六房庄，北至钱万里桥、十字洋、虎丘后山等处放生官河，勒石永禁。嗣后不许再行罟网采捕"，并"责令清节堂董事随时捐示巡查。倘有不法渔户等敢再私行偷捕，立即指名案候伤提严究。地保、渔总徇纵容隐，并提从重惩办，决不宽贷"[1]。

此后光绪五年（1879 年），同善堂董事兵部武选司员外郎董楹琦等人再次报请，认为"山塘虎丘西，由西郭桥起，东至渡僧桥、聚龙桥、山塘各桥，南自六房庄，北至钱万里桥、十字洋、虎丘谷山等处，历经各大宪给示，永禁采捕"。但"各渔户复萌故智，罟网肆张"。虽然在同治十年间，曾经"循请前升宪李给示严禁，并行知三首县一体示禁，并取地保、渔总遵结各在案"，然而仍有渔户违例，"出入官河"，"甚至前船放生，后舟捕捉。借命之区，反为若辈之利薮。以及挖取螺鳖、扒损岸脚"。而"总保得贿庇纵"，经大家公议，决定"由各善堂局不时备舟梭巡，轮流不怠，以冀渔人岸户，敛迹远捕"。由于"深恐疲顽不遵"，"环请会衔给示勒石永禁"。报请人请求官府授予其"捐牌"，以便定期巡逻检查，希望官府命令"各地保、渔总，所有渔船，概于外河大荡捕捉，不准停泊禁河"。为此，元和、长洲、吴县联合设立《元长吴三县永禁渔户在放生官河采捕碑》，要求地保及渔总、渔户诸色人等遵守禁碑，指出："山塘一带官河，自西郭桥起，东至渡僧、聚龙桥、山塘各桥，南自六房庄，北至钱万里桥、十字洋、虎丘后山等处，皆系放生官河，久奉示禁采捕，岂容渔户人等复行捕捉"，并再次强调，"自示之后，如再有渔利之徒，在放生官河设网扳晋，任意捕捉厂许由该堂局董随时指名察县，

以凭严提究办。所有渔船，概于外河大荡采捕，不准停泊禁河。地保、渔总，彻纵贿庇，察出并惩，决不姑宽"。①

五 维护桥梁道路、城镇环境卫生的乡规民约

随着明清手工业、运输业的发展以及城镇人口的急剧增加，城市的环境卫生日益恶化，码头、道路桥梁上因乱搭乱建、随意倾倒垃圾等原因堵塞严重，亟待规制；然而国家法律相对滞后，对农村集镇和城镇发展中出现的环境污染问题调控不足，于是乡规民约再次发挥了主导作用。

码头、桥梁是明清水运业、陆运发展的重要基础设施，但由于缺乏管理章程，各地码头常常出现乱搭乱建、垃圾成堆无人清理现象，桥梁被无端占道，不堪重负容易毁坏，严重影响码头、桥梁的环境卫生和交通秩序，于是，在码头、桥梁刻立禁碑，成为管理这些交通设施的最常见方式。清初期，广东佛山汾水忠义乡正埠码头作为当地咽喉要道，终日船来船往，热闹非凡。康熙二十年（1681 年），为治理"海埠泥积"，曾经"重修勒赐忠义乡石坊"。但此后有人"串势射利"，在码头"阴藉建铺"，"侵盖木架小铺"，"又将碎砖烂瓦腐草等物堆积污秽，遂致马头旧址，日益偏小狭窄，阻碍往来"。当地绅士，"为此联赴"，到官府报请，要求官府出面"严禁秽积筑铺"②。为此，雍正九年（1731 年），在佛山镇正埠码头立下《南海县正堂刘太爷永禁堆积筑占搭盖抽剥碑记》，规定："毋得在马头旧址抛掷碎砖烂瓦，堆积秽物。并不许侵占搭盖木架铺屋，阻碍行人往来。"③ 乾隆五十二年（1787 年），为保护该码头，又立下《申断详泰拆除占搭永禁踞地建造修复官亭码头碑记》，确定该码头永为官埠，"设闸夫专司启闭，管理闸门。内外街道及官亭外前后左右道路，毋许呼朋引类，掷散赌柑，拥挤码头，有碍行人。粪草瓦砾不许倾泻河边，致塞水道。如敢抗违，许街保闸夫指名察究，随时驱逐。其闸门旁隙地无碍处所，止许搭篷摆果摊，不得盖造砖瓦实铺"④。

① 苏州历史博物馆等合编：《明清苏州工商业碑刻集》，江苏人民出版社 1981 年版，第295—296 页。

② 广东省社科院历史研究所中国古代史研究室等编：《明清佛山碑刻文献经济资料》，广东人民出版社 1987 年版，第 36 页。

③ 广东省社科院历史研究所中国古代史研究室等编：《明清佛山碑刻文献经济资料》，广东人民出版社 1987 年版，第 36 页。

④ 广东省社科院历史研究所中国古代史研究室等编：《明清佛山碑刻文献经济资料》，广东人民出版社 1987 年版，第 86 页。

光绪年间，江苏长洲县太子码头因为有人在此"摆设粪缸，开挖尿槽"，光绪十四年（1888年），在该码头刻立《长洲县永禁在太子码头摆设粪缸开挖尿槽碑》，强调该处系官道码头，"自示之后，永不准摆设粪缸，开挖尿槽，以致居民、铺户、行人诸多不便。倘敢再蹈前辙，许该地保随时案县，以凭提究。该保徇隐，察出并处"①。

乾隆年间，云南大理"顺井有板桥一架，顺井有板桥一架，历今百有余年，以利领发盐斛，及往来往行人之要"。但常"有脚户牲口歇宿其上，致桥易于颓坏"。乾隆四十七年（1782年）塘兵乡设立《严禁残颓桥梁碑》，强调"嗣后来往牲口，不得留宿桥上，及牲口过桥，务须按骑逐放"，"倘敢故违，立即扭解赴州，以凭从重严禁，训究不贷"②。

光绪二十七年（1901年），为禁止在泰伯庙桥畔摆摊设点妨碍交通，经当地乡绅报请，苏州府吴县设立《吴县等会衔给示永禁在泰伯庙桥两旁摆设店摊有碍途碑》，"勒石永禁"，规定"自示之后，永不准在该桥面两旁搭棚盖屋，摆设店摊。倘有贿通地保，笞令善堂出面收租渔利，有碍行途情事，定当提案严惩押拆，决不稍宽"③。

明清城镇发展中，道路的修建往往要依赖民间财力，然而乱占公地、导致道路拥挤情形十分严重，因此出资者往往会请求官府勒石立碑，以维护正常的道路通行秩序。道光年间，江苏吴县孙春林等人以柏油为业，创立公所。为设置公地，"买得台治间二图信心巷荒基，□□□桥油马头北首，毗连间壁，有水弄一条，挑运货物"。但"该弄狭窄，每致拥挤"。经孙天顺等人"捐基址三尺，放宽公地"，并呈请官府禁止摆置尿桶、堆积污秽，"附近居民遵奉在案"。后来又经业界众人筹议捐银，"置买房屋两进归公所，□放宽前段公路三尺"，使"前后一统宽畅，不致拥挤"。但"恐有射利之徒在于该处设立尿桶，堆积垃圾，作□□摆摊城卖，有碍行走"。于是众人请求官府"给示勒石永禁"。道光十五年，由官府出面设立《吴县禁止在柏油公所公地堆积污秽有碍行走碑》，规定"毋许在该处设立尿捅，倾倒垃圾，堆积污秽，及摆摊喊卖，有碍往来挑运行走，

① 苏州历史博物馆等合编：《明清苏州工商业碑刻集》，江苏人民出版社1981年版，第316页。

② 杨一凡、田涛主编：《中国珍稀法律典籍续编》（第十册），黑龙江人民出版社2002年版，第70页。

③ 苏州历史博物馆等合编：《明清苏州工商业碑刻集》，江苏人民出版社1981年版，第321页。

并地匪借端阻挠情事。如敢故违，许即拿解本县，以凭严究。该地保徇纵，察出并处不贷"。①

　　封建君主专制下的中央集权面对地大物博、人口众多的具体国情，显然有些苍白无力，因其无法将统治遍及到每一个角落，更不可能管辖一切社会事务，对于遥远的边疆地区，更是有心无力。而乡规民约起源于以地缘关系为纽带的乡村社区协调各类社会关系的客观需要。它具有自治性、乡土性、地域性和特定的强制性。不可否认，运用民间规约来补充国家法律是社会的客观需要，乡规往往在国家正式统治相对薄弱的农村地区出现，乡规的碑刻多数出现于穷乡僻壤和少数民族地区，但作为一种民间自发的法治力量，它填补了国家法律在基层社会调控作用不足和缺乏柔性等缺点，作为国家法律的重要补充，在乡村社会生活的各方面，尤其是在生态环境资源保护方面发挥中不可替代的作用。正可谓"国有法而乡有规，盖国法明而善良安，乡规立而后盗窃息。是乡规者亦国法之一助也"②。

　　综上，明清两代是中国生态环境变迁的转折点。生态环境与自然资源状况在这一时期开始出现整体性问题，与此同时，经历了数千年的"积渐所至"，区域性生态问题更为突出。已如前述，人类活动只是生态环境变迁的社会因素之一，并非任何时期人类活动的因素都是第一位的。作为环境系统的一个因子，人类的生产生活与当时所处的自然环境息息相关。③从古至今，人类活动对环境变迁所产生的作用也在不断加强。总体考察历史中国的环境变迁，如果说在宋以前，人类活动对生态环境的影响只是渐进的、逐步或较为缓慢的，到了明清时期，由于人口增速过快，人与资源、环境的矛盾凸显，此时人类活动对生态环境施加了更深层次的影响。明清处理人地矛盾的基本举措是，通过颁布诏令等鼓励百姓对荒弃土地复垦以恢复土地利用价值，然而过度垦殖无限制地消耗了土地，造成山区土壤贫瘠，水土流失，沙漠化面积不断扩大；而在平原地区，围湖造田，与水争地，同样破坏了水文环境。以史为鉴，面对人口经济发展需求与生态环境资源保护和利用之间的冲突与矛盾，国家政策与法律如何进行有效引导和规制，中国传统社会的经验与教训值得今人的反思与深省。

---

① 苏州历史博物馆等合编：《明清苏州工商业碑刻集》，江苏人民出版社 1981 年版，第271—272 页。

② 广西壮族自治区大新县志编纂委员会编：《大新县志》，上海古籍出版社 1989 年版，第451 页。

③ 钞晓鸿：《生态环境与明清社会经济》，黄山书社 2004 年版，第 55 页。

结语　中国传统生态文化的现代价值

2019 年底持续至今、席卷全世界新冠疫情，截至目前一亿多确诊人口遭受疾病折磨，200 多万人因此失去生命。为抗击疫情，在人的生命与经济发展之间，多数国家选择暂缓发展速度，按下经济暂停键。与此同时，围绕疫情的国际争端与国际合作并存，国际关系面临全所未有的不确定性。

2020—2021 年，全球抗击新冠疫情工作成效显著：一方面多国加快疫苗研制生产投入使用；另一方面世卫组织对新冠疫情的朔源调查工作深入展开，相信终究有一天能够科学地发现新冠病毒真正的源头。痛定思痛，无论新冠肺炎疫情的真正源头是什么，人们都普遍认为，这是自然对全人类的一次狠狠的教训和报复！

回顾工业文明以来，人类在追求经济高速发展带来巨大物质财富的同时，对自然的过度开发，对资源的无限索取与掠夺，给自然界其他生物群体带来的毁灭性灾难，触目惊心。森林覆盖率急剧降低，湿地面积大规模减少，野生动物失去栖息地和家园，加之对野生动物的非法捕捞猎杀、走私买卖、滥食等，越来越多的物种处于濒危甚至灭亡状态。资源短缺、环境破坏、地球生态退化，人类与自然界关系达到前所未有的紧张程度。

历史上，人与自然的关系经历了原始文明时代人对自然的敬畏与依赖，农耕文明时代人对自然的尊重与顺从，工业文明前期人对自然的挑衅与藐视，以及工业文明后期人对自然的征服和掠夺。而自然界相应回馈人类的是，原始文明时代的给予和庇护，农耕文明时代的回报和友善，工业文明前期的资源短缺与匮乏，工业文明后期的惩罚与报复！尤其是工业文明以来，在人与自然关系上，西方"人类中心主义"视人类为自然万物的中心和主宰，将自然界当成满足人类无限欲望的掠夺对象，这种生态环境观的直接后果就是人类为此付出的沉重代价。近 200 年来世界各地频发的海啸、山洪、泥石流、瘟疫、森林火灾、湖泊消失、极端气候等，毫无疑问是自然界针对人类野蛮征服行为做出的本能反应和警示！200 年前，黑格尔有感于工业革命后人类对自然的征服、改造，曾这样预言："当人类欢呼对自然的胜利之时，也就是自然对人类惩罚的开始。"

中华民族经历了漫长的农耕文明，短暂的工业文明和现代文明，体验了对自然生态恐惧、敬畏、依赖、顺应、破坏、掠夺、保护、修复的种种实践。可以说，五千年的华夏文明发展史，就是在生生不息的民族繁衍历史进程中，处理人与自然关系的发展史。传统农业文明生产生活方式，决定了祖先们对土地等自然资源的依赖、尊重与顺从，在自发到自觉的生产劳动中总结与自然和谐相处之道，积累丰富的、朴素的"和合"生态智慧，"万物各得其和以生，各得其养以成"①，"和实生物，同则不继"②。古代先哲通过对天人关系的思考与探索，形成了内涵极其丰富的"天人合一""天人交胜""道法自然""众生平等"等生态和谐观，它们不仅代表了中国几千年来人与自然和谐共存的基本价值理想，也深刻影响着传统生态资源保护的法律政策与实践活动的基本方向。

当代社会日益严重的环境污染、资源短缺、生态危机，迫使世界各国不得不重新反思人类与大自然的关系。我国生态文明建设，其核心就是正确认识、协调、处理人与自然的关系。生态文明的观念，源自中国传统文化中的生态智慧和思想，正如习近平总书记指出，中国传统文化中存在大量诸如取之以时、取之有度，和谐、中和的"和合"思想，以此为表征的"和"文化更是我们大力推崇的一种文化理念，"自然与社会的和谐，个体与群体的和谐，我们民族的理想正在于此"③。党的十八大要求树立尊重自然、顺应自然、保护自然的生态文明理念，是传承发展我国传统生态智慧的科学结论。不可否认，中国传统文化中的生态智慧、生态法律思想和制度，在推进生态文明建设征途中，有其重要的价值和意义，值得深入挖掘。

一　中国传统生态文化之"天人关系"，是当代生态文明建设的历史基础

"天人关系"在中国传统文化中有极其丰富的内涵，包括君臣、礼制等统治秩序，也包括阴阳五行等生活秩序，但根本上都是围绕着人与自然关系而衍生的相关思想和理论。中国传统人与自然关系（天人关系）最根本的特征是整体性、系统性思维和方法论主导的人与自然"和合"生

---

①　《荀子·天论》。

②　《国语·郑语》。

③　习近平：《干在实处　走在前列》，中共中央党校出版社 2014 年版，第 296 页。

态观 。

中华民族是一个善于运用整体性、系统性复杂思维认识世界和解决问题的民族。早在远古神话时期，我们祖先遗留下来的神话体系，就是一个运用系统性复杂思维的典型事例。我国传统的儒家、道家、阴阳家、法家、墨家、兵家、农家等学说，无不是采取系统性思维方式，来认识和处理人与自然这一复杂的关系问题。如先秦《周易》的三才和合思想和阴阳八卦理论，从哲学的层面阐明自然界的普遍发展规律和人类的本性特征是统一的，提倡三才和谐共生，展现三才共生的原则、方法，认为人类行为应当符合这种基本的道德规范，合乎自然规律，"夫大人者，与天地合其德，与日月合其明，与四时合其序，与鬼神合其吉凶"①。阴阳五行学说更是中国古人数千年立足农耕社会实践，认真观察自然，积极思考和把握人与自然关系规律的独特成果，成为国人思考问题独特方式，渗透到传统社会生活的方方面面，对后世政治、经济、军事、文化、医疗等都产生深刻影响，该学说在生态上的意义就是认识到作为自然界最基本环境因子的金木水火土之间相生相胜的关系，所谓"夫和实生物，同则不继。以他平他谓之和，故能丰长而物归之；若以同裨同，尽乃弃矣。故先王以土与金、木、水、火杂，以成百物"②，五行通过相生相胜的关系使生物和环境之间构成一个整体，初步论证了天、地、人合一的辩证关系以及"和合"生态观。

作为中华传统文化主流的儒道释三家，在其共同作用下形成了自己独特的生态思想，即天人合一、道法自然、众生平等，三者对人与自然的整体性思考进一步夯实了中华传统文化的"和合"特征。儒家从社会人伦关系切入天人关系，并将天道人伦化，以人伦解释天意，建立了一套以仁义思想为核心，强调人与自然一体性的理论体系。将强调"亲亲而仁民，仁民而爱物"③，引申出人和物之间的关系，即"仁爱万物"的观点。孟子详细论证了人与自然的和谐一体的关系，把心、性与天命联系起来，认为人道源于性，性乃天之所命，道由性出，性由天授，人道的根源是天。荀子则提出了"明于天人之分"④ "制天命而用之"⑤ 的思想，在处理人

---

① 《周易·乾卦·文言》。

② 《国语·郑语》。

③ 《孟子·尽心章句上》。

④ 《荀子·天论》。

⑤ 《荀子·天论》。

与自然关系方面又进了一大步。张载"民胞物与"和程颢"天地万物一体"思想，是对儒家"天人合一"思想总结和升华。王阳明"天地万物一体"思想更进一步，成为"天人合一"说之集大成者。道家崇敬自然，关爱自然，致力于从自然中寻找永恒的规律。老子主张道法自然，知足知止，关爱自然万物，"人法地，地法天，天法道，道法自然"①。庄子则认为人与天地万物浑然一体，天与人的关系是和谐共存的关系。管子深刻认识到了生态系统存在的各种密切关系，明确提出了"万物和合"的生态主张。释家主张众生平等，将人看作世间万物中平等一员，把不杀生当作修身的重要信条，以节欲苦修来世，减少生活资源消耗，节制社会的物欲横流，以到达人与万物的平衡。

回顾中国传统"天人关系"形成历史可知，以"天人合一"为代表的主流思想，超越了人与自然二元对立的思维方式，将人与自然"和合"一体、和谐共处的整体生态观，贯彻到社会生活的方方面面，发展为传统生态文化的核心思想和精髓。这一"和合"一体的整体生态观，对当今社会经济高速发展过程中处理人与自然关系有重要的启迪意义。

工业革命以来，西方"人类中心主义"思潮影响下，大工业生产对环境的无序开发利用、对资源的巧取豪夺，已经让人类自身饱尝恶果。人与自然的紧张关系，不仅使全球生态环境不断恶化，同样威胁到人类的生存和发展，因为人类永远属于自然界，并依赖于自然界。"人类中心主义"将人与自然对立，认为二者是此消彼长的"二元论"关系。而中国传统生态文化将人与自然视为和谐统一的整体，认为二者是唇亡齿寒的"整体论"关系，这一理论与当代"生命共同体"理念高度契合。习近平总书记在党的十九大报告中深刻阐述了"人与自然是生命共同体"的理念，这一理念作为习近平生态文明思想的核心概念，毫无疑问有着深厚的历史渊源，是对我国传统生态文化关于人与自然关系"整体论"的继承与发展。

二 中国传统生态文化之"时禁"思想和制度，对当代生态环境资源保护和利用原则具有历史指导意义

发端于先秦的月令文献，是中国古代农业生产生活经验的总结，也是生态型农业生产方式的写照。其中以时禁发、不违农时、顺时而为的

---

① 《老子》。

"时禁"朴素生态观，不仅是中国传统生态文化的核心思想，而且还以不同形式贯穿在国家律典、诏令和众多的民间法之中，进而构成中国传统生态法律的主体内容和核心制度。不管政权如何更迭，"时禁"思想与制度均被历代政府奉为"古训""古法"，得以永续继承和发展。"时禁"不仅阐述了生物和环境之间的整体联系，描绘了自然界各种生物，如草本、昆虫、禽兽、鱼鳖等随着季节的变化而发生的自然演替，而且它根据自然生态系统季节节律的客观性、普遍性和有效性，按照一年春夏秋冬四季，每季包含孟、仲、季三个月的时令，对生活方式、宗教、刑狱、礼乐、兵事、农事、资源利用等提出特殊的要求，确立了人类活动需"顺时而为"的基本原则，要求人们根据时令的变化来合理安排其人事活动，要求一切人事活动都要适时和顺时。① 任何违时、逆时、失时将导致灾祸，比如孟春时节，行夏令则将"风雨不时，草木早落"②；行秋令将"飙风暴雨，杂草丛生"③；行冬令将"雪霜不已，首种难入"④。尤其是"时禁"中大量内容是强调人们根据季节变化合理安排获取自然资源的活动，不得在动物孕育或幼小时行猎，不得在树木茂盛时砍伐，这些禁令为传统社会动植物生态系统保护制度奠定了良好基础。

历代均通过基本律典或诏令，将"时禁"制度纳入法律体系。如《秦律·田律》关于孟仲季春三个月严禁采伐林木、严禁捕捞、宰杀动物禁令："春二月，毋敢伐材木山林及雍（壅）隄水。不夏月，毋敢夜草为灰，取生荔、麛（卵）鷇"⑤，即春天二月，禁止到山林中砍伐木材，禁止堵塞水道，不到夏季，禁止烧草作为肥料，禁止采掘刚发芽的植物，或捉取幼兽、卵，严禁……毒杀鱼鳖，不准设置捕捉鸟兽的陷阱和纲罟，到七月才解除禁令。西汉《诏书四时月令五十条》强调孟春之月，告诉百姓已到播种五谷之时，劝使农人齐赴耕种之地："敬授民时，曰：扬穀，威趋南亩。"⑥ 为不妨碍农时，甚至春夏季不得征战，"毋作大事，以防农事。·谓兴兵正伐，以防农事者也，尽夏。"⑦ 而仲冬时节，阴气用事，阳气潜藏，此时须闭阳气不使泄漏，助阴气使万物安宁。"土事毋作。"

① 张云飞：《天人合一：儒道哲学与生态文明》，中国林业出版社 2019 年版，第 38 页。

② 《淮南子·时则》。

③ 《诏书四时月令五十条》。

④ 《淮南子·时则》。

⑤ 《秦律·田律》。

⑥ 《诏书四时月令五十条》。

⑦ 《诏书四时月令五十条》。

"慎毋发盖。·谓毋发所盖藏之物，以顺时气也，尽冬。"① 如此，土地等自然资源得到了休养生息的机会。《唐六典》要求主管山林湖泽的中央机关虞部按照时令指导采捕畋猎等活动："虞部郎中、员外郎，掌天下虞衡山泽之事，而辩其时禁，凡采捕畋猎必以其时、冬春之交，水虫孕育，捕鱼之器、不施川泽；春夏之交、陆禽孕育、馁兽之药不入原野；夏苗之盛，不得蹂藉，秋实之登，不得焚燎。若虎豹豺狼之害，则不拘其时，听为槛穽，获则赏之，大小有差。"② 《宋大诏令集》规定二月即仲春月"农务方兴。毋受田讼"③。十月即孟冬之月则"农务毕乃受田讼"④，言下之意，进入冬季，土地等资源进入休养阶段，一些土地纠纷此时可以受理解决。法律禁止在春天捕食野生动物，"方春阳和之时，鸟兽孳育，民或捕取以食，甚伤生理，而逆时令，自宜禁民二月至九月，无得捕猎，及持竿挟弹，探巢摘卵。州县吏严饬里胥，伺察擒捕，重寘其罪"⑤。违时需治重罪。明清有诸多依照时令保护野生动植物的法律制度，如"冬春之交，不施川泽；春夏之交，毒药不施原野。苗盛禁蹂躏，谷登禁焚燎"⑥。"春夏孕字之时不采"⑦，"舍旁田畔，以及荒山旷野，量度土宜，种植树木。……仍严禁非时之斧斤……"⑧ 强调各种农业活动比如野生动物、林木资源的获取，要遵守时禁，以避免妨碍自然生物的生殖繁衍，从而保障自然资源供给的可持续性。

传统律典关于时禁的规定数不胜数，上述内容只是略举一二。作为先秦月令文献所反映的朴素生态观和习俗，"时禁"集中体现了中国传统社会处理人与自然关系的生态智慧，转化为法律制度，便成为中国传统生态法律一脉相承的主体内容。"时禁"要求无论是国家政事、百姓生产生活，还是获取自然资源的活动，都必须需要依据季节的更替来进行合理安排，以保障自然资源的繁衍生长和休养生息，维护自然生态系统的平衡和良性运转。由此可见，"时禁"制度将人和自然联系起来，明确在二者关系上人并非主导地位，相反，人依赖于自然，因而人事活动必须受自然时

---

① 《诏书四时月令五十条》。

② 《唐六典》卷七《尚书·工部》。

③ 《宋大诏令集》卷一百三十一《典礼十六》。

④ 《宋大诏令集》卷一百二十六《典礼十一》。

⑤ 《宋大诏令集》卷一百九十八《政事五十一·禁约上》。

⑥ 《明史》卷七十六《志》四十八。

⑦ 《大明会典》卷一百九十一《采补》。

⑧ 《清世宗实录》卷十六。

令的制约，做到"顺时而为"。

生态兴则文明兴，生态衰则文明衰。中华民族五千年文明从未被历史分割，与传统生态文化的延绵不断有着直接关系。党的十八大建设生态文明建设作为"五位一体"总体布局的一个重要部分，在如何处理人与自然关系这个关键问题上，习近平总书记多次强调"人类必须尊重自然、顺应自然、保护自然"，"坚持人与自然和谐共生"。①"尊重自然、顺应自然、保护自然"，作为生态文明的核心思想，与中国传统生态文化"时禁"制度所反映的和合生态观高度一致，因此，推进生态文明建设征途中，应该从传统生态文化"时禁"制度中继承生态智慧，继承传统生态法律文化宝贵遗产并赋予其当代意义，将"尊重自然、顺应自然、保护自然"内化为当代人们的行为方式，并用法律制度加以固定和约束。坚持用最严格制度最严密法治保护生态环境，生态文明的核心思想应该在法律中得以明确体现，不仅反映在法律原则中，还必须贯彻在具体条文中，使之成为规范人们行为方式的具体规则，从而保证生态系统的良性运转，真正实现人与自然和谐共生的终极目标。

三　中国传统生态文化之"取之有度，用之有节"的节制思想和"崇俭禁奢"的制度，为推动绿色生产方式和生活方式提供历史经验

"天地节，而四时成。节以制度，不伤财，不害民"②，"时禁"除了对待自然"顺时而为"、对待资源"取之有时"的态度以外，作为一个整体的生态思想和制度体系，还处处体现了"取之有度，用之有节"的资源节制利用思想，这一思想与传统社会所倡导的俭约生活方式相得益彰，在国家法律中进一步发展为"崇俭禁奢"制度，最终构成中国传统生态文化的"绿色"特征。

"天地节，而四时成。"是自然界的相互节制关系，天地内部矛盾的各部分相互节制，阳气节制阴气，阴气同样节制阳气，天地的节制形成春夏秋冬四时，而四时之间也有节制关系。③正如我们常说"冬天已经来临，春天还会远吗？"新冠肺炎疫情期间，全国人民坚信没有"一

---

① 习近平：《决胜全面建成小康社会 夺取新时代中国特色社会主义伟大胜利——在中国共产党第十九次全国代表大会上的报告》，《人民日报》2017年10月28日第1—5版。

② 《易传·节·象传》。

③ 张云飞：《天人合一：儒道哲学与生态文明》，中国林业出版社2019年版，第36页。

个冬天不会逾越，没有一个春天不会到来"，冬天不可无限长，要由春来节制它，这是自然界不以任何主观意志而改变的节制关系，它本身就是"度"的体现。"节以制度，不伤财，不害民"则代表人类活动的节制意义，国家治理需要制度建设，令行禁止，还要厉行节约，不浪费，不能贪得无厌获取资源，这样"节"客观上限制了人们过度获取资源的欲望和行为。

在传统农业社会，自然资源对人类有着多重意义，它既是人类赖以生存的基础条件，同时很多动植物资源又是民族崇拜和敬畏的图腾。为了生存需要，不得不捕猎采伐动植物。但是，又要对自然生命保持尊重和敬畏，禁止过度获取行为，保证动植物的繁衍生长及生态平衡。除了时禁制度禁止在春夏捕猎采伐，禁止获取孕幼动物、幼小植物以外，历代生态法律还对动植物的利用有着严格的区域、工具和方式的限制，目的就是禁止对自然资源的贪婪无序索取行为。比如，禁止在禁苑、陵园以及宗教圣地砍伐，"凡五岳及名山能蕴灵产异、兴云致雨，有利于人者，皆禁其樵采"[1]。因为这些崇山峻岭能"兴云致雨，有利于人者"，可以调节气候，有利于人体健康。可见，古人已经对森林的生态意义已有深刻认知。又如，禁止使用"罝罦""罗网"，禁止用毒药等毁灭性捕猎手段和工具，"三月：田猎，罝罦、罗网、毕翳、喂兽之药，无出国门"[2]，"凡采捕畋猎必以其时、冬春之交，水虫孕育，捕鱼之器、不施川泽；春夏之交、陆禽孕育、馁兽之药不入原野；夏苗之盛，不得蹂藉，秋实之登，不得焚燎"[3]。因为毒药、蹂躏、焚燎将对动植物物种造成毁灭性影响。"钓而不纲，弋不射宿"[4]，"不夭其生，不绝其长"[5]，说明传统生态智慧将动植物的利用与其保护放在一起整体考量，重视其物种的持续性，强调获取资源"用之有度"的节制原则。

勤俭节约是中国传统美德，老子提倡的处世"三宝"中，"俭"为第二"宝"："有三宝，持而保之，一曰慈，二曰俭，三曰不敢为天下先。"[6]"俭"与"温良恭谨让"被孔子列为社会的基本道德准则。"崇俭

---

① 《唐六典》卷七《虞部》。

② 《礼记·月令》。

③ 《唐六典》卷七《尚书·工部》。

④ 《论语·述而》。

⑤ 《荀子·王制篇》。

⑥ 陈鼓应：《老子注释及评介》，中华书局 1985 年版，第 318 页。

禁奢"制度则是节俭思想在法律体系中的具体体现。早在战国初期魏国李悝著《法经》，为完善"礼制"，提倡节俭生活，曾将"淫侈踰制"作为杂律一篇，商鞅在秦国变法时继受该项制度。① 后为历代律令典章所因袭。"制节谨度以防奢淫，为政所先，百王不易之道也。"②

"崇俭禁奢"制度，虽然主要目的是建立以"礼制"为主的统治秩序，禁止奢华的生活方式和浮躁的社会风气，但同时也应该看到其积极的生态资源保护意义。这一制度进一步说明中国历代将保护自然与自身道德完备、巩固统治、稳定社会经济基础统一起来。奢靡之风破坏社会风气和伦理秩序，对于有限的自然资源而言也是个极大的浪费，因为这种奢侈生活实际是建立在对动植物资源或黄金等矿物资源过度利用基础上。因此，禁奢一方面是维护传统"礼制"，另一方面也是重要的自然资源的保护措施。"冠冕有制。盖戒于侈心。麛卵无伤。用蕃于庶类。惟兹麀鹿。伏在中林。宜安濯濯之游。勿失呦呦之乐。而习俗所贵。猎捕居多。资其皮存。用诸首饰。兢剜胎而取。曾走险之莫逃。既浇民风。且暴天物。特申明诏。仍立严科。……不得戴鹿胎冠子。……不得采捕鹿胎。并制造冠子。"③ 传统社会认识到奢侈之风既伤民风，又"暴天物"，所以"特申明诏，仍立严科"④，必须用法律加以限制。

"崇俭禁奢"制度的生态意义在于其揭示了人类生活方式与自然资源之间的关系。节俭的生活方式，有节、有度地获取资源，不超越自然生态承载量，则有利于自然资源的持续性；相反，全社会崇尚奢侈生活，自然资源将趋于紧张短缺甚至物种灭失。古代先人们对资源的有限性以及放纵人的欲望将带来的危害后果有着极为深刻的认识，"天生物有时，地生财有限，而人之欲无极，以有时有限奉无极之欲，而法制不生期间，则必物殄而财乏用"⑤。据此，人类贪婪欲望与资源短缺之间的辩证关系一目了然，若不用法律制约贪欲，则必然导致资源匮乏，最终危及人类自身。史料证明，中国历史至唐代，虽然也有局部的环境破坏，总体上生态状况是比较好的，当然原因是多方面的，其中崇俭禁奢和资源节用思想发挥了积

---

① 《秦会要》卷六《礼三·禁踰侈》。

② 《西汉会要》卷十七《礼十一·禁踰侈》。

③ 《宋大诏令集》卷一百九十九《政事五十二·禁约下》。

④ 李攸：《宋朝事实》卷三《诏书》。

⑤ （唐）白居易：《白居易集》卷六十三《策林二》《凡十七道·养动植之物以丰财用，以致麟凤龟龙》，中华书局1979年版，第1321页。

极的制度功效。宋以来，尤其明清两代，环境问题增多，其重要原因是基于人口压力，"弛禁"与过度"垦殖"，人与自然资源的紧张关系日益严峻，过度开发对生态环境造成过大压力，人类活动超越了自然资源承载量，人与资源的辩证关系在封建社会后期未得到重视和充分发挥。

文明的传承，始于观念的改变。时至今日，人们不得不重新反思人类自身的生活态度和生存方式。推进绿色发展方式和生活方式是当今生态文明建设的重要内容之一，习近平总书记多次强调，"推动形成绿色低碳、简约适度、文明健康的生产和生活方式"①，"推动形成绿色发展方式和生活方式，是发展观的一场深刻革命。"绿色发展方式和生活方式，蕴含着当代社会处理人与自然关系的生态智慧，是对传统社会"取之有时，用之有度""崇俭禁奢"制度的继承和发展。绿色发展方式和生活方式，不仅关乎人类发展和消费观念，更体现了一种道德取向和价值判断，是基于人与自然和谐共生而衍生的基本理念，人类应该倡导和选择的正确发展道路和生活态度。先污染后治理的生产方式，已经给人类带来沉重的环境资源压力，当今社会存在的享乐主义生活方式，与生态文明相背离。正确的生活态度是提倡简约和低碳生活，杜绝异化消费和过度消费，崇尚绿色消费。在此转变过程中，应该多种治理手段和工具并行，发挥法律的特殊功能，正如习近平总书记强调，"只有实行最严格的制度，最严密的法治，才能为生态文明建设提供可靠的保障"②。必须用法制严厉惩罚掠夺式开发，彰显绿色的生活方式，禁止滥食野生动植物陋习，将绿色发展方式和生活方式具体化、法治化。

四 中国传统生态文化之道德教化，为建设当代生态文化发挥历史示范效应

中国传统法律文化的基本特征是"德主刑辅""礼法结合""德礼为政教之本、刑罚为政教之用"，反映在传统生态保护意识的培养与生态资源保护法律的执行方面，就是突出道德教化的重要地位和作用。中国古代贤人和开明君主，不仅倡导"仁民爱物""天人和德""民胞物与""节用爱物"等思想，还提倡对赖以生存的资源持有"有节""以时""有

---

① 中央宣传部（国务院新闻办公室）会同中央文献研究室、中国外文局编：《习近平谈治国理政》（第2卷），外文出版社有限责任公司2017年版，第396页。

② 中共中央文献研究室编：《习近平关于全面深化改革论述摘编》，中央文献出版社2014年版，第104页。

度"等伦理道德原则，反对奢靡浪费，不断将这些生态伦理思想和道德原则贯穿于日常生活实践之中。诸如"里革断罟""网开三面"等劝导人们保护自然的传说，"三驱礼"狩猎传统，"不杀身""放生"习俗，等等。而"饮食起居、黜奢崇俭"的事例在有识之士中更可谓比比皆是，从"在位皆节俭"的周文王，到"不侈于后世，不靡于万物"，终生宣传"尚俭""节用"的墨子，再到以"一箪食、一瓢饮、在陋巷"为乐的颜回等。这些典故和传说，至少在统治阶级内部而言，起到示范作用，强化了占主流地位的生态道德观。西汉《淮南子》一书，比较详尽地阐发了万物相生相长的客观规律，体现出朴素的唯物观和生态环境保护意识。如，该书教育人们，在生产过程中应遵循自然规律，"故东风至，则等雨降，生育万物，羽状如伏，毛者孕育，草木荣华，鸟兽卵胎，莫见其为者而功既成矣"①。"其德优天地而和阴阳，节四时而调五行"②，只有依照季节律令进行生产活动，才能"喻覆育，万物群生，润于草木而侵于金石，禽兽硕大，毫毛润泽，羽翼奋也，角生也，兽胎不殰，鸟卵不殈"③。还教导人们不能毁灭性开发利用资源："竭泽而渔，岂不获得，而明年无鱼；坟薮而田，岂不获得，而明年无兽。"④

此外，盛行于各民族的不同民俗，从另一个侧面证明道德教化在保护生态环境、维持生态系统平衡中的突出作用。由于生产力水平的限制，古代各民族对生存环境的依赖性都很强。他们基本上都有"敬天""崇天"的意识，信仰"万物有灵"，对自然界动植物、山水、火等形成强烈的崇拜、敬畏之感，并内化为诸多的生态禁忌。例如，蒙古族禁止伤害虫鸟蛇等动物，忌卖忌杀已放生的牲畜，禁止连根拔起叶茎药材，忌用泉水洗涤污秽，草原出苗或出芽时不准动土等；鄂伦春人不打正在交配中的野兽，保护动物繁衍后代。⑤ 凡此种种，各民族的生态禁忌在生产生活中代代相传，发展为本民族朴素的生态意识和生态道德观，深刻影响着民族生活习惯和习俗。数千年来，少数民族地区生态环境能够得到较好的保护，生态道德教化与生态禁忌，应该说在其中发挥了重要作用。

无论是统治者宣扬的生态道德准则，还是各民族的生态道德规范，在

---

① 《淮南子·原道训》。

② 《淮南子·原道训》。

③ 《淮南子·原道训》。

④ 《吕氏春秋·孝行览第二·义赏》。

⑤ 白葆莉：《中国少数民族生态伦理研究》，博士学位论文，中央民族大学，2007年。

中国传统生态文化的形成和发展历程中，有着不可替代的价值。我国当今社会的生态环境问题，"其深层原因是我们还缺乏深厚的生态文化"①。全社会应该重视生态道德教化在传统生态文化中的历史作用和经验，在推进生态文明建设中坚持"德法兼治"的生态治理观，加强生态文化和生态价值观建设，通过各种宣传教育方式增强人们的生态意识，将法治的外在强制性与生态意识和生态价值观的内在约束性结合起来，在全社会生态意识的培养和生态价值观的养成基础上，构建新时代生态文化意识和体系，并以生态文化驱动生态善治和文明发展。

历史是教科书，能够启迪民智。回顾中华五千年文明史，坚持人与自然和谐关系，坚持和合整体论，始终是中国传统生态文化恒定不变的价值取向。生态文明建设不在一朝一夕，但必将利及千秋。唯有善于总结历史经验和吸取历史教训，正确处理人与自然的关系，以敬畏之心对待自然，以仁爱之心对待生命，真正落实人与自然是生命共同体、人与自然的和谐共生的生态思想，才能实现人民对美好生活的向往、良好生态环境是最普惠的民生福祉的伟大目标。

---

① 习近平：《之江新语》（第 1 卷），浙江人民出版社 2007 年版，第 48 页。

参考文献

一 地方志

道光《鹤峰州志》，道光二年刊本。

道光《徽州府志》，道光四年刊本。

道光《晋江县志》，道光十年刊本。

道光《龙江志略》，光绪十七年刊本。

道光《石泉县志》，道光二十九年刊本。

光绪《高明县志》，光绪二十年刊本。

光绪《彭县志》，光绪四年刊本。

光绪《平利县志》，光绪二十二年刊本。

光绪《湘阴县图志》，光绪六年刊本。

光绪《增修甘泉县志》，光绪十一年刊本。

光绪《直隶和州志》，光绪二十七年刊本。

嘉靖《广东通志稿》，嘉靖十四年刊本。

嘉靖《沔阳州志》，嘉靖九年刊本。

嘉庆《绩溪县志》，嘉庆十五年刊本。

嘉庆《浏阳县志》，嘉庆二十三年刊本。

嘉庆《宁国府志》，嘉庆二十年刊本。

民国《汜水县志》，民国十七年刊本。

民国《南昌县志》，民国二十四年刊本。

民国《续安阳县志》，民国二十二年刊本。

乾隆《武宁县志》，乾隆五十一年刊本。

同治《广信府志》，同治十二年刊本。

同治《建始县志》，同治五年刊本。

同治《南昌县志》，同治九年刊本。

同治《鄱阳县志》，同治十年刊本。

同治《武宁县志》，同治九年刊本。

同治《新建县志》，同治十年刊本。

童健飞：《大新县志》，上海古籍出版社 1989 年版。

万历《湖广总志》，万历十九年刊本。

万历《顺德县志》，万历十三年刊本。

雍正《永安县志》，雍正十二年刊本。

二　古籍

（汉）班固：《汉书》，中华书局 1962 年版。

（汉）蔡邕：《明堂月令论》，江苏广陵古籍刻印社 1984 年版。

（宋）曹勋：《松隐集》，文物出版社 1982 年版。

（唐）长孙无忌等撰，刘俊文点校：《唐律疏议》，中华书局 1983 年版。

陈广忠译注：《淮南子译注》，中华书局 2012 年版。

（宋）程珌：《洺水集》，台湾商务印书馆 1986 年版。

（宋）程大昌撰，黄永年点校：《雍录》，中华书局 2002 年版。

（宋）程颢、程颐著，王孝鱼点校：《二程集》，中华书局 2004 年版。

《大清诏令》，上海古籍出版社 1996 年版。

《大元圣政国朝典章》，中国广播电视出版社 1998 年版。

《道藏》（全 36 册），文物出版社、上海书店出版社、天津古籍出版社 1988 年版。

（汉）董仲舒：《春秋繁露》，上海古籍出版社 1989 年版。

（清）董诰等：《全唐文》，中华书局 1983 年版。

（宋）窦仪等撰，吴翊如点校：《宋刑统》，中华书局 1986 年版。

（唐）杜佑：《通典》，中华书局 1988 年版。

（唐）段成式撰，方南生点校：《酉阳杂俎》，中华书局 1981 年版。

（宋）范晔撰，（唐）李贤等注：《后汉书》，中华书局 1965 年版。

（唐）房玄龄注，（明）刘绩补注，刘晓艺点校：《管子》，上海古籍出版社 2015 年版。

（唐）房玄龄等：《晋书》，中华书局 1974 年版。

高亨注译：《商君书注译》（全四册），中华书局 1974 年版。

（清）顾炎武著，于杰点校：《历代帝王宅京记》，中华书局 1984 年版。

顾宝田注译：《尚书译注》，吉林文史出版社 1995 年版。

顾迁译注：《淮南子》，中华书局 2009 年版。

广东省社会科学院历史研究所、中国古代史研究室等编：《明清佛山碑刻文献经济资料》，广东人民出版社 1987 年版。

（晋）郭璞注：《尔雅》，中华书局 1985 年版。

（清）郭庆藩辑，王孝鱼整理：《庄子集释》，中华书局 1961 年版。

郭成伟点校：《大元通制条格》，法律出版社 2000 年版。

郭沫若：《甲骨文合集》，中华书局 1977 年版。

（汉）何晏：《论语集解》，《四库全书》第一九五册，上海古籍出版社 2003 年版。

（清）贺长龄、魏源：《皇朝经世文编》，清道光二十九年（1849 年）刻本。

怀效锋点校：《大明律》，法律出版社 1999 年版。

（清）黄本骥：《历代职官表》，上海古籍出版社 2005 年版。

黄时鉴辑点：《元代法律资料辑存》，浙江古籍出版社 1988 年版

（梁）慧皎、（唐）道宣等：《历代高僧传》，上海书店 1989 年版。

（汉）孔颖达：《尚书正义》，《十三经注疏》，中华书局 1980 年版。

（宋）黎靖德：《朱子语类》，古籍出版社 1986 年版。

（宋）李焘：《续资治通鉴长编》，中华书局 1985 年版。

（宋）李昉等：《太平御览》，中华书局 1960 年版。

（宋）李觏：《直讲李先生文集》，商务印书馆 1936 年版。

（唐）李百药：《北齐书》，中华书局 1972 年版。

（唐）李延寿：《北史》，中华书局 1974 年版。

（唐）李延寿：《南史》，中华书局 1975 年版。

（唐）李林甫等撰，陈仲夫点校：《唐六典》，中华书局 1992 年版。

梁海明译注：《道德经》，山西古籍出版社 2000 年版。

（唐）令狐德棻等：《周书》，中华书局 1974 年版。

（后晋）刘昫等：《旧唐书》，中华书局 1975 年版。

（唐）柳宗元：《柳河东集》，上海古籍出版社 1993 年版。

楼宇烈校释：《王弼集校释》，中华书局 1980 年版。

（宋）孟元老撰，邓之诚注：《东京梦华录注》，中华书局 1982 年版。

《明太祖实录》，上海书店出版社 1990 年版。

（宋）欧阳修：《欧阳修全集》，中华书局 1986 年版。

（宋）欧阳修、宋祁：《新唐书》，中华书局 1975 年版。

（清）彭定求等：《全唐诗》，中华书局 1988 年版。

（宋）彭大雅：《黑鞑事略》，商务印书馆 1937 年版。

（宋）普济：《五灯会元》，中华书局 1984 年版。

（清）乾隆官修：《续文献通考》，浙江古籍出版社 2000 年版。

《清实录》，中华书局 2008 年版。

清如许、王洁译注：《诗经》，山西古籍出版社 2003 年版。

（明）申时行等修：《明会典》，中华书局 1989 年版。

（梁）沈约：《宋书》，中华书局 1974 年版。

（宋）施谔纂：《淳祐临安志》，《宋元方志丛刊》第四册，中华书局 1990 年版。

睡虎地秦墓竹简整理小组：《睡虎地秦墓竹简》，文物出版社 1978 年版。

（汉）司马迁：《史记》，中华书局 1975 年版。

（宋）司马光：《资治通鉴》，中华书局 1956 年版。

（明）宋濂：《元史》，中华书局 1976 年版。

（宋）宋敏求：《长安志》，台湾商务印书馆 1983 年版。

（宋）宋敏求：《唐大诏令集》，商务印书馆 1959 年版。

《宋大诏令集》，中华书局 1962 年版。

宋祚胤注译：《周易》，岳麓书社 2000 年版。

（宋）苏轼：《苏轼文集》，中华书局 1986 年版。

（元）苏天爵：《元文类》，商务印书馆 1936 年版。

苏州历史博物馆等合编：《明清苏州工商业碑刻集》，江苏人民出版社 1981 年版。

（清）孙楷著，杨善群校补：《秦会要》，上海古籍出版社 2004 年版。

（清）孙楷著，徐复订补：《秦会要补订》，中华书局 1959 年版。

唐耕耦、陆宏基：《敦煌社会经济文献真迹释录》（第三辑），全国图书馆文献缩微复制中心，1990 年。

（清）陶澍：《陶文毅公全集》，《续修四库全书本》第一千五百三册，上海古籍出版社 2002 年版。

田涛、郑秦点校：《大清律例》，法律出版社 1999 年版。

（元）脱脱等：《宋史》，中华书局 1985 年版。

（明）王阳明：《王文成公全书》，中华书局 2015 年版。

（明）王阳明著，吴光等编校：《王阳明全集》（全六册），浙江古籍出版社 2010 年版。

（明）王阳明著，张怀承注译：《传习录》，岳麓书社 2004 年版。

（清）王杰等：《大清会典事例》，嘉庆二十五年（1818 年）刻本。

（宋）王溥：《唐会要》，上海古籍出版社 2006 年版。

（宋）王钦若等：《册府元龟》，凤凰出版社 2006 年版。

（元）王祯：《王祯农书》，中华书局 1956 年版。

王国平、康力行主编：《明清以来苏州社会史碑刻集》，苏州大学出版社 1998 年版。

王天海校释：《荀子校释》（全二册），上海古籍出版社 2005 年版。

王云五：《万有文库第二集七百种河南程氏遗书》（上、中、下），上海商务印书馆 1935 年版。

（北齐）魏收：《魏书》，中华书局 1974 年版。

（唐）魏征、令狐德棻：《隋书》，中华书局 1973 年版。

（清）夏燮：《明通鉴》，中华书局 2009 年版。

（梁）萧子显：《南齐书》，中华书局 1974 年版。

（春秋）辛妍著，（元）杜道坚注：《文子》，上海古籍出版社 1989 年版。

（明）徐光启著，陈焕良、罗文华校注：《农政全书》，岳麓书社 2002 年版。

（清）徐松辑：《宋会要辑稿》，中华书局 1957 年版。

（清）徐松撰，（清）张穆校补：《唐两京城坊考》，中华书局 1985 年版。

（宋）徐天麟：《西汉会要》，上海人民出版社 1977 年版。

（唐）徐坚等：《初学记》，中华书局 1962 年版。

徐翠兰、木公译注：《韩非子》，山西古籍出版社 2003 年版。

徐翠兰、王涛译注：《墨子》，山西古籍出版社 2003 年版。

徐元诰撰，王树民、沈长云点校：《国语集解》，中华书局 2002 年版。

（清）严可均辑：《全上古三代秦汉三国六朝文》，中华书局 1965 年版。

杨伯峻、杨逢彬注译：《孟子》，岳麓书社 2000 年版。

杨伯峻编著：《春秋左传注》，中华书局 1990 年版。

杨伯峻撰：《新编诸子集成 列子集释》，中华书局 1979 年版。

杨坚点校：《吕氏春秋　淮南子》，岳麓书社 2006 年版。

（唐）姚思廉：《梁书》，中华书局 1973 年版。

（唐）姚姚思廉：《陈书》，中华书局 1972 年版。

（清）于敏中等：《日下旧闻考》，北京古籍出版社 1985 年版。

喻博文：《正蒙注译》，兰州大学出版社 1990 年版。

（唐）元结：《元次山集》，中华书局上海编辑所 1960 年版。

（清）允祹等纂修：《钦定大清会典则例》，乾隆二十七年（1762 年）刻本。

（宋）赞宁：《宋高僧传》，中华书局 1987 年版。

粘良图选注：《晋江碑刻选》，《晋江文化丛书》第二辑，厦门大学出版社 2002 年版。

（宋）张君房编，李永晟点校：《云笈七签》，中华书局 2003 年版。

（宋）张载：《张子语录》，商务印书馆 1934 年版。

（宋）张载著，章锡琛点校：《张载集》，中华书局 1978 年版。

张万起、刘尚慈译注：《世说新语译注》，中华书局 2003 年版。

张正明、［英］科大卫、王勇红编著：《明清山西碑刻资料选》（续二），山西经济出版社 2009 年版。

（汉）郑玄著，（唐）孔颖达等正义：《礼记正义》卷十四，影印《十三经注疏》本，中华书局 1980 年版。

（宋）朱熹：《中庸》，上海广益书局清宣统元年（1909 年）版。

（宋）朱熹：《晦庵先生朱文公文集》，国家图书馆出版社 2006 年版。

（宋）朱熹注：《孟子集注》，上海古籍出版社 1987 年版。

朱师辙：《商君书解诂定本》，古籍出版社 1956 年版。

三　近人今人著作

［美］安乐哲：《儒学与生态》，彭国翔、张容南译，江苏教育出版社 2008 年版。

白翠英等：《科尔沁博艺术初探》，内蒙古哲里木盟文化处，1986 年。

白奚：《稷下学研究：中国古代的思想自由与百家争鸣》，生活·读书·新知三联书店 1998 年版。

钞晓鸿：《生态环境与明清社会经济》，黄山书社 2004 年版。

陈登林、马建章编著：《中国自然保护史纲》，东北林业大学出版社 1991 年版。

陈鼓应：《老子注译及评介》，中华书局 1984 年版。

陈鼓应注译：《黄帝四经今注今译——马王堆汉墓出土帛书》，商务印书馆 2007 年版。

陈宏天等：《昭明文选译注》（第二册），吉林文史出版社 1988 年版。

陈立民等：《中国历代职官辑要》，甘肃人民出版社 1990 年版。

陈茂同：《历代职官沿革史》，华东师范大学出版社 1988 年版。

陈梦家：《殷墟卜辞综述》，中华书局 1988 年版。

陈业新：《儒家生态意识与中国古代环境保护研究》，上海交通大学出版社 2012 年版。

程遂营：《唐宋开封生态环境研究》，中国科学社会出版社 2002 年版。

［英］道森：《出使蒙古记》，吕蒲译，中国社会科学出版社 1983 年版。

丁传靖辑：《宋人轶事汇编》，中华书局 1981 年版。

杜洁祥主编：《中国佛寺史志汇刊》（第三辑），丹青图书发行有限公司 1985 年版。

［瑞典］多桑：《多桑蒙古史》，冯承钧译，中华书局 1962 年版。

樊宝敏：《中国林业思想与政策史》，科学出版社 2009 年版。

范忠信：《官与民：中国传统行政法制文化研究》，中国人民大学出版社 2012 年版。

方立天：《中国古代哲学问题发展史》（上卷），中华书局 1990 年版。

傅治平：《天人合一的生命张力——生态文明与人的发展》，国家行政学院出版社 2016 年版。

盖山林、盖志毅：《文明消失的现代启悟》，内蒙古大学出版社 2002 年版。

葛剑雄：《中国人口发展史》，福建人民出版社 1991 年版。

葛荣晋：《先秦两汉哲学论稿》，中国人民大学出版社 2014 年版。

葛兆光：《中国思想史》（第一卷），复旦大学出版社 2001 年版。

郭沫若：《十批判书》，人民出版社 2012 年版。

郭文韬：《中国传统农业思想研究》，中国农业科技出版社 2001 年版。

郭武：《环境习惯法现代价值研究》，中国社会科学出版社 2016 年版。

侯甬坚、曹志红、张洁、李冀：《中国环境史研究》第三辑《历史动物研究》，中国环境科学出版社 2014 年版。

晁福林：《先秦社会形态研究》，北京师范大学出版社 2003 年版。

贾木查：《史诗〈江格尔〉探渊》，新疆人民出版社 1996 年版。

金瑞林、汪劲：《20 世纪环境法学研究评述》，北京大学出版社 2003

年版。

[波斯] 拉施特：《史集》（第一、二卷），余大钧、周建奇译，商务印书馆 1985 年版。

勒爱国：《道教生态学》，社会科学文献出版社 2005 年版。

[美] 蕾切尔·卡森：《寂静的春天》，吕瑞兰、李长生译，上海译文出版社 2007 年版。

李干、周祉征：《中国经济通史》，湖南人民出版社 2001 年版。

李金玉：《周代生态环境保护思想研究》，中国社会科学出版社 2010 年版。

莲池功德会：《放生问答》，和裕出版社 1988 年版。

梁方仲：《梁方仲文集》，中华书局 2008 年版。

梁钊韬：《中国古代巫术：宗教的起源和发展》，中山大学出版社 1999 年版。

林剑鸣：《秦史稿》，上海人民出版社 1981 年版。

刘大椿、[日] 岩佐茂：《环境思想研究》，中国人民大学出版社 1998 年版。

吕思勉：《中国制度史》，上海教育出版社 1985 年版。

罗桂环等主编：《中国环境保护史稿》，中国环境科学出版社 1995 年版。

[美] 马立博：《中国环境史：从史前到现代》，关永强、高丽洁译，中国人民大学出版社 2015 年版。

[美] 马立博：《虎、米、丝、泥：帝制晚期华南的环境与经济》，王玉茹、关永强译，江苏人民出版社 2012 年版。

[意] 马可·波罗：《马可波罗行记》，冯承钧译，上海书店出版社 2001 年版。

蒙培元：《人与自然——中国哲学生态观》，人民出版社 2004 年版。

蒙文通：《略论黄老学》，巴蜀书社 1987 年版。

闵宗殿等：《中国古代农业科技史图说》，中国农业出版社 1989 年版。

[美] 穆盛博：《近代中国的渔业战争和环境变化》，胡文亮译，江苏人民出版社 2015 年版。

内蒙古地方志编纂委员会总编室编：《内蒙古史志资料选编》（第三辑），内蒙古地方志编纂委员会总编室 1985 年编印。

内蒙古典章法学与社会学研究所：《〈成吉思汗法典〉及原论》，商务印书馆 2007 年版。

蒲坚：《中国历代土地资源法制研究》，北京大学出版社 2006 年版。

［美］濮德培：《万物并作：中西方环境史的起源与展望》，韩昭庆译，生活·读书·新知三联书店 2018 年版。

奇格：《古代蒙古法制史》，辽宁民族出版社 1999 年版。

邱树森：《中国历代职官辞典》，江西教育出版社 1991 年版。

赛熙亚乐：《成吉思汗史记》，内蒙古人民出版社 1987 年版。

色道尔吉译：《江格尔》，民间文学出版社 1983 年版。

苏日巴达拉哈：《蒙古族族像新考》，民族出版社 1986 年版。

谭棣华：《清代珠江三角洲的沙田》，广东人民出版社 1993 年版。

谭其骧：《黄河史论丛》，复旦大学出版社 1986 年版。

［英］汤因比：《历史研究》（上册），曹未风译，上海人民出版社 1959 年版。

唐长孺等编：《汪篯隋唐史论稿》，中国社会科学出版社 1981 年版。

唐大为：《中国环境史研究》第一辑《理论与方法》，中国环境科学出版社 2009 年版。

唐兰：《古文字学导论》（增订本），齐鲁书社 1981 年版。

田东奎：《中国近代水权机制解决纠纷研究》，中国政法大学出版社 2006 年版。

王立：《中国环境法的新视角》，中国检察出版社 2003 年版。

王利华：《中国环境史研究》第二辑《理论与探索》，中国环境科学出版社 2013 年版。

王利华：《中国历史上的环境与社会》，生活·读书·新知三联书店 2007 年版。

王子今：《秦汉时期生态环境研究》，北京大学出版社 2007 年版。

吴涛：《北宋都城东京》，河南人民出版社 1984 年版。

［美］萧邦齐：《九个世纪的悲歌：湘湖地区社会变迁研究》，姜良芹、全先梅译，社会科学文献出版社 2008 年版。

邢莉、易华：《草原文化》，辽宁教育出版社 1998 年版。

杨朝飞主编：《中国环境史研究》第四辑《理论与研究》，中国环境科学出版社 2015 年版。

杨文衡：《易学与生态环境》，中国书店 2003 年版。

杨一凡、齐钧主编：《中国珍稀法律典籍集成》乙编第五册，科学出版社 1994 年版。

杨一凡、曲英杰主编：《中国珍稀法律典籍集成》乙编第二册，科学出版社 1994 年版。

杨一凡、田涛主编：《中国珍稀法律典籍续编》第六册，黑龙江人民出版社 2002 年版。

杨一凡、田涛主编：《中国珍稀法律典籍续编》第十册，黑龙江人民出版社 2002 年版。

杨一凡、田涛主编：《中国珍稀法律典籍续编》第一册，黑龙江人民出版社 2002 年版。

杨振宏：《出土简牍与秦汉社会》，广西师范大学出版社 2009 年版。

［英］伊懋可：《大象的退却：一部中国环境史》，梅雪芹等译，江苏人民出版社 2014 年版。

［英］伊懋可、刘翠溶：《积渐所至：中国环境史论文集》，台湾"中研院"经济所，1995 年。

袁珂：《中国神话史》，重庆出版集团、重庆出版社 2007 年版。

袁清林：《中国环境保护史话》，中国环境科学出版社 1990 年版。

［德］约阿希姆·拉德卡：《自然与权力：世界环境史》，王国逸、付天海译，河北大学出版社 2004 年版。

［美］约翰·R. 麦克尼尔：《太阳底下的新鲜事：20 世纪世界环境史》，李芬芳译，中信出版集团 2017 年版。

臧知非、沈华：《分职定位 历代职官制度》，长春出版社 2005 年版。

曾加：《张家山汉简法律思想研究》，商务印书馆 2008 年版。

张光直：《商文明》，辽宁教育出版社 2002 年版。

张全明、王玉德：《中华五千年生态文化》，华中师范大学出版社 1999 年版。

张锐智、徐立志主编：《中国珍稀法律典籍集成》丙编第二册，科学出版社 1994 年版。

赵安启、胡柱志：《中国古代环境文化概论》，中国环境科学出版社 2008 年版。

赵杏根：《中国古代生态思想史》，东南大学出版社 2014 年版。

［伊朗］志费尼：《世界征服者史》（上册），何高济译，内蒙古人民出版社 1981 年版。

《中华大典》工作委员会、《中华大典》编纂委员会：《中华大典 法律典 经济法分典》，西南师范大学出版社 2015 年版。

中国哲学史教学资料汇编编选组编：《中国哲学史教学资料汇编（魏

晋南北朝部分）》，中华书局 1964 年版。

周宝珠：《宋代东京研究》，河南大学出版社 1992 年版。

朱国宏：《人地关系论》，复旦大学出版社 1996 年版。

竺可桢：《竺可桢文集》，科学出版社 1979 年版。

四　主要论文

程民生：《宋代的野生动物保护法》，《野生动物》1984 年第 3 期。

杜文玉：《唐宋经济实力比较研究》，《中国经济史研究》1998 年第 4 期。

方潇：《"弃灰法"定位的再思考》，《法商研究》2008 年第 5 期。

冯时：《律管吹灰与揆影定气——有关气的知识体系与时令传统》，《装饰》2015 年第 4 期。

高敏：《〈张家山汉墓竹简二年律令〉诸律的制作年代试探》，《史学月刊》2003 年第 9 期。

郭仁成：《先秦时期的生态环境保护》，《求索》1990 年第 5 期。

郭文佳：《简论宋代的林业发展与保护》，《中国农史》2003 年第 2 期。

赖秀兰：《成吉思汗〈大札撒〉中生态法探析》，《安徽农业科学》2008 年第 28 期。

李根蟠：《先秦时代保护和合理利用自然资源的理论》，《古今农业》1999 年第 1 期。

李荣高：《云南明清和民国林业碑刻概述》，《农业考古》2002 年第 1 期。

李淑娟：《唐代环境保护立法的时代意蕴》，《西安建筑科技大学学报》（社会科学版）2017 年第 5 期。

李先登：《试论中国文字之起源》，《天津师范大学学报》1985 年第 4 期。

刘文燕、刘婧、刘景辉：《浅析宋代森林保护法律制度的启示借鉴意义》，《吉林省教育学院学报》（下旬）2012 年第 2 期。

刘向明：《张家山汉简所见汉初规范毒物管理的法律》，《自然科学史研究》2008 年第 3 期。

楼宇烈：《玄学与中国传统哲学》，《北京大学学报》（哲学社会科学版）1988 年第 1 期。

麻国庆：《草原生态与蒙古族的民间环境知识》，《内蒙古社会科学》

（汉文版）2001 年第 1 期。

纳古单夫：《台湾蒙古学学者哈勘楚伦及其"大札萨"研究》，《蒙古学资料与情报》1991 年第 1 期。

倪根金：《秦汉环境保护初探》，《中国史研究》1996 年第 2 期。

倪根金：《中国传统护林碑的演进及其在环境史研究价值》，《农业考古》2006 年第 4 期。

聂传平：《唐宋辽金时期对猎鹰资源的利用和管理——以海东青的进贡、助猎和获取为中心》，《原生态民族文化学刊》2013 年第 3 期。

奇格：《再论成吉思汗〈大札撒〉》，《内蒙古社会科学》（文史哲版）1996 年第 6 期。

钱穆：《中国文化对人类未来可有的贡献》，《中国文化》1991 年第 4 期。

任俊华、周俊武：《节用而非攻：墨家生态伦理智慧观》，《湖湘论坛》2003 年第 1 期。

汤萱：《"天人合一"与环境伦理》，《广东工业大学学报》（社会科学版）2009 年第 3 期。

滕庙：《历史时期人们对熊类的认识和利用》，硕士学位论文，陕西师范大学，2009 年。

王福昌：《我国古代生态保护资料的新发现》，《农业考古》2003 年第 3 期。

王娜：《明清时期晋陕豫水利碑刻法制文献史料考析》，博士学位论文，西南政法大学，2012 年。

吴钊：《贾湖龟铃骨笛与中国音乐文化之谜》，《文物》1991 年第 3 期。

萧正洪：《历史时期关中地区农田灌溉中的水权问题》，《中国经济史研究》1999 年第 1 期。

肖爱：《清代水事纠纷解决途径及其启示》，《广西政法管理干部学院学报》2011 年第 1 期。

许惠民、黄淳：《北宋时期开封的燃料问题——宋代能源问题研究之二》，《云南社会科学》1988 年第 6 期。

杨振红：《月令与秦汉政治再探讨——兼论月令源流》，《历史研究》2004 年第 3 期。

余敦康：《郭象的时代与玄学的主题》，《孔子研究》1988 年第 3 期。

张全明：《论宋代的生物资源保护》，《史学月刊》2000 年第 6 期。

赵美珍、邓慧明：《我国古代森林资源保护立法之考量》，《汕头大学学报》2006 年第 2 期。

周启梁：《中国古代环境保护法制通考——以土地制度变革为基本线索》，《重庆大学学报》（社会科学版）2011 年第 2 期。

周启梁：《中国古代环境保护法制演变考》，博士学位论文，重庆大学，2011 年。

竺可桢：《中国近五千年来气候变迁初步研究》，《中国科学》1973 年第 2 期。

后　记

本书是在本人博士后出站报告基础上的国家社科基金后期资助项目最终成果。

2008年秋季我有幸进入武汉大学环境法研究所从事博士后研究工作，在合作导师王树义教授的建议和指导下，尝试着将中国传统环境资源法律研究作为博士后研究工作的方向。之所以说尝试，一是因为当时这个领域无论是环境资源法学研究界还是法律史学研究界，极少有人涉猎，二是因为我本人能力有限，不敢确定自己是否能坐学术"冷板凳"将此课题坚持下来。感谢导师王树义教授高瞻远瞩的学术眼光、坚定的学术信心以及精心的指导，给予我研究道路上探索的勇气；感谢武大环境法研究所的各位导师，在课题研究中给予我的专业帮助；感谢中国政法大学朱勇教授，从中国法制史研究的视角对课题提出的诸多建议；感谢湘潭大学法学院程波教授的中肯意见。正是众多学界前辈的鞭策与期待，使我能够将此课题研究坚持下来，并于2011年顺利出站。

我国经过改革开放几十年的经济高速发展，环境污染和生态破环问题日益突出，"先污染后治理"的发展之路严重影响到人民群众的基本福祉，不得不从根本上予以解决。博士后在站期间，彼时建设生态文明在党的十七大报告中首次提出。如今十多年过去，生态文明建设已经纳入中国特色社会主义建设"五位一体"总体布局，习近平生态文明思想不断丰富，日益深入人心。习近平总书记在生态文明的一系列论述中，高度评价我国传统生态文化在处理人与自然关系中的积极意义和贡献，并多次提及传统生态文化在生态文明建设中的积极作用。构建新时代人与自然的和谐关系，应从我国传统生态文化中吸取精髓并创造性转化，这是我在博士后出站后继续将传统生态法律文化作为研究方向的最大动力。本书的出版，是对十多年研究成果的一个初步总结。

感谢中国社会科学出版社的鼎力支持，感谢梁剑琴编辑的辛勤劳动！

刘海鸥

2021年5月8日于长沙岳麓山下